हिन्दी साहित्य की आधी आबादी : पूरा इतिहास

शुभा श्रीवास्तव

वाणी प्रकाशन

प्रकाशन के उत्कृष्टतम 62 वर्ष

पेपरबैक पहला संस्करण : 2025

vaniprakashan.com

वाणी प्रकाशन

4695, 21-ए, दरियागंज, नयी दिल्ली-110 002

फ़ोन : + 91 11 23273167, 23275710

शाखाएँ

अशोक राजपथ, पटना-800 004, बिहार

कॉफ़ी हाउस कैम्पस, महात्मा गांधी मार्ग, प्रयागराज-211 001, उत्तर प्रदेश

महात्मा गांधी अन्तरराष्ट्रीय हिन्दी विश्वविद्यालय, वर्धा-442 001, महाराष्ट्र

sales@vaniprakashan.in

vaniprakashan@gmail.com

Hindi Sahitya Ki Aadhi Aabadi : Poora Itihas

by Shubha Srivastava

ISBN : 978-93-6944-324-6

Criticism

मूल्य : ₹ 450

सिटी प्रेस, दिल्ली-110 095 में मुद्रित

वाणी प्रकाशन का लोगो मक़बूल फ़िदा हुसैन की कूची से

डॉ. शुभा श्रीवास्तव साहित्य की गम्भीर अध्येता एवं सुधी समीक्षक के रूप में एक चर्चित नाम है। वर्तमान समय में कोई भी पत्रिका ऐसी नहीं है जिसमें स्त्री रचनाकारों पर इनका आलोचनात्मक लेख देखने को नहीं मिलता है। *हिन्दी साहित्य की आधी आबादी : पूरा इतिहास* पुस्तक, इतिहास पुस्तक की नीरसता के पूर्वाग्रहों को तोड़ती है। इसमें इतिहास के ऐसे औज़ार मिलेंगे जो स्त्री साहित्य के इतिहास को बोझिल नहीं बनाते हैं बल्कि स्त्री साहित्य के इतिहास को नये साँचे में ढालते हैं। यहाँ पर इतिहास का ब्यौरा नहीं है बल्कि स्त्री साहित्य के इतिहास पर नवीन विचारधारा, नवीन शोध, तथ्यपरक सामग्री शामिल है जो रोचक व ज्ञानवर्धक है।

हिन्दी साहित्य में स्त्री साहित्य की उपेक्षा कोई नयी बात नहीं है परन्तु इसका अर्थ यह बिल्कुल नहीं है कि इस दिशा में कुछ कार्य ही नहीं हुआ है परन्तु ये कार्य पूर्ण नहीं कहे जा सकते हैं। कुछ बिखरे कार्यों और कुछ अछूते कार्यों का समन्वित रूप यह पुस्तक है।

हिन्दी साहित्य की आधी आबादी : पूरा इतिहास पुस्तक स्त्री लेखन को लेकर लिखी गयी स्त्री साहित्य के इतिहास की प्रथम कृति तो नहीं है परन्तु पूर्ण कृति अवश्य है। लेखिका ने इसे आधी आबादी का पूरा इतिहास कहा है जिससे यह सिद्ध होता है कि इसमें हिन्दी साहित्य के स्त्री इतिहास का मुकम्मल और सम्पूर्ण दस्तावेज़ उपलब्ध है। इस कृति में जहाँ आदिकालीन स्त्री साहित्य के प्रश्नों की टकराहट है वहीं मध्यकाल में स्त्री साहित्य को कमतर मानने की जो ग़लती इतिहास आज तक करता चला आया है इसका सटीक जवाब है। शुभा ऐसी इतिहासकार बनकर उपस्थित होती हैं जिसके माध्यम से मध्यकाल की स्त्री रचनाकार अपनी रचनाओं के माध्यम से अपने सारे वैशिष्ट्य को बार-बार पाठक के समक्ष उपस्थित करती हैं जिसे इतिहास आज तक नकारता चला आया है।

आधुनिक काल की समय सीमा अत्यन्त विस्तृत है परन्तु इस विस्तृत सीमा को तीन काल खण्डों में बाँटकर उसकी प्रवृत्तियों, विभिन्न रचनाकारों के वैशिष्ट्य को बख़ूबी निरूपित किया गया है।

यह पुस्तक आधी आबादी का पूरा इतिहास इसलिए भी है क्योंकि इसमें समकालीन स्त्री रचनाकारों को भी पूरी गम्भीरता के साथ शामिल किया गया है। स्त्री साहित्य नयी कोपल में सन् 2000 से लेकर आज तक के स्त्री रचनाकारों के सन्दर्भ में चर्चा करना इसकी सम्पूर्णता का परिचायक है।

हिन्दी साहित्य का बहुत सारा स्त्री साहित्य लोकगीतों में भी फैला हुआ है। लोकगीतों के माध्यम से स्त्री लेखन को पाठक के सम्मुख ले आना अपने आप में अनूठा कार्य है, साथ ही स्त्री साहित्य की सम्पूर्णता का परिचायक भी है।

इतिहास लेखन के विस्तृत गाँव में शुभा का प्रवेश सुखद बयार के साथ गहरी आश्वस्ति भी देता है। पुस्तक का प्रकाशन स्त्री साहित्य को पूर्णता प्रदान करेगा इसकी आशा ही नहीं पूर्ण विश्वास भी है।

–डॉ. राम सुधार सिंह

वरिष्ठ समालोचक

समर्पण

मुंशी देवी प्रसाद
सावित्री सिन्हा
सुमन राजे
नीरजा माधव

भूमिका

भारत ही नहीं विश्व साहित्य में भी स्त्री उपेक्षा का इतिहास व्याप्त रहा है। हिन्दी साहित्य के साथ भी कमोबेश यही स्थिति रही है। हिन्दी भाषा के सन्दर्भ में एक और तथ्य यह भी है कि इसके इतिहास-लेखन का प्रयास विदेशियों द्वारा अपने ढंग से किया गया है। बाद में जिन इतिहासकारों ने इतिहास लिखा उनकी दृष्टि भी स्त्री साहित्य पर न के बराबर थी। स्त्री ही नहीं बहुत से रचनाकार धर्म, प्रवृत्ति और प्रामाणिकता के नाम पर इतिहास से पृथक् कर दिये गये, ऐसे में स्त्री साहित्य का इतिहास प्राप्त होना और भी क्लिष्टकर कार्य हो गया।

यह पुस्तक स्त्री साहित्य के इतिहास पर केन्द्रित है इसलिए कुछ लोगों को यह भी आपत्ति हो सकती है कि स्त्री-पुरुष का विभाजन इतिहास में क्यों हो? पर विभाजन करके इतिहास लिखने की प्रवृत्ति हिन्दी में पहले से ही चलती चली आ रही है। जैसे सम्प्रदाय के आधार पर निर्गुण काव्यधारा, बोली के आधार पर राजस्थानी भाषा और साहित्य, प्रवृत्तियों के आधार पर रीतिकाव्य आदि। फिर उपेक्षित स्त्री साहित्य का अलग से इतिहास क्यों नहीं लिखा जा सकता है।

इतिहास-लेखन के कई जोखिम हैं, जिनमें से दो जोखिमों से मेरी निरन्तर मुठभेड़ होती रही है—प्रथम रचनाकारों की सामग्री की अनुपलब्धता और दूसरा समकालीन साहित्य में स्त्री रचनाकारों की अधिकता। इन दोनों जोखिमों से संघर्ष करते हुए जो भी तथ्य समेट पायी हूँ वह आपके सम्मुख पुस्तकाकार रूप में है।

पुस्तक का प्रारम्भ मैंने हिन्दी के स्त्री साहित्य के इतिहास-लेखन की परम्परा से प्रारम्भ किया है। हिन्दी साहित्य का आदिकाल अपने आप में विवादों से भरा रहा है। धर्म, प्रवृत्ति और प्रामाणिकता इत्यादि के नाम पर आदिकाल की बहुत-सारी सामग्री अनुपलब्ध और प्रामाणिक / अप्रामाणिक के घेरे में है, ऐसे में स्त्री साहित्य

के सम्मुख और भी संकट उपस्थित हो गया था। इस स्थिति में हज़ारी प्रसाद द्विवेदी जैसे साहित्यकारों द्वारा हिन्दी का प्रारम्भ भक्तिकाल से मानने की सोच को स्वीकार करने पर विवश होना पड़ता है। जब पुरुष रचनाकारों की रचनाएँ सीमा विवाद के साथ प्रामाणिकता के संशय में घिरी हैं तब स्त्री साहित्य से कितनी दूर की अपेक्षा की जा सकती है। संरक्षण के अभाव में यह अत्यधिक दुष्कर कार्य सिद्ध हुआ, फिर भी जो कुछ प्राप्त हो सका उसी से सन्तोष करना पड़ा।

मध्यकाल में हिन्दी का स्त्री साहित्य सामग्री के साथ स्पष्ट रूप से प्राप्त होने लगता है। आचार्य रामचन्द्र शुक्ल की परम्परा के अनुसरण के कारण प्राप्त सामग्री भी उन्हीं प्रवृत्तियों के अनुरूप प्राप्त हुई, फिर भी इस कालखंड के रचनाकारों के प्राप्त साहित्य में संवेदना का विश्लेषण करने का प्रयास मैंने किया है।

आधुनिक काल में साहित्य की नयी महत्त्वाकांक्षाओं के साथ ही स्त्री रचनाकारों ने भी अपना विस्तार किया है। इस दृष्टि से आधुनिक युग का सर्वांगपूर्ण अध्ययन का पूरा प्रयास मेरे द्वारा किया गया है।

आधुनिक काल को मैंने तीन काल खंडों में विभाजित किया है। नामकरण का आधार मैंने प्रवृत्ति विशेष को बनाया है। सन् 1857 से 1950 ई. का कालखंड स्त्री ही नहीं अपितु सभी के लिए अस्मिता के संज्ञान लेने का युग रहा है, इसीलिए इस कालखंड को मैंने अस्मिता संज्ञान युग कहा है। सन् 1950 के बाद स्त्री साहित्य ने अपनी स्वतन्त्र अस्मिता का निर्माण किया, जिसका प्रमाण हमें तत्कालीन साहित्य में दिखाई देता है। इसलिए इस कालखंड का नाम मैंने अस्मिता निर्माण युग रखा है। सन् 2000 ई. के बाद स्त्री साहित्य निरन्तर अपनी अस्मिता को विस्तृत कर रहा है और हर क्षेत्र में, साहित्य की हर विधा में लेखन करके इसको प्रमाणित भी किया है। इसीलिए इस कालखंड को मैंने अस्मिता विस्तार युग नाम दिया है। अस्मिता के इस विस्तार का सूत्र हमें अस्मिता निर्माण युग में प्राप्त होता है।

इस तथ्य को स्वीकार करने में मुझे कोई संकोच नहीं है कि बहुत-सी रचनाकारों की सामग्री की अनुपलब्धता के कारण वह विवेचन क्रम में शामिल नहीं हो पायी जिसका मुझे खेद है।

उपर्युक्त विभाजन में स्त्री का लोक साहित्य मुझसे छूट रहा था जो स्त्री साहित्य का आधार स्तम्भ है। अत: इस सामग्री पर मैंने पृथक् अध्याय में विवेचन करने का प्रयास किया है, जो पूर्णत्व तो नहीं परन्तु स्त्री लोक साहित्य की रूपरेखा अवश्य प्रस्तुत करता है।

इतिहास में इतिवृत्त की प्रधानता होती है जिसके साथ ही मैंने युग विशेष की प्रवृत्तियों को भी शामिल करने का प्रयास किया है।

पुस्तक को पूर्ण करने में लगने वाला समय मैंने विज्ञा और वाग्मी के हिस्से से चुराया है। जिन्होंने मेरे जीवन में आलोक दिया है उन माता–पिता एवं गुरुजनों की आभारी हूँ, उनके आशीर्वाद के बिना यह कार्य सम्भव न था। पुस्तक को पूर्ण करने में प्रत्यक्ष या अप्रत्यक्ष रूप से जिनका भी सहयोग प्राप्त हुआ है, उनको सादर अभिवादन करती हूँ। पुस्तक प्रकाशन के लिए मैं वाणी प्रकाशन का हार्दिक आभार व्यक्त करती हूँ जिन्होंने इतनी सहजता से प्रकाशन की अनुमति प्रदान की है।

पुस्तक लेखन में मैं कहाँ तक सफल हुई हूँ यह आप सुधी विद्वत्जन के मूल्यांकन पर निर्भर है। आपके मत और सुझावों का स्वागत है।

-शुभा श्रीवास्तव

अनुक्रम

प्रथम अध्याय	स्त्री इतिहास-लेखन की परम्परा	13
द्वितीय अध्याय	आदिकाल और स्त्री साहित्य का प्रश्न	22
तृतीय अध्याय	मध्यकाल और स्त्री साहित्य	28
चतुर्थ अध्याय	आधुनिक काल और स्त्री साहित्य	132
	1. (क) अस्मिता संज्ञान युग (सन् 1850 ई. से 1950 ई. तक)	133
	(ख) अस्मिता संज्ञान युग और स्त्री रचनाकार	178
	2. (क) अस्मिता निर्माण युग (सन् 1950 ई. से 2000 ई. तक)	232
	(ख) अस्मिता निर्माण युग और प्रमुख स्त्री रचनाकार	255
	3. (क) अस्मिता विस्तार युग (सन् 2000 ई. से आज तक)	282
	(ख) अस्मिता विस्तार युग और स्त्री रचनाकार	305
पंचम अध्याय	लौकिक साहित्य और स्त्री रचनाकार	320

प्रथम अध्याय

स्त्री इतिहास-लेखन की परम्परा

भारत का ही नहीं बल्कि विश्व का इतिहास-लेखन प्रारम्भ से ही पुरुषात्मक सामन्तवादी प्रवृत्ति का रहा है। हिन्दी साहित्य के इतिहासकारों ने पुरुषात्मक सामन्तवादी प्रवृत्ति का वरण किया इसलिए हिन्दी साहित्य के इतिहास का एक लम्बा कालखंड आदिकाल से लेकर छायावाद तक स्त्री रचनाकारों को ख़ारिज करता चला गया। कुछ रचनाकार इतिहासकारों की प्रवृत्ति के दायरे में नहीं आयीं और कुछ उदासीनता के कारण इतिहास से लुप्त हो गयीं। इसके साथ ही कुछ वाद की परिधि से बाहर होने के कारण दोयम दर्जे का शिकार होकर परम्परा से काट दी गयीं। मीरा और महादेवी से वह बच नहीं पाये क्योंकि इनकी प्रसिद्धि जन-जन तक पहुँचकर आम जन के कंठ को पा गयी थी। इन दुखद परिस्थितियों के कारण हिन्दी का स्त्री साहित्य अपना वास्तविक स्वरूप नहीं ग्रहण कर सका। परिणाम यह है कि हिन्दी का स्त्री साहित्य आज भी अधूरा है।

नागरी प्रचारिणी सभा ने सन् 1901 से 1925 ई. तक खोज रिपोर्टों का जो कार्य किया उससे इतिहास के अनेक तथ्य सामने आये परन्तु बाद में इनके रुकने पर स्त्री साहित्य रुका सा प्रतीत हुआ और सबसे ज़्यादा हानि स्त्री इतिंहास को हुई क्योंकि स्त्री रचनाकार न तो पुरुषों की तरह सामाजिक दायरे में अपना प्रचार कर सकी और न ही उन्हें भीतर से प्रोत्साहन मिला। मैं इसका सबसे बड़ा उदाहरण रामकुमार वर्मा का लूँगी जो साहित्य की चोटी पर पहुँचे, पर अपनी सफलता के लिए माँ का नाम तक नहीं लिया, उनके साहित्य सृजन को साहित्य संसार के सामने लाना तो दूर की बात है। शुक्ल जी नागरी प्रचारिणी सभा से जुड़े थे। इसके बावजूद खोज रिपोर्टों और अन्य प्रकाशित कृतियों पर इतना सधे तरीक़े से मौन रहे कि कहना ही क्या। प्रकाशित कृतियों और खोज रिपोर्ट में स्त्री रचनाकारों को इतिहास में चाहते तो शामिल कर सकते थे पर नहीं किया। कारण मैं क्या कहूँ? शायद स्त्री होना ही कारण था।

नागरी प्रचारिणी सभा की खोज रिपोर्ट का हिन्दी का स्त्री साहित्य ही नहीं अपितु सम्पूर्ण हिन्दी साहित्य ऋणी रहेगा। यह रिपोर्ट 1901 से 1925 तक प्रकाशित हुई है जिसमें लगभग इक्कीस कवयित्रियों के साहित्य से हिन्दी साहित्य परिचित होता है जिनमें से मुख्य नाम हैं—गंगा, सोनी कुंवरि, इन्द्रामती, शेख, प्रिया सखी, बख्त कुँवरि, रसिक बिहारी बनीठनी, सहजोबाई, सुन्दर कुँवर बाई, विरंजी कुँवरि, वृषभानु कुँवरि, रत्न कुँवरि, दीप कुँवरि, पजन कुँवरि, नैना योगिनी, सुन्दर कली, कृष्णावती, दयाबाई, मीराबाई, गंगाबाई, जीवन महाराज की माँ और धर्म कुँवरि।

हिन्दी साहित्य में स्त्री रचनाकारों पर सर्वप्रथम मुंशी देवी प्रसाद ने कार्य किया। मुंशी जी का जन्म मुंशी नत्थन लाल सक्सेना के घर में माघ शुक्ल 14 संवत् 1904 विक्रमी, अर्थात् 1847 ई. को हुआ था। यह प्रसिद्ध लेखिका शिवरानी देवी के पिता एवं प्रेमचन्द के ससुर थे। मुंशी देवी प्रसाद ने राजपूताना हस्तलिखित ग्रन्थ में 34 कवयित्रियों का उल्लेख किया है। मुंशी देवी प्रसाद ने बाद में महिला मृदु वाणी ग्रन्थ सन् (1904) की रचना की, जिसका आधार राजपूताना के हस्तलिखित ग्रन्थों की खोज रहा है। स्त्री लेखन पर केन्द्रित इतिहास की यह पहली पुस्तक है। इसमें इन्होंने लगभग चौंतीस कवयित्रियों का उल्लेख किया है। इनमें से मुख्य है— कविरानी चौबे लोकनाथ जी स्त्री अर्धांगिनी जी, ठाकुरानी काकरेची जी, कुशला, खगनिया, गिरिधर कविराय की स्त्री,चन्द्रकला बाई, चम्पादे रानी, छत्रकुँवरि बाई, जामसुता जाडेची जी, श्री प्रताप बा, झीमा, पंडितानी तीजांजी, ताज, तुलछराय, पद्मा, बीरा, प्रतापकुँवरि बाई, मीराबाई ,बाघेली श्री रणछोड़ कुँवरि जी, महारानी जी श्री रत्न कुँवरि बाई जी, रसिक बिहारी, रामप्रिया जी, रायप्रवीन या प्रवीनराय, बाघेली विष्णुप्रसाद कुँवर जी, बिरजूबाई, विरंजी कुँवर, बिहारी सतसई के कर्ता की स्त्री, बिहारीदास की पुत्री, ब्रजदासी, शेख रंगरेजन, श्री सरस्वती देवी, सहजोबाई, सुन्दर कुँवरिबाई, हरीजी रानी चावड़ी। परिचय के साथ उनकी रचनाओं को भी मुंशी जी ने संग्रहित किया है जिससे हिन्दी साहित्य की मूल्यवान सामग्री संग्रहित हो सकी नहीं तो आज हमारे पास तत्कालीन स्त्री साहित्य के नाम पर कुछ भी सामग्री नहीं रहती। इस बात का मुंशी जी को भी ज्ञान था इसलिए वह भूमिका में लिखते हैं— "हमको यहाँ केवल कवियाकान्ताओं से प्रयोजन है जिनकी भाषा कविता का अब तक कोई स्वतन्त्र ग्रन्थ हमारे देखने में नहीं आया था और हमने जो भाषा कवियों का इतिहास लिखने के लिए प्राचीन ग्रन्थों और कवि वृत्तान्तों की खोज की थी तो उस प्रसंग में कुछ कविता ऐसी भी मिली जो काव्यकुशला कमलाओं के कोमल मुखारबिन्दों की निकली हुई थीं।" (महिला मृदु वाणी : भूमिका, जेठ सुदी 9 संवत् 1961) मुंशी जी

का उक्त कथन यह स्पष्ट करता है कि स्त्री रचनाकारों का कोई स्वतन्त्र ग्रन्थ प्राप्त न होने की दशा में मुंशी जी ने इन रचनाकारों की रचनाओं को एकत्र किया। उन्हें यह सामग्री प्राचीन ग्रन्थों और कवि वृत्तान्तों से मिली थी। कितने आश्चर्य का विषय है कि किसी भी हिन्दी साहित्य के इतिहास लेखक ने इन प्राचीन ग्रन्थों और वृत्तान्तों में प्राप्त सामग्री का उल्लेख करना और इन रचनाकारों को इतिहास में शामिल करना ज़रुरी नहीं समझा। आख़िर क्यों? मुंशी जी का यह ग्रन्थ गरिमा श्रीवास्तव ने पुन: प्रकाशित किया है अपनी एक लम्बी भूमिका के साथ।

राजस्थान में हिन्दी के हस्तलिखित ग्रन्थों की खोज के लेखक मोती लाल मेनारिया हैं। इस पुस्तक में वह बताते हैं कि कायस्थ कुल में जन्मे मुंशी देवी प्रसाद ने कुल चालीस ग्रन्थों की रचना की है। इन ग्रन्थों में कवि रत्नमाला, महिला मृदु वाणी, मीराबाई का जीवन चरित्र, राज रस नानामृत और राजस्थान में हिन्दी पुस्तकों की खोज प्रमुख हैं। इनके कुछ ग्रन्थ आज भी अप्राप्त हैं नहीं तो स्त्री इतिहास का रूप हमारे समक्ष कुछ और होता। देवी प्रसाद के सन्दर्भ में वह कहते हैं— "मुंशी जी ने राजस्थान और राजस्थान के बाहर के लगभग 800 हिन्दी कवियों की एक सूची तैयार करके मिश्र बन्धुओं के पास भेजी थी जिसमें 200 के लगभग कवि बिल्कुल नये थे। मुंशी जी ने कवि रत्नमाला, महिला मृदु वाणी में कवियों के जो जीवन चरित्र लिखे हैं वह प्रमाणित, पुष्ट एवं तर्कसंगत हैं और इतिहास की कसौटी पर भी खरे उतरते हैं।" (राजस्थान में हिन्दी के हस्तलिखित ग्रन्थों की खोज : मोती लाल मेनारिया, पृ. 10) मोती लाल मेनारिया ने राजस्थान में हिन्दी के हस्तलिखित ग्रन्थों की खोज में गवरी बाई के 600 पदों का उल्लेख भी किया है। परन्तु उन्होंने उदाहरण में सिर्फ़ दो ही पद दिये हैं जो अभी तक प्राप्त हैं, अन्य का पता नहीं है।

इसी प्रकार 'हस्तलिखित हिन्दी पुस्तकों का विवरण' में गंगा स्त्री, यमुना स्त्री का विवरण (हस्तलिखित हिन्दी पुस्तकों का विवरण : भाग एक, पृ. 209) हमें मिलता है। जिसका उल्लेख मिश्र बन्धुओं ने भी किया है। इनका समय सं. 1559 से 1659 विक्रमी है। ये दोनों स्वामी हित हरिवंश की शिष्या मानी जाती हैं। ध्रुवदास ने अपने भक्तमाल में भी इनका ज़िक्र किया है। वह कहते हैं—

गंगा-जमुना तियनी में परम भागवत जानी
तिनकी बानी सुनत ही बड़े भक्ति उर आनी

परन्तु इनकी रचनाएँ अभी तक अप्राप्त हैं।

हिन्दी की स्त्री रचनाकारों के लिए ज्योति प्रसाद निर्मल जी ने दो ग्रन्थों की रचना की जो अपने आप में महत्त्वपूर्ण ही नहीं इतिहास की दृष्टि से भी उत्कृष्ट

है। प्रथम पुस्तक स्त्री कवि कौमुदी है जो 1931 ई. में गांधी हिन्दी पुस्तक भण्डार, प्रयाग से प्रकाशित हुई थी। इस पुस्तक का नवीन संस्करण आनन्द प्रकाशन पर अब उपलब्ध है। इस पुस्तक की पुन: प्रस्तुतकर्ता बलवन्त कौर हैं। इसके नवीन संस्करण में फ्लैप पर लिखा हुआ है—"1931 में प्रकाशित स्त्री कवि कौमुदी ज्योति प्रसाद मिश्र निर्मल द्वारा किया गया ऐसा अनूठा संकलन है जिसमें पहली बार हिन्दी भाषा और साहित्य में स्त्री रचनाकारों (कविता के क्षेत्र में) की भूमिका को रेखांकित किया गया है। हिन्दी साहित्य में स्त्री लेखन को अनन्य रूप से दर्ज करने का सम्भवत: यह पहला प्रयास कहा जा सकता है। स्त्री कवि कौमुदी में मीरा, महादेवी व सुभद्रा कुमारी चौहान जैसी प्रख्यात लेखिकाओं से लेकर गिरिजा कुमारी, झीमा आदि अज्ञात व अल्प ज्ञात कुल 41 कवयित्रियों की रचनाओं का संकलन किया गया है। स्त्री कवि कौमुदी से पूर्व इस प्रकार के प्रयत्न नगण्य ही कहे जा सकते हैं। हाँ कुछ ऐसे ग्रन्थों की जानकारी अवश्य मिलती है जिनमें छिटपुट रूप में स्त्री रचनाकारों को स्थान देने की कोशिश अवश्य की गयी है। दरअसल स्त्री लेखन समाज व साहित्य में जिस तरह के पूर्वाग्रहों का शिकार रहा है उन्हें बहुत हद तक तोड़ने का काम एक संकलन के रूप में स्त्री कवि कौमुदी ग्रन्थ करता है। साथ ही स्त्री लेखन के हाशिए से मुख्यधारा में आने के संघर्ष का भी प्रतीक बन जाता है। इसलिए स्त्री कविता का इतिहास इस ग्रन्थ के बिना अधूरा है।"

इस ग्रन्थ में कुल 45 कवयित्रियों के परिचय और समीक्षात्मक टिप्पणियाँ देने के साथ ही स्त्री साहित्य पर विहंगम दृष्टिपात भी किया गया है जो युग के अनुरूप और स्थितियों के आधार पर अति महत्त्वपूर्ण है। वस्तुत: इस पुस्तक में हमें आधी आबादी के इतिहास की झलक मिलती है।

इसमें मीराबाई, ताज, खगनिया, शेख, छत्रकुँवरि बाई, प्रवीणराय, दयाबाई, कविरानी, रसिकबिहारी, ब्रजदासी साईं, प्रतापकुँवरि बाई, सहजोबाई, झीमा, सुन्दरकुँवरि बाई, चम्पादे, विरंजीकुँवरि, रत्नकुँवरि बीबी, प्रतापबाला, बाघेली विष्णुप्रसाद कुँवरि, रतनकुँवरि बाई, चन्द्रकला बाई, जुगलप्रिया, रामप्रिया, रणछोड़ कुँवरि, गिरिराज कुँवरि सरीखी मध्यकालीन रचनाकारों से लेकर उन्नीसवीं शताब्दी के उत्तरार्ध और बीसवीं शताब्दी के प्रारम्भिक दौर तक की हेमन्तकुमारी चौधरानी, रघुवंशकुमारी, राजरानी देवी ,सरस्वती देवी, बुन्देलाबाला, गोपालदेवी, रमादेवी, राज देवी, रामेश्वरी नेहरू, कीरति कुमारी, तोरन देवी शुक्ल 'लली', प्रियंवदा देवी और उसके बाद के दौर में भी रचनारत सुभद्राकुमारी चौहान, महादेवी वर्मा, कुसुममाला आदि का उल्लेख है। स्त्री कवि कौमुदी की भूमिका में कहा गया है— ''हिन्दी

साहित्य में इतिहास-लेखन सदैव लैंगिक पूर्वाग्रहों का शिकार रहा है इसलिए स्त्रियों का लेखन पाठक के सामने नहीं आ पाया है। यदि आ भी गया है तो उसका समुचित उल्लेख साहित्यिक इतिहासों में नहीं मिलता है।" ज़ाहिर है स्त्री रचनाकारों की उपेक्षा का भान देवी प्रसाद, ज्योति प्रसाद निर्मल दोनों को था और उनके प्रयास से हिन्दी के स्त्री साहित्य का इतिहास हमें उपलब्ध हो पाया है।

सन् 1938 ई. में निर्मल जी ने स्त्री कवि संग्रह नामक ग्रन्थ लिखा जिसमें उन्होंने सत्रह कवयित्रियों के परिचय के साथ मुख्य रचनाओं को संकलित किया है। इस ग्रन्थ की एक और विशेषता यह है कि मूल रचनाओं के शब्दार्थ इस प्रकार दिये हुए हैं कि सामान्य पाठक शब्दार्थ की मदद से सरलतापूर्वक अर्थ स्पष्ट करे ले। स्त्री कवि संग्रह का निर्माण ज्योति प्रसाद निर्मल ने प्रयाग महिला विद्यापीठ की परीक्षा के लिए तैयार किया था जिसमें उन्होंने मीराबाई, सहजोबाई, खगनिया, बुन्देल बाला आदि 17 स्त्री कवयित्रियों का परिचय दिया है।

निर्मल जी के बाद गिरिजा दत्त शुक्ल और ब्रजभूषण शुक्ल ने 'हिन्दी काव्य की कोकिलाएँ' ग्रन्थ की रचना की, जिसका प्रकाशन 1933 ई. है। इसमें उन्होंने 33 स्त्री रचनाकारों पर विचार किया है। हिन्दी काव्य की कोकिलाएँ में कवयित्रियों की आलोचना और उनके काव्य के उदाहरण दोनों मिलते हैं। हिन्दी काव्य की कोकिलाएँ में स्त्री रचनाकारों की सम्यक सहभागिता पर मौन रहने को प्राक्कथन में लेखक कहते हैं—''हिन्दी साहित्य के स्वरूप निर्माण में हमारी देवियों ने जो भाग लिया है उसकी ओर हिन्दी के समालोचकों का ध्यान अभी विशेष रूप से आकृष्ट नहीं हुआ था। इस ग्रन्थ के लेखकों ने इस अभाव की पूर्ति का उद्योग किया है।" प्राक्कथन में लेखक का यह कथन इस ओर भी इशारा करता है कि स्त्री रचनाकारों पर समालोचकों का विशेष ध्यान नहीं गया था। इस पुस्तक में मीराबाई, प्रवीण राय, ताज, सहजोबाई, चन्द्रकला, सरस्वती देवी आदि के साथ ही गोपाल देवी, तोरण देवी, सुभद्रा कुमारी चौहान, महादेवी वर्मा, पुरुषार्थवती देवी, रामेश्वरी देवी इत्यादि कुल 31 स्त्री रचनाकारों का समालोचना के साथ परिचय दिया गया है।

बुन्देल वैभव के लेखक गौरी शंकर द्विवेदी थे। मेरे पास इसका उपलब्ध संस्करण सन् 1933 ई. का है। इन्होंने बुन्देल वैभव के तृतीय खंड में दो स्त्री कवयित्रियाँ प्रवीण राय और केशव पुत्रवधू का उल्लेख किया है। बुन्देल वैभव में केशव पुत्रवधू का 1 पद पेज 253 पर संग्रहित है। बुन्देल वैभव में प्रवीण राय पर कुछ टिप्पणी हमें प्राप्त होती है जो बहुत महत्त्वपूर्ण है। इस पुस्तक में लेखक कहते हैं— "प्रवीण राय के सम्बन्ध में श्री मेजर सरदार सज्जन सिंह जी से कुछ विशेष बातें नहीं मालूम हुई हैं।

मेजर साहब ने बतलाया कि ओरछा राज्य में प्रवीण राय के वंशज अभी विद्यमान हैं और प्रवीण राय को दी गयी सनदें अभी उनके अधिकार में हैं। मेजर साहब से वे लोग मिले भी थे। अनुसन्धान किया जा रहा है पूरा और ठीक-ठीक पता चल जाने पर इस विषय में फिर विस्तारपूर्वक लिखा जायेगा। मेजर साहब की तो धारणा है कि प्रवीण राय वेश्या नहीं थी। यही बात सनदों से सिद्ध होती है और प्रवीण राय के वंशजों से जानी जाती है।" (बुन्देल वैभव : गौरी शंकर द्विवेदी, पृ. 247)

अब तक का इतिहास प्रवीण राय को वेश्या ही बताता रहा है परन्तु यह उक्ति मानती है कि वह वेश्या नहीं थीं। साक्ष्य के रूप में अगर सनद का उल्लेख है तो यह तथ्य सत्य ही होगा। फिर उन्हें वेश्या कहने का औचित्य नहीं समझ आता है। क्या यह अन्याय और दुष्प्रचार है ?

इन साक्ष्यों के अतिरिक्त टेसिटरी जी द्वारा सम्पादित भाटों के हस्तलेखों की सूची में नाथी तथा राव योधा की साखाली रानी दो कवयित्रियों का उल्लेख मिलता है। श्री गंगा प्रसाद विशारद ने अपने हिन्दी के मुसलमान कवि पुस्तक में पाँच कवयित्रियों का उल्लेख किया है, जो हैं— शेख, ताज, रूपमती बेगम, सुन्दर कली और मुस्तरी जी। इसी तर्ज़ पर कमलधारी सिंह ने मुसलमानों की हिन्दी सेवा पुस्तक में कवयित्रियों को भी स्थान दिया है।

श्रीमती हेमन्त कुमारी चौधरी, हेमन्त कुमारी देवी भट्टाचार्य, ईश्वरी देवी नेहरू का उल्लेख हिन्दी कोविंद ग्रन्थ माला भाग 2 (1909-1914) में मिलता है। श्यामसुन्दर दास ने निवेदन में लिखा है—"तीन महिलाओं के चित्र और भी इस बेरि में सम्मिलित हैं। यह बात हिन्दी के लिखे गौरव की है कि महिला गण भी हिन्दी भाषा की सेवा में तत्पर हैं।" (श्यामसुन्दर दास : कोविंद ग्रन्थ माला, भाग 2, पृष्ठ 3)

रामनरेश त्रिपाठी की पुस्तक 'कविता कौमुदी' जिसका पहला संस्करण सन् 1917 में साहित्य भवन, प्रयाग से प्रकाशित हुआ था। इसमें त्रिपाठी जी ने मीराबाई, चम्पा दे, प्रवीण राय, बनीठनी, सहजोबाई, दयाबाई का परिचय रचनाओं सहित दिया है। इसके साथ ही एक और अन्य बात बड़ी महत्त्वपूर्ण रही है कि कविता कौमुदी में रामनरेश जी ने आलम और शेख जिनको प्राय: इतिहासकारों ने एक मानने की भूल की है या यों कहें पुरुषात्मक सामन्तवादी प्रवृत्ति के कारण सदैव एक कहा है, उसको इन्होंने अलग-अलग माना है। दोनों का परिचय और रचनाएँ अपनी कविता कौमुदी में वह देते हैं। इसके साथ ही यह भी मैं कहना चाहूँगी कि इस पुस्तक में उन्होंने मिश्र बन्धु विनोद, सन्तवाणी पुस्तक माला और हिन्दी साहित्य सम्मेलन की वार्षिक लेख मालाओं से सहायता ली थी जिससे उनके साक्ष्य मज़बूत ही नहीं बल्कि

तत्कालीन परिवेश में सृजन कार्य में रहने वाली स्त्री रचनाकारों को जो भी थोड़े बहुत उदाहरण मिलते हैं उनको लेने का सराहनीय कार्य किया।

रामनरेश जी ने 'हमारा ग्राम साहित्य' की भी रचना की है। इसका प्रकाशन वर्ष 1940 ई. है। इसमे रामनरेश जी ने लौकिक साहित्य पर विशद काम किया है। इसमें उन्होंने स्त्री साहित्य पर अलग से विवेचन किया है। स्त्री साहित्य के लौकिक पक्ष की दृष्टि से यह प्रथम प्रयास कहा जा सकता है। इस पक्ष से देखने पर स्त्री साहित्य का रूप ही कुछ और हो जाता है। इतिहासकारों की इस ओर दृष्टि न होने से स्त्री साहित्य की रूपरेखा ही बदल गयी।

मिश्र बन्धु विनोद सन् 1930 से 1934 ई. में प्रकाशित हुआ है। जिसमें हमें मीरा, बेनी प्रवीण, जीना, गंगा, जमुना, चन्द्रसखी, प्रवीण राय, रानी रारधरी और पद्मा चारणी स्त्री रचनाकारों का उल्लेख मिलता है। मिश्र बन्धु विनोद में ही कल्याणी स्त्री के भजन संग्रह का पता चलता है पर इसकी विस्तृत जानकारी उपलब्ध नहीं हो पायी है। मुक्ताबाई और कृष्णावती का उल्लेख भी हमें मिश्र बन्धु विनोद में ही मिलता है। हरि कृष्ण जी ने ब्रज बुली साहित्य में स्वर्ण लली जी का उल्लेख किया है।

चतुरसेन शास्त्री ने अपने ग्रन्थ 'हिन्दी भाषा और साहित्य का इतिहास' में स्त्री रचनाकारों पर ध्यान दिया है। उन्होंने 'स्त्री कवित्रीयाँ' (पुस्तक में कवित्रीयाँ ही लिखा हुआ है।) नाम से एक अध्याय लिखा है। इसमें शामिल कवयित्रियाँ पूर्व में उल्लिखित ग्रन्थों की ही है। परन्तु इतिहास ग्रन्थ में इस प्रकार से नामोल्लेख के साथ स्त्री पर अलग से अध्याय लेखन सकारात्मकता को प्रदर्शित करता है।

लाला भगवानदीन ने आलम केलि के नाम से शेख और आलम के 407 पद संकलित किये हैं। वह कहते हैं— "शेख यदि आलम से बढ़कर नहीं है तो कम भी नहीं है। प्रेम की जिस धारा का प्रवाह आलम में है वही शेख में, ऐसा भाव भावना साम्य बहुत कम पाया जाता है। दोनों की रचनाएँ ऐसी मिलती-जुलती हैं कि उनका एक-दूसरे से पृथक् करना कठिन हो जाता है। नायिका भेद और कलापूर्ण काव्य की दृष्टि से शेख को पुरुष कवियों की श्रेणी में रखा जा सकता है। उसकी सबसे भारी विशेषता उसकी शुद्ध भाषा, सरल पद्धति और सुव्यवस्थित भाव व्यंजना है। शेख के प्रथम और बाद में भी बहुत दिन तक शेख जैसी ब्रजभाषा किसी भी स्त्री कवित्री ने नहीं कहीं।" (चतुरसेन शास्त्री : हिन्दी भाषा और साहित्य का इतिहास, पृष्ठ 231)

सावित्री सिन्हा का ग्रन्थ मध्यकालीन हिन्दी कवयित्रियाँ अपने आप में अनूठा ग्रन्थ है। इसका प्रथम संस्करण जो मुझे प्राप्त है, उसका प्रकाशन वर्ष 1953 ई. है। इसमें पूर्व में उल्लेखित कवयित्रियों के परिचय, तिथि को अन्य ग्रन्थों से लिया

गया है पर उन पर समालोचनात्मक दृष्टि सावित्री जी की निजी है। मध्यकालीन हिन्दी कवयित्रियों पर पर्याप्त सामग्री व अनुशीलन सावित्री जी द्वारा किया गया है। मध्यकालीन हिन्दी का पूरा इतिहास स्त्री काव्य की दृष्टि से यह पुस्तक प्रस्तुत करती है। सुमन राजे का इतिहास ग्रन्थ भी इसी को आधार बना कर रचा गया है।

स्त्री इतिहास-लेखन के सन्दर्भ में डॉ. सुमन राजे ने बड़ा साहसिक प्रयास किया है। इतिहास-लेखन में यह प्रथम प्रयास तो नहीं है परन्तु इतिहास-लेखन की परम्परा की नींव तो अवश्य रखता है। प्रथम प्रयास इसे इसलिए नहीं कहूँगी क्योंकि इसके पूर्व सावित्री सिन्हा ने मध्यकालीन इतिहास को पूरी समग्रता से समेटा है।

सुमन राजे का इतिहास चार खंडों में विभक्त है—प्रथम खंड साहित्य का आधा इतिहास में तीन शीर्षक है जिसमें वह नामकरण पर चर्चा करती हैं जिसमें वह छायावाद, प्रगतिवाद, प्रयोगवाद जैसे सम्प्रदाय आदि पर चर्चा करती हैं। पर इसके नामकरण की पूर्णता पर वह प्रश्न नहीं उठाती हैं। यहाँ एक प्रश्न अवश्य उठना चाहिए था कि क्या यह नामकरण पूर्णता को देते हैं? क्या हम छायावाद कहते हैं तो छायावादी भाव बोध से इतर रचनाएँ नहीं हुई हैं? इतर भाव बोध की रचना करने वाली कवयित्रियों को हम किस श्रेणी में रखेंगे? ज़ाहिर-सी बात है कि हम वाद में ज़्यादा उलझे रहे और रचनाएँ हमसे छूट गयीं। इसका सबसे ज़्यादा ख़मियाजा स्त्री साहित्य को हुआ।

द्वितीय खंड विरासत में वह वैदिक से लेकर प्राकृत कवयित्रियों की चर्चा करती हैं। हिन्दी साहित्य इतिहास प्रकरण में वह भक्ति और रीतिकाल पर परिचर्चा करती हैं। परन्तु यहाँ पर मैं यह कहना चाहती हूँ कि इन लम्बे-लम्बे तीन खंडों के 224 पृष्ठों में मात्र 36 पृष्ठ ही हिन्दी लेखिकाओं के नाम आये हैं। यह बात मुझे थोड़ी-सी खलती है। ज़ाहिर-सी बात है हिन्दी के स्त्री साहित्य के साथ यहाँ पूर्णतया न्याय नहीं हो पाया है। मेरे इस कथन को सुमन राजे की आलोचनात्मक दृष्टि देने का प्रयास बिल्कुल नहीं समझा जाना चाहिए। यह तथ्य तो पढ़ते समय मस्तिष्क में आया इसलिए यहाँ प्रस्तुत कर दिया गया है। इसके साथ ही इसे पढ़ते हुए मैंने यह महसूस किया कि यह इतिहास सम्पूर्ण भारतीय भाषाओं का इतिहास है क्योंकि यह हर भाषाओं को साथ लेकर के चला है। सुमन राजे का कहना है कि—"यह संरचना केवल हिन्दी साहित्य की नहीं है, समग्र भारतीय इतिहास की है। जिसका सम्बन्ध नवजागरण से है। (सुमन राजे : हिन्दी साहित्य का इतिहास, पृष्ठ 9) सिर्फ़ हिन्दी की तलाश करने वाले थोड़े से निराश अवश्य होंगे। रीतिकाल पर वह चर्चा ही नहीं करती हैं और परिस्थितियों पर भी मुझे एक सूनापन दिखाई देता है। सुमन राजे

पुनर्जागरण के आधार पर किये गये खंड को स्त्री साहित्य से पूर्णत: जोड़ नहीं पाती हैं। इसके बाद आधुनिक युग को सुमन जी ने बड़ी सुन्दरता से व्याख्यायित किया है।

सुमन राजे के पश्चात् नीरजा माधव की पुस्तक हिन्दी साहित्य का ओझल नारी इतिहास महत्त्वपूर्ण कृति है। नीरजा जी ने अपनी पुस्तक का समय सन् 1857 से 1947 ई. लिया है। इस कालखंड में आने वाली स्त्री रचनाकारों के परिचय के साथ ही वह उनपर समीक्षात्मक टिप्पणी भी रखती हैं जो रचनाकारों को समझाने के लिए महत्त्वपूर्ण है। सात सर्गों में विभक्त पुस्तक में इतिहासकारों की बाजीगरी के भरपूर साक्ष्य हैं। लोक साहित्य से होते हुए हिन्दी साहित्य तक विचरण करते हुए नीरजा जी स्वतन्त्रता की साधिकाओं को भी याद करती हैं।

इन ग्रन्थों के अतिरिक्त हिन्दी लेखिकाएँ प्राचीन काल से मध्यकाल तक (आशा रानी), मध्यकालीन कवियों की काव्य साधना (उषा कँवर राठौड़), हिन्दी की कवयित्रियाँ (रामप्रसाद मिश्र), हमारा ग्राम गीत (रामनरेश त्रिपाठी), आधुनिक महिला लेखन (रमणिका गुप्ता), हिन्दी की श्रेष्ठ लेखिकाएँ (हृदय व्यथित), आधुनिक युग की हिन्दी लेखिकाएँ (उमेश माथुर), हिन्दी की महिला साहित्यकार (सत्य प्रकाश मिलिंद), हिन्दी प्रेस और स्त्री का वैकल्पिक क्षेत्र (सम्पादक जगदीश्वर चतुर्वेदी एवं सुधा सिंह), स्त्री काव्य धारा (सम्पादक जगदीश्वर चतुर्वेदी एवं सुधा सिंह), स्त्री कथा साहित्य (सुधा सिंह), हिन्दी लेखिकाएँ परवर्ती काल से आधुनिक काल तक (राज बुद्धिराजा), 21वीं सदी की हिन्दी स्त्री कविता : आशा और अभिव्यक्ति (सम्पादक सन्तोष टेलकीकर), महिला काव्य चन्द्रिका (राजेन्द्र सिंह) हिन्दी कथा साहित्य में महिलाओं का योगदान (उर्मिला गुप्ता), हिन्दी की कलामयी तारिकाएँ (करुणा शंकर शुक्ल) ने भी हिन्दी के स्त्री साहित्य के योगदान को रेखांकित करने में अपना महत्त्वपूर्ण योगदान दिया है। इन पुस्तकों के साथ ही अनेक ऑनलाइन और ऑफ़ लाइन पत्रिकाओं, लेख और अन्य सूचनाओं ने भी स्त्री इतिहास में अपनी महत्त्वपूर्ण भूमिका निभाई है।

आजकल तकनीकी के बढ़ते युग में तथा शोध की असीम सम्भावनाओं के खुलने के कारण इस क्षेत्र में काफ़ी सराहनीय प्रयास हुए हैं। जो छूट गया है उसे हम बदल नहीं सकते हैं परन्तु जो कुछ हमारे पास है उससे हम एक नये इतिहास का सृजन तो कर ही सकते हैं। इसी आशा के साथ मैंने इन पुस्तकों का अध्ययन किया और हिन्दी के स्त्री साहित्य के इतिहास का एक ढाँचा खड़ा करने का प्रयास किया है। जिसे मैं नवीन तो नहीं परन्तु हिन्दी साहित्य के स्त्री साहित्य को समझने का एक तुच्छ प्रयास अवश्य कहूँगी।

द्वितीय अध्याय

आदिकाल और स्त्री साहित्य का प्रश्न

वैदिक साहित्य में गार्गी, मैत्रेयी, अतिथि, अपाला आदि रचनाकारों का नाम कौन नहीं जानता है। ऐसा माना जाता है कि कुछ स्त्रियों ने वैदिक संहिता और वेद का लेखन भी किया है। इसी सन्दर्भ में एक कथा प्रसिद्ध है कि देवी सूक्त की रचयिता वाग् इतनी प्रसिद्ध हो गयी थी कि सरस्वती देवी के नाम का पर्यायवाची भी इनके नाम पर प्रयुक्त होने लगा। विदुषी विश्वरा की रचनाएँ ऋग्वेद मण्डल में हमें मिलती हैं। समय काल की दृष्टि से वज्जिका आदि सिद्ध एवं नाथ कालखंड के आसपास अनुमान लगाई जाती हैं पर इन कवयित्रियों का चयन संस्कृत भाषा का है। इससे हम यह अनुमान लगा सकते हैं कि इस कालखंड में महिला रचनाकार हिन्दी में भी रही होंगी पर सामग्री अनुपलब्ध होने के कारण इतिहास के पन्ने पर दर्ज नहीं हो पायी हैं।

पालि भाषा बौद्ध कालीन है। हम सभी जानते हैं इसमें कई बौद्ध भिक्षुणियों ने शिक्षा प्राप्त की है। बौद्ध ग्रन्थ के सूत्त पिटक में गाथा प्राप्त होती है जिसमें लगभग 96 बिश्नोइयों की गाथाएँ संस्कृत में हैं। कृषा, गौतमी, आम्रपाली आदि स्त्रियों ने काव्य सृजन किया है, जिसमें वेश्यावृत्ति, मातृत्व, बांझपन, दास प्रथा पुनर्विवाह और अस्पृश्यता आदि का विवेचन हमें मिलता है। ज़ाहिर है स्त्री वेदना का चित्र बिना स्त्री विमर्श के पहले से खींचा जाता रहा है। तत्कालीन समाज में मुक्ता और शुभा जैसी स्त्रियों ने घर परित्याग का साहस किया था। मीराबाई का नाम तो इसके बहुत बाद में आता है। पालि साहित्य में उपलब्ध थेरी गाथाएँ आश्चर्यजनक रूप से महिला रचनाकारों की परिपक्वता और विषय वैविध्य का प्रमाण है। अम्बपाली, पुर्णिका, कृषा, गौतमी आदि के गीत लोक साहित्य में आज भी विचरण कर रहे हैं।

''जैन धर्म में 24 तीर्थंकर का उल्लेख मिलता है। जिसमें 19वीं तीर्थंकर के रूप में बद्रीनाथ, मल्लीनाथ नामक स्त्री का नाम लिया जाता है जो इस बात का

प्रमाण है कि जैन काल में उच्च कुल की स्त्रियों में शिक्षा का प्रचलन रहा है।" (नारी अस्मिता की परख, डॉ. दर्शन पांडे, पृष्ठ 16) इस आधार पर हम यह अवश्य कह सकते हैं कि अन्य तीर्थंकरों के समान इन्होंने भी साहित्य का सृजन किया होगा जो इतिहासकारों की उदासीनता के कारण आज विलुप्त हो गया है। जैन साहित्य में ही लीलावती और भारती का भी उल्लेख हमें मिलता है जो अपनी बोल्डनेस के लिए प्रसिद्ध रही हैं। तब ऐसे समय में यह कहना कहाँ तक तर्कसंगत है कि जैन साहित्य में स्त्री रचनाकार नहीं हुईं। जब तक रचनाएँ नहीं मिल जाती हैं तब तक तो सवाल उठते ही रहेंगे और इनका जवाब भी ढूँढ़ पाना इतना आसान नहीं है।

प्राकृत को स्त्रियों की भाषा कहा गया है। तब क्या यह सम्भव है कि स्त्रियों ने इस भाषा में सृजन न किया हो? मुझे तो ऐसा नहीं लगता है। पर काल के गर्त में जा चुकी इनकी रचनाएँ जब तक प्राप्त नहीं हो जातीं तब तक कुछ भी कहने की बाध्यता बरकरार रहेगी। वैसे गाथा सप्तशती प्राकृत भाषा की गीत साहित्य की एक अनमोल कृति है। गाथा सप्तशती में ऐसा माना जाता है कि कवयित्रियों की रचनाएँ मिलती हैं। गाथा सप्तशती अनुक्रमणिका में मुझे अण्णगं कुसुम, अण्ण महिला और अद्‌दंसणेण महिला के नाम प्राप्त हुए हैं।

गाथा सप्तशती के सन्दर्भ में पृथ्वी, रेवती, कुट्टीका, शशि प्रभा आदि का नामोल्लेख भी मिलता है। इसी समय और इसके आगे की काल खंड में सुभद्रा इन्द्रलेखा आदि लगभग 40 स्त्रियों के पद यत्र-तत्र बिखरे पड़े हैं। जिसे राहुल सांकृत्यायन संस्कृत काव्य धारा में अपभ्रंश युग में वर्णित करते हैं। वह कहते हैं—"इस काल अपभ्रंश पूर्व काल (550 से 700 ई.) की एक विशेषता है कुछ स्त्री कवयित्रियों की कृतियों का हमारे पास तक आना। दूसरे कालों में भी वह रही होंगी किन्तु उनकी कविता के अवशेष हमें इसी काल के मिलते हैं। जहाँ इस काल के पुरुष कवियों ने शब्द आडम्बर पर बहुत ज़ोर दिया वहाँ स्त्री कवयित्रियाँ इस दोष से मुक्त हैं। (राहुल सांकृत्यायन : संस्कृत काव्य धारा, पृ. 473)

राहुल जी ने दरबारी कविप्रिया को भी कवयित्री माना है। पर सामग्री उपलब्ध न होने के कारण यह इतिहास में विलुप्त हो गयी है। शुक्ल जी ने अपने ग्रन्थ में सहजयोगिनी का एक दोहा उल्लिखित किया है और कुक्कुरिपा का भी उल्लेख किया है। डॉक्टर सेन ने चर्या गीत पदावली में कुक्कुरिपा को स्त्री माना है और मणिभद्रपा को इनकी शिष्य।

भक्तमाल में रामानन्द के 12 शिष्यों में घना, पद्‌मावती, सुरसरि 3 महिलाएँ हैं। पर इन महिलाओं की कोई भी रचना प्राप्त नहीं। भक्तिकाल में गंगा, गौरी, सीता,

सुमति, शोभा, प्रभुता, उमा कुँवरि, उबीठा, गोपाली, गणेश देवरानी, कला, लखा, कृतगड़ी, मानुमति, सुचि, सतभामा, जमुना, कोली, रामा, मृगा देवा, विश्रामा, जुग जेवा कीकी, कमला देवकी हीरा, झाली हरिचेरी आदि के नाम प्राप्त होते हैं पर इनकी रचनाएँ कहाँ लुप्त हो गयीं यह कोई नहीं जानता।

राहुल सांकृत्यायन ने 84 सिद्धों में मणिभद्रपा, मेखला, कनखला, लक्ष्मीकरा इन चार महिलाओं का उल्लेख किया है। पर यह सम्भव है कि सिद्ध साहित्य में अन्य पुरुषों की भाँति रहती रही हो पर रचनाएँ न की हों? पर इनकी रचनाएँ कहाँ हैं यह अभी तक पता नहीं चला है। अब अनुमान यही है कि इतिहास में ये कवयित्रियाँ अपना नाम नहीं लिखवा पायी हैं। क्यों? प्रश्न कई उठते हैं पर सवालों के सहारे हम दूर तक नहीं जा सकते हैं। अब सिर्फ़ हम जवाब का इन्तज़ार ही कर सकते हैं कि शायद इनकी रचनाएँ हमें प्राप्त हो जायें।

स्त्री रचनाकारों के ओझल होने का एक कारण यह था कि स्वयं स्त्री रचनाकारों ने न तो अपना परिचय दिया और न ही स्वयं की रचनाओं के प्रचार-प्रसार पर बल दिया। इसका दूसरा कारण इतिहासकारों की उपेक्षा रही है। दुनिया भर का इतिहास-लेखन पुरुष प्रधान रहा है। यह तथ्य सभी ने स्वीकार कर लिया है।

अपभ्रंश और हिन्दी एक-दूसरे से संयुक्त रूप से जुड़े हुए हैं। इसलिए आदिकाल की सीमा और हिन्दी का विवाद सदैव बना रहा है। अवहट्ट बनाम पुरानी हिन्दी, अपभ्रंश बनाम हिन्दी जैसे विवाद काफ़ी लम्बे समय तक चले हैं। इसके साथ ही नामकरण विवाद भी आज तक बरकरार है। चारण काल, वीर काल, वीरगाथा काल, सिद्ध सामन्त काल आदि नामकरण आदिकाल के विवाद को ही प्रकट करते हैं। आदिकाल के सीमांकन पर भी अनेक विवाद हैं। रचनाओं के ग्रहण और त्याग का प्रश्न बड़ा संवेदनशील होता है। कहीं कुछ अंश मिलते हैं तो कहीं प्रक्षिप्त हिस्सा मिलता है। बीसलदेव रासो जैसे कई ग्रन्थ काव्य रहे हैं जिनका आकार और भाषा बदलती रही है। पृथ्वीराज रासो जैसी रचनाएँ भी इसी तरह की हैं जिनकी प्रामाणिकता और अप्रामाणिकता को लेकर अनेक विवाद रहे हैं। यह विवाद इतना बड़ा है कि डॉ. नगेन्द्र के हिन्दी साहित्य का इतिहास में एक अध्याय बन गया है और विद्यालयी परम्परा में विस्तृत प्रश्न के रूप में परीक्षाओं में प्रयुक्त होता है।

यदि हम आकार और परिवर्तन के आधार पर निर्णय करेंगे तब तो आदिकालीन साहित्य ही नहीं कबीर, सूर, तुलसी से लेकर बिहारी आदि की कृतियाँ भी प्रामाणिकता के प्रश्न खड़े कर सकती हैं। इसके चक्रव्यूह में फँसकर हमारा मूल उद्द्देश्य भटक जायेगा। अब प्रश्न यह है कि जब पुरुष कवियों के इतिहास ग्रन्थ इतने पर्याप्त हैं तब

उपर्युक्त संशय है तब ऐसी स्थिति में स्त्रियों का इतिहास तलाशना कितना जोखिम भरा काम है यह कहने की आवश्यकता नहीं है।

हज़ारी प्रसाद द्विवेदी, गणपति चन्द्र गुप्त आदि ने अपभ्रंश-हिन्दी की निर्णायक रेखा को खींचना दुष्कर मानकर भक्तिकाल से ही हिन्दी साहित्य का आरम्भ माना जाये यह कहा है। पर वह भी जानते थे कि आदिकाल के अपभ्रंश बनाम हिन्दी साहित्य को हटाते ही भक्ति साहित्य तने से कटे वृक्ष की तरह निराधार हो जायेगा। इसीलिए चाह कर भी या न चाह कर भी हम अब पुरानी हिन्दी को काट नहीं सकते हैं। जब सीमांकन और नामकरण के साथ उपलब्ध सामग्री पर इतना विवाद है तब उस कठिन समय में महिला लेखन ढूँढ़ पाना अत्यन्त कठिन कार्य है। यह हम सभी बख़ूबी समझते हैं।

आदिकालीन परिस्थितियों को अगर देखा जाये तो उत्तरी भारत में हर्षवर्धन के समय आक्रमण हो रहे थे जिसका प्रभाव पश्चिम एवं मध्य प्रदेश में भी हो रहा था। तत्कालीन समय में युद्ध के दो स्तर थे— पहला विदेशी आक्रमण और दूसरा राजाओं में परस्पर युद्ध और वैमनस्य। सामान्य जनता युद्धों में पिस रही थी। उस समय नारी क्रय-विक्रय और अपहरण जैसी घटनाएँ आम बात थी। शिक्षा की व्यवस्था का पूरी तरह से अभाव था ख़ासतौर पर स्त्री के लिए। भारतीय संस्कृति शिखर पर थी पर धीरे-धीरे मुस्लिम संस्कृति संघर्ष व्याप्त हो गया था। राजपूताना शासन में एक अच्छी बात हुई थी वह है लोक भाषा को प्रश्रय देना।

साहित्यिक दृष्टि से देखें तो इस कालखंड में तीन धाराएँ बह रही थीं —पहली संस्कृत, दूसरी प्राकृतअपभ्रंश की और तीसरी हिन्दी। विषय, काव्य और काव्य भाषा का वैविध्य आदिकाल की विशेषता रहे हैं। पूर्व से सिद्ध, पश्चिम से जैन, दिल्ली और आसपास से अमीर खुसरो, लोक भाषा के साथ विद्यापति अपनी रचनाएँ सृजित कर रहे थे।

जैसा कि मैंने पहले भी कहा है कि इस कालखंड में भाषा की तीन धाराएँ बह रही थीं पहली संस्कृत, दूसरी प्राकृतअपभ्रंश की और तीसरी हिन्दी। हिन्दी में भी कुछ रचनाकारों ने परिष्कृत हिन्दी का प्रयोग किया और कुछ ने लोक भाषा पर बल दिया। लोक भाषा में भी हिन्दी साहित्य का सृजन चल रहा है इससे शुक्ल जी भी परिचित थे। तभी तो वह कहते हैं— "प्राकृत पढ़े हुए पंडित ही उस समय कविता नहीं करते थे। जनसाधारण की बोली में गीत दोहे आदि प्रचलित चले आते रहे होंगे जिन्हें पंडित लोग गँवार समझते होंगे। ऐसी कविताएँ राजसभाओं तक भी पहुँच जाती रही होंगी। राजा भोज जस मूसर चन्द कहने वालों के सिवा देश भाषा में सुन्दर

भाव भरी कविता कहने वाले भी अवश्य रहे होंगे। (आचार्य रामचन्द्र शुक्ल : हिन्दी साहित्य का इतिहास, पृष्ठ 19) ज़ाहिर है कि लोक भाषा के सृजन से सभी परिचित थे पर उसे सहेजने का प्रयास नहीं किया गया।

डॉ. नगेन्द्र ने हिन्दी साहित्य के इतिहास में आदिकाल की सामग्री को पाँच प्रकार में बाँटा है जो इस प्रकार है—

1. सिद्ध साहित्य
2. नाथ साहित्य
3. जैन साहित्य
4. रासो साहित्य
5. लौकिक साहित्य

यहाँ हम देखते हैं कि सिद्ध, नाथ, जैन, और रासो साहित्य की सभी चर्चा करते हैं पर इसमें स्त्री साहित्य का सृजन होते हुए भी सामग्री को संग्रह न कर पाने की प्रवृत्ति के कारण स्त्री साहित्य कहीं लुप्त हो गया। हमारे पास कुछ नाम ही उपलब्ध हैं जिनका उल्लेख हम कर चुके हैं। एक तथ्य और है कि हर इतिहासकार लौकिक साहित्य पर मौन दिखता है और यही लौकिक साहित्य-स्त्री लेखन की नींव है।

आदिकाल का जो समय है उस समय स्त्री लेखन की दो धाराओं में रचनाएँ मिलती हैं'— पहली वह है जिसमें स्त्री रचनाकारों ने संस्कृत भाषा का चयन किया है और दूसरी वह है जिसमें देश भाषा अर्थात लोक भाषा का चयन किया है जिसे डॉ. नगेन्द्र लौकिक साहित्य की श्रेणी में रखते हैं।

जिसे हम अवहट्ट कहते हैं और चन्द्रधर शर्मा गुलेरी ने जिसे पुरानी हिन्दी कहा है, उस समय संस्कृत में कवयित्रियों का लेखन प्राप्त होता है। इस तरफ़ हम यह सम्भावना ही कर सकते हैं कि स्त्रियों ने क्यों संस्कृत भाषा का चयन किया क्योंकि आदिकालीन जितनी प्रवृत्तियाँ हम देखते हैं जैसे सिद्ध, नाथ, जैन तथा रासो साहित्य इन सब में दो प्रवृत्ति प्रधान रही हैं पहली है वीरता और दूसरा है भक्ति के नाम पर योग, अनहद, नाद आदि का चित्रण। अब इन परिस्थितियों में, इन प्रवृत्तियों में क्या लेखन सम्भव था? इन सब प्रश्नों में हम एक और मुख्य बातें देखते हैं वह है स्त्री की अधम स्थिति। इन सभी रचनाओं में स्त्री को बाधा माना गया है जो बाद में हमें कबीर आदि की रचनाओं में भी दिखाई देती है। सम्भवत: इसीलिए तत्कालीन समय में स्त्री लेखिकाओं ने संस्कृत की काव्य परम्परा से जुड़ना ज़्यादा श्रेष्ठ समझा होगा। संस्कृत की सुमधुर परम्परा और लोक साहित्य का वरण आदिकालीन कवयित्रियों ने किया है। हो सकता है कि इसका कारण यही परिस्थितियाँ रही हों।

चन्द्रधर शर्मा गुलेरी और रामनरेश त्रिपाठी ने बहुत से ऐसे दोहों का वर्णन किया है जिनकी रचना स्त्रियों ने की है। तत्कालीन समाज में प्रचलित लोक कथाओं में सुजाता की कहानी में स्त्री, पुरुष, शिक्षा, प्रेम, विवाह आदि का वर्णन मिलता है। तात्पर्य यह है कि आठवीं शताब्दी में यह सब प्रचलित था। साथ ही सुजाता और पद्मवारा स्त्री रही हैं, जिन्होंने रचनाएँ की हैं परन्तु इतिहासकारों ने इन्हें अपने इतिहास में स्थान नहीं दिया है। यह भी सम्भावना है कि इनके जैसी अनेक रचनाकार उपेक्षा के कारण कहीं गुम हो गयीं जो अब अपना नाम इतिहास के पन्नों में कभी दर्ज नहीं करा पायेंगी।

सिद्ध साहित्य का जन्म बौद्ध दर्शन से माना जाता है। छठवीं शताब्दी में धर्म सुधार आन्दोलन में स्त्री शिक्षा भी एक मुद्दा रहा है। सिद्ध साहित्य का बहुत-सा अंश बोलियों मगही, सन्ध्या आदि में रचा गया है जो सुरक्षित नहीं रह पाया है। और हम सभी जानते हैं कि इन बोलियों में स्त्री रचनाकार अवश्य ही होंगी। नाथ साहित्य के सन्दर्भ में हम यह ज़रूर कह सकते हैं इसमें हमें कहीं भी स्त्री रचनाकार मिलने की कोई सम्भावना नहीं दिखाई देती है।

सिद्धों में मणिभद्रपा, मेखला, कनखला, लक्ष्मी करा स्त्रियों के नाम हैं अब ऐसे में अन्य सिद्धों की भाँति इन्होंने भी रचनाएँ की हैं जो प्राप्त नहीं हैं और इतिहास के गर्त में चली गयी हैं, जिन्हें शायद आज हम ढूँढ़ भी न पायें। सामग्री की अनुपलब्धता के कारण पूरा आदिकाल का समय स्त्री रचनाकारों के वजूद पर संशय रखता है और अगर कुछ उपलब्ध है तो वह मौखिक परम्परा में ही है। जो कुछ भी प्राप्त है हमें उन्हीं से सन्तोष करना होगा।

तृतीय अध्याय

मध्यकाल और स्त्री साहित्य

मध्यकाल में तुग़लक वंश, जिसमें मोहम्मद बिन तुग़लक, फिरोज़ तुग़लक आदि का वर्णन मिलता है। तुग़लक वंश के बाद सैयद वंश और लोदी वंश का उल्लेख मिलता है जिसमें बिखराव, विद्रोह तथा केन्द्रीय सत्ता का छिन्न-भिन्न होना दिखाई देता है। सामाजिक दृष्टि से धर्म और मान्यताएँ परस्पर विरोधी हो गयी थीं। बलात धर्मान्तरण तथा स्वार्थवश धर्मान्तरण का कार्य तेज़ होने लगा था जिससे हिन्दुओं को काफ़ी चिन्ता होने लगी थीं और इन सबके परिणाम-स्वरूप जातियाँ और उपजातियाँ बढ़ने लगी थी। तत्कालीन परिस्थिति में स्त्री की स्थिति दयनीय थी। इब्नबतूता के अनुसार स्त्री क्रय की जाती थी और मनोरंजन और गृह कार्य में प्रयुक्त होती थीं। मोहम्मद बिन तुग़लक का चीन के सम्राट के पास भारतीय काफ़िरों को तोहफ़ा भेजने का प्रकरण इतिहास में दर्ज है, जिसमें अधिकांश स्त्रियाँ ही होती थीं। इन्हीं सबके परिणाम-स्वरूप दास प्रथा, पर्दा प्रथा आदि का प्रचलन काफ़ी तेज़ी से बढ़ा पर यह भी है कि एक वर्ग ऐसा था जहाँ स्त्री शिक्षा की व्यवस्था थी और कला साहित्य के निर्माण में स्त्रियों का योगदान होता रहा है। उच्च और निम्न वर्ग इसमें भूमिका निभाता है।

आलोचकों के मतानुसार नवजागरण उत्पन्न होने में दो संघर्ष महत्त्वपूर्ण योगदान रखते हैं एक है बाहरी और दूसरा है भीतरी। भीतरी संघर्ष में हम हिन्दू धर्म के कर्मकांड, जाति, वर्ण, बाह्याचार आदि को मुख्य कारक मान सकते हैं जिसके परिणाम-स्वरूप असन्तोष की भावना हुई और संघर्ष की परिणति हुई। बाहरी संघर्ष है इस्लाम का प्रवेश। उसकी संस्कृति और इन सब की बढ़ती हुई पैठ जिसकी तरफ़ आचार्य रामचन्द्र शुक्ल ने अपने इतिहास में इशारा किया था। भक्तिकाल के बाद रीतिकाल का प्रारम्भ विद्वान मानते हैं। कुछ आलोचक रीतिकाल को भक्तिकाल

के समानान्तर चलने वाली धारा मानते हैं। डॉ. विश्वनाथ प्रसाद त्रिपाठी अपने ग्रन्थ हिन्दी साहित्य का सरल इतिहास में कहते हैं कि भक्त कवियों की रचनाएँ रीतिकाल में भी हैं और रीति प्रवृत्ति वाली रचनाएँ आधुनिक काल में भी जाती हैं। यह सत्य है कि कोई एक प्रवृत्ति पूरे कालखंड में नहीं हो सकती है। मुख्य प्रवृत्ति के साथ ही अन्य प्रवृत्तियाँ अवश्य विद्यमान रहती हैं। हम सभी यह जानते हैं कि तुलसीदास और केशवदास समकालीन थे, फिर यह कहना असंगत न होगा कि भक्ति और रीतिकाव्य धारा समानान्तर रही होगी। भाषा के सन्दर्भ में भी यह सत्य है की अवधी और ब्रज भाषा के साथ ही अन्य भाषाएँ भी प्रचलित थी जिन्हें बोली या क्षेत्रीय भाषाएँ कहकर पृथक् विवेचन के लिए छोड़ दिया गया। मध्यकाल को भक्ति एवं रीतिकाल में न बाँट कर उसकी प्रवृत्तियों पर चर्चा उचित होगी। परन्तु हम अपने मूल विषय स्त्री सन्दर्भ पर चर्चा करते हैं। जब हम स्त्री साहित्य की चर्चा करते हैं तो लोक भाषा और हिन्दी दोनों भाषाओं को प्रयोग किया जाना चाहिए।

अगर हम स्त्री सन्दर्भ लें तो हर्षवर्धन की बहन राज्यश्री शासन में सहयोग करती थी। इसी प्रकार से सुगन्धा, दीदा, रतम्बा, कुर्मा देवी, रानी कर्णावती, रानी दुर्गावती आदि के सन्दर्भ में भी हमें उल्लेख मिलता है पर पूरा विवरण उस रूप में नहीं मिलता जिस रूप में हम चाहते हैं। इस दृष्टि से एक महत्त्वपूर्ण बात यह भी है कि साहित्य के क्षेत्र में स्त्रियों का जो योगदान रहा है वह इन्हीं उच्च वर्ग की स्त्रियों का रहा है परन्तु ख्याति सिर्फ़ मीराबाई को मिली है। निम्न तथा मध्य वर्ग का योगदान कहीं विलुप्त हो गया और कहीं लोक भाषा में अनाम रूप में चलता रहा है। प्रसिद्ध समीक्षक मैनेजर पांडेय कहते हैं कि भक्तों के अखिल भारतीय स्तर पर बुनियादी विशेषता है कि प्रत्येक भक्त कवि अपनी मातृभाषा का कवि है। फिर इस स्थिति में मध्यकाल में लिखित स्त्रियों द्वारा लोक भाषा में रचा गया साहित्य भी साहित्य की श्रेणी में आना चाहिए पर उसे शामिल नहीं किया गया।

बर्नियर का कथन है कि राजमहलों में भिन्न-भिन्न वर्ण तथा जातियों की स्त्रियाँ रहती थीं जिनके कर्म तथा कर्तव्य विविध प्रकार के होते थे। इनमें अनेक बादशाहों की सेवा तथा बहुत-सी शहज़ादियों की शिक्षा अधिकारी नियुक्त रहती थीं। शिक्षा प्राय: आशिक़ाना ग़ज़लों और फारस की प्रेम कहानियाँ आदि की होती थी। इनमें से बूढ़ी स्त्रियों जासूसी का काम किया करती थीं। वह स्थान स्थान से सुन्दरी स्त्रियों को धोखा फ़रेब और लालच से महल में ले आती थीं। इसके अतिरिक्त शृंगारिकता का नग्न नृत्य भी होता था। नारी संगिनी सहचरी और अर्धांगिनी नहीं केवल प्रमदा और कामिनी थी। जनता की निर्बाध इन्द्रिय लिप्सा ही इसका मूल कारण थी। सामाजिक

जीवन में स्त्री के पत्नी रूप का महत्त्व पूर्णतया लुप्त हो गया था। रक्षिता और वेश्याओं के इंगित पर नाचने वाले शासक अपने गौरव तथा मर्यादा को मिट्टी में मिला रहे थे। उद्दंडता राज्य पुत्रों तथा सामन्ती परिवारों के युवकों के चरित्र का एक प्रधान अंग बन गयी थी। इस प्रकार नैतिकता का पतन हो रहा था।

तत्कालीन समय में अगर हम स्त्री की बात करें तो बर्नियर का यह कथन नारी के प्रति पुरुष दृष्टि को प्रकट करता है। इसी परिवेश के कारण कृष्ण का रूप ही बदल गया। ऐतिहासिक तथ्य देखें तो कृष्ण ने 16 वर्ष की उम्र में कंस का वध किया था। उसके पूर्व अर्थात 15 वर्ष का बालक कितनी रासलीला कर सकता था इसका सहज ही अनुमान लगाया जा सकता है। हम जब भी कृष्ण काव्य का वर्णन करते हैं तो इस पक्ष को सदैव भूल जाते हैं।

आचार्य रामचन्द्र शुक्ल का कथन है—"अलंकारों की अपेक्षा नायिका भेद की ओर कुछ अधिक झुकाव रहा, जिससे शृंगार के अन्तर्गत बहुत मुक्तक रचना हिन्दी में हुई। इस रस का इतना अधिक विस्तार हिन्दी साहित्य में हुआ कि इसके एक अंग को लेकर स्वतन्त्र ग्रन्थ रचे गये। इस रस का सारा वैभव कवियों ने नायिका भेद के भीतर दिखाया। रस ग्रन्थ वास्तव में नायिका भेद के ही ग्रन्थ हैं जिनमें और दूसरे रस पीछे से संक्षेप में चलते कर दिये गये हैं। नायिका शृंगार रस का आलम्बन है।" (आचार्य रामचन्द्र शुक्ल हिन्दी साहित्य का इतिहास, पृष्ठ 162)

शुक्ल जी का यह कथन पुरुष रचनाकारों पर बिल्कुल फिट बैठता है परन्तु स्त्री रचनाकारों ने स्वतन्त्र रूप से इस तरह के कोई भी ग्रन्थ नहीं लिखे हैं। हाँ उनका रस का आलम्बन नायक अवश्य रहा है परन्तु नायक के भेद का उल्लेख हम उसमें नहीं पाते हैं और न ही शृंगार का विशृंखलित रूप स्त्री रचनाकारों में पाते है। इतना कहने के बावजूद भी शुक्ल जी रीतिकाल में रीतिमुक्त काव्य धारा के कवियों के लिए एक अलग श्रेणी रीतिमुक्त बनाना ज़रूरी समझते हैं ज़ाहिर-सी बात है कि रीतिबद्ध काव्य में सारे कवि नहीं आते थे तब इसके आगे हम स्त्री साहित्य की बात ही क्या करें।

वस्तुत: मध्यकाल के सन्दर्भ में हम यह कह सकते हैं कि भक्ति एवं रीति में बाँटना पुरुष साहित्य की दृष्टि से तो ठीक हो सकता है परन्तु स्त्री साहित्य की दृष्टि से ठीक नहीं है। क्योंकि रीति की जिस परम्परा का निर्वहन पुरुषों ने किया है वह स्त्रियों ने नहीं किया। मध्यकाल में किसी भी स्त्री रचनाकार ने लक्षण ग्रन्थ नहीं लिखा है। यहाँ पर शृंगार वर्णन दोनों प्रकार के हैं वह भक्ति परक भी हैं और प्रेम परक भी हैं। इनकी विभाजन रेखा खींचना कठिन कार्य है। रीतिकाल का जो कालखंड है उसमें हम स्त्री साहित्य को देखें तो यहाँ पर विद्रोह और भक्ति का स्वर

धीमा है और रीतिकालीन प्रवृत्ति कहीं-कहीं हावी है परन्तु रीति के सम्पूर्ण अवयवों का निर्वाह स्त्री साहित्य नहीं करता है।

मध्यकाल में रचनाकारों पर एक तुलनात्मक दृष्टि डाली जाये तो मीरा और कबीर विद्रोह के एक बिन्दु पर खड़े दिखाई देते हैं परन्तु मीरा और कबीर के विद्रोह में बहुत अन्तर है। कबीर का विरोध मठ, आडम्बर, जाति आदि पर था जबकि मीरा का विद्रोह परिवारवाद, राजसत्ता, स्त्री तिरस्कार और प्रेम की परतन्त्रता से था। इस दृष्टि से मीरा स्त्री होने के साथ इतनी विद्रोही थी कि उनका नाम कबीर से भी आगे लिखा जाना चाहिए। प्रेम और भक्ति के लिए स्त्री होने का दंड मीरा ने भोगा था कबीर ने नहीं। परन्तु हज़ारी प्रसाद द्विवेदी जैसे समालोचक को कबीर दिखते हैं मीरा नहीं।

रहीम की तरह ताज भी खुलकर कृष्ण प्रेम करती हैं। ताज में मीरा की तरह विद्रोह नहीं है परन्तु प्रेम की परतन्त्रता से विद्रोह अवश्य है। इस बिन्दु पर हम देखें तो मीरा और ताज हमें एक केन्द्र बिन्दु पर खड़ी दिखाई देंगी। परन्तु ताज में परिवारवाद, राजसत्ता, समाज से विद्रोह नहीं था। अकबर की पत्नी होने के कारण उन्हें उतना विरोध नहीं मिला जितना मीरा को मिला था। परन्तु प्रेम के लिए रूढ़ियाँ ताज ने भी तोड़ी हैं इसलिए उनका नाम इतिहास में लिखा जाना बहुत आवश्यक है।

मध्यकाल की चर्चा में एक तथ्य और भी बहुत महत्त्वपूर्ण है वह यह है कि जितने भी पुरुष रचनाकार रहे हैं उन्होंने किसी न किसी गुरु से शिक्षा ली है या उससे प्रेरित हैं। इनकी बहुत-सी रचनाएँ मठ और मन्दिरों में रची गयी हैं परन्तु स्त्री रचनाकारों के साथ यह बात नहीं है। उन्होंने अपनी रचनाओं को घर के भीतर रह करके किया है इसलिए पुरुष रचनाकार और स्त्री रचनाकारों के भाव भाषा अभिव्यक्ति विषय सब में अन्तर दिखाई देता है। परन्तु भक्तिकाल की जिन प्रवृत्तियों का उल्लेख आचार्य शुक्ल ने किया है उन सबका सूत्रपात हम स्त्री साहित्य में भी पाते हैं। वस्तुत: स्त्री साहित्य को इतिहासकारों ने कभी हिन्दी साहित्य के इतिहास में स्थान नहीं दिया है मूल्यांकन तो दूर की बात है।

मध्यकाल में अगर वर्ग विभाजन हम करना चाहें तो स्त्रियों के दो वर्ग हमारे सम्मुख आते हैं—"प्रथम वर्ग वह वर्ग था जो सत्ता पक्ष में था अर्थात रानी वर्ग और दूसरा वर्ग वह था जो साधारण प्रजा का था। इस वर्ग में साधारण और शोषित स्त्रियाँ थी। इस रानी वर्ग में साहित्य की रचना के लिए तीन भाषाओं का चयन किया था—एक वह वर्ग था जो अरबी–फ़ारसी पर आधारित था, दूसरा वह वर्ग था जो संस्कृत की परम्परा पर चल रहा था और भाषा संस्कृत को अपना रहा था तथा तीसरा वर्ग वह था जो हिन्दी भाषा को अपनाकर के भक्तों की सन्तुलित एवं समन्वित दृष्टि के

साथ रचना कर्म कर रहा था। इस वर्ग में साधारण स्त्रियों की पीड़ा और संवेदना का तो अभाव था परन्तु भक्ति की जो मूलभूत विशेषताएँ हैं जैसे अवतारवाद, गुरु का महत्त्व, प्रेम चित्रण इत्यादि विशेषताएँ इनमें मिलती हैं। दूसरा जो वर्ग है उसने लौकिक साहित्य का सृजन किया वह लौकिक साहित्य जिसे हम इतिहास में दर्ज नहीं करते हैं परन्तु वह देश भाषा में स्त्री की सम्पूर्ण अभिव्यक्ति को प्रस्तुत करता है। मौखिक परम्परा में होने के कारण उसे इतिहासकार नकारते चले आ रहे हैं। संस्कृत को हम छोड़ दें और हिन्दी की बात करें तो मध्यकाल में हिन्दी भाषा में भक्ति और श्रृंगार की परम्परा प्रवाहित हो रही थी और लौकिक साहित्य में जिन स्त्री रचनाकारों ने अपनी रचनाओं का योगदान दिया उनमें स्त्री के सम्पूर्ण पक्ष सामाजिक, भक्ति और श्रृंगार इन सबका समन्वय हमें देखने को मिलता है। दूसरे वर्ग ने अपनी रचना के लिए लोक भाषा का चयन किया और भक्ति काव्य से अलग स्त्री की पीड़ा, सामाजिक कुरीतियाँ, स्त्री समाज की कुप्रथाएँ का चित्रण किया। इसके साथ ही भक्ति काव्य की भी सर्जना की।

मध्यकाल में एक महत्त्वपूर्ण तथ्य है जिसकी ओर ध्यान इतिहासकारों का नहीं गया वह है प्रेम और विवाह। आज समाज में प्रेम विवाह और प्रेम को खुली मान्यता है परन्तु उस समय में भी हमें शेख और आलम, रूपमती और बाज बहादुर, सुजान और घनानन्द के उदाहरण मिलते हैं, जिन्होंने धर्म, जाति सभी दीवारों को तोड़कर के सिर्फ़ और सिर्फ़ प्रेम की बात की है और उसे अपने जीवन में चरितार्थ भी किया है। यह पक्ष इन स्त्री रचनाकारों की प्रगतिशीलता और साहस का परिचायक है। हम तत्कालीन समाज में चाहे जितना भी शिक्षा के अभाव इत्यादि की बात करें परन्तु स्त्री प्रगतिशीलता के उदाहरण हमें उस युग में भी देखने को मिलते हैं। प्रेम विवाह जो आज भी विरोध का विषय है, उस समय भी स्त्री रचनाकारों ने स्वीकार किया था। प्रेम की अभिव्यक्ति में धर्म की दीवार भी इन्हें रोक नहीं सकी। हाँ हम यह कह सकते हैं कि रीतिकाल में जिस प्रकार से पुरुषों ने स्त्री का खुला वर्णन किया है उस तरह से स्त्री रचनाकारों ने नहीं किया है परन्तु थोड़ा प्रभाव उन पर रहा है।

जैसा कि हम सभी जानते हैं मध्यकाल में भक्ति साधना का विषय नहीं बल्कि भावना का विषय बनकर सामने आता है। और जहाँ तक भावना का प्रश्न है स्त्री साहित्य कहीं भी पुरुष साहित्य से इस सन्दर्भ में कमतर नहीं है। पूरे भक्ति काव्य में अगर हम सगुण निर्गुण की बात न करें तो हम यही कहेंगे कि हर रचनाकार आस्तिक रहा है। ऐसे में स्त्री रचनाकारों के सन्दर्भ में भी यही तथ्य सत्य है कि यह सभी रचनाकार पूर्ण रूप से आस्तिक थीं।

भक्ति में केन्द्र बिन्दु प्रेम रहा है। चाहे कबीर हो या तुलसी दोनों ने प्रेम की महत्ता को स्वीकार किया है। ईश्वर के प्रेममय स्वरूप को स्त्री रचनाकारों ने भी चुना है पर इतिहासकारों ने इसे स्वीकार नहीं किया, और तो और इन रचनाओं को या तो पुरुष लिखित माना या फिर अनुकरण माना है। अगर अनुकरण का प्रश्न उठाये तो तुलसी का मानस वाल्मीकि के अनुकरण के फलस्वरूप ही निर्मित हुआ है। पर यह तथ्य तुलसी की प्रतिभा को कहीं भी कम नहीं करता है। कबीर जिनका विरोध करते हैं वह नाथ साहित्य से उन्हें विरासत में मिला है। फिर अनुकरण का दोष स्त्री साहित्य पर इतिहासकार लगाकर सिर्फ़ और सिर्फ़ स्त्री साहित्य को ख़ारिज करना चाहा है इसके अतिरिक्त और कुछ नहीं है।

दूसरी महत्त्वपूर्ण बात यह है कि पुरुषात्मक सामन्तवादी दृष्टि ने सिर्फ़ अनुकरण की ही बात नहीं की बल्कि यह सिद्ध करने का प्रयास किया कि जिस स्त्री ने अच्छा लिखा है वास्तव में वह सब पुरुषों ने ही लिखा है और नाम स्त्रियों का दे दिया है। इसके कई उदाहरण हमें मिलते हैं जैसे रमाशंकर शुक्ल कहते हैं कि ताज की रचना ऐसी जान पड़ती है जैसे किसी सुकवि की रचना हो। शेख की कई रचनाएँ आलम के नाम कर दी गयी हैं और इतिहासकारों ने यह अपने इतिहास में सिद्ध करने का प्रयास किया है। अब ऐसे इतिहासकारों से क्या अपेक्षा की जाये कि वह स्त्री साहित्य का इतिहास लिखेंगे।

इन रचनाओं को पढ़ते हुए एक और महत्त्वपूर्ण तथ्य सामने आया कि तुलसी ने मानस की रचना की तो वह धर्म और संस्कृति की रक्षा के लिए की। यह साँस्कृतिक पुनर्जागरण का प्रतीक बना परन्तु उसी राम के चरित्र को अगर मधुर अली, तुलछ राय, प्रेम सखी आदि ने लिखा तो वह आज भी इतिहास में अपना नाम दर्ज कराने के लिए संघर्षरत हैं। अब इतिहासकारों के इस कृत्य को क्या कहा जाये? तुलसी, कबीर अगर लिखें तो वह भक्ति काव्य है और स्त्री लिखें तो वह अनुकरण है या फिर किसी पुरुष ने प्रेमवश उनका नाम लिख दिया है। इतिहासवादी इस दृष्टिकोण को मैं आप पर ही छोड़ती हूँ। आप इसे क्या नाम देंगे?

भक्ति काव्य सम्पूर्ण मानवीय, सामाजिक और साँस्कृतिक चेतना के जागरण का काल कहा जाता है। पर क्या स्त्री साहित्य ने इसका संवर्धन नहीं किया है? ज़ाहिर-सी बात है जिन्होंने स्त्री रचनाकारों की रचनाओं को पढ़ा है वह कभी प्रश्न नहीं खड़ा कर सकते हैं। मानवीय चेतना के जागरण के लिए सहजोबाई, दयाबाई इत्यादि की अनेक रचनाएँ उपस्थित की जा सकती हैं जो मानवीय चेतना के जागरण

का जीता-जागता प्रतीक है। स्त्री साहित्य ने इसका संवर्धन ही किया है परन्तु इतिहास में उनका नाम दर्ज नहीं है। मानवीय चेतना के जागरण के लिए सहजोबाई का एक उदाहरण मैं यहाँ देना चाहूँगी जो किसी भी अर्थ में कबीर की उक्तियों से कम नहीं है। उदाहरण देखें—

मन मैला तन छीन है हरि सूं लगै न नेह
दुखी रहै सहजो कहै मोह बसे जा देह

सामाजिक चेतना के लिए जिस प्रकार से कबीर ने कुरीतियों पर प्रहार किया है वैसे कई उदाहरण हम स्त्री साहित्य में पाते हैं। बहिणाबाई, दयाबाई, बावरी साहिबा इत्यादि रचनाकारों ने इस प्रकार की कुरीतियों पर प्रहार किया है। तत्कालीन समाज में फैली कुरीतियों पर फूली बाई कहती हैं—

ये कुतिया हो सौ लाज काण सब कुल खोसौ
आगे पीछे पड़दा नाही अब तो घूंगट कहा रहही

मध्यकाल साँस्कृतिक पुनर्जागरण का काल कहा जाता है जिसमें इस्लाम से विरोध और अपनी संस्कृति की रक्षा मूल में है। इसके पुरोधा तुलसी बनकर के आते हैं। निराला की तुलसीदास कविता उक्त परिस्थिति की काव्यात्मक सर्जना है। इसी प्रकार का साँस्कृतिक जागरण स्त्री रचनाकारों ने भी अपनी रचनाओं के माध्यम से किया है। इतिहासकारों ने इसका मूल्यांकन नहीं किया यह अलग बात है। साँस्कृतिक पुनर्जागरण के जो बिन्दु हमें तुलसी में मिलते है वैसे ही तुलछराय, सहजोबाई आदि में भी मिलते हैं पर आलोचकों ने इस दृष्टि से कभी मूल्यांकन नहीं किया है। यहाँ कुछ लोग यह कह सकते है कि किसी स्त्री रचनाकार ने मानस जैसा महाकाव्य नहीं लिखा है। यह तो सत्य है कि किसी स्त्री रचनाकार ने महाकाव्य नहीं लिखा है परन्तु कबीर आदि ने भी तो नहीं लिखा है। फिर कबीर या बिहारी से कम मूल्यांकन स्त्री रचनाकारों की उपेक्षा नहीं तो और क्या है।

भक्ति काव्य में तीनों जागरण (मानवीय, सामाजिक, साँस्कृतिक) धर्म से अनुप्राणित थे और स्त्री साहित्यकारों ने भी धर्म के स्वरूप में ही जागरण का कार्य किया है। इस आधार पर वह कहीं से भी पुरुष साहित्य से अलग नहीं है। हाँ यह अवश्य है कि उनकी अलग से चर्चा नहीं की गयी। उनकी रचनाएँ वैसी ही गवाह हैं जैसे कबीर और तुलसी की हैं। गवरी बाई, फूली बाई, बहिणा बाई, गंगा बाई, प्रेमसखी, बावरी साहिबा आदि की रचनाएँ इसकी साक्ष्य हैं। जागरण के लिए जिस विवेक का प्रयोग पुरुष रचनाकारों ने किया है वहीं विवेक हम स्त्री रचनाकारों में भी

पाते हैं। उनकी भक्ति विवेक सम्मत थी और इसी विवेक के कारण ही वह कर्मकांड का विरोध करते हुए सात्विक भक्ति के मार्ग पर चलने को कहती हैं। बावरी साहिबा से एक उदाहरण यहाँ प्रस्तुत है—

जप माला तिलक सरै न एको काम
काचे मन नाचै वृथा साँचै राचै राम

विवेक जाग्रत होने के कारण ही रत्नावली स्पष्ट शब्दों में कहती हैं—

तरुणाई धन देह बल बहु दोषन आगार
बिनु विवेक रत्नावली, पशु सम करत विचार

भक्तिमय होकर कवियों ने ईश्वर को मनुष्य के रूप में सिरजा है। तुलसी कहते हैं— "सो आज भगति बस कौशल्या के गोद।" इस भाव की अभिव्यक्ति स्त्री रचनाकारों में सर्वत्र हुई है। गंगाबाई के एक उदाहरण के द्वारा हम इसे देख सकते हैं—

जसुमति सब दिन देत बधाई
मेरे लाल की मोहि विधाता बरसगाँठ दिखाई
बैठी चौक गोद ले ढोटा आछी लगनि धराई
बहुत दान पावन सब विप्रन लालन देखि सिहाई
रुचि करि देहु असीस ललन को अप अपने मन चाई
श्री विट्ठल गिरधरन गहि कनिया खेलत रहहि सदाई

कृष्ण के वर्षगाँठ के साथ ही राधा के जन्म का उल्लास भी बनीठनी जी के शब्दों में देखिए—

आज बरसाने मंगल गाई
कुँवर लली को जनम भयो है घर-घर बजत बधाई
मोतीन चौक पुरावो गावों देहू असीस सुहाई
रसिक बिहारी की यह जीवनी प्रगट भई सुखदाई

ज़ाहिर है कि स्त्री साहित्य कहीं भी ऊना नहीं पड़ता है। उन्होंने भी ईश्वर को मनुष्य रूप में मनुष्य की तरह लीलाओं को करते हुए चित्रित किया है।

भक्तिपरक इन रचनाओं के साथ ही स्त्री रचनाकारों ने अनेक मनोभावों का चित्रण किया है। साईं की कविता का एक उदाहरण स्त्री सन्दर्भ में उदाहरण के रूप में देखा जा सकता है, साईं कहती है कि—

साईं जग में योग करि, युक्ति न जाने कोय
जब नारी गौने चली, चढ़ी पालकी रोय
चढ़ी पालकी रोय न जाने कोई जिय की
रही सूरत तन छाय सुछतियाँ अपने हिय की

लौकिक साहित्य में मध्यकालीन इतिहास का प्रसंग आता है, जिस ओर इतिहासकारों ने ध्यान नहीं दिया है। सीता की सत्त परीक्षा से सम्बन्धित कई गीत रामनरेश त्रिपाठी जी ने हमारा ग्राम गीत पुस्तक में उद्धृत किये हैं। यहाँ साहित्य का रानी वर्ग नहीं है। यहाँ लोक जीवन की अनुभूतियाँ हैं जो उस वर्ग में नहीं मिलती हैं। पुरुष साहित्य सीता का विरह, उनकी पीड़ा, सत्त परीक्षा आदि से मुँह मोड़ कर के अपने को चला जाता है पर लौकिक साहित्य में सीता का विरह, उसकी पीड़ा पूर्णरूपेण उपस्थित हुई है। इस दृष्टि से स्त्री साहित्य का लौकिक पक्ष ज़्यादा समकालीन और प्रासंगिक है। लौकिक साहित्य में सीता की पीड़ा का वर्णन देखते ही बनता है—

आग तिल नाही जरे मोर देहिया न
लहलह अगिया जुडाइली हो न
अरे ताहि बीच खडी सत्ती रनिया न

सीता के धरती में समाने की कथा को लौकिक साहित्य ज़्यादा संवेदना के स्तर पर चित्रित करता है। वहाँ कहा जाता है—"सीता धरती में गयीलिन समाय कुछो नहीं बोलिन हो।" एक अध्याय में लौकिक साहित्य पर पृथक् से चर्चा होगी तब स्त्री साहित्य का यह ख़ूबसूरत पक्ष उभरकर सामने आयेगा।

अपने लोक संस्कृति, गो पालन, कृषि और चरागाही की जिस संस्कृति के कारण सूर का साहित्य एक अलग दृष्टि रखता है, उसी तरह के चित्र हम गंगाबाई आदि की रचनाओं में भी पाते हैं। पर इनकी रचनाओं में किसी ने लोक संस्कृति का तत्त्व नहीं देखा। एक उदाहरण द्रष्टव्य है—

लाल तुम पकरी कैसी बान
जब ही हम आवत दधि बेचन तब ही रोकत आन
मन आनन्द कहत मुँह की सी नन्द नन्दन सो बात
घूँघट की ओझल ह्वै देखन मन मोहन करि घातं
हँसि लाल गह्यो तब अंचरा बदन दही जु चखाई
श्री विट्ठल गिरधरन लाल ने खाइ के दियो लुटाई

दही के अनेक प्रकरण सूर साहित्य की शोभा बढ़ाते हैं। लाल तुम पकरी कैसी बान जैसी कई रचनाएँ गो पालन से होते हुए लोक संस्कृति तक यात्रा करती हैं पर इस दृष्टिकोण से किसी ने स्त्री साहित्य का मूल्यांकन नहीं किया है। शोध के क्षेत्र में इस विषय पर असीम सम्भावनाएँ है।

इसी प्रकार से प्रकृति के चित्रण में जिस प्रकार सूर ने अनूठी व्यंजना की है वैसी ही व्यंजना हम स्त्री साहित्य में पाते हैं। बनीठनी जी द्वारा किया गया पावस ऋतु का यह सुन्दर वर्णन देखते ही बनता है। प्रकृति के ये उदाहरण किसी कवि से कम हैं क्या—

पावस ऋतु वृन्दावन की दुति दिन-दिन दूनी दरसै है
छवि सरसै है
लूम झूम सावन घनो घन बरसै है
हरिया तरवर सरवर भरिया जमुना नीर कलोलै है
मन मोलै है

सूर का काव्य अपने प्रकृति चित्रण के लिए सदैव याद किया जाता है। उनका काव्य प्रकृति गो चारण आदि से होता हुआ लोक जीवन में प्रवेश करता है। स्त्री साहित्य में भी हम यही वर्णन पाते हैं। कहीं भी इसका अभाव नहीं है। काव्य के दोनों वर्गों में लोक से जुड़ाव, प्रकृति का चित्रण, जन जीवन के दैनिक कार्यों की अभिव्यक्ति हम बहुत ही ख़ूबसूरती से पाते हैं। फिर भी हिन्दी का स्त्री साहित्य उपेक्षित ही रहा है।

भक्ति काव्य में ईश्वर प्राप्ति का साधन प्रेम माना गया है। स्त्री साहित्य में यही प्रेम मूल तत्त्व के रूप में विद्यमान है। कबीर के ढाई आखर प्रेम में हर स्त्री रचनाकार समर्थ है। एक उदाहरण से मैं अपनी बात पुष्ट करना चाहूँगी। अलबेली अली कहती हैं—

नेह सनेह सनी अंगिया या सारी मन भावे
सखी जानि के अपनी हमको अन्तरौटा पहिनावै

यह उदाहरण सूरदास के "लरकाई को प्रेम कहो अली कैसे छूटत है" से किसी भी मायने में कम नहीं है। यहाँ प्रेम हृदय से होते हुए शारीरिक वस्त्र तक व्याप्त हो गया है। ठीक वैसे ही जैसे सूर वर्णन करते हैं कि राधा अपनी साड़ी नहीं धोती हैं क्योंकि उसमें कृष्ण के पसीने की ख़ुशबू है। प्रेम का यह चरम भाव स्त्री साहित्य का वैशिष्ट्य है जिस पर लोगों की दृष्टि नहीं गयी।

जिन रचनाकारों ने ईश्वर के सगुण रूप को नहीं लिया है उन्होंने भी मानवीय क्रियाकलाप को भक्ति में पिरोया है। ऐसे अभिव्यक्ति में स्त्री रचनाकार अनूठी व अनुपम है। ईश्वर एक सामान्य भाव, परिस्थितियों के अनुरूप मानवीय अभिव्यक्ति को देते हैं। ईश्वर का यह मानवीय रूप स्त्री साहित्य में अपनी पूरी संवेदना और सौन्दर्य के साथ अभिव्यक्ति पाता है। यहाँ एक बात और कही जा सकती है कि अगर स्त्री साहित्य के प्रति इतिहासकार शुरू से सजग रहे होते तो शायद इससे भी ज़्यादा हम कुछ कह पाते परन्तु जितना प्राप्त है हमें उसी से सन्तोष करना है और उसी की विशेषताओं को हम अंकित कर सकते हैं।

भक्ति काव्य में गुरु का महत्त्व सर्व प्रधान विशेषता बनकर उभरता है। सन्त साहित्य का तो यह केन्द्र रहा है परन्तु तुलसी, सूर जैसे कवियों ने भी गुरु के महत्त्व को स्वीकारा है और उसे अपनी रचनाओं में स्थान दिया है। स्त्री साहित्य में हमें गुरु का महत्त्व उसी रूप में मिलता है जिस प्रकार से पुरुषों के साहित्य में मिलता है—

कर जोरुं परनाम करि, धरुं चरन पर सीस।
इदादा गुरु सुकदेव जी, पूरन बिस्ता बीस॥
परमहंस तारन तरन, गुरु देवन गुरु देव।
अनुभै बानी दीजिये, सहजो पावै मेव॥ 2॥ (सहजोबाई)

मध्यकाल का पुरुष साहित्य-स्त्री विचार के लिए सदैव वाद-विवाद का केन्द्र रहा है। कवि ने उसे माया और ठगनी तक कहा है। परन्तु हम यह नहीं कह सकते हैं कि पूरे भक्ति काव्य में स्त्री के प्रति इस तरह की विचारधारा व्याप्त है। सूर की गोपियाँ इसका सबसे बड़ा उदाहरण हैं। उनकी स्वतन्त्रता, स्वच्छन्दता, प्रेम की अभिव्यक्ति अपने आप में अनूठी है। या फिर हम तुलसी को देखें तो स्त्री उनके साहित्य में परम्परागत मान्यताओं के रूप में अवश्य है परन्तु सीता के माँ स्वरूप वर्णन को नज़रअन्दाज़ नहीं किया जा सकता है। मध्यकाल में लौकिक साहित्य में स्त्री की पीड़ा उससे सम्बन्धित समाज में प्रचलित रूढ़ियाँ, पर्दा प्रथा, सती प्रथा आदि का विरोध हम भक्ति काव्य में पाते हैं। अन्य स्थलों पर भी स्त्री से सम्बन्धित विचार उसके मज़बूत पक्ष को ही प्रकट करते हैं। लौकिक साहित्य का उदाहरण हम पहले देख चुके हैं। रत्नावली के शब्दों में एक उदाहरण द्रष्टव्य है—

जुवक जनक, जामात, सुत, ससुर, दिवर और भ्रात।
इन्हूँ की एकान्त बहु, कामिनी सुन जनि बात॥

घी को घट है कामिनी, पुरुष तपत अंगार।
रतनावलि घी अगिन को, उचित न संग विचार॥

काव्यशास्त्र की कसौटी पर भी अगर हम स्त्री साहित्य को कसते हैं तो भाषा, शैली आदि की दृष्टि से स्त्री साहित्य समृद्ध और सम्पन्न है। लौकिक साहित्य में जहाँ पर लय भाव की प्रधानता दी गयी है वहीं रानियों के द्वारा चित्रित वर्ग में छन्द, चौपाई, रस, अलंकार इत्यादि का समुचित निर्वाह किया गया है। भाषा का चमत्कार और सौन्दर्य हम छत्र कुँवरि बाई की इन पंक्तियों में देख सकते हैं—

अरूझन में अरूझन नवल गुरुजन रंग अपार
ज्यों डारन सो डार त्यों उर हारन सो हार
उर हारन सो हार अलक अलकन लपटानी
नैन नैन बैनान सुगल की अकथ कहानी

काव्य अपनी लयात्मकता और रागात्मकता के लिए सबसे प्रिय रहा है। काव्य में मधुरता भी इन्हीं गुणों के कारण आती है। अगर इस पक्ष पर भी हम विचार करें तो देखेंगे कि विभिन्न राग-रागिनियों का वर्णन स्त्री साहित्य में हमें देखने को मिलता है। छन्द की दृष्टि से अगर विचार करें तो दोहा, चौपाई सोरठा इन सबका चित्रण स्त्री साहित्य में मिलता है। सहजोबाई का राग बिलावल में रचित एक उदाहरण यहाँ प्रस्तुत कर रही हूँ देखिए कितना सुन्दर है—

हरि बिनु तेरो ना हितू, कोऊ या जग माहीं।
अन्त समय तू देखिले, कोइ गहै न बाहीं॥
जम सूँ कहा छुटा सकै, कोइ संग न होई।
नारी हूँ फटि रहि गयी, स्वारथ कूँ रोई॥

भाषा का एक और श्रेष्ठ और सुन्दर उदाहरण हम शब्दों के इस चमत्कार में देख सकते हैं—

सुन्दर सुरंग अंग अंग पै अनंग वारो
जाके पद पंकज में पंकज दुखारो है

ह्रदय की पवित्रता भक्ति को प्राप्त का सबसे बड़ा साधन है। इस प्रकार मन की पवित्रता और ह्रदयगत कलुषता को त्यागने की बात भक्ति काव्य में हम देखते हैं। जुगल प्रिया जैसी रचनाकार ने भी इस सन्दर्भ में अपने मन्द रखे हैं। वह कहती हैं—

मन तुम मलिनता तज देहु
सरन गहु गोविन्द की अब करत कासों नेहु (जुगल प्रिया)

मध्यकाल की दूसरी प्रधान प्रवृत्ति शृंगार बनकर उभरती है। स्त्री साहित्य के सन्दर्भ में यह ज़रूर ध्यान देने की बात है कि किसी भी स्त्री रचनाकार ने लक्षण ग्रन्थ नहीं लिखे हैं परन्तु रीतिमुक्त कवियों की भाँति प्रेम का चित्रण इन्होंने भावनात्मक स्तर पर किया है। शृंगार की यह प्रवृत्ति दो रूपों में हमें देखने को मिलती है— कहीं यह भक्ति है और कहीं वैयक्तिक प्रेम की अनुभूति, उसकी स्पष्ट अभिव्यक्ति। पर दोनों रूपों में वह बहुत ही उत्कृष्ट है। मध्यकाल की शृंगार परम्परा को अगर हम देखें तो यहाँ पर पुरुषों के द्वारा किया गया शृंगार चित्रण हमें देखने को नहीं मिलता है। जो भी चित्रण है वह प्रेम की परिधि के अन्तर्गत है, स्त्री/ पुरुष देह का खुला चित्र न हम लौकिक साहित्य में पाते हैं और ही रानी वर्ग द्वारा चित्रित साहित्य में। कहीं-कहीं पर रीतिकालीन शृंगारिका का प्रभाव अवश्य है परन्तु अभिव्यक्ति उसकी वैसी नहीं है जैसी हम पुरुष साहित्य में पाते हैं।

स्त्री रचनाकारों के सन्दर्भ में यह कह सकते हैं कि शृंगार का वर्णन उन्होंने किया है परन्तु उस रूप में नहीं जिस रूप में प्रसिद्ध पुरुष रचनाकारों ने किया है। सावित्री सिन्हा ने नायिका भेद (माननी, अभिसारिका आदि) नायिकाओं का वर्णन करके स्त्री रचनाकारों में इस पक्ष को आरोपित करने का पूर्ण प्रयास किया है परन्तु मैं उन्हीं उदाहरणों को देखने की दृष्टि को बदलने के पक्ष में हूँ। स्त्री रचनाकारों के शृंगार वर्णन में पुरुष आनन्द कम है और काव्यात्मक अनुभूति अधिक है। यहाँ पर शृंगार का बाज़ार खुला नहीं है। यहाँ पर उरोजों के कसाव या कटि की बनावट नहीं है बल्कि प्रेम की भावपूर्ण भंगिमा है।

रीतिकाव्य में स्त्री की देह को विषय वस्तु बनाया गया है और उसे नायिका भेद आदि वर्ग में बाँट दिया गया है। पर प्रश्न यह है कि क्या किसी स्त्री ने यह कार्य किया है? साहित्य में यहाँ दो और तथ्य हैं जिसे मैं बताना चाहूँगी कि किसी भी स्त्री रचनाकार ने लक्षण ग्रन्थ नहीं लिखा है और दूसरा तथ्य यह है कि नायिका भेद वर्णन किसी भी स्त्री रचनाकार ने नहीं किया है। जिन उदाहरणों को हम रीतिवादी चश्मे से देखते हैं उन्हें इन रचनाओं को फिर से देखना चाहिए।

सुधीश पचौरी जैसे सुप्रसिद्ध समालोचक रीतिकाल में फूको शैली पर चर्चा करते हुए (रामचन्द्र शुक्ल, रामविलास शर्मा आदि पर विचार करते हुए) स्त्री की सेक्सुअलिटी के दमन की कवायद कहा है। सुधीश जी का मानना है कि स्त्री अंगों

के विवरण को अश्लीलता की श्रेणी में न डाला जाये। उनका मानना है कि सम्पूर्ण रीति साहित्य (स्त्री साहित्य भी) काव्य कला और यौनिकता के प्रशिक्षण का युग था। सुधीश पचौरी का मानना है—"रीतिकाल की कविता अश्लील या निन्दनीय न होकर सेक्सुअलिटी का समारोह है। जिसमें उस दौर में सचमुच ज़िन्दा और प्रोफ़ेशनल स्त्रियाँ अपनी देह सत्ता और देह इतिहास को रचती हैं। ये नायिकाएँ अपनी सेक्सुअलटी के प्रति बेहद सजग थीं।"(सुधीश पचौरी : रीतिकाल : सेक्सुअलिटी का समारोह, भूमिका, वाणी प्रकाशन से साभार)

उनका मानना है कि आज के फ़िल्म विज्ञापन साहित्य, सब में यौनिकता देखने को मिलती है। आज के कल्चर में हिट होने के लिए इसका प्रयोग तेज़ी से हो रहा है। रीतिकाल भी वैसे ही साधन प्रयोग करता है। देह को महत्त्व देने का विचार विशुद्ध भारतीय है। उनके मानने पर यहाँ प्रश्न यह है कि क्या स्त्री ने यह चित्रण किया है? उन्होंने रीतिकाल का वर्णन फूको की शैली पर किया है और इस बात को बहुत मज़बूती से रखा है कि भक्त और कवि में फ़र्क़ होता है। यहाँ मैं भी मानती हूँ कि भक्त और कवि में वास्तव में अन्तर होता है। सुधीश जी मानते हैं कि जिस देह और यौनिकता को कवियों ने चित्रित किया उसमें स्त्री स्वयं भी सजग और सक्रिय थी। पर क्या हम इसे स्वीकार कर सकते हैं?

अगर अन्य आलोचकों के तथ्यों को हम सुधीश पचौरी के समक्ष रख दें तो उनकी बात स्वयं ही ग़लत सिद्ध हो जायेगी। हज़ारी प्रसाद द्विवेदी कहते हैं— "नारी की विशेषता इनकी दृष्टि में कथ्य नहीं है वह केवल पुरुष के आकर्षण का केन्द्र भर है। उसका सामाजिक अस्तित्व मानो कुछ है ही नहीं।" (हज़ारी प्रसाद द्विवेदी : हिन्दी साहित्य, पृष्ठ 163)

अगर हम सुधीश जी के तथ्य को सही मानते हैं तो स्त्री रचनाकारों ने भी पुरुष देह और सेक्स का खुला चित्रण किया होता, परन्तु स्त्री रचनाकारों में यह देखने को नहीं मिलता है। इसके साथ ही मैं एक पक्ष और भी कहना चाहूँगी कि रीतिकालीन परिवेश, सामाजिक-राजनीतिक स्थितियों से हम पूर्व परिचित हैं। ऐसे समय में स्त्री रचनाकारों ने लिखने का साहस किया था। तो जो लिखने का साहस कर सकती हैं वह चित्रण का भी साहस कर सकती है, पर ऐसा हमें कही भी चित्रित नहीं मिलता है।

अब प्रश्न है पाठक की अनुभूति का। क्या इन रचनाओं को पढ़कर स्त्री ने वैसा ही रस अनुभूत किया जैसा पुरुषों ने किया है? ज़ाहिर-सी बात है नहीं। पुरुष की बनाई स्त्री यहाँ पर उपस्थित है स्त्री स्वयं उपस्थित यहाँ नहीं है। स्त्री का निर्माण देखना है तो स्त्री रचनाकारों को देखना होगा। जहाँ तक रीतिकाव्य की बात है लोग

कहते हैं यह आनन्द की कविता है। तब क्या रीतिकाव्य को पढ़कर स्त्री को भी उतना ही आनन्द आना चाहिए जितना किसी पुरुष को पढ़ने पर आना चाहिए पर ऐसा मुझे दिखाई नहीं देता है। यहाँ पर कर्ता और आनन्द प्राप्त कर्ता पुरुष स्वयं है स्त्री उसके लिए साधन या वस्तु है।

रीतिकाव्य में न तो रचनाकार स्त्री है न पाठक स्त्री है ऐसे में सुधीश पचौरी का यह कहना कहाँ तक संगत है कि रीतिकाल सेक्सुअलिटी का समारोह है। रीतिकाव्य में स्त्री के देह का कटाव देखने वाला, लिखने वाला और पढ़ने वाला सब पुरुष वर्ग है, स्त्री नहीं। अगर स्त्री रचनाकार में स्त्री देह का वर्णन किया भी है तो उसका परिदृश्य उसके विषय वस्तु उसके संवेदना पुरुष रचनाकारों से अलग है। अब यहाँ पर अगर सुधीश जी की बात मानी जाये तब क्या यही स्थिति बनेगी कि इन रचनाकारों ने यह कहा कि हमारी देह का वर्णन पुरुष करें और हम सिर्फ़ प्रेम का चित्रण करेंगे। सबसे महत्त्वपूर्ण प्रश्न यह है कि पुरुषों ने स्त्री को अपने अनुरूप लिखा और उस पर यह कथन की स्त्रियाँ इसके लिए सजग थीं, कहीं से भी युक्तिसंगत नहीं लगता है। स्वयं सुधीश जी ने माना है कि स्त्रियाँ पहले अपने फैसले स्वयं लेती थीं। विशेष करके सुधीश मानते हैं कि नायिकाएँ आज़ाद और कामकाजी थीं। फिर तो हर क्षेत्र में उन्हें आगे होना चाहिए था, पर इसके उदाहरण चित्रण में हमें नहीं देखने को मिलते हैं। रीतिकाव्य के कवि देव कहते हैं—

ताते त्रिभुवन सुर असुर नर पशु कीट पतंग
राक्षस जक्ष पिशाच अहि सुखी सबै तिय संग।।

तब क्या स्त्री का जन्म श्रृंगार कामोत्तेजक भावनाओं के चित्रण के लिए हुआ है? देह तक गयी दृष्टि क्या स्त्री मन तक गयी है? रीतिकाव्य में स्त्री का सौन्दर्य नाभि, आँख और कमर के द्वारा किया गया है। सम्पूर्ण रीतिकाव्य में स्त्री माँ, बहन, बेटी किसी भी रूप में नहीं आयी है वह तो सिर्फ़ नायिका के रूप में आयी है। ऐसे में सुधीश पचौरी का यह कथन कि रीतिकाव्य की स्त्री सजग थी और स्वयं उसकी कर्ता थी, क्या स्वीकार करने योग्य है? यहाँ मैं सिर्फ़ नैतिकता के चश्मे से देखने की हिमाकत नहीं कर रही हूँ बल्कि यह एक स्त्री की दृष्टि है।

अगर हम अपना दृष्टिकोण थोड़ा भिन्न भी कर लें तो भी हम देखते हैं कि रीतिकाव्य में एक सामान्य पुरुष भी उपस्थित नहीं है, स्त्री की तो बात ही क्या। यहाँ पर पुरुष सिर्फ़ श्रृंगार के लिए उपस्थित हुआ है उसका कोई भी लोक पक्ष या सामान्य स्थिति उपस्थित नहीं की गयी है। अगर इस तरह का वर्णन कहीं है भी तो अभी इसके सन्दर्भ में शोध की आवश्यकता है।

तत्कालीन परिस्थितियों में स्त्री का जीवन और उसका लेखन कितना विडम्बनापूर्ण था इसका स्पष्ट शब्दों में प्रवीण राय ने उल्लेख किया है परन्तु जो मैं उदाहरण यहाँ प्रस्तुत करने जा रही हूँ उसको लोगों ने प्रवीण राय और अकबर के वाद-विवाद, तर्क-वितर्क से जोड़ दिया है। जबकि अगर शुद्ध रूप से इस उदाहरण को हम देखें तो तत्कालीन परिस्थितियों में स्त्री की क्या स्थिति रही है और वह कितनी विवश रही है इसका हमें सहज ही अनुमान लग जाता है। प्रवीण राय कहती हैं—

आयी हौ बुझन मन्त्र तुम्हें नीचे स्वासन सो सिगरी मति गोई
देह तजौ कि तजौ कुल कानी हिए न लजौ लजि है सब कोई
स्वार्थ ओ परमारथ को पथ चित्त विचारी कहौ तुम सोई
जामे रहै प्रभु की प्रभुता अरु मोर पतिव्रत भंग न होई

अब जब रचनाकार स्वयं पथ पर चलने का विचार करती है और चाहती है कि पतिव्रत भंग न हो ऐसे में सुधीश जी के कथन सजगता और सक्रियता पर पाठक स्वयं विचार कर ले कि आज के बाज़ारवाद से तत्कालीन स्त्री रचनाकारों को और स्त्री छवि को जोड़ना कहाँ तक युक्ति संगत है।

वस्तुत: प्रवीण की यह कविता सुसंगठित और भावमयी है। पदों में एक प्रवाह, लय, गति और संगीतात्मकता मिलती है। प्रवीण के पदों में शब्द योजना और भावों की अभिव्यक्ति अनूठी है। वह काव्य के अंगों-उपांगों से अच्छी प्रकार से परिचित थी। प्रवीण राय की इन रचनाओं को हम रीतिकाल की उस मानसिकता से बिल्कुल भी नहीं देख सकते हैं और न ही जोड़ सकते हैं क्योंकि इनमें कथ्य और अभिव्यक्ति दोनों भिन्न हैं। उसी प्रकार से अगर ताज को हम देखें तो उनके उदाहरण रीतिकालीन मानसिकता से बिल्कुल अलग दिखते हैं। ताज का एक उदाहरण मैं यहाँ देती हूँ इसे देखा जाये—

चैन नहीं मन में न मलिन सुनैन परे जल में न ताई है
ताज कहे परयंक यों बाल ज्यों चंपकी माल विलाई गयी है
नेकु बिहार विहाय ना रैन कछु यह जान भयानक भारी भई है
भौन मैं भानु समान सूदीपक आँगन में मनो आगी दई है

ताज में भाषा और अभिव्यक्ति का अन्दाज़ अलग है पर कहीं भी रचना श्रृंगार या कृष्ण वर्णन से विश्रृंखलित नहीं होती है। ताज में कर्मकांड आदि का विरोध भी मिल जाता है। उनकी रचना में अनेक उदाहरण भक्ति को प्रदर्शित करते हैं।

पर इन्हें अगर हम भक्ति रस की रचना न भी मानें तो भी यह श्रृंगार की उस श्रेणी में नहीं आती हैं जिनका चित्रण हम देव, बिहारी इत्यादि में पाते हैं। इसके अतिरिक्त एक और बात है कि ताज की रचनाओं में निजी अनुभव प्राप्त होते हैं जो रीतिकाव्य में नहीं हैं।

इसी प्रकार से शेख की रचनाओं में भी जब हम विस्तार से जाते हैं तो श्रृंगार का वर्णन अवश्य होता है परन्तु इन पदों की अभिव्यक्ति देव, बिहारी के अतिशयोक्तिपूर्ण वर्णन के समान नहीं है और न ही उनमें विरह की अकाल्पनिक दशाएँ हैं। संयोग पक्ष के चित्रण में स्त्री देह का वर्णन भी पुरुषात्मक दृष्टि से नहीं मिलता है। एक उदाहरण शेख की रचना से यहाँ प्रस्तुत है—

फूल की सी आभा सब सोभा लै सकेली धरी
फूली ऐहै लाल भूलि जैहै सुधि गेह की
कोटी कवि पचय तऊ बरनि न पावै फवि
बेसरि उतारे छवि बेसरि के बेह की

अब इस प्रकार के वर्णन को कोई देव या बिहारी की नायिका के श्रृंगार वर्णन के समान बता कर स्त्री कवयित्रियों को भी उसी श्रेणी में गिन ले तो उनकी मानसिकता को क्या कहा जाय? स्त्री रचनाकारों में न तो संयोग वर्णन में भौंहों और अधरों का विलास है और न ही विरह में जलती ऐसी नायिका है जिस पर पूरी गुलाब जल की शीशी ही उलट देनी पड़े। इन सभी स्त्री रचनाकारों का वर्णन उत्कृष्ट तथा तत्कालीन परिवेश में साहसिक कार्य है। इन रचनाओं को रीतिकालीन चश्मे से न देखकर शुद्ध साहित्य की दृष्टि से देखना चाहिए।

वस्तुत: मध्यकालीन काव्य में स्त्री सिर्फ़ एक साधन है। कबीर का मन किया तो वह ठगनी हो गयी और तुलसी का मन हुआ तो वह माता सीता। रीतिकाल में वह देह है और यह देह एक वस्तु है उसमें स्त्री कहीं नहीं है। स्त्री की भूमिका यह रही है कि जो भक्त बनना चाहे उसके लिए बाधा और जो श्रृंगारी बनना चाहे उसके लिए साधन रही है। स्त्री ने यही भूमिका निभाई है जो पुरुष सत्ता से चली थी स्त्री सत्ता से नहीं। स्त्री का प्रश्न हम वहाँ पाते हैं जहाँ स्त्री रचनाकार स्वयं कुछ सृजन करती है। इस दृष्टि से हम देखे तो स्त्री रचनाकारों ने सामाजिक कुरीतियों, स्त्री के प्रति रूढ़ियों को तोड़ती हुई दिखाई देती है। जहाँ प्रेम की बात आती है वहाँ मीरा और ताज की स्वतन्त्रता दिखाई देती है। जहाँ श्रृंगार वर्णन की बात आती है वहाँ ताज, प्रवीण राय, शेख आदि के स्त्रियोचित्त (इस शब्द का

प्रयोग करना पड़ रहा है तत्कालीन परिवेश के मद्‌देनज़र) भाव भंगिमा के माध्यम से श्रृंगार चित्रण है। हाँ यह अवश्य कह सकते हैं कि तत्कालीन परिवेश का थोड़ा प्रभाव इन रचनाकारों पर अवश्य था। परन्तु यह प्रभाव थोड़ा ही था। उससे ज़्यादा तो स्त्री विमर्श की आड़ में आज रचनाकारों ने देह पुराण ही लिख डाला है। इस सन्दर्भ में तहलका पत्रिका में शालिनी माथुर का लेख 'मर्दों के खेला में औरत का नाच' मुझे स्मरण है जिसमे वह कहती है— "स्त्री लेखन के नाम पर आज जो कुछ परोसा जा रहा है, आख़िर वह है क्या? स्त्री विमर्श के नाम पर चल रहे अश्लीलता के इस यज्ञ में हवि डालने पर स्त्रियों को भी उनका यज्ञफल पर्याप्त मात्रा में मिला है। मर्दों के इस खेला में पुरुषों को आनन्द देने के लिए औरतों की एक ऐसी पोर्न छवि गढ़ी गयी है जो पूर्णतया यौनीकृत है। उसमें न चेतना है, न हृदय, न मन और न भावना। यह पोर्न की क्लासिकल सैडोमेसोचिस्ट छवि है। इन औरतों को यौनिक वस्तु होने, कष्ट पाने और अपमानित होने में आनन्द आता है।" (तहलका से साभार)

रीतिकाव्य में श्रृंगार वर्णन आन्तरिक नहीं बल्कि बाह्य है। इसीलिए प्रेम वर्णन भी प्रेम की भावनाओं से होकर नहीं गुज़रता है बल्कि शारीरिक सौन्दर्य की ओर ही बढ़ता चला जाता है। परन्तु स्त्री रचनाकाओं में प्रेम का भाव है और शारीरिक सौन्दर्य श्रृंगार के तहत है न कि स्त्री देह गाथा के रूप में है।

स्त्री रचनाकारों पर चर्चा करते हुए सावित्री सिन्हा जी का दृष्टिकोण रीतिकालीन मानसिकता से प्रभावित हो जाता है। सावित्री सिन्हा ने स्त्री रचनाकारों को रीतिकालीन मानसिकता से जोड़ा है परन्तु मैं इस बात से सहमत नहीं हूँ प्रवीण राय का यह उदाहरण वह नायिका भेद का बताती हैं परन्तु मुझे इस वर्णन में कहीं भी मांसलता का प्रदर्शन नहीं दिखता है। उदाहरण देखें—

मान के बैठी है प्यारी प्रवीण सो देखे बने नहीं जात बनायो
आतुर है अति कौतुक सो उत लाल चले अति मोद बढ़ायों

अब यह वर्णन किस प्रकार से पुरुष कवियों के नायिका का चित्र उपस्थित कर रहा है वह भी मानिनी नायिका का। इस जैसे तमाम उदाहरण सावित्री जी प्रस्तुत करती हैं जिससे वह इन स्त्री रचनाकारों को रीतिवादी काव्य की श्रेणी में डाल सकें। शेख का यह गंगा वर्णन कितना अद्‌भुत है और रीतिवादी परम्परा से कितना भिन्न है यह कहने की आवश्यकता नहीं है। उदाहरण देखिए -

सेख कहै श्रापी को ऊ जैनी है की जापी बड़ो
पापी है तो नीर पैठि नागन लबाय लै
अंग बोरि गंग में निहंग ह्वै कै बेगि चलि
आगे आउ मैल धोई बैल गैल लाई लै

हिन्दी के मुसलमान कवि (गंगा प्रसाद विशारद) में शेख की अनेक रचनाएँ हैं जो भक्ति, शृंगार, दीनता इत्यादि पर हैं जो दोहा, कवित्त इत्यादि शैली में रचित हैं। परन्तु इन रचनाओं को सावित्री जी या कोई अन्य आलोचक प्रस्तुत नहीं करता है क्योंकि यह रीतिवादी ढाँचे में फिट नहीं बैठती हैं। वास्तव में सावित्री जी ने भक्ति और रीति का एक ढाँचा अपने मस्तिष्क में बैठा लिया था जिसके अनुरूप उन्होंने तथा अन्य आलोचकों ने अपना वर्णन करते हुए कुछ को भक्तों की श्रेणी में और कुछ को रीति की श्रेणी में डाल दिया है। आलोचना की इस परम्परा से स्त्री साहित्य का काफ़ी नुक़सान हुआ है क्योंकि स्त्री साहित्य की सामग्री पहले से ही कम मात्रा में उपलब्ध है और जो उपलब्ध है उसे इसी आधार पर संगृहीत किया गया हैं। इस प्रकार से वही रचनाएँ उद्धृत की गयीं जो इस ढाँचे में फिट बैठती है, उसके अतिरिक्त जो अन्य सामग्री थी वह विलुप्त हो गयी जिसे ढूँढ़ना आज कठिन ही नहीं असम्भव कार्य प्रतीत होता है।

यहाँ मैं एक बात और कहना चाहती हूँ कि काव्य शास्त्र में वर्णित नायक-नायिका भेद इतने प्रकार के हैं कि किसी भी रचनाकार के पदों को आसानी से उनपर आरोपित किया जा सकता है और इस भेद के आधार पर शृंगार वर्णन को रीतिकाव्य की श्रेणी में डाला जा सकता है। दशरूपक में नायक के चार भेद बताये गये हैं— धीर ललित, धीर शान्त, धीरो दात्त और धीरोद्धत। नायक के यह चार प्रकार उसके स्वभाव के अनुरूप किये गये हैं। परन्तु जब हम नायिका भेद की बात करते हैं तो नायिका का वर्गीकरण हम नायिका के स्वभाव के आधार पर नहीं करते हैं बल्कि इस आधार पर करते हैं कि वह पुरुष अथवा शृंगार रस के वर्णन में किस परिस्थिति में है। जैसे कि जिस नायिका का पति विदेश चला गया हो तो वह प्रोषित प्रिया कहलाती है और जिसका पति या प्रेमी उससे छल करे तो वह खंडिता नायिका कहलाती है। अब प्रश्न यह है की नायिका भेद भी यहाँ पर पुरुष के कर्म के अनुरूप है न कि नायिका के स्वभाव के आधार पर है। तब ऐसी स्थिति में नायक-नायिका के वर्गीकरण के आधार पर स्त्री रचनाकारों को परखना कहाँ तक युक्तिसंगत है। इसीलिए मैंने किसी भी स्त्री रचनाकार के सन्दर्भ में काव्यशास्त्र की कसौटियों को नहीं देखा है बल्कि एक साधारण पाठक की दृष्टि से और रस की अनुभूति की दृष्टि से इन रचनाओं

को देखा है। इस आधार पर मैं यह कह सकती हूँ कि किसी भी स्त्री रचनाकार का काव्य पुरुष रचनाकारों से कमतर नहीं है।

यहाँ पर मैं सावित्री सिन्हा का कथन उद्धृत करना चाहूँगी जिसमें वह स्वयं कहती हैं—"इन स्त्रियों द्वारा रचित शृंगार काव्य सौष्ठव तथा कला की दृष्टि से उस युग के पुरुषों की रचनाओं से टक्कर लेने की क्षमता रखता है।" (सावित्री सिन्हा : मध्यकालीन हिन्दी कवयित्रियाँ, पृष्ठ 239) ज़ाहिर-सी बात है कि स्त्री रचनाकारों के सबल काव्य पक्ष को वह भी नकार नहीं सकी हैं। रीतिकाव्य और स्त्री साहित्य के सन्दर्भ में एक और जगह डॉ. सावित्री सिन्हा कहती हैं— "शेख ने प्राकृतिक लज्जा तथा स्त्रियों के प्रति सामाजिक कुंठा का अतिक्रमण कर समाज के उन्मुक्त शृंगार प्रयोगों में एक पुरुष के समान ही योग दिया। परन्तु कृष्ण के जीवन की घटनाओं तथा उनके चरित्र सम्बन्धित पदों में अनुभव तथा अश्लील भावनाओं की अपेक्षा स्वस्थ मानसिक अनुभूतियाँ चित्रित हैं। भ्रमरगीत तथा गोपी विरह इत्यादि प्रसंग में व्यक्त शृंगार में प्रस्तुत अनेक सूक्ष्म अनुभूतियाँ व्यक्त हैं। इन पदों का लौकिक तक साध्य नहीं कामनाओं की अभिव्यक्ति का माध्यम मात्र है।" (सावित्री सिन्हा : मध्यकालीन हिन्दी कवयित्रियाँ, पृष्ठ 259) इस प्रकार वह स्वयं स्वीकार करती हैं कि शेख की रचनाओं में अनुभूतियाँ हैं। इस प्रसंग में सिर्फ़ यही कहा जा सकता है कि सावित्री जी अपने को रीतिकालीन मानसिकता से उबार नहीं पायी है, स्त्री कवयित्रियों की प्रतिभा से परिचित होने के बावजूद। उनके साथ मैं भी मानती हूँ कि प्रवीण राय आदि में शृंगार के पद मिलते हैं परन्तु उन पदों में स्त्री की देह का कटाव कामुकता की दृष्टि से नहीं दिखाई देता है। प्रवीण राय ने कृष्ण की जिन लीलाओं का वर्णन किया है उसे अगर हम भक्ति काव्य न मानें तो भी शृंगार की श्रेणी में ही रखेंगे। ''सेज मैन सारी सी है सारी हूँ विसारी है'' जैसी रचनाएँ जिनका उदाहरण रीतिवादी मानसिकता को पुष्ट करने के लिए दिया जाता है वह वास्तव में भाषा के चमत्कार को प्रदर्शित करने की रचनाएँ हैं न कि स्त्री की देह गाथा को कहने वाली हैं। मध्यकालीन काव्य में स्त्री का प्रयोग कई रूपों में मिलता है, कहीं तो यह श्रद्धा का विषय है और कहीं वस्तु बनकर उपस्थित हुई है। स्त्री का मानवीय रूप हमें यहाँ कम ही मिलता है और जो कुछ भी मानवीय रूप मिलता है वह स्त्री द्वारा रचित साहित्य में ही मिलता है। मध्यकाल में रचे स्त्री साहित्य को नवीन बिन्दुओं से परखने की आवश्यकता है और यह स्त्री साहित्य पुनर्मूल्यांकन की माँग रखता है।

मध्यकाल और प्रमुख स्त्री रचनाकार

झीमा

झीमा जी बीकानेर राज्य में निवास करने वाले बीठू चारण की बहन थी। झीमा चारणी का समय 15वीं शताब्दी मध्य माना जाता है। इनका रचनाकाल सन् 1403 ई. माना जाता है। ऐसा कहा जाता है कि यह बहुत वाचाल और मुखर स्वभाव की थी। इन्होंने अपनी चतुरता से अपनी सहेली उमा दे का विवाह राजा अचलदास से करा दिया था। पूरे मारवाड़ में धीमा की वीरता की कथाएँ प्रसिद्ध हैं। झीमा ने कई युद्धों के लिए चारणी का कार्य किया था। जैसे चारण कवि युद्ध के समय राजा की प्रशंसा और उनके शौर्य का वर्णन करते थे वैसे ही झीमा चारणी ने भी किया है। झीमा को संगीत की अच्छी जानकारी थी। झीमा के द्वारा लिखी गयी वीरगाथात्मक रचनाएँ प्राप्त नहीं होती हैं। पर मुंशी देवी प्रसाद ने महिला मृदु वाणी में इनका उल्लेख बड़े आदर से किया है। इनकी प्रसिद्धि एक अच्छी चारण लेखिका के रूप में रही है। परन्तु इनके लिखे वीर गीत अद्यतन अनुपलब्ध हैं।

झीमा रानी के 3 पद प्राप्त होते हैं जिनमें उनकी सखी उमा दे, उनके पति रावजी तथा उनकी दूसरी पत्नी लालादे के बीच चलने वाले तकरार और झीमा द्वारा उमादे का साथ देने का वर्णन मिलता है। लालादे राजा की प्रथम पत्नी है। उमादे राजा के न आने के कारण दुखी रहती थी। तब झीमा ने अपनी चतुराई से राजा को उमादे के महल में बुलाया। राजा साहब आते हैं तो उमादे उनके चरण दबाती है और झीमा अपने मधुर स्वर में गीत गाती है—

धिन उमादे सांखली तै पीय लियो मुलाय
सात बरसयो बिछ्ड्यो तो किम रैन विहाय

इस पद के अतिरिक्त झीमा के दो और पद प्राप्त होते हैं जिसका उल्लेख मुंशी देवी प्रसाद ने भी किया है। मुझे यह पद स्त्री काव्य धारा पुस्तक में मिले हैं जिनका यहाँ उल्लेख करना आवश्यक है। इनका दूसरा पद है—

माग्या लाभे जब चरण मौजि लभे जुवार
माग्यां साजन किमि मिले गहली मूढ़ गँवार
पहो फाटी पगड़ो हुओ विछरण री है बार
ले सकि थारो बालमो उरदे म्हारो हार

इनका दूसरा प्राप्त पद इस प्रकार है—

लाल मेवाड़ी करें बिजो करे न काय
गायो झीमा चारणी उमा लियो गुलाय

इन प्राप्त पंक्तियों के आधार पर झीमा को काव्य कसौटी पर कसना अन्याय होगा। पर प्राप्त इन पदों के आधार पर यह तो कहा ही जा सकता है कि वह हिन्दी साहित्य के इतिहास में अपना नाम लिखा सकती हैं। परन्तु किसी इतिहासकार ने इनका नाम हिन्दी साहित्य के इतिहास में दर्ज नहीं किया है। अब तक इनके सिर्फ़ यही 3 पद प्राप्त हुए हैं। शोध के अभाव में सम्भव है कि वह अब मिलें भी नहीं। अगर उस समय प्रयास किया गया होता तो शायद इनके सन्दर्भ में अन्य जानकारी तथा इनकी रचनाएँ प्राप्त हो सकती थीं। इनका एक अन्य पद है—

नह नाम संसार जमी यो
हरि सहर को चले हंस अविहड हरो
कवध नारायणो सरोग क्रमियो

डॉ. सावित्री सिन्हा के ग्रन्थ में इसका अनुवाद मिलता है जो इस प्रकार है—"आकाश में रणतूर का कठोर गर्जन गूँज रहा है। सिन्धु का भयानक स्वर लेकर सेना झुकी आ रही है। वीर राजा के वैर रूपी जल को मथता हुआ मुग़ल सेना का अग्रणी आगे बढ़ रहा है। उसकी तलवार की धार राजा के धड़ पर पड़ती है और उसे उड़ा देती है। राजा अपनी रक्षा का भरसक प्रयास करता है। पावासर में इस प्रकार खड्ग युद्ध चल रहा है। राजा वीरतापूर्वक लड़ने के बाद नाड़ियों से निकलते हुए रक्त से नहाया पड़ा है। सती पुष्पा तथा दूसरी अप्सरावत रूपवाली सती स्त्रियाँ उसके सम्मुख आती हैं। हरि की नगरी से आये हुए विमान पर उसके झूलते हुए प्राण आसीन होते हैं और राठौर राय इस प्रकार स्वर्ग को प्रयाण करते हैं।" (सावित्री सिन्हा : मध्यकालीन हिन्दी कवयित्रियाँ, पृ. 32)

वीर रस का यह गीत हिन्दी साहित्य की अमूल्य निधि है। निस्सन्देह साहित्य के इस समुद्र में झीमा जैसी रचनाकार की और भी मोतियाँ रही होंगी जो हमें आज नहीं मिल पायी हैं। इस गीत में ओज गुण के साथ भाव भाषा की अगर हम बात करें तो मुंशी देवी प्रसाद ने इनकी भाषा डिंगल मानी है। डॉ. सावित्री सिन्हा का भी यही मत है इनकी भाषा बहुत परिष्कृत तो नहीं है पर कुछ पदों के आधार पर हम कुछ कह भी नहीं सकते हैं। हो सकता है श्रुत परम्परा से लेने के कारण यह दोष आ गया है। इनकी भाषा में स्थानीय शब्दों का प्रयोग हुआ है और भावों में सरलता है।

डॉ. सावित्री सिन्हा इनके सन्दर्भ में कहती हैं— "काव्यशास्त्र के नियमों से अनभिज्ञ, भाषा के प्रवाह और माधुर्य की महत्ता का मूल्यांकन करने में असमर्थ, छन्द, अलंकार के नाम से भी अपरिचित उस चारणी की इन पंक्तियों में विदग्धता तथा व्यंग ही प्रधान है। यही व्यंग तथा उपमाएँ किसी कुशल कलाकार की भाषा के परिधान में सुन्दरता का काव्य बन जाते।" (सावित्री सिन्हा : मध्यकालीन हिन्दी कवयित्रियाँ, पृ. 30)

इनके पदों में हृदय पक्ष प्रधान दिखाई देता है। प्राप्त पदों के आधार पर इनकी अनुभूतियों का सूक्ष्म विवेचन नहीं किया जा सकता है पर जो पद प्राप्त हैं उससे यह पता चलता है कि यह सहृदय थीं और भाव पक्ष इनकी रचना में प्रधान था। तत्कालीन समय में स्त्री रचनाकार का मिलना भी दुर्लभ था। उस परिवेश और परिस्थिति में जब शिक्षा और स्वतन्त्रता का अभाव था उस समय में झीमा के प्राप्त यह पद भी मूल्यवान हैं। जब पूरा हिन्दी साहित्य का इतिहास ही स्त्री रचनाकारों से सूना हो वहाँ झीमा के यह पद उनका नाम इतिहास के पन्नों में अवश्य लिखे जाने योग्य हैं।

पद्मा

पद्मा चारणी का समय सन् 1597 ई. के आसपास माना जाता है। यह माला जी साहू की पुत्री तथा बारहट शंकर की पत्नी थी। यह बीकानेर में रहती थी। पद्मा भी चारणी का काम करती थी। राजा अमर सिंह के यहाँ इनके चारण के पद गाये जाते थे। ऐसा कहा जाता है कि अकबर से साहसपूर्ण लड़ते हुए राजा अमर सिंह वीरगति को प्राप्त हुए। स्त्रियों ने सती परम्परा का निर्वाह किया। इससे सम्बन्धित अनेक गीत पद्मा ने लिखे हैं जो अब अप्राप्त हैं या लोक में समाहित हो गये हैं जो प्रमाण के अभाव में पद्मा के हैं या नहीं यह ठोस आधार पर नहीं कह सकते हैं। राठौरों की प्रशस्ति गीतों के एक संग्रह में इनका भी एक गीत मिलता है जिसका उल्लेख मुंशी देवी प्रसाद जी करते हैं। इनके प्राप्त पद का एक उदाहरण देखा जा सकता है—

गगणे गाज आवाज़ रणतूर पारवर गरर
सालू लै सिन्धु औ राग साथै
दुरित धनराज रो वैर जल डोलते
झलकियो मूंगली फौज माथे
धी खे कमंध खगधार और धुलिये

* * *

सारदल सामुँही हंस पावासारी
झीलियो नारियण लोहु जाझे
सती पुहुपा अने अछर अग्र सिवाणै

सेना का गर्जन रक्त रंजन जैसे शब्द वीर रस के हर कवि प्रयुक्त करते हैं वैसे ही पद्मा चारणी भी करती हैं, परन्तु स्त्री होने के कारण इनका उल्लेख हमें हिन्दी साहित्य के इतिहास में नहीं मिल पाता है।

झीमा की शैली चित्रात्मक शैली कही जा सकती है। डिंगल भाषा का प्रयोग इन्होंने किया है जिसमें अपभ्रंश के शब्द सरग (स्वर्ग) का भी प्रयोग है। इनकी अन्य रचना अगर पूर्णरूपेण प्राप्त होती तो निस्सन्देह कल्पना और संवेदना का अनुपम संयोग हमें दिखाई देता जिसकी एक झलक इस उदाहरण से तो मिलती ही है। सजीव चित्रण का अनोखा गुण हम पद्मा चारणी में पाते हैं। इनके इस पद को देखकर इनकी काल्पनिकता का भी आभास होता है जो किसी भी कवि से कमतर नहीं है।

बिरजू बाई

बिरजू बाई का रचनाकाल सन् 1743 ई. के आसपास अनुमान लगाया जाता है। जोधपुर के महाराज अभय सिंह की राजसभा में रहने वाले चारण करणदीन की यह बहन मानी जाती हैं पर एक शोध ग्रन्थ में एक स्थल पर इन्हें करणदीन की बेटी भी कहा गया है। यह उद्धरण मुंशी देवी प्रसाद के महिला मृदुवाणी से लिया गया है। चारणों का मुख्य कार्य ओजस्वी कविताएँ लिखना था। जिसका निर्वाह यह पूर्णरूपेण करती हैं। इनकी कविता बहुत उत्कृष्ट कोटि की नहीं कही जा सकती है परन्तु तत्कालीन समय में तत्कालीन परिवेश में अगर कुछ भी लिखा गया है तो वह अपने आप में श्रेष्ठ है और हम इसी आधार पर हिन्दी साहित्य के इतिहास में इनका नाम दर्ज कर सकते हैं। इनका एक पद प्राप्त होता है जो इस प्रकार है—

कहो सुचाला ऐराकी, नाव जेरी की बखाण कीजै
ऐराकी रूप माँ आछा नाखां रिझावर पति
रिझा दे ऐराकी काछी एहा बाजराज

नाथी

नाथी द्वारा रचित एक हस्तलिखित ग्रन्थ उपलब्ध होता है जिसका उल्लेख टेसीटरी जी ने अपने ग्रन्थ डिस्क्रिप्टिव कैटलॉग ऑफ़ बार्डिक पोएट्री में किया है। परन्तु

नाथी द्वारा रचित यह ग्रन्थ उपलब्ध नहीं हो पाया है। नाथी जी के सन्दर्भ में कुछ भी ज्ञात नहीं है। जनश्रुतियों के आधार पर ऐसा कहा जाता है कि यह भोजराज की पुत्री थी। टेसीटरी जी ने भोजराज को अमरकोट का राजा माना है। इनका रचनाकाल सन् 1616 ई. माना जाता है। इनका कोई भी पद प्राप्त नहीं होता है। यह भी सम्भावना की जा सकती है कि अब यह ग्रन्थ नष्ट हो गया हो। तब कोई प्रयास किया जाता तो शायद यह उपलब्ध हो सकता था पर स्त्री रचनाकार को इतिहास में दर्ज करने की इच्छा होती तब। विष्णु भक्त होने के कारण इन्होंने भक्ति पदों की रचना की है। इन्होंने लगभग 1331 चरणों की रचना की है पर इनका ग्रन्थ अनुपलब्ध है। जिस हस्तलिखित ग्रन्थ का उल्लेख किया जाता है उसमें इन्होंने हरि लीला, नाम लीला, बालचरित, कंस लीला आदि चरण की रचना की है। इनके लगभग बारह सौ लिखित चरण का उल्लेख मिलता है परन्तु अनुपलब्ध होने के कारण उनका उल्लेख नहीं किया जा सकता है। परन्तु कुछ ग्रन्थों में नामोल्लेख के आधार पर यह तो सिद्ध होता ही है यह एक कवयित्री थी।

चम्पा दे

चम्पा दे जैसलमेर के राव लहरराज की पुत्री और बीकानेर के पृथ्वीराज की पत्नी थी। पृथ्वीराज का समय सन् 1753 ई. माना जाता है। इस हिसाब से हम देखें तो चम्पा दे का समय भी यही रहा होगा। डॉ. देवी प्रसाद ने इनका समय 1605 ई. माना है। ज्योति प्रसाद निर्मल जी इनका रचनाकाल सन् 1593 ई. मानते हैं और डॉ. सावित्री सिन्हा भी इसी समय के पक्ष में हैं। इनके बारे में प्रचलित है कि यह बहुत वीर और पराक्रमी थीं। ऐसी जनश्रुति है कि अकबर के जाल में फँस जाने पर अपने सतीत्व की रक्षा के लिए कटार लेकर यह बादशाह अकबर की छाती पर बैठ गयी थीं। अकबर के माफ़ी माँगने पर उन्होंने उसे छोड़ा था। डिंगल और पिंगल दोनों ही भाषाओं पर इनका पूरा अधिकार था। डिंगल भाषा में इनकी पुस्तक 'प्रेम दीपिका' मानी जाती है। नागरी प्रचारिणी की खोज रिपोर्ट में इस पुस्तक का उल्लेख मिलता है।

चम्पा दे पृथ्वीराज की द्वितीय पत्नी थी। ऐसा माना जाता है कि वह भी एक बड़े कवि थे और चम्पा देवी उनके साथ कविता सृजन में साथ रहती थी। एक बार अपने पके हुए श्वेत बाल को देखकर पृथ्वीराज ने एक दोहा कहा और अपनी ग्लानि को चम्पा दे से बताया। तब चम्पा दे ने बड़े सुन्दर शब्दों में उनकी मानसिक ग्लानि का उपचार किया। वह कहती हैं—

प्यारी कहे पीथल सुनो ढोला दिस मन्द जोय
नरा नाहरा — पाका ही रस होय
खेड़ज पक्का धोरिया पंथज गऊघां पाव
नरा तुरंगा बन थला बन फला पक्का साव

चम्पा दे का अन्य कोई पद प्राप्त नहीं है पर इस एक पद के आधार पर हम हिन्दी साहित्य के इतिहास में उनका नाम तो लिख ही सकते हैं।

सारावाली रानी

सारावाली रानी ने डिंगल भाषा में काव्य की रचना की है। इनके नाम से प्रसिद्ध एक हस्तलिखित प्रति 'कृष्ण जी री वेली' का उल्लेख टेसिटरी जी ने किया है। यह ग्रन्थ वर्तमान में अनुपलब्ध है। पर इनकी लिखी एक पंक्ति प्राप्त है जो इस प्रकार है—

अनोपम रूप सिंगार अननोपम भूषण अंग

इन रचनाकारों के ग्रन्थ न उपलब्ध होते हुए भी इनका नाम उल्लेख करना मैं आवश्यक समझती हूँ क्योंकि इन्हीं से परम्परा आगे बढ़ते हुए चलती है जिसके कारण हमें स्त्री रचनाकारों की कुछ रचनाएँ मिलती हैं।

ठाकुर काकरेची

ठाकुर काकरेची गुज़रात की रहने वाली थीं। इनके पिता का नाम ठाकुर बाघेला अगराजी था। इनके पति का नाम नरहरि दास था जो शाहजहाँ के पुत्रों के साथ युद्ध करते हुए वीरगति को प्राप्त हुए थे। इनका लिखा एक पद मुझे प्राप्त होता है जो इस प्रकार है—

धर काली का करधरा, अधकाला अगरेस।
नाहर भेजां ने बजिया, क्यों पलटाऊँ बस॥

रानी रारधरी जी

रानी रारधरी जी का उल्लेख महिला मृदु वाणी में मिलता है। मुंशी देवी प्रसाद को राजपूताना के हस्तलिखित ग्रन्थों की खोज रिपोर्ट में इनका उल्लेख मिला था। इनके पिता मारवाड़ के राज धरा प्रान्त के राणा थे। इनके पति का नाम रावजी था। इनके बारे में ऐसा कहा जाता है कि इनके पति इनको घुमाने ले जाते हैं और थककर इन्होंने यह दो पंक्तियाँ कही—

पिय आछू भखनो ज़हर, पालो चलनो पन्थ।
अरबुद ऊपर बैठनो, भलो सरायो कन्थ॥

इनके द्वारा लिखित जो पद प्राप्त होता है उसमें प्राकृतिक सुन्दरता वर्णित है। अपने पिता के निवास पर रचित दो ही पंक्तियाँ प्राप्त होती हैं जो इस प्रकार हैं—

घर ढांगी, आलम धनी, परगण लूना पास।
लिखियो जिण ने लाभ सी, राड़धड़ा से वास॥

रानी चावड़ी जी

रानी चावड़ी जी का उल्लेख मुंशी देवी प्रसाद ने महिला मृदुवाणी में किया है। उन्होंने इनका समय अट्ठारहवीं शताब्दी का उत्तरार्ध माना है। इनका जन्म गुज़रात में हुआ था। यह राजा मानसिंह की दूसरी पत्नी थी। इनका लिखा एक ख्याल च्छोटी सी नाजक धड़ रा पीव' प्राप्त होता है। रानी चावड़ी जी के द्वारा रचित कुछ मंगल गीत भी चर्चित रहे हैं। एक उदाहरण देखा जा सकता है—

चाली मृगा नैणिया जी चम्पा ब्याहियाँ
उठे लाल तंबूड़ा तड़ियाँ
पनी सुमरे संगरा साथी
ज्यूँमाल्या रा मणियाँ
फेर बंधावल चालो सखी
पिव केसरिया बणियाँ

डॉ. सावित्री सिन्हा का मानना है कि रानी चावड़ी जी द्वारा रचित काव्य में कल्पना अनुभूति और कला तीनों तत्त्वों का समावेश है। इनके काव्य में माधुर्य और कल्पना की अनूठी व्यंजना है। चावड़ी जी की भाषा सुन्दर कही जा सकती है। साधारण भाषा और साधारण भाव को व्यक्त करना इनके काव्य की विशेषता है। भाषाई कसौटी पर इनके काव्य को कसना इनके साथ अन्याय होगा। आत्माभिव्यक्ति ही इनके काव्य की मुख्य विशेषता है।

स्वर्ण लली

हरि कृष्ण जी ने ब्रज बुली साहित्य में इनका नाम उल्लेख किया है। उनके पति का नाम यादवेन्द्र था। इनकी कविता का एक अंश अंग्रेज़ी में भी प्राप्त होता है। इनकी कविता में कृष्ण प्रेम कल्पना के मधुर रंग से रंगा हुआ है। अलंकारों का इन्होंने

प्रयास नहीं किया है पर भावाभिव्यक्ति में सहजता में आये हैं। इनकी रचना का एक उदाहरण देखा जा सकता है—

दुर्गम वन ते सब जन्तु रबे
गेह बन मोर गुरु जन भये
से कृष्ण बिन मोरा ना रये
फुकुर कहित अन्दर भये

इनकी रचनाओं में मैथिली की सरसता और मधुरता व्याप्त है। कृष्ण वियोग की व्यवस्था और करुणा इनकी रचनाओं में मिलती है। इनका प्रस्तुतीकरण और भावाभिव्यक्ति उत्कृष्ट श्रेणी की है। एक उदाहरण जो हमें प्राप्त है उसका उल्लेख यहाँ किया जा रहा है—

आशा काले गेलाम यमुना रे कूले
बधुरे हेरिलम नीप तरू मूले।

गंगाबाई

गंगाबाई को कुछ लोग विट्ठल गिरिधरन के नाम से भी जानते हैं। मिश्र बन्धुओं ने अपने इतिहास में इनके नाम का उल्लेख किया है। इसके अतिरिक्त डॉ. पीताम्बर दत्त बड़थ्वाल के सम्पादन में हस्तलिखित ग्रन्थों की खोज रिपोर्ट में भी इनका नाम मिलता है। यह विट्ठलदास की शिष्या मानी जाती हैं इसीलिए इनका समय सन् 1550 ई. के आस-पास माना जा सकता है। इनका एक स्वतन्त्र ग्रन्थ गंगाबाई के पद नाम से मिलता है। इसमें वात्सल्य रस की ही रचनाएँ प्रधान रूप से हैं। वह कहती हैं—

रानी जूं सुख पायो सुत जाय,
बड़े गोप वधुन की रानी हँसि हँसि लागत पाय
बैठी महरी गोद लिये ढोटा आछी सेज बिछाय
हम तो मुदित भये सुख पायो चिरजीवो दोऊ भाइ
श्री विट्ठल गिरधरन कहत ये बाबा तुम माइ

गीत सागर और बधाई सागर में भी इनके कुछ पद प्राप्त होते हैं। बाल लीलाओं के अलावा इन्होंने दानलीला, राधा, वामन अवतार, रामनवमी और कृष्ण जन्माष्टमी के उत्सव से सम्बन्धित पद भी गाये हैं। जन्म दिवस के अवसर पर इनका

यह पद बहुत ही सुन्दर बन पड़ा है—

जसुमति सब दिन देत बधाई
मेरे लाल की मोहि विधाता बरसगाँठ दिखाई
बैठी चौक गोद ले ढोटा आछी लगनि धराई
श्री विट्ठल गिरधरन गहि कनिया खेलत रहहि सदाई

वात्सल्य वर्णन में यह सूरदास से कहीं भी कमतर नहीं प्रतीत होती हैं। हाँ यह अवश्य है कि सूरदास की भाँति इनका नाम हिन्दी साहित्य के इतिहास में उल्लिखित नहीं है। कृष्ण की बाल लीलाओं में हास परिहास और मधुरता का जो चित्रण हमें सूरदास में दिखाई देता है वैसा ही चित्रण गंगाबाई में भी मिलता है। बाल लीलाओं के वर्णन में कृष्ण का मनोहारी चित्र गंगाबाई उपस्थित करती हैं। वह कहती हैं—

लाल तुम पकरी कैसी बान
जब ही हम आवत दधि बेचन तब ही रोकत आन
मन आनन्द कहत मुँह की सी नन्द नन्दन सो बात
घूँघट की ओझल ह्वै देखन मन मोहन करि घात
हँसि लाल गह्यो तब अंचरा बदन दही जु चखाई
श्री विट्ठल गिरधरन लाल ने खाइ के दियो लुटाई

इनके पदों में सूरदास की भाँति रागात्मकता का गुण है। अपनी बातों को यह बिम्ब के माध्यम से व्यक्त करती हैं। साधारण और सहज भाषा में बिम्ब उपस्थित करना इनके काव्य की बड़ी विशेषता मानी जाती है। ख़ासतौर पर उस समय जब महिला लेखन का अभाव था और अपने भावों की अभिव्यक्ति के लिए, उसको परिष्कृत करने के लिए साधन उस तरह से उपलब्ध नहीं थे जिस तरह से आज उपलब्ध हैं। अनुप्रास अलंकार इनके काव्य में सबसे ज़्यादा प्रयुक्त हुआ है। अलंकारों के चित्रण में सहजता का आभास सहज ही होता है। इनकी भाषा ब्रजभाषा रही है जिसके कारण मधुरता भाषा की सर्व प्रधान विशेषता बनकर आती है। इनके काव्य को पढ़ करके यह स्पष्ट रूप से कहा जा सकता है कि इन्होंने बड़े परिपक्व रूप से काव्य को लिखा है। शब्दों से खेलना भी इन्हें भरपूर आता है। व्यंजना शब्द शक्ति का एक उदाहरण देखा जा सकता है—"मन आनन्द कहत मुँह की सी मुँह की सी नन्द नन्दन सो बात।" आनन्द विनोद की अभिव्यक्ति के लिए कितनी सुन्दर अभिव्यक्ति है। इनका सबसे बड़ा वैशिष्ट्य है अलंकरण। अपनी सहजता

के लिए गंगाबाई ज़्यादा जानी जाती हैं। आज समीक्षा के मानदंड के अनुसार इनके पदों की समीक्षा करना व्यर्थ है क्योंकि तत्कालीन परिवेश में स्त्री रचनाकार का मिलना और उनके कुछ उपलब्ध पदों का प्राप्त होना ही बहुत बड़ी बात है। उनकी समीक्षा और आलोचना कुछ पदों के आधार पर नहीं की जा सकती है। इनके पदों में हमें उच्छृंखलता नहीं दिखाई देती है। इनके पदों को देखकर यह अहसास होता है कि पुष्टिमार्ग का प्रभाव इनके ऊपर अवश्य था जो इनकी जीवन शैली और रचनाओं दोनों को प्रभावित करता था। इनकी रचनाओं से यह दोनों बातें प्रमाणित होती हैं। डॉ. सावित्री सिन्हा का मानना है कि "इसमें सन्देह नहीं कि सूरदास के वात्सल्य सम्बन्धी पद मानव की इस शाश्वत भाव की अमर अभिव्यक्ति हैं परन्तु इसमें भी सन्देह नहीं है कि उनके तद्विषयक अनेक पदों में केवल भोग्य पदार्थों और व्यंजनों का परिगणन मात्र है। गंगाबाई के पद सूर के उन पदों से निस्सन्देह अच्छे हैं।" यहाँ इस उक्ति को कहने का तात्पर्य यह नहीं है कि गंगाबाई के पद सूरदास से श्रेष्ठ हैं बल्कि उनके कुछ पद अवश्य गंगाबाई ने श्रेष्ठ लिखे हैं। यहाँ सूरदास और गंगाबाई का तुलनात्मक अध्ययन करना आशय नहीं है बल्कि यह कहा जा सकता है कि गंगाबाई के कुछ पद सूरदास से श्रेष्ठ भी हैं और कुछ कमतर भी हैं। परन्तु जिस वात्सल्य वर्णन के कारण सूरदास हिन्दी साहित्य के इतिहास में अपना अमिट नाम लिखा लेते हैं और अग्रणी कवि के रूप में उभरते हैं उसी स्तर का वात्सल्य वर्णन करने पर भी गंगाबाई हिन्दी साहित्य के इतिहास में अपना नाम तक न लिखा पायीं। ज़ाहिर-सी बात है स्त्री रचनाकार होने के कारण उनके साथ पक्षपात किया गया है। न हीं उनकी रचनाओं को ढूँढने का प्रयास किया गया और न ही उनकी नाम का उल्लेख तक किया गया है जबकि उनकी रचनाएँ परिपक्व रही हैं।

सोन कुँवरि

यह जयपुर के राजवंश की रानी थी। राधावल्लभ सम्प्रदाय से इनका सम्बन्ध माना जाता है। इनका उपनाम सुवर्ण लली था। इनकी एक रचना सुवर्ण बेलि की कविता का उल्लेख मिलता है जो प्राप्त नहीं है। नागरी प्रचारिणी सभा की खोज रिपोर्ट में हस्तलिखित प्रति का ज़िक्र मिलता है पर मुझे वह प्राप्त नहीं हुई। इसमें लगभग 200 पद माने जाते हैं। इनका लेखन समय सन् 1777 ई. माना जाता है। इनके सम्बन्ध में कोई जानकारी प्राप्त नहीं है।

रसिक बिहारी (बनीठनी जी)

रसिक बिहारी बनीठनी जी का जन्म ज्ञात नहीं है। इनकी मृत्यु सन् 1765 ई. को आषाढ़ में मानी जाती है। ऐसी जनश्रुति है कि यह नागरी दास की प्रेम पोषिता थी। ज्योति प्रसाद निर्मल जी इन्हें नागरी दास की दासी मानते हैं। नागरी दास की रचना 'नागर समुच्चय' में आन कवि नाम से इनके कुछ पद मिलते हैं। बनीठनी नाम से भी उनके पद मिलते हैं। कहीं-कहीं पर इन्होंने अपना नाम उल्लेख करके रचनाएँ प्रस्तुत की हैं। तत्कालीन परिवेश में स्त्री रचनाकार मिलना दुर्लभ था उस पर से इन रचनाकारों की कृतियों का संचयन ठीक ढंग से नहीं हुआ जिस कारण से इनकी रचनाएँ अप्राप्त रही हैं। हिन्दी साहित्य के इतिहासकारों ने न तो इनका नाम उल्लेख करने की आवश्यकता समझी और न ही इनकी रचनाओं के संरक्षण पर विचार किया। यह स्थिति सिर्फ़ बनीठनी जी के लिए नहीं थी बल्कि सभी स्त्री रचनाकारों के समक्ष थी। कहीं-कहीं पर इनके नाम उल्लेख के पद मिल जाते हैं जैसे—

बनी विहारिन रस सनी, निकट बिहारी लाल
पान कियो इन दृगनि अनुपम रूप रसाल

रसिक बिहारी बनीठनी राधाकृष्ण रूप की उपासक थी इसलिए इनकी रचनाओं में श्रृंगार रस और माधुरी गुण की प्रधानता थी। प्रेम में पगी इनकी यह पंक्तियाँ किसी श्रृंगार रस के कवि से कमतर नहीं हैं।

रतनारी हो थारी आँखड़ियाँ
प्रेम छकी रस बस अलसाणी जाणि कमल की पांखड़ियाँ
सुन्दर रूप लुभाई गति मति हौं गयी ज्यूँ मधु माखड़ियाँ
रसिक बिहारी वारी प्यारी कौन बसी निसि कांखड़ियाँ

उत्प्रेक्षा और रूपक जैसे अलंकार बनीठनी जी की रचनाओं में ऐसे प्रवेश करते हैं जैसे वहीं गलियों में सदैव विचरण करते रहे हों, तभी तो कहीं भी कृत्रिमता की झलक नहीं मिलती है बल्कि एक आत्मीयता और सहजता पूरी रचना में व्याप्त रहती है। व्यक्ति जब उस प्रेम भाव का स्मरण करता है तो स्वयं भी वही कहता है जो भावाभिव्यक्ति बनीठनी जी ने ऊपर की है। ऊपर उत्प्रेक्षा और रूपक का उदाहरण बड़े परिपक्व रूप में बनीठनी जी ने किया है। उत्प्रेक्षा और रूपक के अतिरिक्त उपमा और अनुप्रास अलंकार का भी प्रयोग इनकी रचनाओं में देखा जा सकता है। अनुप्रास अलंकार का एक सुन्दर उदाहरण द्रष्टव्य है—

पावस ऋतु वृन्दावन की दुती दिन-दिन दूनी दरसै है
छवि सरसै है
लूम झूम सावन घनो घन बरसे है

उपर्युक्त उदाहरण में पुनरुक्ति प्रकाश अलंकार के साथ अनुप्रास अलंकार की शोभा देखते ही बनती है। प्रकृति का शुद्ध चित्रण स्त्री रचनाकारों में भी मिलता है यह उदाहरण इस बात की पुष्टि करता है। भावना भले ही भक्ति की रही है पर प्रकृति का अपना स्थान रहा है। यह भी एक तथ्य है कि कवि हमेशा प्रतीक रूप में ही प्रकृति को चित्रित करता है। यहाँ यह निस्सन्देह कहा जा सकता है कि बनीठनी जी की यह रचनाएँ किसी भी पुरुष कवि की रचनाओं से कमतर नहीं हैं परन्तु हिन्दी साहित्य के इतिहास में इनका नाम उल्लेख तक नहीं मिलता है। स्त्री रचनाकार होने के कारण उन्हें आज तक हिन्दी साहित्य के किसी भी ग्रन्थ में नाम दर्ज कराने का अवसर नहीं मिला है। बनीठनी जी कृष्ण काव्य धारा से सम्बन्ध रखती हैं। कृष्ण प्रेम में वे निन्दक नियरे राखिए भावना का वरण करती हैं और समाज की उपेक्षा करके वह कहती हैं—

मैं अपने मनभावन लीन्हो इन लोगन को कहा नहीं कीन्हो
मन दे मोल लियो री सजनी, रत्न अमोलक नवल रंग भीनो

कृष्ण के प्रेम में मतवाले होकर घूमना सिर्फ़ मीरा और सहजोबाई की रचनाओं में नहीं मिलता बल्कि बनीठनी जी भी इसका श्रेष्ठ उदाहरण हैं परन्तु वह अपना नाम हिन्दी साहित्य के इतिहास ग्रन्थों में नहीं लिखा पायीं। कृष्ण के प्रेम में स्वतन्त्र होना उन्हें मंजूर है पर जहाँ तक चरित्र की बात है नारी अस्मिता की बात है वह कहती हैं—

कैसे जल लाऊँ मैं पनघट जाऊँ
होरी खेलत नन्द लाडलो क्यों कर निबहन पाऊँ
वे तो निलज फाग मदमाते हौं कुलवधू कहाऊँ
जो छुवे अंचल रसिक बिहारी धरती फार समाऊँ

इनकी रचनाओं में श्रृंगार के अलावा वात्सल्य रस का भी सुन्दर चित्रत किया गया है। कृष्ण काव्य धारा में कृष्ण के बाल रूप का चित्रण सूरदास, गंगाबाई गवरीबाई आदि ने बड़ी सुन्दरता के साथ प्रस्तुत किया है परन्तु बनीठनी जी ने कृष्ण के अतिरिक्त राधा का भी बाल रूप चित्रित किया है। राधा के लिए वह कहती हैं—

आज बरसाने मंगल गाई
कुँवर लली को जनम भयो है घर-घर बजत बधाई
मोतीन चौक पुरावो गावों देहू असीस सुहाई
रसिक बिहारी की यह जीवनी प्रगट भई सुखदाई

कन्या जन्म पर मोतियन से चौक पूरना यह बताता है कि राधा के जन्म पर ख़ुशियाँ मनाई गयी थीं जो तत्कालीन परिवेश में स्त्री की स्थिति को भी बताता है। राधा के ऊपर अन्य पद भी रसिक बिहारी जी ने रचे हैं। वह कहती हैं—

धीरे झूलो री राधा प्यारी जी
नवल रंगीली सबै झुलावत गावत सखियाँ सारी जी
फरहरात अंचल चल चंचल लाज न जात सम्भारी जी
कुंजन ओर दूरे लाखी देखत प्रीतम रसिक बिहारी जी

राधा के साथ कृष्ण जन्म का भी वर्णन बनीठनी जी ने उतने ही उल्लास और रुचि से किया है जितना कि राधा के जन्म का वर्णन किया है। वह कहती हैं—

बाजे आज नन्द भवन बधाइयाँ
गह गह आनन भवन भयो है गोपी सब मिलि आइयाँ
महरीन गाँवही कै भयो सुत है फूली आँगन भाइयाँ
रसिक बिहारी प्राननाथ लखि देत असीस सुहाइयाँ

रसिक बिहारी जी की मूल भाषा ब्रजभाषा ही है जिसमें पिंगल का प्रभाव दिखाई देता है। इसके अतिरिक्त राजस्थानी के शब्दों का प्रयोग इन्होंने बहुतायत मैं किया है।

प्रिया सखी

रानी बख्त कुँवरि का उपनाम प्रिया सखी था। डॉ. सावित्री सिन्हा ने इनके एक हस्तलिखित ग्रन्थ प्रिया सखी की बानी का उल्लेख किया है। जिसका रचनाकाल सन् 1677 ई. माना जाता है। राधाकृष्ण के दाम्पत्य रूप का वर्णन इस ग्रन्थ में है। भक्ति के वर्णन में शृंगार रस और माधुर्य गुण इनकी रचनाओं में मुख्य रूप से रहे हैं। उपमान का अद्‌भुत प्रयोग इन्होंने किया है। वे कहती हैं—

प्रेम पिचकपिय नैन भरे तीय रूप गुलाल सुमैसे
कुंदन तन पर केसरी फीकी स्याम गौर भये मैसे

अनुप्रास अलंकार के साथ कल्पना की उड़ान इस पद में इनके कवयित्री हृदय को प्रस्तुत करता है। काव्य की उत्कृष्टता इनमें बड़ी अद्‌भुत रही है। बिहारी

की तरह वर्णन कौशल इनमें देखते ही बनता है। राधाकृष्ण के होली प्रकरण में वह कहते हैं कि "भरे भवन में करत है नैनन ही सो बात" इसी माधुर्य और चित्रण की कुशलता प्रिया सखी के पद में देखते बनती है। उदाहरण देखें—

सन्मुख रुख मुस्कयाती झपकी झुकी लाडिली लालही पैले
प्रिया सखी हित यह छवि निरखति सुख की रासि सकैले

इन्होंने अपने काव्य में लीला भाव और श्रृंगार दोनों रूपों का वर्णन किया है। जिस प्रकार सूरदास ने स्त्री रूपी गोपियों के लिए एक यूटोपिया कल्पना किया है कि एक स्वतन्त्र और उन्मुक्त वातावरण हो वैसा ही भाव हम प्रिया सखी की रचनाओं में पाते हैं। कृष्ण के प्रेम में मदमत्त रहने वाली मीराबाई जैसे भाव प्रिया सखी के यहाँ नहीं मिलते हैं। प्रिया सखी का वर्णन बहुत ही सहज व सरस है।

ईश्वर प्रेम के वरण में वह निर्गुण नहीं थी पर उनका प्रस्तुतीकरण कबीर के समान था। जैसे कबीर कहते हैं कि "लाली मेरे लाल की जित देखूँ तित लाल" उसी प्रकार से प्रिया सखी कहती हैं—

जित तित रोमी रोमी में ह्वै रहे मेरे नैननि तारे
अति सुन्दर वर अन्तर्यामी प्रिया सखी हित प्रानहि प्यारे

प्रिया सखी की बानी एक अनूठी रचना है। इसमें एक पद के पाँच भाव के आधार पर टीकाएँ दी गयी हैं जैसे सिद्धान्त, रस, वेष, पलट आदि। इस विवेचन से यह पता चलता है कि समीक्षा के कुछ पुट भी इनमें शामिल रहे हैं। साथ ही साथ प्रिया सखी की बानी को देखकर गद्य का भी आभास मिलता है। अब तक जितनी भी रचनाओं की हमने चर्चा की है उसमें गद्य का वर्णन नहीं आया है। परन्तु प्रिया सखी की बानी में यह संक्षिप्त रूप में हमें दिखाई देता है। हाँ समीक्षा और गद्य का परिपक्व रूप इसमें नहीं है परन्तु स्त्री रचनाकारों के इतिहास की दृष्टि से यह बहुत महत्त्वपूर्ण है क्योंकि तत्कालीन परिस्थितियों में स्त्री रचनाकार होना ही बड़ी बात थी। स्त्री इतिहास की दृष्टि से प्रिया सखी की रचना अन्य स्त्री रचनाकारों से थोड़ी अलग हो जाती है क्योंकि इसमें सिर्फ़ पद ही नहीं हैं बल्कि समीक्षा और गद्य का भी आभास मिलता है। एक उदाहरण द्रष्टव्य है—

कै हमारे प्रीतम हमारे हिये में बसत है।
यह बात प्रीतम के मुखारबिन्द की सखी सुनि कै सब परस्पर हँसती हैं।

वाही भाँति श्री राधा रूप निहार के प्रीतम फिर बोले कि
सुनो सखी जितै देखो तितै तन में मन में
अरे प्रीतम तो मेरे नैनन के तारे होई रहे हैं।

गद्य का यह विलक्षण रूप भारतेन्दु युग के समान दिखाई देता है। ज़ाहिर-सी बात है यह रचना सबके सामने आयी अवश्य होगी पर किसी भी हिन्दी साहित्य के इतिहासकार ने प्रिया सखी का उल्लेख करना आवश्यक नहीं समझा। शायद स्त्री होने के कारण इनको नोटिस नहीं किया गया। जब तक प्रिया सखी जैसी रचनाकार शामिल न हो तब तक इतिहास अधूरा ही माना जायेगा।

प्रिया सखी की रचनाओं में राधावल्लभ सम्प्रदाय का प्रभाव स्पष्ट रूप से झलकता है। अपनी कल्पनात्मक रचनाशीलता और सरस, सरल वर्णन के कारण प्रिया सखी की रचनाएँ पाठक वर्ग को अपनी तरफ़ बड़ी आसानी से आकर्षित करती हैं। तत्कालीन परिवेश में राधाकृष्ण का उन्मुक्त चित्रण और गद्य की उन्मुक्तता प्रिया सखी की निजी विशेषता कही जा सकती है।

ब्रज कुँवरि बाई

ब्रज कुँवरि बाई का उपनाम ब्रजदासी था। इनका जन्म सन् 1703 ई. में जयपुर के कछवाहा राजवंश में आनन्दराम बुदेरामोंत बाँका के यहाँ हुआ था। इनके यहाँ पुरुष बाँका और स्त्रियाँ बाँकावती पदवी रखती थीं। इनके पति कृष्ण गढ़ के राजा राज सिंह थे। राज सिंह के राठौर वंश में कई कवि और कवयित्रियों को राजाश्रय प्राप्त था। 'ब्रजदासी भागवत' नाम से इन्होंने श्रीमद्‌भागवत का दोहा चौपाई में छन्दोबद्ध अनुवाद किया है। स्त्री रचनाकारों के इतिहास पर जब मैं नज़र डालती हूँ तो अनुवाद विधा पर सम्यक रूप से लिखी गयी यह पहली रचना प्रतीत होती है। इसकी भाषा बैसवाड़ी मिश्रित ब्रज भाषा है। दोहा और चौपाई में प्रबन्धात्मक रूप से रचना लिखने की शैली जैसी तुलसी आदि ने प्रयुक्त की है वैसी ही शैली ब्रज कुँवरि बाई ने की है। परन्तु ब्रजदासी द्वारा लिखित ग्रन्थ अपनी उत्कृष्टता के बाद भी हिन्दी साहित्य के इतिहास में गुम हो गया और किसी भी इतिहासकार द्वारा न तो इनका नामोल्लेख किया गया और न ही ग्रन्थ का कहीं विवरण दिया गया है। 'ब्रजदासी भागवत' ग्रन्थ का प्रारम्भ ठीक वैसे ही होता है जैसे तुलसीदास ने रामचरितमानस को वन्दना से प्रारम्भ किया है। इस ग्रन्थ में गुरु वन्दना उसके बाद ईश वन्दना की गयी है। ब्रजदासी जी कहती हैं—

श्री गुरु पद बन्दन करूँ प्रथमही करूँ उछाह
दम्पति गुरु तिहूँ की कृपा करो सकल मो चाह
बार-बार बन्दन करौ श्री वृषभानु कुँवरि
जय जय श्री गोपाल जू किजै कृपा मुरारी

यह ग्रन्थ भागवत कथा का वर्णन करता है। इसमें जीव, ब्रह्म, अनहद, नाद जैसे विषय पर भी लिखा गया है जो बहुत उत्कृष्ट बन पड़ा है। मौलिक विषय न होते हुए भी अभिव्यक्ति की शैली इन्हें श्रेष्ठ कवयित्री सिद्ध करती है। जैसे तुलसी ने रामचरितमानस में वाल्मीकि के रामायण से प्रेरित होकर रामकथा लिखी है वैसे ही भागवत की कथा ब्रज कुँवरि बाई ने अपने इस ग्रन्थ में की है।

ब्रजदासी भागवत हिन्दी के अधिकांश प्रेमियों को ज्ञात नहीं है। स्त्री रचनाकार होने के कारण हिन्दी साहित्य के इतिहास में इनके नाम का उल्लेख नहीं है और न ही इनके भागवत अनुवाद का। ऐसे समय में जब स्त्री विमर्श की चर्चा लम्बे समय से साहित्य में स्थान बनाये हुए है तब इन रचनाओं के पुनर्मूल्यांकन का प्रश्न उठाना वाज़िब है।। 'ब्रजदासी भागवत' में भावों की अभिव्यक्ति उत्कृष्ट है और इनके कवि पक्ष का रूप उजागर करती है। एक उदाहरण देखा जा सकता है—

करयो चाहत श्री भागवत भाषा बुद्धि प्रयान
कर गहि मोहिं समर्थ हरि दैहे कृपा निधान

अनुवाद करते हुए भी ब्रजदासी जी ने काव्यात्मक पक्ष का ध्यान रखा है। अलंकारों की दृष्टि में उपमा, उत्प्रेक्षा आदि अलंकारों का प्रयोग किया गया है। अलंकारों के दृष्टि से इनके काव्य में बड़ी सहजता है। अभिव्यक्ति का माध्यम सरल है। अलंकारों का एक उदाहरण—

जल भ्रम काँच माही ज्यों होत सो झूठो सती काँच उदोत
यो झूठो सबही संसारा साँचों है स्वामी करतारा

पुनरुक्ति प्रकाश और अनुप्रास अलंकार के उदाहरण देखे जा सकते हैं —

बार-बार बन्दन करौ श्री वृषभानु कुँवरि
जय जय श्री गोपाल जू किजै कृपा मुरारी

ईश्वर सर्वव्यापी है। उसी से यह सारी सृष्टि है। भक्ति भाव का यह परम चिन्तन बिन्दु है कि यह संसार ईश्वरमय है।। ब्रजदासी जी कहती हैं—

व्यापत ह्वै रह्यो प्रभु सब ठौर, जगमगात जग में जग मौर
सबही वस्तु को प्रभु ही ज्ञाता आप प्रकाश रूप सुखदाता

यहाँ पर शब्दों का चयन देखने योग्य है। शब्दों के हेरफेर से कितनी कलात्मकता उपस्थित की गयी है। ब्रजदासी जी ने तत्सम शब्दों (प्रभु भ्रम) तद्भव शब्द (बिस्तारा)' देशज शब्द (निहकाम) आदि शब्दों का प्रयोग अपने काव्य में किया है। ब्रजभाषा इनकी मूल भाषा है जिसमें कहीं-कहीं राजस्थानी शब्दों का प्रयोग सौन्दर्य को बढ़ा देता है। इनके सम्पूर्ण काव्य संसार में भक्ति व्याप्त है जो शान्त रस के साथ घुलीमिली है। इनके काव्य में छन्दों का वैविध्य नहीं है। दोहा चौपाई शैली में ही लिखे गये हैं।

इन्होंने प्रबन्धात्मक शैली को अपनाया है। तुलसीदास की भाँति इनका भी मूल विषय प्रेरित है पर भावाभिव्यक्ति पूर्णतया मौलिक है। कथा के बीच में इन्होंने संसार की नश्वरता, भक्ति आदि प्रसंगों पर लिखा है—

जैसे रेत मृग देखी, जल के भ्रम मन माहिं सपेखी।
जल भ्रम झूठ रेत ही सत्य, भ्रम सो देखि परत जल छत्य।
जल भ्रम काँच माहिं ज्यो होत, सो झूठो सति काँच उदोत।
यों झूठो सबहीं संसारा, साँची हौं स्वामी करतारा।

इन्होंने दोहा के साथ और अर्धालियों का प्रयोग किया है। भाषा इनकी ब्रजभाषा है जिस पर बैसवाड़ी का प्रभाव ज़्यादा है।

सुन्दर कुँवरि बाई

सुन्दर कुँवरि बाई का जन्म सन् 1734 ई. में दिल्ली में हुआ था। प्रसिद्ध कवयित्री ब्रजदासी रानी बाँकावती इनकी माँ थी और इनकी भतीजी छत्र कुँवरि बाई बड़ी अच्छी कवयित्री थी। इनका परिवार साहित्य क्षेत्र में बड़ा आगे था। इनके भाई नागरी दास भी प्रसिद्ध कवि थे। मुंशी देवी प्रसाद ने महिला मृदु वाणी में इनके 11 ग्रन्थों का उल्लेख किया है जिनके नाम इस प्रकार हैं—"1. नेहा निधि 2. वृन्दावन गोपी महात्मा 3. संकेत युगल 4. प्रेम संपुट 5. सार संग्रह 6. रंग धर 7. गोपी महात्मा 8. भावना प्रकाश 9. राम रहस्य 10. रस पुंज 11. पद तथा स्फुट कवित्त।

इनमें से राम रहस्य ग्रन्थ राम पर आधारित है बाक़ी सभी ग्रन्थ कृष्ण से सम्बन्धित हैं। राम रहस्य में राम की लीलाओं का वर्णन है। इसका रचना समय सन् 1716 ई. के आसपास माना जाता है। दोहा और सवैया छन्द की राम रहस्य ग्रन्थ में

प्रधानता है। इसमें राम की स्तुति की गयी है। सुन्दर कुँवरि बाई कहती हैं—

श्री रघुपति सिय चरन को करि निज उर में धार
मति सम जस वरनन करत जो दायक फल चार

सुन्दर कुँवरि बाई ने कहीं-कहीं ग्रन्थ का रचनाकाल आदि भी बताया है। इस दृष्टि से यह बात सामने आती है कि परिचयात्मक दृष्टिकोण जो रचनाओं के लिए उस समय कम प्रचलित था इससे वह परिचित थीं। समय, स्थान आदि का वर्णन संकेत युगल में करते हुए वह कहती हैं—

संवत यहि नव दून सत अरु तीसा को साल
सोरह सै पंचानवे माघ मास सुभ काल
सावन पुण्यतिथि अष्टमी बासर मंगलवार
पुस्तक कीन्हौ कृष्णगढ़ पूरण कृपा मुरार

इनकी मृत्यु के सम्बन्ध में कुछ भी ज्ञात नहीं हुआ है। मुंशी देवी प्रसाद जी का मानना है कि इन्होंने अन्तिम रचना 63 वर्ष की अवस्था में की थी इसी के बाद कुछ समय बाद इनका स्वर्गवास हो गया था। शान्त रस से पगी इनकी कविताएँ बड़ी सरल और अपनी मधुर छाप पाठकों पर छोड़ जाती हैं। ज्योति प्रसाद निर्मल जी ने कविता कौमुदी में (पृ. 122) कहा है—"काव्य गुणों की दृष्टि से इनकी कविता बड़े ऊँचे दर्जे की है। उसमें प्रसाद गुण प्रवाह की अधिकता है। हमारी राय में अच्छे सुकवियों से इनकी कविता टक्कर ले सकती है।"

इस मत को पढ़ते हुए मैंने ध्यान दिया कि यह पुस्तक स्त्री कविता कौमुदी 1931 ई. में आयी थी। तब निर्मल जी ने इतनी उत्कृष्ट समीक्षा की थी। उसी समय शुक्ल का हिन्दी साहित्य का इतिहास ग्रन्थ आया और उसके बाद भी कई इतिहास ग्रन्थ आये फिर भी किसी ने अपने इतिहास ग्रन्थ में इनका नाम उल्लेख तक नहीं किया है। क्या यह अन्याय नहीं है? शायद पूर्वाग्रह ही हो कि स्त्री अच्छी कविता नहीं लिख सकती है। या शुक्ल जी के बने हुए ढ़ाँचे पर इतिहास की पुनरावृत्ति होती चली गयी और किसी ने अपना दृष्टिकोण नहीं बदला इसलिए इनका नाम हिन्दी साहित्य के इतिहास ग्रन्थों में नहीं मिलता है।। परन्तु इनकी प्रतिभा पर किसी को संशय नहीं है। मध्यकालीन हिन्दी कवयित्रियाँ में सावित्री सिन्हा भी इनके कवि व्यक्तित्व से प्रभावित होकर कहती है कि— "नारी जीवन की परिसीमाओं के बीच प्रस्फुटित उनकी काव्य प्रतिभा के कला तथा भाव दोनों पक्ष सबल हैं।

परिष्कृत भाषा, सरस अभिव्यक्ति, सुन्दर कल्पनाएँ रस की अनुभूति इत्यादि काव्य का कोई अंग ऐसा नहीं जो इनकी रचनाओं में न हो।"

इनकी रचनाओं में निम्बार्क सम्प्रदाय की झलक भी दिख जाती है पर राधावल्लभ सम्प्रदाय का प्रभाव अधिक है। राधा का स्थान इसमें कृष्ण से ऊँचा है।

ब्रज जीवन, जीवन प्रिया श्री वृषभान कुमारी
बन्दौ जिनकी जिनकी चरण रज जाकी कृपा अपार

राधा के अतिरिक्त शुद्ध भक्तिपरक रचनाएँ भी इन्होंने की हैं, जिसमें तत्त्व, ज्ञान, योग का वर्णन है और उसका दार्शनिक पक्ष भी है। जैसे—

महाधीर कलि तम हरन, भक्त मुक्त हित दैन
श्री वृन्दावन मम प्रभु बन्दौ जिन पद रैन

इनकी रचनाओं में कृष्ण कहीं ब्रह्म स्वरूप उपस्थित हैं तो कहीं साधारण मनुष्य के रूप में लीला करते दिखाई देते हैं। वैसे भक्तिकाल में हर रचनाकार ने ईश्वर को मनुष्य रूप में चित्रित किया है। यहाँ भी ईश्वर स्वयं गाय चराते हैं बाल लीलाएँ करते हैं और राम अपना आदर्श उपस्थित करते हैं। इन्हीं भावों का प्रकटीकरण हम इनकी रचनाओं में पाते हैं। इनकी रचना वृन्दावन गोपी महात्मा आदि पुराण में वर्णित प्रसंग का अनुवाद है।

नागरी प्रचारिणी की खोज रिपोर्ट में दिये उदाहरण से यह पता चलता है कि राधाकृष्ण और गोपियों के प्रसंग में सहजता नटखटपन है। शृंगार का विकृत रूप इनकी रचनाओं में नहीं मिलता है। गोपी कृष्ण प्रसंग में सूरदास की भाँति चातुर्य वागवैदग्ध और हास्य का पुट भी दिखाई देता है। भाषा की दृष्टि से अगर हम इनकी रचनाओं को देखें तो चित्र विधान शैली इनमें दिखाई देती है—

चित्र सी लिखी सी राधे विवश छकी सी रही
आँखिन की पाँखे बाँधी ता खिन बिहारी जी

अपनी लीलाओं से राधा की सुध खोने का वर्णन यहाँ किया गया है। इनकी रचनाओं में प्रतीकों के प्रयोग परम्परागत ही किये गये हैं। नवीन प्रतीकों का प्रयोग इन्होंने नहीं किया है। परन्तु छन्दों का वैविध्य इनकी रचनाओं में देखते ही बनता है। छन्द के सन्दर्भ में यह अपना पुट भी रखती हैं जो इनका निजी वैशिष्ट्य कहा जा सकता है। जैसे—

आज्ञा लहि घनश्याम की चली सखी वही कुंज
जहाँ विराजत मानिनी श्री राधा मुख पुंज
श्री राधा मुख पुंज कुंज तिहि आयी सहचरी
वह कन्या को संग लिए प्रेमातुर मद भरी

इस कुंडलिया छन्द में आदि वाले शब्द का अन्त में प्रयोग नहीं किया गया है। भाषा के दृष्टिकोण से इन्होंने तत्सम प्रभावित ब्रज भाषा का प्रयोग किया है।

वीराँ

मुंशी देवी प्रसाद ने अपने ग्रन्थ महिला मृदु वाणी में इनका उल्लेख किया है। इनका जन्म तो ज्ञात नहीं है पर मृत्यु सन् 1743 ई. अनुमान लगाया जाता है। इनकी रचनाओं में लोक तत्त्व अधिक पाया जाता है और इनके पद लोकगीत के अधिक निकट हैं। ब्रज भाषा में रचित इनकी कृति माधुर्य और सरलता के कारण ग्राह्य है। कृष्ण के वियोग और संयोग दोनों के चित्र यहाँ उपलब्ध हैं। वह कहती हैं—

मिलन मिलन तुम कह गये मोहन अब क्यों देर लगाय रे
बीराँ को तुम दरसन दीजौ तब मोरे नैन सिराय रे

इन्होंने संस्कृत तत्सम (रुचि, पावक), तद्भव (अनतर, दरसन), देशज (पतिया) और स्थानीय (जिवड़ा) शब्दों का प्रयोग किया है। इनके सन्दर्भ में ज़्यादा जानने के लिए अभी और पदों को खोजे जाने की आवश्यकता है। इनके सन्दर्भ में शोध की विशेष आवश्यकता है क्योंकि इनके पद अभी प्राप्त नहीं हुए हैं। इस आधार पर इनका मूल्यांकन भी नहीं किया जा सकता है। परन्तु इनका एक पद जो मिला हुआ है उसके आधार पर इनका हिन्दी साहित्य के इतिहास में नाम उल्लेख तो अवश्य होना चाहिए क्योंकि तत्कालीन समय में स्त्री रचनाकार का प्राप्त होना ही दुर्लभ था।

छत्र कुँवरि बाई

छत्र कुँवरि बाई के पिता राजा सरदार सिंह थे। इनका जन्म सन् 1658 ई. के लगभग माना जाता है। इनके दादा नागरी दास और बुआ भी काव्य के क्षेत्र में पूर्ण रूप से सक्रिय थी। इनका विवाह सन् 1674 ई. में गोपाल सिंह से हुआ था। निम्बार्क सम्प्रदाय में इन्होंने दीक्षा ली थी। इनका एक ग्रन्थ प्रेम विनोद प्राप्त होता है जिसमें राधाकृष्ण लीलाओं का वर्णन है। इनकी रचनाओं में अलंकार बड़े सुन्दर रूप से

पिरोये गये हैं। पुनरुक्ति प्रकाश, अनुप्रास आदि अलंकारों का प्रयोग इनके काव्य की शोभा को और बढ़ाते हैं। छत्र कुँवरि बाई के पदों में कथन कहने की शैली भी उत्कृष्ट है। एक उदाहरण देखा जा सकता है—

गरबाहीं दीने कहूँ इक टक लखन लुभाहिं
पग पग द्वै द्वै पैड़ पे थकित खरी रहिं जाहिं
थकित खरी रहिं जाहिं दृगन दृग छुटैं न छुटें
तन मन फूल अपार, दुहूँ फल लाह सु लूटें

अलंकारों का प्रयोग और शब्दों से खेलना छत्र कुँवर बाई को बड़े अच्छे से आता था। एक उदाहरण से यह स्पष्ट किया जा सकता है—

फूलन संझा समय अति फूले सुमन सुरंग
फूले नैन दुहुन के फूली समात न अंग

इनकी भाषा ब्रजभाषा रही है। उसमें संस्कृत के तत्सम (प्रसंग, मनोज), तद्भव (छवि), देशज (मुस्काये) आदि शब्दों का भी प्रयोग किया है। रस के आधार पर हम देखें तो छत्र कुँवरि बाई ने भक्तिपरक रचनाएँ शान्त रस में लिखी हैं। व्यंग विनोद आदि का भाव भी हमें इस ग्रन्थ में दिखाई देता है। छत्र कुँवरि बाई की दो विशिष्ट बातें हैं जो उन्हें एक अच्छी कवयित्री की श्रेणी में रखती हैं, वह है कल्पना का सुन्दर प्रयोग और कला चातुर्य।

राधाकृष्ण का मानवीय रूप ज़्यादा प्रबल होकर इनके ग्रन्थों में आया है। वैसे भी सगुण भक्ति काव्य की मूल संवेदना यही है कि ईश्वर मनुष्य रूप में विविध लीलाएँ करते हैं। छत्र कुँवरि बाई की रचनाओं में भी ईश्वर मनुष्य के रूप में विभिन्न लीलाएँ करते हुए दिखाई देते हैं।

कुँवर बाई की भाषा में संगीत का पक्ष प्रबल रहा है। विभिन्न राग-रागिनियों से इनकी रचनाएँ समृद्ध हैं। इनकी भाषा में चित्रात्मकता है जिससे वर्णन बड़े सजीव बन पड़े हैं। एक उदाहरण द्रष्टव्य है—

अरुझन में अरुझन नवल गुरुजन रण अपार
ज्यों डारन सो डार त्यों उर हारन सो हार
उर हारन से हार अलक अलकन लपटानी
नैन नैन बैनान सुगल की कथा कहानी
प्रेम सिन्धु छिल ललचि लहरि इन अति सरसानी
कुँवरि सकुचि सतराय झिझकि ठिग सखिन बुलानी

इस पद में चित्रमयता बड़ी मोहकता के साथ है। फूल तोड़ते समय राधाकृष्ण के हृदय उलझ गये हैं और नेत्र का मिलना, पलक की अपनी अलग ही क्रिया करना, राधिका के कपड़े का पेड़ से उलझना आदि भाव बड़ी सूक्ष्मता से शृंगार के मधुर रूप को प्रस्तुत करते हैं।

बीबी रत्न कुंवरि

बीबी रत्न कुँवरि जी का नाम कई खोज रिपोर्ट में वर्णित है। हिन्दी के विद्वान राजा शिवप्रसाद सितारे हिन्द इनके पौत्र थे। उन्होंने बताया कि इन्हें संस्कृत और फ़ारसी की अच्छी जानकारी थी। राजा शिवप्रसाद ने ही इनके द्वारा रचित खंडकाव्य 'प्रेम रत्न' सन् 1888 ई. में प्रकाशित कराया। इसमें कुल 42 पृष्ठ हैं। पूरा काव्य दोहा चौपाई छन्द में है। परन्तु चौपाई में 4 पद नहीं दो-दो पद हैं लेकिन मात्राओं की गणना से यह चौपाई ही है जिसे हम द्विपद कह सकते हैं। अधिकांश कृष्ण काव्य मुक्तक है पर यह प्रबन्धात्मक गुणों को अपने में समाहित किये हुए हैं। भागवत के दशम स्कंद के अध्याय 82 के कथा वर्णन को लेकर प्रेम रत्न की रचना की गयी है। प्रेम रत्न की कथा इस प्रकार है—"कृष्ण द्वारिका में राजनीति में उलझे थे पर उन्हें ब्रज की याद आती है। कृष्ण कुरुक्षेत्र स्नान करने के लिए जाते हैं जहाँ कृष्ण से मिलने ब्रजवासी भी आते हैं। कृष्ण नन्द, यशोदा, राधा आदि से मिलते हैं और पुराने मधुर पल का स्मरण करते हैं। कुरुक्षेत्र में छह महीने निवास करके सबके जीवन में फिर से प्रेम और उल्लास भर के कृष्ण वापस चले जाते हैं।" ग्रन्थ के प्रारम्भ में गुरु और ईश्वर वन्दना है। गुरु की वन्दना करते हुए बीबी रत्न कुँवरि जी कहती हैं—

पुनि गुरु पद सिर नाय उर धर तिनके वचन वर
कृपा तिनहीं कि पाय प्रेम रतन भाखत रतन

प्रस्तुत ग्रन्थ में गज मुक्ति, लाक्षागृह, द्रोपदी चीर हरण, प्रहलाद की रक्षा जैसे अनेक लोक प्रचलित मिथकों का प्रतीकात्मक चित्रण किया गया है। बीबी रत्न कुँवरि कहती हैं—

पुनि प्रभु पांडव जरत बचायो द्रुपद सुता को बसन बढ़ायो
अजामिल यम ते रखी लीन्हो भजन प्रताप ध्रुवहिं वर दीन्हो

कर्म आदि के सम्बन्ध में सन्तमत के समान ही इनके विचार रहे हैं। कर्म का फल मिलता है और कर्मकांड से बचने की सलाह बीबी रत्न कुँवरि भी देती हैं। बीबी रत्न कुँवरि ने लोक के प्रचलित मुहावरों को काव्य में बड़ी सुन्दरता से पिरोया है।

वह कहती है—

जो जन मन ते ध्यावहिं जैसे
ताकहूँ प्रभु फल देते वैसे

अलंकारों का प्रयोग इनकी रचनाओं में कम मिलता है पर शब्दों की बाजीगरी में यह सिद्धहस्त थीं। पुनरुक्ति प्रकाश, अनुप्रास अलंकार इनकी रचनाओं में बड़ी सुन्दरता से आये हैं। एक उदाहरण देखा जा सकता है—

वरन वरन वर तम्बु वन दिन्हो तान वितान
अति फूले फूले फिरत डेरा परत न जान

दोहा छन्द में लिखा यह छन्द अपना सौन्दर्य स्वयं ही वर्णित करता है।

बीबी रत्न कुँवरि की भाषा संस्कृतनिष्ठ अवधी थी जिसमें ब्रज का भी सम्बन्ध प्राप्त होता है। वास्तव में भाषा का मिलाजुला यह रूप हम कबीर, दया भाई, सहजोबाई आदि सभी में पाते हैं। बीबी रत्न कुँवरि की भाषा में संस्कृत तत्सम, तद्भव तथा देशज शब्दों के साथ-साथ सामान्य प्रचलित विदेशी शब्दों का भी प्रयोग किया गया है। इनकी भाषा लोक सामान्य के समीप रही है इसलिए सहज व सरल है। संस्कृत के शब्दों की प्रधानता होने पर भी सरलता बरकरार है। भाषा का एक उदाहरण देखा जा सकता है—

कबहूँ झुरावत विरहवश पीत वरण ह्वै जाय
कबहूँ व्यापत अरुणता प्रेम मगन मुद छाय

डॉ. सावित्री सिन्हा का मानना है कि— "बीबी रत्न कुँवरि बाई का नाम कृष्ण काव्य परम्परा के नवीन प्रयोग तथा मौलिक उद्भावनाएँ करने वाले कवियों के अन्तर्गत रखा जा सकता है।" (मध्यकालीन हिन्दी कवयित्रियाँ पृ. 206)

छन्द विधान की दृष्टि से देखें तो बीबी रत्न कुँवरि की भाषा में दोहा और चौपाई छन्द का प्रयोग किया गया है। चौपाई से एक उदाहरण द्रष्टव्य है—

भक्ताधीन विरद प्रभु केरे, गावत वाणी वेद घनेरे
सन्तत रहत भक्त के पासा, पुरवत है प्रभु तिनकी आसा
जे सप्रेम हरि सो मन लावे, तिनको कबहूँ नहीं बिसरावैं
ग्राह ग्रसित गजराज छुड़ाये, गरुड़ छाड़ी तहँ आतुर धाये

अनुप्रास की अनुपम छटा के साथ भक्ति रस में पगी यह शान्त रस की चौपाई अपनी सरलता व सहजता के कारण पाठक को शीघ्र ही ग्राह्य हो जाता है। बीबी

रत्न कुँवरि के प्रेम रत्न खंडकाव्य के प्रारम्भ में परमात्मा की वन्दना गुरु की वन्दना के बाद कृष्ण के अवतार लेने के कारण को बताया गया है। कृष्ण की मूल तथा उनका जन्म, रासलीला, मथुरा गमन, कंस वध, कुरुक्षेत्र का प्रकरण पूरी संवेदना के साथ उत्कृष्ट भाषा में किया गया है। यशोदा का मातृत्व पक्ष का वात्सल्य वर्णन सूरदास की श्रेणी का है पर बीबी रत्न कुँवरि इतिहास के पन्नों में अपना स्थान नहीं बना पायी जिसकी वह हकदार थी। सूरदास के विषय क्षेत्र के समान ही इन्होंने दास्य भाव की भक्ति और कृष्ण का रक्षक रूप अपने काव्य में अपनाया है। यशोदा की पीड़ा के भाव का एक उदाहरण देखा जा सकता है—

सुनतहिं जसुमति है गयी बोरी, ता ग्वालाहिं पूछत उठि दौरी
आये श्याम सत्य कह भैया, मोहि दिखावहने कु कन्हैया

(प्रेम रतन, पृ. 5)

पजन कुँवरि

पजन कुँवरि का नाम नागरी प्रचारिणी सभा की खोज रिपोर्ट में मिलता है। इनका लिखा एक बारहमासी रचना का उल्लेख नागरी प्रचारिणी सभा की खोज रिपोर्ट में मिलता है जिसकी कथा सूरदास के भ्रमरगीत प्रसंग के समान है। ग्रन्थ का प्रारम्भ पजन कुँवरि ने ईश वन्दना से किया है। वन्दना के प्रारम्भ में वह कहती हैं—

श्री गणेसाय नमः श्री सरसुती देवी नमः
श्री परम गुरुवे नम्ह अथ बारहमासी लिख्यते

इनके कुछ ही पद प्राप्त होते हैं इसलिए समीक्षात्मक दृष्टि से इनको साहित्यिक श्रेणी की कसौटी पर खरा उतरना अन्याय होगा परन्तु प्राप्त पदों के आधार पर हिन्दी साहित्य के इतिहास में इनका नाम लिखना अवश्य चाहिए क्योंकि हमें यह नहीं भूलना चाहिए कि तत्कालीन समाज में जहाँ पुरुषों की प्रधानता थी वहाँ पर पजन कुँवरि जैसी कवयित्री का मिलना ही दुर्लभ है। कथा में कृष्ण अपने भाव को उद्धव के माध्यम से कहते हैं—

कहौ जाइ सकल गोपीन से दोइ कर जोरी इही
राधा से विनती बहु कहिये मेरी अरज सही

उद्धव ब्रज में जाकर बारहमासी कथा वर्णन प्रणाली के अनुसार कृष्ण की व्यथा को सुनाते हैं। ग्रन्थ का अन्तिम पद यह है—

सेस सारदा पार न पावै हरि के चरित यही
ब्रज वनितन की विरह विपत्ति यह ऊधो आन कही
पजण कुँवरि की विनय जानि कर है ब्रज के बासी
मत अनुसारि गायी मैं प्रभु की या बारमासी

ब्रज भाषा का प्रयोग करते हुए पजन कुँवरि ने संस्कृत के तत्सम तद्भव शब्दों का भी प्रयोग किया है। जो पद प्राप्त हैं उनमें अलंकरण की प्रधानता दिखाई नहीं देती है बल्कि पूरी रचना में सरलता व्याप्त है। कहीं भी भाषा का चमत्कार या अलंकारों का अनावश्यक प्रयोग दिखाई नहीं देता है।

कृष्णावती

कृष्णावती का मिश्र बन्धुओं ने उल्लेख अपने ग्रन्थ में किया है। मिश्र बन्धुओं का अनुमान है कि सन् 1843 ई. में लिखित इनका ग्रन्थ विवाह विलास है। इस ग्रन्थ में राधाकृष्ण का विवाह प्रसंग है। मिश्र बन्धुओं ने इन्हें राधावल्लभ सम्प्रदाय का माना है। भाव और भाषा दोनों दृष्टि से इनकी रचना परिपक्व कही जाती है। एक उदाहरण देखिए—

धरै वर दोउ नन्द के हैं करौ बली होई सलोनी सगाई
नहीं री नहीं बलि हौं न करौं मेरी फूल सी राधे वे कारे कन्हाई

कृष्ण के विवाह प्रस्ताव पर कन्या पक्ष का यह उत्तर विनोद पूर्ण तो है ही अलंकार की दृष्टि और अपने भाव के अभिव्यक्ति की दृष्टि से भी अनूठा है। कृष्णावती का विवाह विलास लोक सामान्य जनजीवन के अधिक निकट रचा गया है। विवाह के अनेक पक्ष लोकगीत आदि लोक प्रचलित मुहावरों में सम्मिलित हैं। विवाह के समय गाली गाना लोक साहित्य में बेहद प्रचलित है उसी का वर्णन कृष्णावती करते हुए आनन्दित होते हुए लिखती हैं—

बारात बनी चहूँ ओरन छत्र सुमोहन मित्र है आनन्द कन्दा
सबै गारी गाँवै बृज नारी तहाँ कृष्णावती के मन होता आनन्दा

कृष्णावती की भाषा ब्रजभाषा है। भाव उन्होंने बड़े सहज और सरल चित्रित किये हैं। सहजता ही उनकी विशिष्टता है। इन्होंने अधिकांशत: सवैया छन्द का प्रयोग किया है और संगीतात्मक लय का ध्यान रखा है। जब तक इनका पूरा ग्रन्थ प्राप्त नहीं हो जाता तब तक इनका सम्यक विवेचन सम्भव नहीं है पर कुछ प्राप्त पदों के आधार पर हिन्दी साहित्य के इतिहास में हम इनका नाम तो लिख ही सकते हैं। हाँ कलात्मक

कसौटी काव्य कसौटी पर खरा उतरना हो तो सम्भवत: यह पर्याप्त न होगा पर इनका नाम भी हम हिन्दी साहित्य के इतिहास में न लें तो यह इनके साथ अन्याय होगा।

चन्द्रसखी

ताज के समय ही राजस्थान में चन्द्रसखी कवयित्री हुई थी परन्तु उनके सन्दर्भ में रचना, जन्म, आदि के कोई भी प्रमाण नहीं मिलते हैं। लोक साहित्य में इनके गीत प्राप्त होते हैं। पद्मावती शबनम की पुस्तक चन्द्रसखी और उनका काव्य में इनके सन्दर्भ में पर्याप्त प्रकाश पड़ता है। इनकी प्रसिद्धि चन्द्रसखी भजु बालकृष्ण छवि से है। चन्द्रसखी की प्रसिद्धि मीरा के ही समान है। मीरा ने शृंगार रस का वर्णन किया और चन्द्रसखी ने कृष्ण के बाल छवि का। परन्तु दोनों के शृंगार के पद भिन्न में प्राप्त होते हैं। शृंगार का एक उदाहरण देखा जा सकता है—

लट उलझी सुलझा जा मोहन मेरे कर मेहँदी लगी है
माथे की बिंदिया गिरी रे पलंग पर, अपने हाथ लगा जा
गले का हार मोरा टूट गया है अपने हाथ पहना जा
सिर की चुनरिया सरक गयी है अपने हाथ उढ़ा जा
चन्द्रसखी भजु बालकृष्ण छवि, अपनी सूरत दिखा जा

मीरा और चन्द्रसखी की समानता को परिभाषित करते हुए डॉ. सुमन राजे ने लोक में दोनों के घुले मिले गीत का उदाहरण दिया है। चन्द्रसखी के साथ भी बहुत अन्याय हुआ है। बहुत से आलोचक ऐसा कहते हैं कि सखी सम्प्रदाय के किसी कवि ने अपना उपनाम चन्द्रसखी रख कर के रचनाएँ की हैं। यह आरोप स्त्री होने के कारण कई कवयित्रियों को झेलना पड़ा है। लोक गीतों में चन्द्रसखी को स्त्री माना है। चन्द्रसखी की रचनाएँ मीरा की भाँति हैं। कुछ रचनाएँ जो चन्द्रसखी के नाम से प्रचलित हैं उनमें सन्देह है जैसे—"मोर मुकुट पीताम्बर सोहे कुंडल झलकत कान" और "दादुर मोर पपीहा बोले कोयल करत किलोल रे" इस तरह की रचनाएँ परम्परा में होने के कारण बहुत प्रामाणिक नहीं बन पायी हैं। फिर भी चन्द्रसखी नाम की एक कवयित्री थी और हिन्दी साहित्य के इतिहास में उसका नाम अवश्य होना चाहिए भले ही रचनाएँ कुछ ही प्राप्त हैं।

ताज

मिश्र बन्धुओं ने मिश्र बन्धु विनोद में ताज का समय सन् 1595 ई. माना है। शिव

सिंह सरोज में भी इनका जन्म सन् 1595 दिया गया है और मुंशी देवी प्रसाद इनका जन्म सन् 1643 ई. मानते हैं। आचार्य शुक्ल भी ताज का उल्लेख करते हैं पर उनके सन्दर्भ में विस्तृत चर्चा नहीं करते हैं। पुष्टि साहित्य के वार्ता साहित्य में ताज को अकबर की पत्नी माना गया है। भाव सिन्धु के अन्त में "ताज बीवी की वार्ता" दी गयी है। इस ग्रन्थ में एक प्रसंग दिया गया है जिसमें बताया गया है कि अकबर ने गोसाईं बिट्ठलनाथ का चित्र बनवाया था जिसे देखकर ताज में भक्ति भाव उत्पन्न हो गया। ताज की सहेली शोभावती बीरबल की पुत्री थी और गोसाईं विट्ठलनाथ की सेविका थी। अकबर को वश में करने के लिए ताज ने शोभावती के माध्यम से विट्ठल्नाथ से उपाय पुछवाया तो उन्होंने एक दोहा लिख भेजा जो इस प्रकार है— 'कामन टामन टोटिका ये सब डारो धोय। पिया कहे सो कीजिए आपहिं ते बस होय॥' अकबर इस दोहे को देखकर प्रसन्न हुए और ताज को विट्ठलनाथ से दीक्षा लेने की इजाज़त दे दी। तभी से ताज कृष्ण प्रेम में रम गयी।

हिन्दी के मुसलमान लेखक और मुसलमानों की हिन्दी साहित्य सेवा ग्रन्थों में इनके सन्दर्भ में उल्लेख मिलता है पर वह इनके जीवन परिचय के लिए पर्याप्त नहीं है। इनकी कविताओं के कुछ उद्धरण अवश्य इन ग्रन्थों में मिलते हैं।

नन्दकिशोर मित्तल ने धर्मयुग में (जनवरी, 1968 पृ. 25) ताज के सन्दर्भ में लिखा है कि अकबर ने ताज की मृत्यु पर कहा है—"जो जहाँ की वस्तु की हति सो तहाँ पहुँची। ताज मुझे यहाँ यही वास्ते लिवाय के ले आयी हति।

निर्मल जी अपने मित्र गोविन्द भाई गिला का उल्लेख करते एक पत्र का उल्लेख करते हैं और लिखते हैं—"ताज वैष्णव और महाभगवत भक्त थी। उन्हीं ठाकुर जी की कृपा से वह कवि हो गयी। जब मैं करौली गया था तब मैंने यह बात सुनी थी। वहीं मैंने इनकी अनेकों (यहाँ अनेक शब्द का प्रयोग उचित है परन्तु मैंने जैसा लिखा था वैसा ही रहने दिया है।) कविता भी सुनीं उसी समय मैंने इनकी कविताएँ लिख भी ली थीं। ताज की 200 कविता मेरे हाथ की लिखी हुई मेरे निजी पुस्तकालय में हैं।" (स्त्री कवि कौमुदी, पृ. 11) यहाँ इस पद को उद्धृत करने के दो कारण हैं प्रथम यह कि कुछ रचनाकार ताज को कवयित्री नहीं मानते हैं पर ज्योति प्रसाद निर्मल जी के कथन से सिद्ध होता है कि वह स्त्री थीं और उनकी अनेक रचनाएँ उनके पास हैं। भाई ने कहा है, 200 हैं तो और न जाने कितनी होंगी जो हमें प्राप्त नहीं हैं। दूसरा कारण है इस तथ्य की ओर ध्यान दिलाना कि इतिहासकारों की उपेक्षा के कारण ताज जैसी कितनी कवयित्रियाँ कालचक्र में गुम हो गयीं क्योंकि उन्हें गिला भाई जैसा

संग्रह कर्ता नहीं मिल पाया। इस क्षेत्र में अभी भी शोध होने आवश्यक हैं। तत्कालीन समय में जो रचनाएँ मिल पायी हैं उन्हीं के आधार पर हम स्त्रियों का इतिहास लिख सकते हैं पर समस्या यह है कि यह बहुत कम मात्रा में है। गोविन्द भाई ताज की एक पुस्तक बारहमासा का भी उल्लेख करते हैं पर वह अप्राप्त हैं। इसके अतिरिक्त बीवी का झगड़ा भी ताज के द्वारा रचित बताया जाता है परन्तु जब तक मिल नहीं जाती हैं हम सिर्फ़ इनका नाम ही जान सकते हैं।

कविराज चौबे नवनीत ने कहा है कि ताज एक मुसलमान स्त्री कवि थीं और पंजाब की रहने वाली थीं। कृष्ण से प्रेम हो जाने पर कविता की ओर इनका ध्यान गया था। मुसलमान होने के बावजूद इनकी रचनाओं में इस्लाम का अंश मात्र भी नहीं है। हिन्दी साहित्य में रसखान मुसलमान होते हुए भी अपनी कृष्ण भक्ति के लिए प्रसिद्ध हैं और उनकी समस्त रचनाएँ संचित हैं। हिन्दी साहित्य का हर हिन्दी प्रेमी रसखान को जानता है पर वहीं हम ताज को भूल गये हैं। उनका उल्लेख न होने के कारण ताज के बारे में जान नहीं पाये हैं। रसखान से विपरीत धर्म की बेड़ी तोड़ने का साहसिक कार्य ताज ने भी किया है पर हिन्दी साहित्य के इतिहास में इनका नाम तक नहीं आया है। ताज की रचनाओं के तेवर की एक बानगी देखिए—

नन्द के कुमार कुरबान ताणी सूरत पै
हूँ तो तूरकानी हिन्दूआनी हो रहूँगी मैं

यह साहस और तेवर हमें मीरा में देखने को मिलता है परन्तु ताज के काव्य में मीरा के समान विद्रोह नहीं है। तत्कालीन परिस्थितियों में अपने को तुर्कानी होते हुए भी हिन्दूआनी सिद्ध करने का जो साहस ताज ने दिखाया है वह अन्य किसी स्त्री कवयित्री ने नहीं दिखाया है। इतनी साहसी रचनाकार को हिन्दी साहित्य में स्थान न देना अन्याय नहीं तो और क्या है। मीरा और ताज में एक समानता यह थी कि दोनों ही कृष्ण भक्त थी और दोनों ही कृष्ण के प्रेम के लिए कुछ भी कर सकती थीं। कृष्ण के प्रेम के लिए ताज हिन्दूआनी हो सकती है और मीरा विष का प्याला पी सकती हैं। इस प्रेम के लिए वह लोक लाज त्याग सकती हैं। वह कहती हैं—

सुनो दिल जानी मेरे दिल की कहानी तुम
दस्त ही बिकानी बदनामी भी सहूँगी मैं
देवपूजा ठानी हौं निवाज हूँ भुलानी तजे
क़लमा कुरान सारे गुनन गहूँगी मैं
श्यामला सलोना सिरताज सिर कुल्ले दिये

तेरे नेह दाग में निदाग हो रहूँगी मैं
नन्द के कुमार कुरबान ताणी सूरत पै
हूँ तो तूरकानी हिन्दूआनी हो रहूँगी मैं

मीरा और ताज में प्रेम की समानता होने के बावजूद पीड़ा दर्द और दर्द के बखान में अन्तर है। ताज कहती हैं—

छैल जो छबीला सब रंग में रंगीला बड़ा
चित्त का अड़ीला सब देवतों से न्यारा है
माल गले सोहै नाक मोती सेत सोहै कान
मोहै मन कुंडल मुकुट सिस धारा है
दुष्ट जन मारे सन्तजन रखवारे ताज
चित हित वारे प्रेम प्रीति कर वारा है
नन्द जू ओ प्यारा जिन कंस को पछारा
वह वृन्दाबन वारा कृष्ण साहेब हमारा है

ताज की एक बड़ी विशेषता है लोक में प्रचलित कथानकों को अपनी रचनाओं में मूर्त रूप देना। वह कहती हैं—"ध्रुव से प्रह्लाद गज ग्राह से अहिल्यादेवी थ्योरी और गीत और विभीषण जिन तारे हैं।"

अक्सर ताज पर ज्ञान का अभाव का आरोप लगाते हुए समालोचक इसी दोहे को प्रस्तुत करते हैं। यहाँ कृष्ण के साथ राम के कथानक भी मिश्रित हो गये हैं यह लोक के प्रभाव के कारण भी हो सकता है। जो रचना लोक में प्रचलित थी तो इनमें कुछ मिश्रण की सम्भावना हो सकती है। यह कोई नयी बात नहीं है। कभी कबीर आदि की रचनाओं के साथ भी ऐसा हुआ है। पूरा पृथ्वीराज रासो ही इस दृष्टि से संदिग्ध है, फिर ताज की रचनाओं का हम क्या करें। पर इस कारण से हम ताज पर ज्ञान के अभाव का आरोप नहीं लगा सकते हैं। इसी रचना के आगे की दो पंक्तियों को देखकर हमें यह ज्ञात होता है कि यहाँ पर हरि शब्द व्यापक अर्थ में प्रयुक्त हुआ है। वह कहती हैं—

पापी अजामिल सूर तुलसी रैदास कहूँ
नानक मलूक ताज हरि ही के प्यारे हैं

तत्कालीन समाज में जब स्त्री शिक्षा और स्वतन्त्रता की कल्पना भी मुश्किल थी ऐसे समय में कुछ लिखना ही साहस का कार्य था जो ताज ने किया। समालोचक यह बात समीक्षा के दौरान भूल जाते हैं। जिस ताज का नाम तक हिन्दी साहित्य में

नहीं मिलता है उस ताज पर समीक्षात्मक कसौटी को कसना क्या न्याय संगत है? काव्यशास्त्री ढाँचे में उनका मूल्यांकन क्या संगत हो सकता है? अभी तो हमारी जद्दोजहद इस बात की है कि हिन्दी साहित्य के इतिहास ग्रन्थों में ताज का नाम दर्ज हो जाये और पाठक वर्ग उनकी रचनाओं से परिचित हो सकें, मूल्यांकन और उनकी श्रेष्ठता तो बाद की बात है।

ताज पर आक्षेप लगाने वालों को डॉ. सावित्री सिन्हा का यह कथन अवश्य देखना चाहिए। वह कहती हैं— "ताज द्वारा वर्णित हिन्दू धर्म में प्रचलित पौराणिक कथाएँ उनके प्रसंगानुकूल शुद्ध तथा यथा तथ्य वर्णन को देखकर हठात् विश्वास नहीं होता है कि उनका जन्म मुसलमान घराने में हुआ था। महाभारत, रामायण इत्यादि की प्रचलित कहानियों से ही नहीं अपितु अनेक अन्त : कथाओं से भी उनका पूर्ण परिचय था। (हिन्दी की मध्यकालीन कवयित्रियाँ पृ. 188)

ताज की रचनाओं में कर्म की प्रधानता का पक्ष भी प्रबल है। वह कर्म को ही प्रधानता देती हैं और कर्मकांड का विरोध करती हैं। अनेक स्थलों पर उनकी यह भावना प्रकट होती है। वह कहती हैं—

कर्म सो ताज मिले सुख देह की
कर्म सो प्रीति पतंग ज्यू देवे
कर्म के यो ही अधीन सबै
अरु कर्म कहूँ के अधीन न होवै

कबीर की भाँति वह भी अपनी रचना में लगातार पूछती रहती हैं—

काहू को भरोसो काशी गया में ही पिंड भरे
काहू को भरोसो प्राग देखें वट पात को

इस प्रकार की रचनाओं के कुछ ही उदाहरण हमें मिलते हैं पर अधिकांश रचनाएँ कृष्ण काव्य की श्रृंगार परक रचनाएँ हैं जिनमें माधुर्य गुण की प्रधानता है। कृष्ण का लीला रूप के अतिरिक्त महाभारत के विभिन्न रूपों का भी वर्णन हमें ताज की रचनाओं में मिलता है। भाषा की दृष्टि से देखें तो ताज की भाषा ब्रजभाषा है पर उसमें उर्दू के (साहेब कुर्बान छैल छबीला) अनेक शब्द मिलते हैं जो उनके अनुकूल हैं। परन्तु उन्होंने तत्सम, तद्भव और देशज शब्दों का भी वर्णन किया है जो काव्यात्मकता को सहज बनाते हैं। ताज की कविताओं में संगीतात्मकता का और एक लय का विधान है जो इनके संगीत ज्ञान का भी हमें आभास देता है। ताज ने मुक्त पद सृजित किये हैं जो कवित्त और सवैया में हैं। अलंकारों की भी अद्भुत

छटा ताज की रचनाओं में मिलती है। अनुप्रास की सुन्दरता देखिए—

नेह भरे मोह सो जो माहै मन में है

अनुप्रास के अलावा ताज की कविताओं में उपमा और उत्प्रेक्षा अलंकार के उदाहरण मिलते हैं। दोनों से एक एक उदाहरण देखा जा सकता है—

ताज कहे पर्यंक यो बाल, ज्यों चंप की माल विलाई गयी है
भौन में भान समान सुदीपक अंगन में मनो आगि दई है

ताज की रचनाओं में निजी अनुभव की प्रधानता है।

मधुर अली

डॉ. सावित्री सिन्हा ने इन्हें राम काव्य की पहली कवयित्री स्वीकार किया है। गौरी शंकर द्विवेदी ने अपने 'बुन्देल वैभव ग्रन्थ' में इनका उल्लेख किया है। द्विवेदी जी का मानना है कि इन्होंने 'राम चरित्र' और 'गणेश देव लीला' नामक दो ग्रन्थों की रचना की है। यह दोनों ग्रन्थ प्राप्त नहीं हैं और न ही उनके सन्दर्भ में कोई और अन्य जानकारी उपलब्ध है। सम्भावना बस यही की जा सकती है कि शायद कभी यह ग्रन्थ प्राप्त हो सके। वैसे जैसे-जैसे समय बीतता जा रहा है इसकी उम्मीद कम होती जा रही है।

प्रेम सखी

प्रेम सखी का वर्णन गौरी शंकर द्विवेदी जी ने किया है। द्विवेदी जी ने अपने बुन्देल वैभव ग्रन्थ' में इनका उल्लेख किया है। इनका मानना है कि प्रेम सखी का जन्म सन् 1742 ई. के आसपास हुआ है। गौरी शंकर जी ने अपने ग्रन्थ में यह दावा किया है कि कुछ हस्तलिखित संग्रह ग्रन्थों में इनकी रचनाएँ मिलती हैं। रामचन्द्र शुक्ल भी इन्हें सखी सम्प्रदाय का भक्त मानते हैं और नागरी प्रचारिणी सभा की खोज रिपोर्ट में भी इनके नाम का उल्लेख मिलता है। इससे यह सिद्ध होता है कि इस नाम की कवयित्री रही हैं। इन्होंने राम के सौन्दर्य का वर्णन मधुर भाषा में किया है। यह पूर्णतया वैष्णव भक्त थीं। राम के सौन्दर्य वर्णन में श्रद्धा और भक्ति दिखाई देती है, जिसकी झलक हम तथाकथित पुरुष राम काव्य में भी पाते हैं। राम के सौन्दर्य वर्णन का एक उदाहरण देखा जा सकता है जिसमें लक्ष्मण भी साथ में हैं—

कौशल कुमार सुकुमार अति भारह ते
आली घिर आयी तीन्हे सोभा त्रिभुवन की

फूल फूलबाई में चुनत दोउ भाई
प्रेम सखी लखी आयी गहे लतिका द्रुमन की
चरन लुनाई दृग देखें बन आयी जिन
जीती कोमलाई और ललाई पद्मन की
चलत सुभाई मैरो हीयरा डराई आय
गड़ी मती जाये पाँव पंखुरी सुमन की

यह पंक्तियाँ उपमा अलंकार का श्रेष्ठ उदाहरण कही जा सकती हैं। इस तरह के उदाहरणों को हम तुलसीदास में भी पाते हैं। तुलसी से इनका चित्रण कहीं भी कमतर नहीं है पर फिर भी स्त्री होने के कारण प्रेम सखी अपना नाम इतिहास में नहीं लिखवा पायीं। अलंकार के अतिरिक्त शब्द व्यंजना शब्दों का चयन और भावों की व्यंजना इस पद में अनुपम है। इस पद को पढ़कर के चित्रात्मक शैली का उदाहरण हम और क्या दे सकते हैं। इतनी सधी भाषा, भावना का अद्भुत चित्रण इनकी प्रतिभा का वर्णन करता है। पर हम तुलसी से इतर जा ही नहीं पाते हैं कि अन्य किसी को देखें। तत्कालीन परिवेश में और तत्कालीन समय में स्त्री प्रतिभा का यह प्रत्यक्ष प्रमाण कहा जा सकता है। सिर्फ़ राम के चित्रण में ही नहीं उससे भिन्न विचारों का भी रसपूर्ण चित्रांकन हम इनके काव्य में पाते हैं। जिस प्रकार सूरदास ने प्रकृति के किसानी रूप को अपनी रचनाओं का आधार बनाया है उसी प्रकार से प्रेम सखी ने भी प्रकृति को अपनी रचनाओं में रचाया बसाया है। प्रकृति चित्रण का एक सुन्दर उदाहरण इस प्रकार है—

छोटे-छोटे कैसे तृण अंकुरित भूमि भये, जहाँ-तहाँ फैली इन्द्र वधू वसुधान में
लहक लहक सीरी डोलत बयार और बोलत मयूर माते सघन लतान में
घुरवा पुकारे पिक दादुर पुकारे बक बाँधि कै क़तारे उड़े कारे बदरान में
अंस भुज डारे खरे सरजू किनारे प्रेम सखी वारी डारे देखी पावस वितान में

अब इस उदाहरण को पढ़कर क्या कह सकते हैं कि यह किसी भी पुरुष रचनाकार से कमतर रचना है। ज़ाहिर-सी बात है नहीं परन्तु स्त्री होने के कारण हिन्दी साहित्य के इतिहास में प्रेम सखी का नाम भी अंकित नहीं किया गया है। इनका शब्द चयन, अलंकारों का प्रयोग आदि उत्कृष्ट कोटि का है। ब्रजभाषा में इन्होंने संस्कृतनिष्ठ तत्सम शब्दों का प्रयोग किया है। इनकी भाषा ब्रजभाषा की लयात्मकता और मधुरता को अपने में समाहित किये हुए है। भाव और उसकी अभिव्यक्ति में प्रेम सखी निपुण रही हैं।

तुलछराय

तुलछराय रानी ने राम के लिए पद शैली को अपनाया है। इन्होंने गीतों की रचना की है। प्रबन्धात्मक रचना इनकी कोई प्राप्त नहीं है। उन्होंने जिस राम का चित्रण किया है वह मर्यादा पुरुषोत्तम राम की ही छवि नहीं है बल्कि कृष्ण की भाँति नटखट लीलाओं को करने वाले राम की छवि है। तुलछराय के राम सखियों के साथ खेलते हैं और लीलाओं का आनन्द उठाते हैं—

सीताराम जी से खेलू में होरी, भर लूँ गुलाल की झोरी।
सजकर आयी जनक किशोरी, चहूँ बन्धन की जोरी।
मीठे बोल सियावर बोलत, सब सखियाँ की तोरी
हँसे हर सूँ कर जोरी

तुलछ राय की भाषा राजस्थानी और ब्रजभाषा है। इसके साथ ही उन्होंने संस्कृत के तत्सम शब्दों का भी मिश्रण किया है। अलंकारों एवं छन्दों के विधान का प्रयास इनकी रचनाओं में नहीं दिखता है पर भाव के अनुरूप कहीं-कहीं व सहज रूप में आ गये हैं। भाषा और भाव में मधुरता तुलछराय की मुख्य विशेषता रही है। इनके उपमान परम्परागत रहे हैं। सहज और सरल भाषा में राम का सौन्दर्य इनके शब्दों में देखते ही बनता है। तत्कालीन परिवेश में जब संसाधन नहीं थे तब इस प्रकार का वर्णन अनूठा कहा जा सकता है—

सियावर श्याम मोहे लगे प्यारे है।
कीट मुकुट मकराकृत कुंडल भाल तिलक सुखकारो है।
मुख की सोभा कहाँ कहूँ उनकी, कोटि चन्द उज्यारो है।

उपमा अलंकारों का वर्णन इन्होंने ज़्यादा किया है। शब्द संरचना और भावाभिव्यक्ति इनकी अच्छी कही जा सकती है।

प्रताप कुँवरि बाई

प्रताप कुँवरि बाई का उल्लेख ज्योति प्रसाद निर्मल जी के ग्रन्थ महिला मृदु वाणी में मिलता है। इनके पिता गोविन्द दास और पति मानसिंह थे। इनके जन्म के सन्दर्भ में किसी को कुछ भी नहीं पता चल पाया है। इनकी मृत्यु का अनुमान सन् 1886 ई. में लगाया जाता है। इन्हें मान सिंह का समकालीन माना जाता है। जिनका समय सन् 1843 ई. माना जाता है।

रचना की दृष्टि से यह काफ़ी समृद्ध रही हैं। इनके लिखित 15 ग्रन्थों का उल्लेख मिलता है। इनके नाम इस प्रकार हैं—1. ज्ञान सागर 2. ज्ञान प्रकाश 3. प्रताप पच्चीसी 4. प्रेम सागर 5. रामचन्द्र नाम महिमा 6. राम गुण सागर 7. रघुवर स्नेह लीला 8. राम प्रेम सुख सागर 9. राम सुजस पच्चीसी 10. रघुनाथ जी के कवित्त 11. प्रताप विनय 12. श्री रामचन्द्र विनय 13. हरि जस गायन आदि।

ऐसा माना जाता है कि वैष्णव शाखा के रामानुजीय सम्प्रदाय को इन्होंने अपनाया था। दोहा चौपाई शैली इनका प्रिय छन्द था। भक्ति में लीन रहने वाली प्रताप कुँवरि बाई को यह संसार झूठा लगता है। वह कहती हैं—

सुनी सुनी कथा पुरान अपारा। सब झूठ्यो जान्यो संसारा॥
एक समय सपनो निसि आयो। रघुबर दरसन मोहि दिखायो॥

राम के सौन्दर्य और उनके प्रताप वर्णन में लेखिका का मन ख़ूब रमा है। शरणागति और दास्य भाव की भक्ति इनकी रचनाओं में देखने को मिलती है। वस्तुतः नवधा भक्ति के गुण सूरदास, तुलसीदास और समान बाई आदि में भी मिलते हैं, उसी प्रकार से प्रताप कुँवरि बाई ने भी नवधा भक्ति के शरणागति को अपनाया है। दास्य भाव की भक्ति इनकी रचनाओं में प्रधान है। वह कहती हैं—

दोनों हाथ सीस मय बीने, बोले बचन कृपा रस भीने
सुन परताप कुँवरि कहूँ तोही तू वल्लभ लागत अति मोही

ज्ञान सागर और ज्ञान प्रकाश में ज्ञान, ब्रह्म, संसार की नश्वरता, विकारी भावनाओं का विवेचन पद शैली में किया गया है। प्रताप कुँवरि बाई की रचनाएँ सन्त परम्परा और राम काव्य धारा दोनों से मेल खाती हैं। वस्तुतः इधर मैंने जितने भी रचनाकारों का वर्णन किया है उन सब में यह सामान्य विशेषता है कि उनके लिए भक्ति मुख्य विषय है। काव्य धाराओं में बँटने का आधार उनका नहीं है। इसीलिए समान बाई आदि में भी राम काव्य धारा कृष्ण, काव्य धारा और सन्त काव्य धारा तीनों के गुण मिलते हैं। इसी प्रकार से प्रताप कुँवरि बाई में भी यही गुण देखने को मिलता है। सन्त काव्य परम्परा के गुण को उद्घाटित करती हुई इनकी यह पंक्तियाँ देखी जा सकती हैं—

होरिया रंग खेलन आयो
इला पिंगला मुख मणि नारी ता संग खेल खिलाओ

प्रताप कुँवरि बाई ने इन्द्रीय निग्रह योग आदि की बातें बड़े प्रतीकात्मक रूप में लिखी हैं। कहीं-कहीं इनकी रचनाओं को पढ़कर के कबीर की रचनाओं का आभास

होता है। शायद यह कबीर से ज़्यादा प्रभावित रही हैं। वह कहती हैं—

ज्ञान गुलाल अबीर प्रेम करि, प्रीत तणी पिचकारी
लास उलास राम रंग भर भर सुरत सरी री नारी
खेल इन संग रचा री

भाषा की दृष्टि से देखें तो इनमें अवधी पक्ष की प्रधानता दिखती है परन्तु अरबी, फ़ारसी के शब्द भी इनमें मिल जाते हैं। शब्दों की दृष्टि से इन्होंने तत्सम तद्भव अरबी, फ़ारसी शब्दों का प्रयोग किया है। अलंकार का प्रयोग काव्यगत अलंकरण के लिए इनकी रचनाओं में नहीं हुआ है। इसके बावजूद इनके कुछ पद अलंकार की दृष्टि से बड़े अनूठे बन पड़े हैं। पुनरुक्ति प्रकाश के साथ अनुप्रास अलंकार की सुन्दरता देखते ही बनती है—

बहु बरन बरन बँधे बितान, तोरण पताक धुज चमर जान

भाषा में प्रतीकों का प्रयोग इन्होंने बड़े व्यापक तौर पर किया है। परन्तु इन्होंने जितने भी प्रतीक प्रयुक्त किये हैं वह सब परम्परागत प्रतीक हैं। नवीन प्रतीकों की उद्‌भावना इन्होंने नहीं की है। प्रतीकों में सन्त साहित्य का अनुसरण इन्होंने किया है जैसे हंस चातक आदि प्रतीकों का प्रयोग इन्होंने किया है।

प्रताप कुँवरि बाई में एक बड़ी विशेषता थी कि इन्होंने प्रकृति का बड़ा सुन्दर चित्र प्रस्तुत किया है। तत्कालीन परिवेश में जब भक्ति प्रधान थी और वर्ण्य विषय ईश्वर की लीला या ब्रह्म शून्य शिखर आदि रहे हों उस समय प्रकृति पर कविता करना अपने आप में नवीन और मौलिक उद्‌भावना कही जा सकती है। या यूँ कहें कि भक्ति में प्रकृति का सामंजस्य अपने आप में बड़ा अनूठा है। सूरदास की रचनाओं में प्रकृति के बड़े सुन्दर चित्र हमें दिखाई देते हैं। प्रताप कुँवरि बाई में प्रकृति के वही बिम्ब उपस्थित होते हैं। शुद्ध प्रकृति का एक उदाहरण द्रष्टव्य है—

बहु कमल कुमुदनी रहे फूल, मदमत्त भरमता नाहि भूल
है सीतल मन्द सुगन्ध पौन, भल भ्राज रह्यो बैकुंठ भौन

तुलसीदास और सूरदास की भाँति इनकी प्रकृति भी भक्ति में रमी हुई है पर कहीं-कहीं प्रकृति का विशुद्ध चित्र देखने को हमें मिल जाता है। रामकथा इनके काव्य में भले ही उत्कृष्ट कोटि से न वर्णित की गयी हो पर काव्य संवेदना और उसकी अभिव्यक्ति अच्छी मानी जायेगी। ख़ासतौर पर तब जब तत्कालीन समाज में स्त्री लेखन की कल्पना ही बड़ी बात थी तब तुलसी जैसी साहित्यिक समीक्षा की

बात करना इनके साथ अन्याय होगा। लोक मंगलकारी दृष्टि इनके काव्य में दृष्टिगत होती है। वह कहती हैं—

हाथन तै सुकृत सदा होय, नैनन तै दरसन करौ सोय
पग ते नित तीरथ चलौ पन्थ, रसना तैं गावौं ज्ञान ग्रन्थ

तुलसीदास की भाँति लोक कल्याण और आदर्श इनकी रचनाओं में हमें देखने को मिलता है। राम के चरणों में ही संसार है। प्रताप कुँवरि बाई कहती हैं—

रघुवर चरन प्रीति नित करहीं
मग अनीति पग कबहूँ न धरहीं

जहाँ तक लोक से जुड़ाव की बात है अन्य रचनाकारों की भाँति लोक प्रचलित कथानक इनकी रचनाओं में भी पाये जाते हैं, ख़ासतौर पर प्रहलाद और अहल्या का प्रकरण। यह मीराबाई से भली-भाँति परिचित थीं अर्थात अपने आसपास और भक्ति विषयक वार्ताओं में शामिल होती रहती थीं ऐसा अनुमान किया जा सकता है। वह कहती हैं—

ध्रुव प्रहलाद विभीषण खेलें, मेरा कर्मा नारी
कहे प्रताप कुँवरि इमि खेलै सो नहीं आवे हारी

सन्त नूपी बाई

सन्त नूपी बाई का उल्लेख बलदेव वंशी ने भारतीय नारी सन्त परम्परा में किया है। यह सहजोबाई की गुरु बहन थी। भक्ति की सन्त परम्परा में इन्हें रखा जा सकता है। एक उदाहरण द्रष्टव्य है—

सखी री गावो आज बधाई—
नूपीबाई अपने गुरु पर सरबस दे बलि जाई

दया बाई

दया बाई का जन्म मेवात के डेहरा में हुआ था। दया बाई की रचनाओं को उपलब्ध कराने का श्रेय मुंशी सहदेव सहाय जी को है यह भी चरण दास के अनुयायी थे। इन्ही की उपलब्ध सामग्री से दया बाई की वाणी वेलिवेडियर प्रेस से सन्त वाणी शृंखला में प्रकाशित हुई थी। सन्त वाणी के सम्पादक ने इनका जन्म सन् 1693 ई. से 1518 ई. के बीच माना है। दया बाई के जीवन चरित्र के सम्बन्ध में इस पुस्तक

में लिखा गया है कि—

"दया बाई जी महात्मा चरणदास की शिष्य और सहजोबाई की गुरु बहन थीं। यह मेवात के डेहरा नामक गाँव में पैदा हुई थीं। जहाँ इनके गुरु महाराज ने अवतार धरा था और फिर गुरुजी के साथ दिल्ली जाकर उनकी सेवा कमाती रही और वहीं चोला छोड़ा। दया बाई भी चरणदास जी और सहजोबाई की सजाति अर्थात दूसर जाति की थीं। विक्रमी संवत 1750 और 1775 के दरमियान इनका प्रकट होना पाया जाता है। संवत 1818 में इन्होंने अपना पहला दया बोध रचा था।" (दया बाई की वाणी जीवन चरित से साभार)। दया बोध की रचना 1761 की मानी जाती है। उसके सम्बन्ध में उक्ति है—

संवत ठारा सै समै, पुनि ठारा गये बीती
चैत सुदी तिथि सातवीं भयो ग्रन्थ सुभ रीति

दया बाई की वाणी के दो खंड हैं—1. दया बोध 2. विनय मालिका। दया बोध के अन्तर्गत गुरु महिमा, सुमिरन, सूर, प्रेम, वैराग, साध, अजपा उपशीर्षक के अन्तर्गत रचनाएँ हैं तथा दूसरा खंड है विनय मालिका जिसके अन्तर्गत रचनाएँ हैं।

स्त्री कवि कौमुदी में ज्योति प्रसाद निर्मल जी ने इन्हें अद्वैत मत का अनुयायी माना है। वेलिवेडियर प्रेस प्रयागराज से दया बाई की वाणी नाम से इनकी रचनाओं का प्रकाशन हुआ है। सन्त वाणी के सम्पादक ने इनकी दूसरी पुस्तक विनय मालिका का प्रकाशन किया है पर ज्योती प्रसाद निर्मल इस रचना को अप्रमाणिक मानते हैं लेकिन नागरी प्रचारिणी सभा की खोज रिपोर्ट में इसका उल्लेख मिलता है। दया बाई की वाणी वेलिवेडियर प्रेस से सन्त वाणी शृंखला में प्रकाशित हुई थी, पर सम्पादक का नाम उल्लेख नहीं है। जीवन परिचय में वह कहते है—"दूसरा ग्रन्थ विनय मालिका भी जिसमें दया दास की छाप है इन्हीं का बनाया हुआ कहा जाता है और इसमें सन्देह करने की कोई बात नहीं पायी जाती है क्योंकि एक तो दोनों ग्रन्थों की भाषा और ढंग एक से हैं। दूसरे दोनों में अपने गुरु महात्मा चरण दास जी की महिमा गायी है। तीसरे दया बोध में जो निश्चय करके पूरा-पूरा दया बाई का रचा हुआ है एक जगह दया दास नाम करके छाप दी हुई है (सुमिरन के अंग की साखी नम्बर 3) और चौथे चरणदासियों का भी ख़याल है कि दया दास जी की कोई प्रथम व्यक्ति न थी और यह नाम दया बाई ही का है।" (दया बाई की वाणी, जीवन चरित से साभार)

दया बोध में गुरु महिमा, प्रेम के अंग, सूर का अंग सुमिरन का अंग आदि उपशीर्षक में पद विभाजित हैं। जिसमें दया बोध और विनय मालिका संग्रहित है।

दया बाई गुरु की कृपा से भक्ति की ओर उन्मुख हुई थीं वह कहती हैं—

गुरु कृपा बिन होत नहीं भक्ति भाव विस्तार
जोग जज्ञ तप दया केवल ब्रह्म विचार

साँसारिक माया और कर्म के जाल मनुष्य को छोड़ते नहीं हैं। दया बाई अपने ठाकुर से कर्म के जाल से बचाने की गुहार लगाती हैं—

कर्म फाँस छूटे नहीं थकित भयो बल मोर
अबकी बेर उबारी लो ठाकुर बन्दी छोर

साधुओं की संगति दया बाई की रचनाओं में दिखाई देती है। उन्होंने साधु को सिंह के समान बताया है—

साधू सिंह समान है गरजत अनुभव ज्ञान
करम भरम सब भजि़ गये दया दुख्यो अज्ञान

भक्ति के लिए ह्दय की सरलता अनिवार्य शर्त है जिसे दया बाई ने महसूस किया है तथा वृत्यानुप्रास का प्रयोग इस पद के सौन्दर्य को और बढ़ा देता—"दया दान अरु दीनता दीनानाथ दयाल / हिरदै शीतल दृष्टि सम निरखत करे निहाल।"

इस संसार की नश्वरता और स्वार्थ भक्ति के मार्ग में बाधक है। कबीर तो यहाँ तक कहते हैं कि जिस पुत्र को अपना कहते हैं वही चिता को अग्नि देते समय कपाल को फोड़ता है। शरीर की नश्वरता और साँसारिक स्वार्थ की अनुभूति दया बाई में भी कम नहीं है पर कबीर तो इतिहास में स्थान पा गये लेकिन दया बाई का नाम आज भी इतिहास के पन्नों में अपना नाम तलाश रहा है। अपने एक पद में वह कहती हैं—

दया कुँवरिया जगत में नहीं आपनों कोय
स्वारथ बन्दी जीव है राम नाम चित जोय

दया बाई ने दोहों के साथ चौपाई की भी रचना की है। चौपाई का एक उदाहरण द्रष्टव्य है—

ज्ञान रूप को भयो प्रकाश भयो अविद्या तम को नाश
सूझ परयो निज रूप अभेद सहजै मिट्यों जीव को खेद
जीव ब्रह्म अन्तर नहीं कोय एकही रूप सर्व घट सोय

परमात्मा का घट घट वासी होना कबीर की रचनाओं में ही नहीं तुलसी के काव्य में भी मिलता है। दयाबाई में कबीर के समान ही तेवर है और वह अपनी रचनाओं में कबीर के समान ललकारती हैं—

''सीस उतारे भुईं धर ऐसा हुय तो आव'' इन पंक्तियों को पढ़कर कबीर की वाणी खाला का घर नाही का स्मरण हो जाता है। यह स्मरण इसलिए भी है कि इतिहास में कबीर को ही लिखा है दया बाई जैसी रचनाकार छूट गयी हैं। उन्हें भी ढूँढा जा रहा है और प्रयास जारी है। कभी तो स्त्री रचनाकार कबीर के समक्ष खड़ी होंगी, कभी तो किसी हज़ारी प्रसाद को स्त्री रचनाकारों में लोक तत्त्व दिखेगा और कभी तो कोई लिखेगा कि इनके जैसा व्यक्तित्व हज़ार सालों में कोई एक जन्म लेता है।

दया बाई सूरदास की भाँति विह्वलता के भी दृश्य उपस्थित करती हैं पर वह सूरदास की श्रेणी में नहीं आ पायी हैं। इतिहासकारों ने उन्हें ढूँढने का प्रयास नहीं किया और न ही उनके बारे में लिखना ज़रूरी समझा। इन पंक्तियों को देखिए यह सूर की गोपियों जैसा ही दृश्य उपस्थित करती हैं—

बौरी ह्वै चितवत फिरे, हरी आवे केहि ओर
छिनहीं उठू छिन गिरि परूँ राम! दुखी मन मोर

दया बाई ने श्रृंगार का वर्णन भी अत्यन्त सुन्दर भावपूर्ण किया है। यह श्रृंगार अलौकिक नहीं है पर कबीर के अंखड़िया झाइ पड़ी पन्थ निहारि निहारि या सूर के निस दिन बरसत नैन हमारे से किसी भी दृष्टि में कमतर नहीं है।

काग उड़ावत थके कर नैन निहारत बाट
प्रेम सिन्धु में परयौ मन ना निकसन को बाट

या फिर एक और उदाहरण भी देखें—

कहूँ धरत पग परत कहूँ डगमगात सब देह
दया मगन हरि रूप में दिन-दिन अधिक सनेह
प्रेम मगन गद्‌गद वचन पुलकि रोम सब अंग
पुलकि रह्यो मन रूप में दया न ह्वै चित भंग

दया बाई ने साहित्यिक कोटि की रचनाएँ की हैं जिसमें कल्पना, उपमा की छटा, भाषा की परिपक्वता आदि सब दिखाई देती है। दया बाई की रचनाओं में सत्संग, साधु महिमा, नाम स्मरण आदि मौखिक स्तर पर नहीं चित्रित किये गये हैं बल्कि उच्च कोटि के साहित्यिक स्तर पर चित्रित किये गये हैं। दया बाई की भाषा ब्रजभाषा

है। उषा कँवर राठौर अपनी पुस्तक मध्यकालीन कवयित्रियों की काव्य साधना में कहती है कि— 'ब्रज प्रदेश की होने के कारण उन पर ब्रजभाषा का प्रभाव देखा जा सकता है।" डॉ. आलोक कुमार रस्तोगी अपने हिन्दी साहित्य का इतिहास प्रथम खंड में इनकी भाषा ब्रजभाषा स्वीकार करते हैं। दया बाई की भाषा लोक तत्त्व और लोक बोली को अपने में बड़ी सहजता और प्रवाह पूर्ण तरीक़े से समेटे हुए है। शब्द भण्डार की दृष्टि से इनका काव्य कबीर की तरह पंचमेल खिचड़ी कहा जा सकता है जिसमें तत्सम तद्भव के साथ राजस्थानी, पंजाबी, अवधी और विदेशी भाषाओं के शब्द मिलते हैं। उदाहरणार्थ ब्रह्म वृक्ष सन्ताप (तत्सम), काम पाँच (तद्भव), बीर भजी (पंजाबी) होय, अघाय (राजस्थानी), सोवत चितवन (अवधी) तलफाओ करार (विदेशी)।

भाषा में लोक तत्त्व का होना लोकोक्ति मुहावरों से ज़्यादा सिद्ध होता है। दया बाई ने मुहावरात्मक शैली का प्रयोग किया है जैसे "दया प्रेम उन्मत्त जे तन की तनि सुधि नाहीं''। लोकोक्ति का एक उदाहरण द्रष्टव्य है— "पलटै करें काग सू हंसा।"

अलंकारों का प्राचुर्य तो दया बाई की रचनाओं में नहीं मिलता है पर जो भी अलंकार आये हैं वह सहज रूप में आये हैं सप्रयास नहीं। अनुप्रास अलंकार, पुनरुक्ति प्रकाश अलंकार, उपमा, यमक, श्लेष, रूपक आदि अलंकार इनकी रचनाओं में बड़ी सहजता से देखे जा सकते हैं। यमक अलंकार का एक उदाहरण है— "दया दया करिके रह्यो सतगुरु मो सू भाख।" दया बाई ने दोहा, सोरठा और चौपाई छन्द का प्रयोग अपनी रचनाओं में किया है। दया बाई ने अपनी रचनाओं को प्रतीकात्मकता प्रदान की है। दर्शन, ब्रह्म, जीवात्मा, माया, जगत सम्बन्धी विचार प्रतीक के माध्यम से रचे गये हैं। प्रतीक का एक उदाहरण बड़ा सुन्दर बन पड़ा है—

पलटै करै काग सू हंसा मन को भेदत है सब संसा।

रस योजना की दृष्टि से दया बाई में श्रृंगार, शान्त, भक्ति और वात्सल्य रस मिलता है। वात्सल्य रस का एक सुन्दर और स्पष्ट वर्णन दया बाई के एक पद से उदाहरण स्वरूप देखा जा सकता है—

लाख चूक सुत से परे सो कछु तजि नहि देह
पोष चुचुक ले गोद में दिन-दिन दुनो नेह

इन सभी रसों का परिपाक भक्ति रस है अपने भाव को स्पष्ट करने के लिए दया बाई ने मिथकों का भी आश्रय लिया है। पारस का स्पर्श लोहे को सोना बना देता है यह मिथक न जाने कब से चला आ रहा है। दया बाई भी कहती हैं—"लोहा पारस

के निकट कंचन ही सो होय।" इसके अतिरिक्त पौराणिक मिथक रावण, कुम्भकरण, दुर्योधन आदि भी चर्चा के प्रसंग में यत्र-तत्र आये हैं। महाभारत के एक प्रसंग में कृष्ण का चित्रण करती हैं और कहती हैं—

हरी हरी कही द्रौपदी बाढो चीर अपार
लज्जा राखी सभा में दुसासन गयो हार

दया बाई ने अपनी रचनाओं में तुलसी, कबीर और मीरा आदि का भी ज़िक्र किया है। मीरा के लिए वह कहती हैं—

विष का प्याला घोर कै राना भेजो छान
मीरा अच्यो राम कही हो गये सुधा समान

अभिधा, लक्षणा, व्यंजना तीनों शब्द शक्तियों का प्रयोग दया बाई ने बड़ी कुशलता से किया है। बिम्ब विधान की दृष्टि से दया बाई ने दृश्य, श्रव्य और स्पर्श बिम्ब का सृजन किया है। भक्ति, भाव परक और प्राकृतिक बिम्ब में प्राकृतिक बिम्ब ज़्यादा सुन्दर बन पड़े हैं शायद इसलिए भी कि प्राकृतिक बिम्ब मुझे ज़्यादा प्रिय हैं। दया बाई ने प्राकृतिक बिम्बो को अपनी रचनाओं में बड़े सुन्दर तरीक़े से ढाला है। एक उदाहरण देखें— ''जैसे मोती ओस को तैसो यह संसार।"

उपर्युक्त विवेचन के आधार पर हम यह कह सकते हैं कि दया बाई को छोड़कर हिन्दी साहित्य का इतिहास नहीं लिखा जा सकता है। स्त्री होने के कारण इतिहासकारों की उपेक्षा के कारण साहित्य के इतिहास में उनका नाम नहीं मिलता है। आधी आबादी का यह आधा इतिहास अपने लिए इतिहास के पुनर्लेखन की माँग करता है।

मीराबाई

मीराबाई का नाम किसी के लिए भी अनजान नहीं है। इनका जन्म सन् 1459 ई. (विकिपीडिया में 1498) और मृत्यु सन् 1546 ई. हुई थी। इनकी रचनाएँ राजस्थानी, ब्रज और गुज़राती में पायी जाती हैं। मध्यकाल में मीरा का चरित्र और साहित्य विद्रोह का प्रतीक है। तत्कालीन समय में मीरा ने पितृसत्ता,परिवार तथा राजसत्ता से विद्रोह किया था। मीरा के सन्दर्भ में अनेक शोध हो चुके हैं और हो रहे हैं। मीरा से सम्बन्धित कुछ महत्त्वपूर्ण ग्रन्थ हैं—"सन्त मीराबाई और उनकी पदावली—सं. बलदेव वंशी, मीरा ग्रन्थावली-कल्याण सिंह शेखावत, मीरा का काव्य—विश्वनाथ त्रिपाठी, मीरा एक पुनर्मूल्यांकन-सं. पल्लव, मीरा व्यक्तित्व एवं कृतित्व—पद्मावती शबनम, पचरंग चोला पहर सखी-माधव हाड़ा, मीरा का जीवन संघर्ष- अरविन्द सिंह शेखावत (तद्भव पत्रिका), मीराबाई और भक्ति की आध्यात्मिक अर्थनीति—कुमकुम संगारी।

इन्द्रामती

इन्द्रामती पन्ना नरेश छत्रसाल के समकालीन मानी जाती हैं। इस आधार पर इनका जन्म सन् 1649 से 1726 के बीच ठहरता है। इनकी रचनाएँ इसी कालक्रम के अनुसार मानी जाती हैं। इन्द्रामती धामी पन्थ के प्रवर्तक प्राणनाथ की पत्नी थी। नागरी प्रचारिणी सभा की रिपोर्ट की हस्तलिखित प्रति में पति और पत्नी की संयुक्त रचनाएँ मिलती हैं। धामी पन्थ अपनी सामाजिकता, सौहार्द और सहिष्णुता के लिए जाना जाता है। इन्द्रामती की रचनाएँ इसी आधार पर प्राप्त हैं। इन्द्रामती निर्गुणोपासक थीं। इनकी रचनाओं का मुख्य विषय मन की स्वच्छता, बाह्य आडम्बर का विरोध है। इनकी रचनाओं में ज्ञान, योग, माया, मोह, आत्मा, परमात्मा आदि का वर्णन सन्त साहित्य की भाँति है। इनकी रचनाओं के वर्ण विषय के आधार पर अगर हम इन्हें रखना चाहें तो सन्त साहित्य की धारा में यह आयेंगी। कृष्ण और विष्णु की लीलाओं का वर्णन, भागवत के दशम स्कन्ध को भी मुख्य आधार बनाकर इन्होंने रचना की है। भक्तिपरक रचनाओं में भावों गुम्फन आकर्षक है। इनकी रचनाओं के कुछ उदाहरण ही प्राप्त होते हैं। एक उदाहरण द्रष्टव्य है—

उपजावे अति जीवन, नवले सर्वे साजड़ी।
बिलासी विनोद हांसी खेल, लोपो रंग लाजड़ी॥

भक्तिपरक रचनाओं के साथ ही इनमें श्रृंगार का भी वर्णन बड़ी सहजता से मिलता है। किताब जम्बूर के एक भाग षट् रुत (ऋतु) में श्रृंगार का वर्णन षट् ऋतु के आधार पर इन्होंने किया है। षट् रितु ना कलश में संयोग और वियोग श्रृंगार का चित्रण लौकिक धरातल पर किया गया है। श्रृंगार की रचनाओं के भावों को देखकर के रीतिकालीन प्रवृत्ति का भी भान होता है। वियोग श्रृंगार का एक उदाहरण देखा जा सकता है—

सब तन विरहे खाइया, गल गया लोहू मांस।
न आवे अन्दर बाहर, या विधि सूकत साँस॥

वियोग श्रृंगार में अतिशयोक्ति अलंकार का प्रयोग रीतिकाल की सामान्य विशेषता रही है जिसका प्रभाव और प्रयोग इनकी रचनाओं में मिलता है—

हाड़ भयो सब, लकड़ी, सर श्री फल विरह अगिन।
मांस मीज लोहू रंगा, या विधि होत हवन॥

प्रकृति का उद्दीपन रूप में चित्रण इन्द्रावती की रचनाओं में विशेष तौर पर

मिलता है। ऋतु वर्णन में इन्होंने राग का विशेष ध्यान रखा है जो इनके संगीत ज्ञान का परिचायक है। भाषा के आधार पर अगर हम देखें तो इनकी भाषा राजस्थानी के निकट है जो मीराबाई की याद दिलाती है पर भाव के आधार पर कृष्ण काव्य धारा में हम इन्हें नहीं रख सकते हैं। इनकी भाषा राजस्थानी है जो कुछ रचनाओं में दिखाई देता है—

हूँ तो बाला जी बिना
सोभा लिए बणराय, रूचे बरस्यां मेघ।
तेडीं मीडयो अंगनाये, घर आय कियो श्रृंगार।
—.. ऐ नीर तेरे आधार, छेम दीजिए।
ए ने बचण इन्द्रमति अंग बाला तेडी लीजिए।

अपनी रचना सन्धि प्रकरण में इन्होंने इस्लाम का व्यापक विवेचन किया है। इस आधार पर हम देखते हैं कि धर्म का वैविध्य भी इनकी रचनाओं में मिलता है। जहाँ हिन्दू धर्म के प्रति इन्होंने आस्था दिखाई है वहीं पर इस्लाम का भी वर्णन किया है। उदाहरणार्थ—

श्री किताब कुरान श्री सन्नध
असराफी लेखस अवाज से, कुरान को गाया है

यहाँ पर प्रयुक्त लेखस, असराफी आदि शब्द इनके अरबी, फ़ारसी के ज्ञान को भी बताते हैं। इस्लाम से सम्बन्धित इनके वर्णन बहुत-सीमित हैं और हिन्दू धर्म की प्रधानता सर्वत्र है। कृष्ण की भक्ति की कुछ रचनाएँ इन्होंने बहुत अच्छी लिखी हैं जैसे—

निज नाम श्री कृष्ण जी आदि अछराती
सो तो अब ज़ाहिर भये, सब विधिवता महीत

भक्तिकाल की नवधा भक्ति के भी गुण इनकी रचनाओं में हमें दिखते हैं। कीर्तन वर्णन में इन्द्रामती आत्म रोग और उपचार का वर्णन करती हैं जो गेय मुक्तक शैली में है।

फूली बाई

फूली बाई जोधपुर के माँझवास गाँव की रहने वाली थीं। इनका जन्म सन् 1568 ई. में जिला नागौर में हुआ था। ऐसी जनश्रुति है कि सन् 1646 ई. में इन्होंने समाधि ले ली थी। यह निर्गुण पन्थ की उपासिका थीं। फूली बाई की रचनाओं में अन्य सन्तों के समान गुरु का महत्त्व सर्वोपरि दिखाई देता है। वह कहती हैं—

गंगा तीरथ गोमती बदरी गया पिरांग
सतगुरु सत्संग सब ही सरया रहत चरण उर लाग

फूली बाई के काव्य में सामाजिक और साँस्कृतिक पक्ष पूरी तरह से परिवेशगत रूप में आया है। प्राचीन साहित्य और जन श्रुतियों ने उनकी रचनाओं पर प्रभाव डाला है। चौरासी लाख योनि की बात करते हुए वह कहती हैं—

एक विसे के कारणे है कीजे तन सिणगार
सो चौरासी भोगसो फूली माथे मार

बाह्याडम्बर का विरोध सन्त साहित्य की नींव रहा है। इसी परम्परा का निर्वहन हम फूली बाई के काव्य में देखते हैं हिन्दू धर्म के कर्मकांड का विरोध वह कबीर की भाँति करती हैं। उपदेशात्मक शैली में वह कहती हैं—

माला मिणका सू क्या होई यूँ मेरा मन पावे कोई
साँचे मन जो सिमरण कीजै फूली सिर बाबा कू दीजै

तत्कालीन समाज में फैली कुरीतियों पर फूली बाई ने बड़े सचेत दृष्टि रखी है। सन्त साहित्य की भाँति विरोध का स्वर इनकी रचनाओं में स्पष्ट दृष्टिगत होता है। फूली बाई पर्दा प्रथा आदि कुरीतियों के विरोध में स्वर उठाती हैं। इनका स्वर कबीर की तरह उग्र और तीखा है। वे कहती हैं—

ये कुतिया हो सौ लाज काण सब कुल खोसौ
आगे पीछे पड़दा नाही अब तो घूंगट कहा रहही

तत्कालीन परिस्थिति में जब नारी शिक्षा और स्वतन्त्रता की कल्पना करना भी सम्भव नहीं था उस समय फूली बाई विवाह से इनकार करती हैं और कहती हैं—

जानी आया गोरवै फूली किओ विचार
सब सन्ता को साहिबे सो मेरो भरतार

इन पंक्तियों को देखकरके मीराबाई की अनायास ही याद आती है जिन्होंने बड़े साहसिक तरीक़े से कृष्ण को अपना पति स्वीकार किया था। ऐसा ही स्वर फूली बाई में हमें दिखाई देता है। यह कहना असंगत नहीं होगा कि फूली बाई का स्वर मीराबाई के समान ही निर्भीक और साहसी था। परन्तु वह हिन्दी साहित्य के इतिहास में अपना स्थान नहीं बना पायीं।

डॉ. पेमाराम के 'राजस्थान के जाटों का इतिहास' में इनका ज़िक्र मिलता है जिसमें इन्हें बड़े साहस के साथ याद किया गया है। ठाकुर देशराज के 'जाटों का

इतिहास' में इनके विवाह न करने और राजा जसवन्त सिंह के प्रसंग का वर्णन मिलता है। यह जोधपुर के महाराज जसवन्त सिंह की समकालीन मानी जाती हैं। सूर्य नगरी प्रकाशन जोधपुर से प्रकाशित सन्त एवं भक्तों का जीवन चरित्र सम्पादक विक्रम सिंह राठौर में उनके पद मिलते हैं।

फूली बाई के काव्य में शरीर सौन्दर्य और कर्म के मायाजाल से सचेत रहने को कहा गया हैं—

गैणा तन की सोभा काया करम को भाड़ो
फूली कहे थे कुतिया हासो राम भजो है रांड़ा

फूली बाई के काव्य की मूल अभिव्यक्ति और साहस को कबीर के समान हिन्दी साहित्य के इतिहास में स्थान नहीं मिला। अपने तेवर के कारण ही कबीर हिन्दी साहित्य में भीड़ से पृथक् खड़े नज़र आते हैं पर फूली बाई उसी तेवर के साथ अपना नाम हिन्दी साहित्य के इतिहास में दर्ज करने के लिए आज भी प्रयासरत हैं। पर आज तक किसी इतिहासकार की दृष्टि नहीं पड़ी। स्त्री होकर श्रृंगार के लिए विरोध दर्ज कराने वाली फूली बाई हिन्दी साहित्य के इतिहास के पन्नों में अपना नाम दर्ज कराने को आज भी आतुर हैं। वह कहती हैं—

रांडौ भांडौ फूटसी के करिए सिणगार

फूली बाई के काव्य में भावों की सहज अभिव्यक्ति है। इनकी भाषा लोकतत्त्व के अधिक निकट है। इनकी रचनाओं में ध्यान, भ्रम, रजोगण, सांख्य जैसे तत्सम शब्द गाँव, दास, खेती जैसे तद्भव शब्द हौले, थापत जैसे देशज शब्द तथा साहिब, दीदार जैसे विदेशी शब्दों का प्रयोग यह बताता है कि भाषा के सन्दर्भ में यह व्यापक शब्दावली रखती हूँ। कुछ शब्द जो लोक में प्रचलित है ख़ासतौर पर मौखिक परम्परा में है उन शब्दों का प्रयोग भी इनके काव्य की शोभा को बढ़ाता है जैसे हिरदय, पूरब, अग्यान, निरगुन आदि।

भाषा का फैलाव इनके काम में व्यापक है तभी तो वह अवधी (पावौ, खुवाय), राजस्थानी (जाणै, परसण) आदि का पुट मिलता है। लोकतत्त्व के कारण ही इनकी भाषा में मुहावरों का प्रयोग सहज रूप में किया गया है। एक उदाहरण द्रष्टव्य है—

भ्रम को भुलो सेव करावे, अन्तकाल पत्थर हो जावै

लोकोक्तियों से तो फूली बाई की रचनाएँ पटी पड़ी हैं। यह कहना अन्यथा न होगा कि लोकोक्तियों का प्रयोग हिन्दी साहित्य में अधिकतम रूप में फूली बाई ने किया है। लोकोक्ति के प्रसंग में उनका कोई सानी नहीं है। वह कहती हैं—

स्वान काग ज बंक भखै कै बल जल हूसी खेह

जहाँ तक काव्यगत अलंकारों की बात है फूली बाई के काव्य में भावों की अभिव्यक्ति में यह मोती अनायास ही टँक गये हैं। अलंकारों का प्रयोग सायास नहीं अनायास है। एक उदाहरण देखा जा सकता है—

राम जिसौ दुजो नहीं कोई फूली सब जग देखा जोई

उपमा अलंकार के अतिरिक्त अनुप्रास, रूपक, पुनरुक्ति प्रकाश आदि अलंकारों का प्रयोग इनकी रचनाओं में दिखाई देता है। छन्द विधान में वैविध्य इनके काव्य में हमें नहीं दिखाई देता है। इनके काव्य में सिर्फ़ दोहा और चौपाई का प्रयोग किया गया है, हाँ यह ज़रूर है कि मात्राओं की ग़लती इनके काव्य में नहीं मिलती है। भावों की अभिव्यक्ति के समय भी छन्द विधान पर इनका ध्यान रहा है इसलिए मात्रात्मक ग़लतियाँ इनके साहित्य में नहीं है। पुरुष कवियों की ही तरह इन्होंने सारे छन्द विधान को परिपक्व तरीक़े से अपनाया है पर हिन्दी साहित्य इन्हें अपना न सका और इनका नाम गुमनामी के अँधेरे में आज तक है। चौपाई का एक सुन्दर उदाहरण देखिए—

सब मिल रांण्या दरसण आयी फूली मुख सूँ कथा चलाई
टगमग टगमग काई जोवौ जनम अमोलक ये क्यूँ खोवौ

प्रस्तुत छ्न्द में टगमग टगमग शब्द पुनरुक्ति प्रकाश अलंकार के साथ ही अनुप्रास अलंकार तथा नाद बिन्दु को प्रकट करता है। फूली बाई ने हठयोग सम्बन्धित पारिभाषिक प्रतीकों का भी प्रयोग किया है। प्रतीकों के प्रयोग में अद्‌भुत योजना दिखती है। उदाहरणार्थ—

अनहद घोर सुखयणा जागी, फुल्या कब किरणीय लागी

प्रतीकों के सन्दर्भ में फूली बाई का सहित्य समृद्ध कहा जा सकता है। ब्रह्म के लिए उन्होंने राम, हरी, भरतार, जीवात्मा के लिए बगुला, काग जगत के लिए माटी जैसे प्रतीकों का प्रयोग किया है जो सन्त साहित्य में भी हमें दिखाई देता है। सन्त साहित्य में प्रतीकों का सर्वत्र प्रयोग वैसे ही है जैसा फूली बाई के काव्य में हम पाते हैं। भाव की दृष्टि से देखें तो हम फूली बाई के काव्य को सन्त साहित्य की श्रेणी में रख सकते हैं। फूली बाई के सम्पूर्ण साहित्य में भक्ति शान्त रस से पगी हुई है। कहीं-कहीं ओज गुण का संचार होने पर भाषा तीखी हो गयी है पर यह सर्वत्र ऐसा नहीं है।

बावरी साहिबा

आज तक बावरी साहिबा का मूल नाम ज्ञात नहीं है। ऐसा माना जाता है कि बावरी इनका उपनाम रहा है और सम्मान के लिए इन्हें साहिबा कहा जाता है। ऐसा जनश्रुति में प्रचलित है कि ईश्वर प्रेम में बावला हो जाने के कारण इन्हें बावरी कहा गया है। उन्होंने लिखा भी है कि—

बावरी राबरी का कहिए मन है के पतंग भरै नित भाँवरी
भाँवरी जानहीं सन्त सुजान जिन्हें हरि रूप दिये दरसावरी
साँवरी सूरत मोहिनी मूरत देकर ज्ञान अनन्त लखावरी
खावरी सौंह तिहारी प्रभु गति रावरी देखी भई मति बावरी

इस पद का अर्थ है कि प्रभु आपकी लीला के सम्बन्ध में मैं क्या कहूँ मेरा मन तो आपके चारों ओर पतंग के सदृश्य भाँवरे अर्थात चक्कर लगाया करता है। इस भांवर लगने का रहस्य केवल उसी को पता है जिसने आपकी रूप माधुरी का पान किया है। सौगन्ध खाकर कहती हूँ कि आपकी गतिविधि देखकर मैं तो बावरी हो गयी हूँ।

हज़ारी प्रसाद द्विवेदी का भी मानना है कि भगवत प्रेम में मस्त रहने के कारण इनका नाम बावरी पड़ा। भारतकोश पुस्तकालय की हिन्दी साहित्य कोश भाग 1 में पृष्ठ 432 पर बावरी का अर्थ ब्रह्म की अद्‌भुत लीला देखकर चकित हो जाने वाली स्थिति को कहा गया है। आचार्य परशुराम चतुर्वेदी अपने ग्रन्थ सन्त काव्य में कहते हैं— "यह उपनाम लोक प्रदत्त है। भक्ति में डूबी स्त्री लोक के लिए तो पगली ही होगी।" (पृ. 153) बावरी साहिबा किसी उच्च कुलीन घराने की थी, परन्तु परमात्मा के प्रति प्रेम में सुख, ऐश्वर्य, लोक लाज को त्याग कर मीरा की भाँति प्रेम दिवानी होकर घूमने लगी। बाद में इन्होंने अपना एक पन्थ बनाया। बावरी साहिबा के नाम से ही पन्थ का नाम बावरी पन्थ पड़ा। जहाँ तक मैं जानती हूँ भारतीय साहित्य में महिला सन्तों के नाम से कोई पन्थ प्राप्त नहीं होता है। यह बात अपने आप उनकी ख्याति को बताता है पर बाद में इस पन्थ का प्रचार-प्रसार व्यापक न होने के कारण बावरी साहिबा के सन्दर्भ में भी ज़्यादा जानकारी नहीं हो पायी।

इनका जन्म समय तो हमें ज्ञात नहीं हो पाया है पर कुछ लोगों ने इनका समय 17वीं शताब्दी उत्तरार्ध माना है। जनश्रुति के अनुसार यह भी कहा जाता है कि यह दादू दयाल और कुछ के अनुसार यह अकबर की समकालीन थीं। कुछ लोग इनका समय सन् 1541 ई. से 1604 ई. के लगभग मानते हैं। डॉ. हज़ारी प्रसाद द्विवेदी

के ग्रन्थ हिन्दी साहित्य उद्भव और विकास में बावरी और उनका सम्प्रदाय शीर्षक से इनके सम्बन्ध में बहुत ही अल्प जानकारी दी गयी है। बावरी पन्थ के मठों में सुरक्षित वंशावली के अनुसार यह मायानन्द की शिष्य थीं। इनके गुरु मायानन्द पटना के निवासी थे। डॉ. हज़ारी प्रसाद द्विवेदी का मानना है कि बावरी साहिबा के गुरु रामानन्द के शिष्य थे। बावरी साहिबा की शिष्य परम्परा में यारी साहब, वीरू साहब, सन्त भोला, भीखा गुलाब और पलटू साहब आदि आते हैं।

यह निर्गुण उपासक थी पर अपनी भाव अभिव्यक्ति के लिए इन्होंने राम हरि आदि शब्दों का प्रयोग किया है। कबीर आदि ने भी निर्गुण उपासना की है और ईश्वर के लिए राम हरि आदि शब्द का प्रयोग किया है। कबीर की ही तरह बाह्याडम्बर का विरोध बावरी साहिबा की रचनाओं का मुख्य विषय रहा है। वह कहती हैं—

जप माला तिलक सरै न एको काम
काचे मन नाचै वृथा साँचै राचै राम

उपर्युक्त उदाहरण में उपमा अलंकार और अनुप्रास अलंकार की अद्भुत छटा बिखेर कर बड़े संजीदा तरीक़े से बावरी साहिबा जप माला तिलक को व्यर्थ बताती हैं।

बावरी साहिबा का भाषा पर पूर्ण अधिकार था और शब्दों का खेल इनकी रचनाओं की शोभा को और बढ़ा देते हैं। शब्दों के हेरफेर से पदों में अद्भुत सौन्दर्य को लाना इनकी प्रमुख विशेषता रही है। एक उदाहरण दृष्टव्य है—

मनका फेरत जुग गया, गया ना मन का फेर
करका मनका छाड़ि कै मन का मनका फेर

(कल्याण पत्रिका का सन्त वाणी अंक : सं. हनुमान प्रसाद पोद्दार, गीता प्रेस, पृष्ठ 223)

कल्याण पत्रिका का सन्तवाणी अंक जिसके सम्पादक हनुमान प्रसाद जी रहे हैं इसमें सन्तों की वाणी का संग्रह है। इसमें कुछ रचनाएँ बावरी साहिबा की भी हैं। सद्गुरु की महिमा, अजपाजप से पगी इनकी कुछ रचनाएँ ही हमें प्राप्त होती हैं। सन्त साहित्य की भाँति गुरु का महत्त्व इनकी रचनाओं में विशेष रूप से देखा जाता है। गुरु के लिए वह कहती हैं—

अजपा जप सकल घट बरतें जो जाने सोई पेखा
गुरु गम ज्योति अगम घट बासा जो पायी सोई देखा

(कल्याण पत्रिका का सन्त वाणी अंक : सं. हनुमान प्रसाद पोद्दार, गीता प्रेस, पृष्ठ 224)

बावरी साहिबा की रचनाओं में प्रेम मार्गी सूफ़ी आत्मा परमात्मा पद्धति भी दिखाई देती है। जायसी की भाँति इनकी रचनाओं में आत्मा परमात्मा के प्रसंग उपलब्ध होते

हैं। इनका एक पद इस प्रकार से है—

मैं बन्दी हौ परम तत्त्व की जग जानत की भोरी
कहत बावरी सुनो हो बीरू सुरती कमल पर डोरी

बावरी साहिबा ने भाषा पर पूर्ण अधिकार रखा है। मुहावरात्मक शैली का प्रयोग इनकी रचनाओं में बहुत देखा जाता है जिससे इनकी रचनाएँ बड़ी आकर्षक हो जाती हैं। अलंकारों की दृष्टि से इन्होंने श्लेष, उपमा, पुनरुक्ति प्रकाश और अनुप्रास अलंकार की विशेष छटा बिखेरी है। शब्दों के प्रयोग में भी यह बड़ी सजग रही हैं। अनन्त ज्ञान जैसे तत्सम शब्दों के साथ इन्होंने जुग सकल जैसे तद्भव शब्दों का भी प्रयोग किया है। देशज शब्द भी इनके यहाँ देखने को मिलते हैं। इनकी भाषा मूलत: ब्रजभाषा थी पर इसमें राजस्थानी आदि के भी शब्द अनायास ही शामिल कर दिये गये हैं। शब्दों की यह विशेषता कबीर को वाणी का डिक्टेटर बनाती है पर बावरी साहिबा के लिए हिन्दी साहित्य के इतिहास में सिर्फ़ कुछ पंक्तियाँ आयी हैं। जबकि कबीर जैसे रचनाकारों के समक्ष इनकी रचनाएँ कहीं भी ऊनी नहीं पड़ती हैं पर हज़ारी प्रसाद के अतिरिक्त किसी और हिन्दी साहित्य के इतिहासकार ने इन पर लिखना ज़रूरी नहीं समझा है। इनकी रचनाओं को अगर शोध किया जाये तो और अवश्य मिल जायेंगी पर इच्छाशक्ति का अभाव यहाँ देखा जाता है। अब तक प्राप्त रचनाओं के आधार पर भी यह हिन्दी साहित्य में अपना स्थान रखती हैं पर इतिहासकारों ने इन्हें इतिहास में स्थान नहीं दिया शायद स्त्री होने के कारण यह दृष्टिगत भेद है। इनकी रचनाओं के वैशिष्ट्य के आधार पर इन्हें कबीर आदि से ऊँचा तो नहीं रखा जा सकता पर इनका स्थान उनसे नीचा भी नहीं है। बावरी साहिबा आज भी अपना नाम हिन्दी साहित्य के इतिहास में दर्ज कराने को प्रतीक्षारत हैं।

सहजोबाई

सहजोबाई की मृत्यु के बारे में सन् 1805 ई. का अनुमान लगाया जाता है। डॉ. सावित्री सिन्हा ने इनका जन्म सन् 1743 ई. माना है। ज्योति प्रसाद निर्मल जी भी सावित्री सिन्हा के मत से सहमत रहे हैं। कुछ लोगों का मानना है कि इनका जन्म टूसर भार्गव कुल में 25 जुलाई सन् 1725 ई. में दिल्ली के परीक्षितपुर में हुआ था। इनके पिता का नाम हरिप्रसाद तथा माता का नाम अनोखी देवी था। बलदेव वंशी ने अपनी पुस्तक 'भारतीय नारी सन्त परम्परा' में इन्हें अट्ठारहवीं सदी की मीरा कहा है। डॉ. पीताम्बर दत्त बड़थ्वाल का मानना है कि यह चरणदास की प्रथम शिष्या

थीं। इसीलिए यह चरणदासी सम्प्रदाय से सम्बन्धित रही हैं। नागरी प्रचारिणी की खोज रिपोर्ट में इनका विवरण मिलता है।

सन्त परम्परा में सम्भवत: यह पहली सन्त थीं जिन्होंने अपने विषय में स्वयं परिचय दिया है। वह कहती हैं—

हरि प्रसाद की सुता नाम है सहजोबाई
दूसर कुल में जनम सदा गुरु चरण सहाई
चरणदास गुरुदेव सेव मोहिं अगम बसायो
जोग जुगुत सो दुर्लभ सुलभ करि दृष्टि दिखायो

सहजोबाई ने सन्त परम्परा में अपना नाम लिखा कर तथा चरणदास ने उन्हें अपनी शिष्या बनाकर तत्कालीन समाज में स्त्री-पुरुष का भेद मिटाने की श्रेष्ठ पहल की थी। इनको और उनके गुरु को देखकर यह प्रतीत होता है कि उस समय सन्त इन जाति पाँति धर्म, स्त्री-पुरुष के भेद को समाप्त कर परिपक्व मस्तिष्क का परिचय उपस्थित करते थे नहीं तो इस समय स्त्री को माया, नर्क का द्वार मानना और मद्य के समान मानने के उदाहरण देखने को मिलते हैं।

सहजोबाई की ख्याति राजस्थान बुन्देलखंड और बिहार तक थी। विभिन्न क्षेत्रों से हस्तलिखित प्रतियों को संकलित करके सन् 1920 ई. में सहज प्रकाश नामक ग्रन्थ पाठकों के सम्मुख लाया गया। बाद में वेलिवेडियर प्रेस प्रयागराज ने सहजोबाई की वाणी नामक ग्रन्थ भी प्रकाशित किया है। सन् 1931 में इनके पदों का अंग्रेज़ी में भी अनुवाद हुआ था। चरणदास और सहजोबाई का एक संयुक्त हस्तलिखित ग्रन्थ भी प्राप्त होता है। डॉ. सावित्री सिन्हा का मानना है— "इस ग्रन्थ में संकलित सहजोबाई के पद बहुत सुन्दर हैं जो उस युग के स्वर में नारी की भावनाओं के समन्वय का आभास देते हैं।" (मध्यकालीन हिन्दी कवयित्रियाँ, पृ. 51)

सहजोबाई भी मीरा के समान अच्छी गायिका थी और अपने पदों को गाती थी। सहजोबाई, दया बाई और मीरा की भक्ति प्रेम प्रधान रही है। सहजोबाई की रचनाओं में प्रभु स्मरण, दयाबाई में समर्पण, वैराग्य और मीरा में मिलन की आकांक्षा तीव्र है। दया बाई का मानना था कि जैसे माँ के भरोसे शिशु रहता है वैसे ही प्रभु के भरोसे ही यह जीव है। वहीं सहजोबाई ने भक्ति का सहज मार्ग बताया है। उन्होंने तीन मार्ग ज्ञान, प्रेम और समर्पण का उल्लेख अपनी रचनाओं में किया है। सहज मार्ग के लिए वह कर्मकांड का विरोध और आत्मा की शुद्धि पर बल देती हैं। वह कहती हैं—

बिना भक्ति थोथे सभी जोग जज्ञ आचार
राम नाम हिरदै धरो सहजो यही विचार

ईश्वर ने बड़ा दुर्लभ यह शरीर दिया है। तुलसी भी कहते हैं कि 'बड़े भाग मानुष तन पाया'। तुलसी के ही भावों के रूप में सहजोबाई भी इस मानव शरीर को पाना बड़ा भाग्य मानती हैं और कहती हैं—

यह अवसर दुर्लभ मिलै अचरज मनुषा देह
लाभ यही सहजो कहै हरि सुमिरन करी लेह

सहजोबाई का मानना है कि यह दुर्लभ शरीर भक्ति के लिए मिला हुआ है। कबीर कहते हैं कि यह शरीर जर्जर नौका की तरह है जिससे भवसागर पार करना है। कबीर की ही भाव की भक्ति सहजोबाई भी करते हुए कहती हैं—

सहजो नौका नाम है चढ़ी के उतरौ पार
राम सुमिरि जान्यौ नहीं ते डूबे मँझधार

सन्त काव्य की भाँति सहजोबाई का मानना है कि अहंकार भक्ति में सबसे बड़ा बाधक है इसीलिए वह कहती हैं—

सहजो त्रिन हलका तिरै डूबे पत्थर भार

अर्थात जो अहंकार के बोझ से भारी है वह निश्चय ही डूबेगा भक्ति उसे प्राप्त नहीं होगी। व्यक्ति को अपने कर्म का फल ही प्राप्त होता है। साधु की सत्संगति को सन्त साहित्य तो मानता ही है बिहारी जैसे श्रेष्ठ रचनाकार भी कहते हैं कि 'नाक बास बेसरी लह्यो बसी मुकतन के संग' अर्थात संगति का प्रभाव व्यक्ति के चरित्र और कर्म पर पड़ता है। सरजोबाई भी इसी विचारधारा को मानती हैं। सहजोबाई का मानना है कि व्यक्ति का कर्म बड़ा होना चाहिए। वह कहती हैं—

सीस कान मुख नासिका ऊँचे ऊँचे नाँव
सहजो नीचे कारने सब कोउ पूजे पाँव

सहजोबाई की रचनाओं में बहिणाबाई की तरह सगुण और निर्गुण दोनों के पद मिलते हैं। वास्तव में सहजोबाई के लिए ईश्वर की भक्ति प्रमुख है उसको प्राप्ति का मार्ग सगुण हो या निर्गुण इससे उन्हें फ़र्क़ नहीं पड़ता है। इनकी रचनाओं में दोनों गुण पाये जाते हैं इसीलिए इनकी रचनाओं को देखते हुए कभी-कभी कबीर और तुलसी दोनों का आभास होता है। इनके नीति के वचन बिहारी के समान दिखाई देते हैं। परन्तु इतना गुण होने पर भी यह हिन्दी साहित्य प्रेमियों के लिए अब भी अज्ञात

हैं। हिन्दी साहित्य के इतिहास के जितने भी ग्रन्थ देख लिये गये हैं उनमें इनका उल्लेख नहीं मिलता है। इधर कुछ शोध अवश्य इस दिशा में प्रयास कर रहे हैं पर स्त्री होने के कारण उच्च श्रेणी की रचना करने पर भी, कबीर और तुलसी के भाव और अभिव्यक्ति के समान अपनी रचनाओं की अभिव्यक्ति करने पर भी इनको हिन्दी साहित्य के इतिहास में स्थान नहीं मिला है।

भावों की विविधता सहजोबाई की बहुत बड़ी विशेषता रही है। सन्त साहित्य की भाँति ही इनमें गुरु की महिमा, साधु की संगति आदि का वर्णन मिलता है इसके अतिरिक्त प्रेम, नाम आदि के अंग जो सन्त साहित्य की बड़ी विशेषता माने जाते हैं इनमें मिलते हैं। विभिन्न अंग के अतिरिक्त विभिन्न दशाओं जैसे काल, जन्म आदि के पद भी इनकी रचनाओं में मिलते हैं। कबीर की भाँति सहजोबाई भी ईश्वर से ऊपर गुरु का स्थान रखती हैं। वह कहती हैं—

राम तजूँ पर गुरु ना बिसारूँ
गुरु के सम हरि को न निहारूँ

सहजोबाई में कलात्मक उत्कृष्टता विद्यमान रही है। काव्य समीक्षा की कसौटी पर इनकी सारी रचनाएँ खरी उतरती हैं। इसके बावजूद भी हिन्दी साहित्य के इतिहास में इनका नामोल्लेख नहीं मिलता है। जैसे कबीर अपनी हड्डियों से लहू की स्याही बनाकर ईश्वर भक्ति को प्रदर्शित करते हैं वैसे ही सहजोबाई कहती हैं—

सब पर्वत स्याही करूँ घोलू समन्दर जाय
धरती का कागद करूँ गुरु अस्तुति न समाय

यह कहना अतिशयोक्ति न होगी कि सहजोबाई के पद कबीर जैसे रचनाकार के समक्ष खड़े रहने का पूर्ण सामर्थ्य रखते हैं पर इतिहास में इनका नाम उल्लेख बड़े-बड़े साहित्यकारों ने नहीं किया है। सिर्फ़ भाव के आधार पर ही नहीं बल्कि अलंकरण के आधार पर भी सहजोबाई की रचनाएँ उत्कृष्ट कोटि की ठहरती हैं। विभावना अलंकार का पुट लेते हुए इस पद का सौन्दर्य देखते ही बनता है, वह कहती हैं—

जब आगे कूँ धाव देखकरि जगमग जोती
बिन दामिनी चमकार सीप बिन उपजै मोती

कबीर की विरोधात्मक शैली हिन्दी साहित्य में काफ़ी प्रसिद्ध है। उनकी शैली के समान सहजोबाई की रचनाओं में अनेक उदाहरण मिलते हैं पर वह हिन्दी साहित्य में प्रसिद्ध ना हो पायी। स्त्री रचनाकार होने के कारण किसी भी इतिहासकार ने उनकी रचनाओं को साहित्य के इतिहास का हिस्सा नहीं बनाया

पर सहजोबाई की रचनाएँ अपने आप में अद्भुत हैं। विरोधात्मक शैली का एक उदाहरण देखा जा सकता है—

बहिरौ सुनै मूक पुनि पुनि बोलै, रंक चलै सिर छत्र चढ़ाई

अनुप्रास, उपमा, रूपक, पुनरुक्ति प्रकाश जैसे अनेक अलंकार बड़ी सहजता से सहजोबाई की रचनाओं में मिलते हैं। अलंकारों की दृष्टि से उनका काव्य काफ़ी समृद्ध रहा है। कई अलंकार अपनी अद्भुत छटा के कारण सुन्दर बन गये हैं। अलंकारों का प्रयोग देखकर लगता है कि यह अलंकार सहज रूप में आये हैं सप्रयास नहीं। अलंकारों की दृष्टि से सहजोबाई की रचना बड़े कवियों के समकक्ष ठहरती है फिर भी हिन्दी साहित्य के इतिहास में इनका नाम दर्ज नहीं है। रूपक और अनुप्रास अलंकार का एक सुन्दर उदाहरण देखा जा सकता है—

साध बृच्छ बानी कली चरच फूले फूल
सहजो संगत साध में नाना फल रहे झूल

छन्द की दृष्टि से सहजोबाई की रचना देखी जाये तो कहीं-कहीं पर मात्राओं की कमी खटकती है पर भाव के प्रकटीकरण में वह पूर्ण समर्थ है। सम्भवत: लय और गीत के रागात्मकता के कारण मात्राओं की कमी कही जा सकती है क्योंकि सहजोबाई अपनी रचनाओं को गाती थीं और ऐसा होना स्वाभाविक है।

तत्कालीन समय में प्रचलित सभी छन्दों का प्रयोग सहजोबाई की रचनाओं में मिलता है। कुंडलिया छन्द का एक उदाहरण द्रष्टव्य है—

वृहस्पति वारी आयीया पायी मनुषा देह
सौतन छिन छिन घटक है भयो जात है खेह
भयो जात है खेह बहुरी लाहा कब लैहो
बेगहिं समझु संभार नहीं बहुतै पछितैहो

सहजोबाई की रचनाओं में भक्ति के भावों की अभिव्यक्ति के लिए प्रतीकों का प्रयोग हुआ है। प्रतीक के सन्दर्भ में सन्त साहित्य ही नहीं सम्पूर्ण हिन्दी साहित्य समृद्ध रहा है। सहजोबाई ने भी भक्ति से सम्बन्धित विभिन्न प्रतीक जैसे हंस, मीन, दीपक, स्वान, हरि, निरंजन, शून्य आदि शब्दों का प्रयोग किया है। कबीर आदि की रचनाओं में भी शून्य शिखर की बात कही गयी है वैसे ही सहजोबाई भी कहती हैं—"लागे सुन्न में टकटकी, आसन पदम लगाय''।

रस की दृष्टि से भी सहजोबाई का काव्य अत्यधिक समृद्ध कहा जा सकता है। श्रृंगार, वात्सल्य, शान्त, करुण आदि रसों का प्रयोग इन्होंने अपनी रचनाओं में किया है। उषा कँवर राठौर मध्यकालीन कवयित्रियों की काव्य साधना में कहती हैं कि सहजोबाई के वियोगात्मक दोहों में सूफ़ी की मसनवी शैली का प्रभाव है। इस तरह के कई दोहे सहजोबाई में दृष्टिगत होते हैं। रस भक्ति रस इनके काव्य का मूल प्रतिपाद्य है जिसमें श्रृंगार रस विशेषरूप से वियोग श्रृंगार देखने को मिलता है। वियोग श्रृंगार में वह तन मन की सुध खो बैठती है और कहती है कि—

प्रेम दीवाने जो भये प्रीतम के रंग माहिं
सहजो सुधि बुधि सब गयी तन की सुधि नाहि

प्रेम में मतवाले होने का यह भाव जो इस रचना में मिलता है वैसा ही भाव मीरा के काव्य में भी हमें दिखाई देता है। मीरा और सहजोबाई दोनों ही प्रेम में मतवाली होकर गीत गाती हैं और अपने प्रियतम रूपी परमेश्वर को पाना चाहती हैं। भाव कि इस भाव की दृष्टि से दोनों में समानता दिखाई देती है। वैसे भाव की व्यापकता के साथ ही काव्य साधना की कसौटी पर भी सहजोबाई खरी उतरती हैं। डॉ. आलोक रस्तोगी (हिन्दी साहित्य का इतिहास, पृष्ठ 223) का मानना है कि इनकी भाषा ब्रजभाषा है जबकि उषा कँवर राठौर अपनी पुस्तक मध्यकालीन कवयित्रियों की काव्य साधना (पृष्ठ 200) में इनकी भाषा को राजस्थानी माना है।

मिश्र बन्धु और डॉ. रामप्रसाद मिश्र ने इनकी भाषा को मिश्रित भाषा माना है। कबीर की दृष्टि से अगर कहें तो पंचमेल खिचड़ी भाषा है। डॉ. रामप्रसाद मिश्र अपनी पुस्तक हिन्दी की कवयित्रियाँ (पृष्ठ 32) में कहते हैं— "इनकी मिश्रित भाषा में ब्रज, राजस्थानी, खड़ी बोली के अस्तित्व, युग भाषा, जन्म भाषा एवं जीवन भाषा के सूचक हैं।"

इसको अगर हम दूसरे रूप में कहें तो सहजोबाई की भाषा में व्यापकता और रचना निपुणता थी जो किसी भी बड़े रचनाकार से टक्कर ले सकती है पर इतिहासकारों में इन्हें वाणी का डिक्टेटर नहीं दिखा है। रचना की परिपक्वता के बावजूद किसी भी हिन्दी साहित्य के इतिहास ग्रन्थ में इनका उल्लेख हमें प्राप्त नहीं होता है। कहीं-कहीं पर छुटपुट रूप में इनका नाम उल्लेख मिल जाता है पर इनका वैशिष्ट्य नहीं दिखाई देता है। जबकि सहजोबाई को भाव एवं भाषा के आधार पर ही उत्कृष्ट रचनाकार

नहीं सिद्ध किया जा सकता बल्कि उनकी रचनाओं में ज्ञान का भण्डार भी है। भले ही वह ज्ञान जनश्रुति के आधार पर ही क्यों ना हो पर यह आधार तो कबीर और तुलसीदास का भी है फिर सहजोबाई के साथ इतना पक्षपात क्यों?

सहजोबाई ने जम्बू द्वीप पुष्कर द्वीप (उत्तरी अमेरिका), कौंच द्वीप (अफ्रीका) शाल्मली द्वीप (ऑस्ट्रेलिया) आदि का वर्णन अपनी रचनाओं में किया है जिससे इनके भौगोलिक ज्ञान का भी पता चलता है।

विभिन्न राग-रागिनियों का भी सहजोबाई को ज्ञान था। उनके राग बिलावल, राग आसावरी, राग परज आदि रागिनी पद बड़े प्रसिद्ध हुए हैं। राग परज का एक उदाहरण देखा जा सकता है—

तेरी गति किनहूँ न जानी हो
ब्रह्मा सेस महेसुर थाके चारों बानी हो
बाद करते सब मत थाके बुद्धि थकानी हो
विद्या पढ़ी-पढ़ी पंडित थाके ब्रह्मगियानी हो
सबके परे जुअन मम हारी थाह न आनी हो

पोथियों और पंडितों का विरोध कबीर को लोक कवि बनाता है पर उसी भाव की अभिव्यक्ति करने वाली सहजोबाई जैसी रचनाकार स्त्री होने के कारण इतिहास में कहीं गुम हो गयी। अब विभिन्न शोधों और लोगों के प्रयास से उनकी रचनाएँ हिन्दी के श्रेष्ठ कवियों के समान उत्कृष्ट सिद्ध हो रही हैं पर अब भी इतिहास ग्रन्थों में इनका नाम लुप्त ही है। मेरा छोटा-सा यह प्रयास है कि इन जैसी अनेक रचनाकारों को हिन्दी साहित्य के इतिहास में स्थान प्राप्त हो।

बहिणाबाई

बहिणाबाई के जन्म और मृत्यु के सन्दर्भ में कोई प्रामाणिक जानकारी प्राप्त नहीं है। अनुमान लगाया जाता है कि इनका समय सन् 1628 से 1780 ई. माना जाता है। इन्होंने 400 अभंगो की रचना की है। ऐसा माना जाता है कि इन्होंने अपनी आत्मकथा भी लिखी है। अगर वह सम्पूर्ण रूप में प्राप्त हो जाये तो यह पहली आत्मकथा होगी। इन्होंने हिन्दी में गौलण (ग्वालिन) नाम से रचना की है। बहिणाबाई के काव्य का मूल स्वर भक्ति रहा है। भक्ति के कारण ही बाह्याडम्बर का विरोध तथा सत्कर्म का पक्ष इनकी रचनाओं में दिखाई देता है। कर्म ही मनुष्य के जीवन का सत्य है और वह कहती हैं—

जिस आस सिर मुंडे जिस आस मूच्छ खंडे
जिस आस होते रंडे जल में बसतु है

बहिणाबाई की रचनाओं में सगुण और निर्गुण दोनों भाव की भक्ति मिलती है। वास्तव में बहिणाबाई के लिए सगुण या निर्गुण का भेद नहीं है। उनके लिए भक्ति की भावना भी महत्त्वपूर्ण है। कृष्ण के जन्म पर वह कहती हैं—

ब्रज नर नारी मंगल गावत चिर लुटावे भार
गौ धरते और सुन्ना दान करत है बार ही बार

लोकजीवन से जुड़ाव स्त्री रचनाकारों का पुरुष रचनाकारों से अधिक रहा है। इसके लिए हम सन्त साहित्य से सम्बन्धित जितनी स्त्री रचनाकार हैं उनकी रचनाओं को देख सकते हैं। लोक तत्त्व से जुड़ाव के कारण ही बहिणाबाई की रचनाओं में लोकोक्ति और मुहावरों का प्रयोग व्यापक तौर पर हुआ है उदाहरणार्थ—

"जैसा करना वैसा भरना संचित ये ही प्रमान" अथवा 'दो दिन की दुनिया रे बाबा दो दिन की दुनिया' मुहावरों में इनकी सहजता विद्यमान रहती है। मुहावरे इनके काव्य में इस प्रकार पिरोए गये हैं कि वह उसी का हिस्सा लगते हैं अलग से रचनाओं में जोड़े नहीं गये हैं।

जीवन में व्याप्त तीज त्योहारों का वर्णन इनकी रचनाओं में सबसे ज़्यादा आया है। यह तथ्य इनके लोक पक्ष को उजागर करता है। होली और दीपावली सन्त कवयित्रियों के प्रिय विषय रहे हैं, बहिणाबाई भी उनमें से एक हैं। होली पर वह लिखती हैं—

अबीर गुलाल सबके माथा हार सुवास पिनाए

कृष्ण जन्मोत्सव भारतीय समाज में त्योहार के रूप में प्रचलित है। कृष्ण के जन्म पर उनका एक पद प्राप्त होता है जिसमें यशोदा के पेट से जन्म लेने की बात बहिणाबाई ने कही है जो अटपटी लगती है, क्योंकि कृष्ण के सन्दर्भ में अब तक यही प्रचलित रहा है कि यशोदा ने उनका पालन पोषण किया है। उनकी माता का नाम देवकी था। जहाँ तक मेरा विचार है बहिणाबाई को देवकी के सन्दर्भ में पता अवश्य रहा होगा पर प्रसंगवश और लोक प्रचलित संस्कृतियों के कारण यशोदा को माँ मानने के कारण यह पद सृजित किया गया है। वैसे इस तथ्य से इनकार नहीं किया जा सकता है कि यशोदा कृष्ण की माँ थीं गर्भधारण एक अलग विषय है। बहिणाबाई का यह पद द्रष्टव्य है—

सब ब्रज नारी सुनो हरि जन्मो जसोदा पेट
नारी आरती कर ले गावत नाम संग में लागा छेद
हलदिर तेल लिये कर माहे मिलने चले गोविन्द

हल्दी और तेल का छिड़कना लोक जीवन में शिशु जन्म से जुड़ी एक प्रथा है जिसका वर्णन बहिणाबाई ने किया है। लोक तत्त्व की भूमिका बहिणाबाई में अधिक देखी जा सकती है। लोक से प्रचलित अनेक रीतिरिवाज़ बहिणाबाई की रचनाओं में देखने को मिलते हैं। समाज और संस्कृति का जुड़ाव इनकी रचनाओं में प्रमुखता से देखा जाता है।

बहिणाबाई की रचनाओं में ईश्वर की भक्ति में जप, दान आदि कर्मकांड की उपेक्षा की गयी है। वह कहती हैं—

जय कृष्ण कृपाल भयो जी नहीं किये जप तप दान
जै गृही ब्रह्मण पूजन किया भूमि नहीं गोदान

एक अन्य पद में बहिणाबाई तीर्थ यात्राओं आदि कर्मकांड पर प्रहार करती हैं और कहती हैं—"रसि नहीं देवन पूजो भाव, तीरथ यात्रा कच्छु नहीं जोड़ी।"

तत्कालीन समाज में ब्राह्मणों का कर्मकांड ज़्यादा फैला था। कबीर आदि की तरह बहिणाबाई भी ब्राह्मणों पर प्रहार करती हैं, पर उनकी भाषा में सरलता है और व्यंग का अभाव है। इस विषय पर वह भाव से तो कबीर के अनुरूप हैं पर प्रस्तुतीकरण में उनसे भिन्न हैं। बड़ी सहजता से वह कहती हैं—

धोती न पोथी जात न कूल सहजी सहजी भेक पाया
अवभवी पत्री सिद्ध की खादी, उन नो ध्यान लगाया

इस प्रकार के पदों के अतिरिक्त बहिणाबाई के अधिकांश पद ऐसे हैं जो कृष्ण उपासना के प्रतीक हैं। अन्य सन्त रचनाकारों की भाँति निर्गुण रूप में राम और कृष्ण का नाम यहाँ देखने को नहीं मिलता है। कुछ पद अवश्य ऐसे हैं जिनमें कहीं-कहीं नाम आया है इनके कुछ पद तो सन्त परम्परा के दिखते हैं और कुछ पद कृष्ण काव्य के हैं। जैसे—

यमुना के तट धेनु चरावत गावत है गोपाल री
गीत प्रबन्ध हास्य विनोद नाचत है श्री हरि

भक्त कवियों ने माया मोह आदि की सदैव निन्दा की है। बहिणाबाई भी यही मानती हैं कि माया मोह उस परमात्मा से दूर रखता है। वह कहती हैं—"साहेब तेरा

जिकीर करते माया पर्दा हुवा दूर''। माया रूपी पर्दा उस परमात्मा का ज़िक्र आते ही दूर हो जाता है। रूपक अलंकार में कही गयी बहिणाबाई कि यह उक्ति आज भी उतनी ही प्रासंगिक है।

अल्लाह की वन्दना एक तरफ़ और दूसरी तरफ़ राम का गुणगान बहिणाबाई साथ-साथ करती हैं। "रावण मार के विभीषण लंका यह पायी राज्य कमाई राक्षस कू अमराई दियो ये वैसे राम नवाई'' भाव की विविधता यह बताती है कि बहिणाबाई में धर्म की संकीर्णता विचारधारा से परे है। इनके लिए भक्ति प्रमुख है धर्म या विचारधारा नहीं। सिर्फ़ धर्म ही नहीं नर-नारी का भेद भी इनकी रचनाओं में नहीं दिखाई देता है। बहिणाबाई का मानना है—"छन्द प्रबन्ध सुनावत नारी / देह भाव नहीं जाने''। ऐसे उत्कृष्ट पदों की रचयिता का हिन्दी साहित्य के इतिहास में नाम न होना अन्याय नहीं तो और क्या है? बहिणाबाई का नाम किसी भी हिन्दी साहित्य के इतिहास में हमें नहीं दिखाई देता है। सिर्फ़ भावों के आधार पर ही नहीं भाषा के आधार पर भी बहिणाबाई में बहुत विशेषताएँ हैं। बहिणाबाई की भाषा में चित्र विधान शैली की बड़ी अद्भुत छटा बिखरी पड़ी है। कृष्ण के सौन्दर्य वर्णन में सूरदास की भाँति उनके शरीर का पूर्ण विवरण देखते ही बनता है। आप भी देखिए—

मैं चेरी देखत मय
नन्दलाल कांसे पीत बसन है झलाल
कानों गें कुंडल देती है ढाल
सिर पर मोर पिखा मोर दिखा नन्दलाल

ईश्वर के वियोग में वन-वन घूमने का चित्रण कई भक्त कवियों ने किया है। ईश्वर का वियोग असह्य है। बहिणाबाई ने भक्ति में संयोग और वियोग के चित्र खींचे हैं। बहिणाबाई का श्रृंगार वर्णन अद्भुत है। श्रृंगार के क्षेत्र में उन्होंने जो चित्र खींचे हैं वह बड़ी सरल भाषा में हैं और मधुर शब्दों का प्रयोग हुआ है। इनकी मधुरता और सहजता ही इनकी विशेषता है जैसे—

बनधारी और निरपानी है पत्र लिखावट जान
नंगेहि पाव नंगा देह ही बन बन धुढंत रान
परबतयाँ है जोगी होकर छोड़ दिये संसार
धूमर पाने पंचाग्नि साधन बैठे जल की धार

बहिणाबाई के काव्य में भक्ति रस का ही चित्रण किया गया है। भावों की विविधता बहिणाबाई में बहुत देखने को मिलती है। कहीं-कहीं वह निर्गुण ब्रह्म की

उपासना करती हैं तो कहीं कृष्ण भक्ति।

बहिणाबाई के पदों को देखकर यह अहसास होता है कि इनकी भाषा साधारण बोलचाल और लोकजीवन के निकट रही है। भाषा को अलंकृत करने का प्रयास उन्होंने नहीं किया है। इनकी भाषा में संस्कृत (अर्चन, सिद्धि), तद्भव (काज), देशज (लरके), विदेशी (साहब, चाकरी) जैसे शब्दों का प्रयोग उस समय के अनुरूप है। कबीर की भाषा में भी इसी तरह की विशेषता दिखती है। कहीं-कहीं कुछ ऐसे शब्द भी बहिणाबाई ने प्रयुक्त किये हैं जो पद में बड़े अजीब लगते हैं जैसे—"कहत है शाम (श्याम) तुमारो दरशन वांछित रात-दिन सारी"।

जीवन की नश्वरता को बहिणाबाई बड़ी सहजता से कहती हैं। कबीर और दयाबाई जैसी ओजपूर्ण भाषा का प्रयोग बहिणाबाई नहीं करती हैं। वह बहुत ही सहज भाषा में कहती हैं—"काहे डरावत मोहे बाबा, उपजे सो मर जाये भाई"।

अलंकार बहिणाबाई के काव्य में सायास प्रयुक्त नहीं हुए इनमें भी सहजता ही है। वह कहती है—"कुमकुम केसर चन्दन चुब्बा चन्दन, फूल गुलाब की शोभा"। अलंकारों में इन्होंने उपमा, रूपक, विप्सा, अनुप्रास आदि अलंकारों का प्रयोग किया है। अलंकार का एक उदाहरण द्रष्टव्य है—

ये गोविन्द प्राप्त भयो कहा काज
व्रत नहीं जानत तप नहीं जानत कारागार में विराज

बहिणाबाई के काव्य में अलंकारों का प्रयोग बहुत कम हुआ है। इनकी अधिकांश रचनाएँ अभंग में सृजित की गयी हैं। उदाहरण के तौर पर हम एक पद देख सकते हैं—

काहे डरावत मोहे बाबा, उपजे सो मर जाई भाई
मरन धरन सा कोई बाबा, जनम मरण में दोनों भाई
मोकाले तन के साथ, मोतीपुर ही आप ही मरेंगे

गवरी बाई

गवरी बाई का जन्म सन् 1758 ई. रामनवमी को माना जाता है। इनके परिचय की कोई प्रामाणिक जानकारी उपलब्ध नहीं है। जनश्रुतियों में इन्हें बांगड़ की मीरा कहा जाता है और राजस्थान में उनका मन्दिर भी स्थापित है। गवरी बाई उन रचनाकारों में हैं जिन्होंने सामाजिक आदर्श मान्यताओं आदि पर विचार करके बाह्याडम्बर रूढ़ियों और अन्धविश्वासों का खुलकर विरोध किया है। यह विरोध हिन्दी के सन्त साहित्य की मूल पहचान है और गवरी बाई की ख्याति भी एक सन्त की है। अहमदाबाद से श्रीमस्त जी के सम्पादन में गवरी कीर्तन माला का प्रकाशन हुआ है।

इनकी कीर्तन माला पुस्तक का प्रारम्भ वैसे ही है जैसे तुलसीदास का रामचरितमानस। इस पुस्तक में सर्वप्रथम गणेश वन्दना है जिसमें वह गणेश जी की पूजा करते हुए कहती हैं— "प्रथम गणपतने गाउं सुमरे सदा सुख पाउं।" इसके बाद गवरी बाई ने शिव और सरस्वती की वन्दना की है—

रसानाए सीव ले आउं, सुजनी शंकर ने कहे जो
कवि जनने चरणे में लागूं सरस्वती पास वाणी माँगू

काव्य सृजन की यह पद्धति साँस्कृतिक मूल्यों का उद्घाटन करती है। साँस्कृतिक मूल्य के सन्दर्भ में गवरी बाई अन्य रचनाकारों से भिन्न है और सुदृढ़ भी हैं। ईश्वर की उपासना के साथ वह गुरु का महत्त्व भी नहीं भूलती हैं। वह गुरु को ईश्वर की भाँति वन्दनीय मानती हैं जो सन्त साहित्य में कबीर, दयाबाई, सहजोबाई आदि की रचनाओं में हमें देखने को मिलता है। वह कहती हैं—

गवरी गुरु परमात्मा वंदु शीश नमाय

धर्म के सभी कर्मकांड को त्याग करके कीर्तन पर बल सन्त साहित्य में हमें देखने को मिलता है। गवरी बाई भी कीर्तन के महत्त्व पर बल देती हैं। वह कहती हैं—

जप तप संयम मन पवन जोत अड़सठ तीरथ न्हावे रे
जोगी जती तपसी सन्यासी भजन बिन मेख लजावे रे

(गवरी माला, पृष्ठ 235)

व्यंग शैली गवरी बाई के काव्य का मुख्य वैशिष्ट्य है। गवरी बाई ने पंडितों के बाह्याचार पर अनेक व्यंग पद लिखे हैं। इनके व्यंग कबीर की भाँति मारक हैं। कबीर की शैली की झलक इनके व्यंग में देखने को मिलती है। अपने भीतर की निर्मलता ही ईश्वर को प्राप्त करने का आधार है यह इन्होंने सर्वत्र वर्णित किया है। इनकी रचनाओं का मूल भी यही रहा है। वह कहती हैं—

यह जन छापा तिलक धर से, तेने यम कहा कर से
जेने राम सुं लाग्यो रंग तेने कहा नहाये गंग

कवयित्री सत्य ही तो कहती हैं कि जिस पर उस ईश्वर का रंग लग जाये फिर कोई तिलक कहाँ काम आता है।

अपने को संयमित रखने वाला ही सन्त होता है और जो विषयी है, कामी है उसे ईश्वर कहाँ मिलते हैं। यह सत्य सभी जानते हैं और प्राचीन काल से ही हम इसे सुनते चलते आ रहे हैं। चाहे हमारे वेद आदि ग्रन्थ रहे हों चाहे हिन्दी साहित्य के

इतिहास का सन्त साहित्य, सिद्ध, नाथ, जैन साहित्य आदि रहा हो सब में संयम को ही ऊपर बताया गया है और काम क्रोध को त्यागने की बात कही गयी है। गवरी बाई भी कहती हैं—

काम क्रोध तेरे हैं बैरी, दूसरे बैरी न देखणा
रात दिवस ते उनसे लड़णा मोह मच्छर पर हरणा
जो तुं विषय के रस कूं रांचे तो, लक्ष चोरासी में पडणा
गवरी कहे हरि नाम भजन ते भवसागर कूं तराणा

यहाँ भक्ति के माध्यम से गवरी बाई ने व्यक्ति को, व्यक्ति की चेतना को भी परिष्कृत करने का प्रयास किया है। काम, क्रोध आदि वैयक्तिक, आध्यात्मिक, सामाजिक और व्यक्तिगत तीनों स्तर के लिए हानिकारक है। काम क्रोध में उलझा व्यक्ति सदैव भटकता रहता है उसे शान्ति कहीं नहीं मिलती है। वह कहती हैं—"लख चोरासी भटकट मानव दे छे मल्या रे।"

गवरी बाई की रचनाओं में उपदेशात्मक भक्ति का पुट मिलता है। वह मनुष्य को बार-बार सचेत करती हैं और कहती हैं—

फकीरी कठणा होये मन्द करो कोई ये यारो
भेख धरी के भरमें भुलाना भेद न पावे कोये

इन पंक्तियों को यदि वर्तमान सन्दर्भ में देखें तो इसकी प्रासंगिकता आज भी बरकरार है। परन्तु अपनी प्रासंगिकता के बावजूद भी गवरी बाई का उल्लेख हिन्दी साहित्य के इतिहास ग्रन्थों में नहीं मिलता है। स्त्री रचनाकार होने का ख़मियाज़ा उन्हें भोगना पड़ा है। अपनी प्रासंगिकता के साथ ही उनके काव्य की उत्कृष्टता भी गवरी बाई की ओर ध्यान आकर्षित करती है। इस आधुनिक युग में भेष बदलकर घूमने वाले नकली साधु सन्तों की भरमार है जिनसे सचेत रहने की आवश्यकता है। स्त्रियों को सचेत करते-करते कभी-कभी गवरी बाई की भाषा असहज हो जाती है, पर कुछ शब्दों के प्रयोग से भावाभिव्यक्ति पर प्रश्न नहीं किया जा सकता है। वह कहती हैं—

सोना रूपा वस्त्र सोहावतां, चन्दन अंगे लगाई
देह के गर्भ में गधी होयगी, राम भजो रे भाई

आज स्त्री विमर्श के बड़े-बड़े नारों में गवरी बाई की यह पंक्तियाँ शायद फिट न बैठें परन्तु उस समाज में उस समय में जब शिक्षा नहीं थी ख़ासतौर पर स्त्री के लिए और स्त्री को अधिकार नहीं था तब मीराबाई की भाँति प्रखर स्वर में गवरी बाई ने प्रथाओं पर कुठाराघात किया है और कहती हैं

गवरी दिया पर्दा कूं त्याग
ग्यान गुलाल खेलते हैं फाग

ज्ञान रूपी गुलाल से सब बन्धनों को त्याग कर फाग खेलना अपने आप में अद्भुत है। यहाँ पर्दा प्रथा की बात तो है ही साथ में लोक में प्रचलित तीज त्योहारों की ओर भी इशारा है। यहाँ कहना अतिशयोक्ति न होगा कि गवरी बाई का साँस्कृतिक पक्ष अन्य कवियों की अपेक्षा ज़्यादा सुदृढ़ है। इतनी बोल्डनेस के साथ अपनी बात को कहना तत्कालीन समाज में अपना एक अलग महत्त्व रखता है। गवरी बाई के यहाँ वही आकांक्षित समाज है जहाँ सूरदास भी प्रेम के लिए गोपियों को स्वतन्त्र विचरण करने देते हैं, कृष्ण के प्रेम में मतवाला होने देते हैं। अगर सूर ने तत्कालीन समाज में गोपियों के माध्यम से स्त्री स्वातन्त्र का आदर्श खड़ा किया है तो गवरी बाई जैसी रचनाकार ने भी किया है। परन्तु सूर तो हिन्दी सहित्य के इतिहास ग्रन्थों में अमर हो गये पर उन्हीं इतिहास ग्रन्थों में गवरी बाई के लिए कुछ पंक्तियाँ भी हाथ न लगीं। स्त्री रचनाकारों के प्रति यह पक्षपात मन को बेध जाता है। गवरी बाई की रचनाएँ अपना नाम इतिहास ग्रन्थों में लिखाने को आज भी प्रयासरत हैं।

गवरी बाई ने एक तरफ़ निर्गुण उपासना की है तो दूसरी तरफ़ सगुण उपासना के तत्त्व भी उनमें पाये जाते हैं। यह विशेषता हम सिर्फ़ गवरी बाई में ही नहीं बल्कि बहिणाबाई जैसी रचनाकारों में भी पाते हैं। वास्तव में बहिणाबाई की ही तरह गवरी बाई के लिए भी ईश्वर की उपासना सर्व प्रमुख है उसको प्राप्त करने का साधन चाहे सगुण हो या निर्गुण। मोह, माया, कामुकता आदि के सन्दर्भ में गवरी बाई कबीर की भाँति फटकारती नज़र आती हैं। उनकी भाषा में कबीर की भाँति पैनापन दिखाई देता है। वह कहती हैं—"कामी कुता कारणे कीजे तन सिणगार / राम नाम जाण्या बिनां, जा सौ नरका द्वार।" गवरी बाई में सिर्फ़ कबीर की ही विशेषताएँ नहीं दिखती हैं बल्कि सूरदास की तरह कृष्ण के जन्मोत्सव का मनोहारी चित्र भी प्रस्तुत करती हैं। वह कहती हैं—

जो नन्दजू के द्वार भाई हरख बधाई रे, फूली जसोदा रानी फूले जो नन्द जानी
फूले सब गोप गोपी आनन्द सुख पायी रे, ब्रज में करें बिहार कुँवर कनाई रे
मोतियन का चौक पुरावे बन्दी जन द्वारे गावे, ढोल ददामा सरनाई बाजां बहु बजाई रे
श्री कृष्ण चन्द्र मुकुंद प्रगट्या पूर्णानन्द, सुन्दर नन्द जु को नन्द गवरी लाई रे

कृष्ण जन्मोत्सव के अतिरिक्त तुलसीदास की तरह गवरी बाई राम के जन्मोत्सव का भी बड़ा सुन्दर और मनमोहक दृश्य वर्णित करती हैं। वह कहती हैं—

राजा दशरथ घेर आनन्द भयो री आजे प्रगटये पूरन ब्रह्म
शिव ब्रह्मादिक और सनकादिक कोहु न जानत मरम

(गवरी कीर्तन माला, पृष्ठ 13, सम्पादक श्रीमस्त)

गवरी बाई की इन रचनाओं का भक्ति साहित्य में तो अनोखा स्थान है ही साथ ही साँस्कृतिक दृष्टि से भी अत्यधिक महत्त्व है। जन्म पर उल्लास और उत्सव मनाना बधाई गीत को गाना और संगीतमय आयोजन हमारी प्राचीन साँस्कृतिक धरोहर है जिसका वर्णन हम इन पंक्तियों में पढ़ रहे हैं। संस्कृति के निकट होने और पारिवारिक मूल्य की बातें गवरी की रचनाओं में बख़ूबी आयी है जिससे उनका समाज से जुड़ाव पता चलता है। समाज से जुड़ी हुई रचना ही उन्होंने लिखी है। काल्पनिक रचनाओं का अभाव है। गवरीबाई की रचनाओं में प्रतीक का अद्‌भुत प्रयोग किया गया है जो प्राचीन परम्परा से चलते आ रहे हैं जैसे हंस को हमारे यहाँ आत्मा का प्रतीक माना गया है। इस पारम्परिक प्रतीक को लेकर वह कहती हैं—"हंस जब उड़ के चले पिंजरा दिया जलाई।" कबीर के यहाँ भी हंस और पिंजरे का प्रतीक कई स्थलों पर वर्णित दिखाई देता है। वैसे भक्ति साहित्य में आत्मा और परमात्मा को प्रदर्शित करने के लिए अनेक प्रतीकों का प्रयोग किया गया है जो गवरी बाई में भी दिखाई देता है। गवरी बाई ने भी प्रतीक के रूप में ही इन बातों को कहा है।

प्रतीक के साथ ही गवरी बाई ने लोक प्रचलित कथानक को भी अपनी रचनाओं का आधार बनाया है जो उनके साँस्कृतिक पक्ष का एक तत्त्व है। लोक से जुड़ाव के जिस कारण से हज़ारीप्रसाद द्विवेदी को कबीर तुलसी से भी श्रेष्ठ लगते हैं उसी लोक तत्त्व से जुड़ाव रखते हुए गवरी बाई अपनी रचनाओं को परिपक्व अभिव्यक्ति देती हैं। परन्तु गवरी बाई को कोई भी हज़ारी प्रसाद द्विवेदी नहीं मिला जो उन्हें भक्त कवियों की श्रेणी में लाकर के आलोचकीय ईमानदारी को स्थापित करता। गवरी बाई का नाम हिन्दी साहित्य के इतिहास में विलुप्त होने का कारण शायद स्त्री होना ही है, नहीं तो उनकी रचनाएँ कबीर, सूर, तुलसी की भाँति श्रेष्ठ और परिपक्व हैं। अभी हमने लोक की बात की है तो नरसिंह अवतार का प्रचलित लोक कथानक गवरी बाई के शब्दों में देखिए—

भक्त हेते प्रगटया देव मोरार
प्रहलाद कुं प्रभु कष्ट पड़यो
जब कोप्यों हिरणाकश्यप काल
कटकटार भयों थंभ फाटे धरियो नरहरी अवतार

लोकजीवन के टोना-टोटका जैसे रूपों को गवरी बाई भक्ति में पकाकर उसका रूप ही बदल देती हैं। वह कहती हैं—"मुरली बजाई टोनों कीनो तन मन प्राण हरैया।"

गवरी बाई के रचना संसार में लोकगीतों का बहुत सुन्दर रचाव देखने को मिलता है। वसन्त ऋतु के आगमन पर लोकगीत की मधुर ध्वनि देखते ही बनती है—

बसन्त आयो चालो वृन्दावन सखी हरि खेले होरी
को नाचे को ताल बजावे को गावे भाँवर गोरी
गवरी के प्रभु नटवर नागर
चिरंजीव रहो जोरी

इन लोकगीतों के अतिरिक्त गवरी कीर्तन माला में बारहमासी वियोग वर्णन किया गया है जो अपनी अनुभूति एवं अभिव्यक्ति में बड़ा ही अनूठा है। गवरी बाई के अधिकांश पद विभिन्न राग-रागिनियों पर लिखे गये हैं। इन्होंने आरती, भैरव, मल्हार, ललित, सारंग, हिंडोला, आदि रागों से अपने पदों को संगीतमय किया है। इससे यही आशा की जाती है कि इन्हें संगीत का बड़ा अच्छा ज्ञान था। राग भैरव में रचा यह गीत सुनकर मन मुग्ध हो जाता है—

मेरे तो भरोसो हरि तेरे नाम को रे
निस दिना ध्यान धरूँ सीताराम को रे

भाषा के दृष्टिकोण से अगर हम गवरी बाई का मूल्यांकन करें तो इनकी भाषा पंचमेल खिचड़ी कही जा सकती है। शिक्षित न होने पर भी इन्होंने कबीर की तरह विभिन्न शब्दों का प्रयोग किया है। इनकी भाषा का शृंगार तत्सम (मृदंग, गर्व, स्वयं, अमृत), तद्भव (जसोदा, काज), देशज (मुरजाई) आदि शब्दों के प्रयोग से होता है। इन्होंने गुज़राती (आसो), राजस्थानी (बखाणी, पालणो) पंजाबी (बन्दे) और विदेशी भाषा के शब्द (हुजूर) आदि का भी प्रयोग किया है। गवरी बाई की भाषा राजस्थानी और ब्रज का मिश्रित रूप है।

गवरी बाई की भाषा में अलंकार अनायास ही आ गये हैं प्रयत्न के द्वारा इनका प्रयोग नहीं किया गया है। इनकी कृतियों में अनुप्रास, पुनरुक्ति प्रकाश, उपमा, रूपक, उदाहरण, विभावना, अतिशयोक्ति आदि अनेक अलंकार मिलते हैं परन्तु इन अलंकारों को देखकर के यह नहीं कहा जा सकता है कि इन्हें ज़बरदस्ती लाया गया है बल्कि भाव की अभिव्यक्ति में यह सहज रूप से ही इनकी रचनाओं में आ गये हैं। एक उदाहरण द्रष्टव्य है—"सुन्दर वदन देखी दृग फूले जैसे कमल की कली।"

गवरी बाई ने अपनी रचनाओं में हिन्दी और गुज़राती के छन्द का प्रयोग किया है। इनकी रचनाओं में दोहा, रेख्ता, लावणी, मारू, मेवाड़ी आदि छन्दों का प्रयोग मिलता है। मेवाड़ी छन्द का एक उदाहरण हम देख सकते हैं—

हरी न जोता रे हूँ हरीमय थई टली गयुं नाम रे रूप
वृत्ति वस्तुमाँ रे लै पामी थई गयुं अरूप

रस की दृष्टि से भी गवरी बाई का साहित्य वैविध्य पूर्ण है। शृंगार के दोनों पक्षों का चित्रण गवरी बाई ने अपने साहित्य में किया है। पर शृंगार रस भक्ति रस के अनुक्रम में ही आता है। लौकिक शृंगार का चित्रण गवरी बाई ने नहीं किया है। कृष्ण की बाल लीलाओं के चित्रण में वात्सल्य रस आया है जो पूर्ण परिपक्व और मधुर बन पड़ा है। सूरदास के बाद गवरी बाई में वात्सल्य रस अपने पूर्ण सौन्दर्य में दिखाई दिया है। एक उदाहरण मैं यहाँ प्रस्तुत कर रही हूँ जिसे आप पढ़िए और अपने आपसे प्रश्न कीजिए कि क्या यह सूरदास के वात्सल्य से कमतर है? अगर है तो क्यों और अगर नहीं है तो क्या सूर के समक्ष गवरी बाई का नाम इतिहास ग्रन्थकारों को अपने हिन्दी साहित्य के इतिहास में नहीं रखना चाहिए था? उदाहरण देखिए—

अब मोहे माखन दे रे मात
रीस चढ़ावे निकट न जावे कबहूँ जात खिजात
लाल लोचन बांकी भौ सोहत शोभा बरनी न जात
घुटना चले नेपूर धुन बाजत सुन्दर साम रे गात
कबहूँ तोतेरी बानी बोलत डोलत कबहु केहेवे तात
दास गवरी या सोभा निरखत निमिष न तज्यो मोहेजात

भक्ति की प्रधानता के कारण शान्त और करुण रस इनकी रचनाओं में ज़्यादा आया है। इनकी बिम्ब योजना भी बड़ी उत्कृष्ट है। पद्य में लोकोक्तियाँ और मुहावरों का प्रयोग बड़े सुन्दर तरीक़े से रचा गया है। उदाहरण देखे जा सकते हैं— "हरि सुमिरन ना किया, रे मूरख अवसर ये खोया।"

लोकोक्ति का एक उदाहरण देख सकते हैं— "बोवे बबूल के बीज तांकू अब फल कहाँ से पाव रे''

उमा

नागरी प्रचारिणी सभा के संग्रहालय में एक हस्तलिखित ग्रन्थ में उमा जी के कुछ पद मिलते हैं। इनके जन्म परिचय और रचना काल के सन्दर्भ में कुछ भी जानकारी प्राप्त

नहीं है। परन्तु इस आधार पर हिन्दी साहित्य के इतिहास से मुँह नहीं मोड़ सकते हैं। मेरा मानना है कि अगर एक भी पद किसी स्त्री रचनाकार का प्राप्त होता है तो तत्कालीन परिवेश के मद्देनज़र वह भी बहुत महत्त्वपूर्ण है क्योंकि हिन्दी साहित्य के इतिहास के पन्नों में उस स्त्री का नाम तो दर्ज होगा जिसे लोग जानते नहीं हैं और जानते हैं तो उन्होंने उल्लेख करना ज़रूरी नहीं समझा है। हो सकता है इनके और भी पद या ग्रन्थ रहे हों पर जो अब अप्राप्त हैं। इसलिए उनके सन्दर्भ में कुछ भी नहीं कहा जा सकता है। पर जो पद प्राप्त हैं उनके आधार पर उनको नज़रअन्दाज़ भी नहीं किया जा सकता है। सतगुरु का वर्णन जिस प्रकार से सन्त साहित्य के रचनाकारों ने किया है उसी प्रकार से उमा ने भी गुरु का वर्णन किया है। वह कहती हैं—

सहेल्या है भारो बहुत सुधारो, सतगुरु सैन मिलायो
राम तमारा नाम मैं को रैण दिवस तलफाय

इन पदों को देखकर डॉ. सावित्री सिन्हा का मानना है कि इनकी भाषा अपरिपक्व है तथा ग्रामीणता के कारण भावनाएँ स्पष्ट नहीं होती हैं। अगर इस दृष्टि से देखें तो कबीर के मूल पाठ में ऐसे अनेक उदाहरण मिलेंगे पर कबीर यह घोषणा करते हैं कि ''मसि कागद छुयो नहीं क़लम गह्यो नहिं हाथ'' इसलिए कुछ चीज़ों को हम अनदेखा कर देते हैं। कबीर हिन्दी के श्रेष्ठ कवियों में गिने जाते हैं इस आधार पर उमा जी को भी हम रख सकते हैं। जहाँ तक ग्रामीणता का प्रश्न है उस कारण से हम हिन्दी साहित्य के इतिहास से उमा जी का नाम नहीं हटा सकते हैं। तत्कालीन परिवेश में जब शिक्षा और स्त्री लेखन का अभाव था तब उनका लिखना ही बहुत मायने रखता है।

काव्य में अनुभूति का महत्त्व होता है जो उमा जी में है। और कबीर अपनी पंचमेल खिचड़ी भाषा में भी अपनी अलग पहचान रख सकते हैं तो उमा जी क्यों नहीं रख सकती हैं? तलफाय जैसे अरबी, फ़ारसी के शब्द कबीर की रचनाओं में अनेक स्थलों पर मिल जायेंगे और तो और तुलसीदास भी साहब जैसे शब्दों का प्रयोग करते हैं। कुछ लोगों का मानना है कि स्त्री सुलभ कोमलता के कारण योग, ज्ञान और निर्गुण ब्रह्म जैसे विषय से उमा जी तादात्म्य स्थापित नहीं कर पायी हैं और उनकी रचनाओं में फाँक सी दिखती है। स्त्री-पुरुष सम्बन्धी पदों के लिए भी उनपर आरोप लगते रहे हैं। ऐसे लोग कबीर की रचना दुल्हिन गावहु मंगलाचार अथवा हरि मेरा पिय मैं हरि की बहुरिया जैसी रचनाओं को देखकर क्या कहेंगे?

क्या कबीर में नारी सुलभ कोमलता थी जिससे यह पद कमज़ोर हो गये हैं? उत्तर बिल्कुल स्पष्ट है, नहीं। वास्तव में कबीर की पहचान ऐसी रचनाओं के कारण और सशक्त हुई है पर स्त्री होने के कारण उमा जी को आलोचना के मानदंड मिले और उपेक्षा का शिकार तो वह थीं।

कहीं-कहीं उनकी रचनाओं में मात्राओं की संख्या खटकती है पर यह गेय पद के कारण उसे सहज माना जा सकता है। तत्कालीन परिस्थिति में आज के काव्यगत मानदण्ड़ों के अनुरूप उनकी समीक्षा नहीं की जा सकती है। जो उमा इतिहास के पन्नों में गुम हो उनकी काव्य कसौटी पर चर्चा करना असंगत होगा। यह सत्य है कि अनुभूतियों की अभिव्यक्ति इनमें सूर और कबीर की भाँति थी, उनसे कमतर नहीं थी। कुछ आलोचकों को उमा जी के तमारा सहेल्या जैसे शब्द हस्तलिखित प्रति में आ जाने के कारण आश्चर्य का विषय बन गया पर वह आश्चर्य का विषय नहीं है। तत्कालीन परिवेश में इस तरह के शब्दों का प्रयोग सहज मानना चाहिए। जब यह ज्ञात नहीं कि हस्तलिखित प्रति किसकी है तब तक कुछ भी कहना व्यर्थ है। मौखिक परम्परा में भी यह पद हो सकते हैं और अनुराग वश किसी शिष्य द्वारा लिपिबद्ध भी किये जा सकते हैं। योग, ज्ञान, पंचतत्त्व की बातें रूपक में कितनी कुशलता से कवयित्री ने रखी हैं यह द्रष्टव्य है—

ऐसे खेले फाग राम राम, सूरत सुहागण सम्मुख आय
पंच तत को बन्यों है बाग, जामे सामन्त सहेली रमत फाग
जहाँ सब जनन को बन्यों है, ज्ञान गुलाल लियो हाथ

ज्ञान रूपी गुलाल से पंचतत्त्व रूपी बाग में राम के साथ कौन यह फाग नहीं खेलना चाहेगा। ईश्वर के साथ फाग खेलने का चित्रण उमा में ही नहीं अपितु कबीर, सूरदास और कहीं-कहीं तुलसी में भी मिलता है। इसके साथ ही सिद्ध नाथ आदि रचनाओं में इस तरह की भावाभिव्यक्ति हमें देखने को मिलती है। सूरदास के काव्य में फाग जीवन उल्लास का प्रतीक माना जाता है और उमा जी ने इसी उल्लास को निर्गुण ब्रह्म से जोड़ दिया है। फिर भी अपनी मौलिकता और अपनी अर्ज़ी देते हुए वह मन की पवित्रता और शुद्धता पर बल देती हैं।

मुक्ताबाई

सूर्य नगरी प्रकाशन (जोधपुर) से प्रकाशित सन्तों एवं भक्तों का जीवन चरित्र—सम्पादक विक्रम सिंह राठौर में मुक्ताबाई के अनेक पद मुझे प्राप्त हुए हैं। मिश्र

बन्धुओं ने अपने ग्रन्थ में इनका ज़िक्र किया है पर परिचय इनका नहीं दिया है। अपने बारे में वह स्वयं कहती हैं—

दिखण देस पूवौ सातारौ, आलंदी इक नगर नियारौ
जहाँ मुगता लिया अवतार, भाई तीन जिणा को लारा

(सन्तों एवं भक्तों का जीवन चरित्र सं. विक्रम सिंह राठौर, पृ. 243)

लाइव हिन्दुस्तान टीम के एक लेख में इन्हे सन्त ज्ञानेश्वर की बहन बताया गया है और इनके गुरु ज्ञान देव हैं। इनकी पालक रुकमणी देवी रही हैं। मुक्त विचारों वाली मुक्ताबाई को अद्वैतानुभव प्राप्त था और उन्हें योग की अच्छी जानकारी थी। विकासपीडिया में इनके दो अन्य भाइयों के नाम सन्त निवृत्तीनाथ और सन्त सोपानदेव बताये गये हैं। इनका जन्म आपे गाँव महाराष्ट्र में 1279 और मृत्यु मेहुल में 1297 में हुआ है। इनके सम्बन्ध में यह जनश्रुति है कि इन्होंने समाधि ली थी। सन्त मुक्ताबाई के 42 अभंग पद प्राप्त होते हैं जिनका दावा किया जाता है। मध्ययुगीन चरित्र कोष (सिद्धेश्वर शास्त्री) में मुक्ताबाई कल्याण पत्रिका, हरिपथ ताटीचे अभंग का उल्लेख किया गया है।

इनका सम्बन्ध वारकरी सम्प्रदाय से माना जाता है। प्रतिलिपि ऐप में मुक्ताबाई के सन्दर्भ में बताया गया है कि विसोबा चाटी को इन्होंने शिक्षा दी थी जो विसोबा खेचर के नाम से प्रसिद्ध हुए। प्रसिद्ध नामदेव विसोबा खेचर के शिष्य रहे हैं। डॉ. सावित्री सिन्हा ने इनके दो पदों का उल्लेख मध्यकालीन हिन्दी कवयित्रियाँ में किया है।

मुक्ताबाई और कबीर में कई समानताएँ हैं। जैसे कबीर ने कहा है कि घर को त्याग करके सन्यासी बनने का कोई लाभ नहीं है, यही विचारधारा मुक्ताबाई की भी रही है। सन्त साहित्य की भाँति बाह्याडम्बरों का विरोध, गुरु का महत्त्व इनका प्रिय विषय रहा है। जैसे काशी की मान्यता तोड़ने के लिए कबीरदास मृत्यु के लिए मगहर चले जाते हैं वैसे ही मुक्ताबाई काशी में सिर मुँडवाने को व्यर्थ और आडम्बर बताते हुए सच्ची भक्ति को महत्त्वपूर्ण बताती हैं और कहती हैं—

प्रतम पिता है तो संन्यासी गहै आश्रम सूं भयौ उदासी
कासी जायर मुंड मुंडायौ, बरस पाँच पीछे नहीं आयौ

जनश्रुतियों के आधार पर यह पता चलता है कि स्त्री और मुक्त विचारों का होने के कारण सामाजिक कठिनाइयाँ मुक्ताबाई को झेलनी पड़ीं, ख़ासतौर पर ब्राह्मण

वर्ग से। मुक्ताबाई निर्गुण भक्ति अपनाने पर उनके गाँव के सभी ब्राह्मणों ने उनका बहिष्कार कर दिया था। ब्राह्मणों पर वह सीधा प्रहार करती हैं। और कहती हैं—

पकड़ो धर्म जिनेऊ देवां अब थानै ब्रांमण कर लेवां
मुगता कहै सुण रै भाई, ब्रामण तौं बहौता जग माई
राम भगत विरला संसारू, सो है मेरे प्राण अधारु
भगत धरम धर्म सिर टीका, भगत बिना सबही धर्म फीका

(सन्तों एवं भक्तों का जीवन चरित्र सं. विक्रम सिंह राठौर, पृ. 245)

अहंकार का त्याग सन्त काव्य परम्परा की नींव रही है। कबीर कहते हैं जब मैं था तब हरि नहीं अब हरि है मैं नाहीं। इसी प्रकार मुक्ताबाई ने भी माना है कि अहंकारी व्यक्ति परमात्मा को भूल जाता है और माया मोह के सागर में पड़ा रहता है। इसीलिए जब तक वह उसका रहता है तब तक उसे ईश्वर की प्राप्ति नहीं होती है। मुक्ताबाई कहती हैं—

सिधाई में साहिब भूला
सिध केता भवसागर झूला

भक्ति में बाह्याडम्बर नहीं प्रेम का स्थान है। जहाँ प्रेम नहीं है वहाँ वेद पुराण कितना भी पढ़ लिया जाये वह व्यर्थ है। कबीर भी कहते हैं ढाई आखर प्रेम का पढ़े सो पंडित होय। इसी भाव की अभिव्यक्ति हम मुक्ताबाई में भी पाते हैं। वह कहती हैं—

वेद पाठ कीना पुन दाना, भगत बिना नप्र पिछताना

इस भक्ति की प्राप्ति सद्गुरु के सानिध्य में हो सकती है। गुरु का महत्त्व सनातन काल से चला आ रहा है। गुरु के लिए मुक्ताबाई भी सदैव ऋणी रही हैं। गुरु ही उनके जीवन का आधार है। गुरु की महिमा का वर्णन करते हुए वह कहती हैं—

शबद उजाला सतगुरु सुजै भरम अंदेशा कहा जाय बूझे

हमारी संस्कृति के प्रचलित तत्त्व भी मुक्ताबाई की रचनाओं में दिखाई देते हैं जैसे चौरासी लाख योनियों की अवधारणा के सम्बन्ध में वह कहती हैं कि—

भगत बिना चौरासी डारयो नर देही जाहि तै हारयौ

मुक्ताबाई ने मुख्य दोहा, चौपाई, सवैया और छप्पय छन्द का प्रयोग किया है। मुक्ताबाई की भाषा बहुत ही सहज व सरल रही है। कबीर की तरह ओजपूर्ण भाषा

का प्रयोग उन्होंने नहीं किया है। शिक्षित न होने के बावजूद संस्कृत के तत्सम शब्द (अर्थ, अष्ट, ब्रह्म), तद्भव (साँप), विदेशी (हुकुम) आदि शब्द इनकी रचनाओं में मिलते हैं। अलग-अलग स्थानों में भ्रमण करने के कारण राजस्थानी (सिमरण, जिया), अवधी (पठायो), पंजाबी (विच) आदि शब्दों का प्रयोग भी इनकी रचनाओं में बहुतायत से किया गया है। वस्तुतः इनकी भाषा राजस्थानी हिन्दी भाषा थी जिसमें पंजाबी, अवधी आदि शब्दों का प्रयोग हुआ है। मुक्ताबाई के समान इनमें लोक तत्त्व ज़्यादा तो नहीं है पर यथार्थ की ज़मीन से जुड़ाव के कारण स्थानीयता तथा लोकोक्तियों, मुहावरों का प्रयोग इनके पदों में बहुत ही सजगता से आया है। एक उदाहरण द्रष्टव्य है—

पीठ चकर उलटा मन आया पाँच पचीस एक घर लाया
भजन तेजसूं अंक पलटाया कोरा कागद नीसर आया

जहाँ तक अलंकारों की बात है उपमा, रूपक, अनुप्रास, अलंकार मुक्ताबाई के काव्य में भावों की अभिव्यक्ति के लिए आये हैं। अलंकारों का प्रयोग कहीं भी सायास नहीं किया गया है बल्कि वह बड़े सहज रूप से रचनाओं में आये हैं। बहुत क्लिष्ट अलंकार इनकी रचनाओं में नहीं दिखाई देते है। एक उदाहरण देखा जा सकता है—

इनको काज बैठा कीजिए मन माने जैसों जल लीजिए

पार्वती

पार्वती जी के जन्म या मृत्यु के सम्बन्ध में कुछ भी ज्ञात नहीं है। पार्वती जी की शाब्दी नाम से सेवा दास की वाणी में इनके कुछ पद मिलते हैं। इन पदों के अतिरिक्त इनके सन्दर्भ में कुछ भी ज्ञात नहीं है। अपने गुरु विषय में एक पद में पार्वती जी कहती हैं पर उससे गुरु का नाम ज्ञात नहीं हो पाता है। वह कहती हैं—

निसप्रेही निहस्वादी काम्दग्धी दिने दिने
तासु शिष्यां देवी पार्वती

पार्वती जी की रचनाओं में नाद, बिन्दु, सहस्त्र जैसे शब्दों का चित्रण दिखाई देता है जिससे वह साँसारिक निस्सारता को व्यक्त करती हैं। उदाहरणार्थ—

धन जीवन की करें न आस, चित्त न राखे कामिनी पास
नाद बिन्दु जाके घर जरै, ताकी सेवा पार्वती करें

इनकी भाषा में अलंकरण नहीं दिखाई देता है। इनकी रचनाओं में प्रकृतिगत अलंकार अपने आप आ गये हैं। इनकी रचनाओं में अलंकारों को थोपने का प्रयास

नहीं किया गया है। इनकी रचनाओं को देखकर के लगता है कि कबीर की तरह उलटबाँसी का प्रयोग यह जानती थीं पर जब तक पूर्ण सामग्री न मिल जाये इस तथ्य को पूर्णत: उजागर करने में बाधा उत्पन्न होती है। वैसे उलटबाँसी का एक उदाहरण मेरी नज़र में आया है, जो देखा जा सकता है—

उलटे पवन गगन समाई
ता कारणी ये सब मरी मरी जाई

पाखंड और बाह्याडम्बर का विरोध इनकी रचनाओं में दिखाई देता है जो सन्त साहित्य की विशेषता रही हैं। परन्तु इनकी भाषा कबीर जैसी उग्र नहीं है, बल्कि सहजता और सरलता का प्रवाह है। इनकी रचनाओं को देखकर यह प्रतीत होता है कि उन्होंने प्राचीन साहित्य का अध्ययन भी किया है। वह कहती हैं—

काक दृष्टि बको ध्यानी, बाल अवस्था भुवंगम अहारी
अवधूत सी वैरागी पारवती, है या सब वेषधारी

यह पद संस्कृत के काक चेष्टा बको ध्यानम् से प्रभावित दिखाई पड़ता है।

अपने को वैरागी घोषित करना तत्कालीन समाज में साहसपूर्ण कार्य था। ख़ासतौर पर स्त्री के लिए जब स्त्री की स्वतन्त्रता और शिक्षा का नामोनिशान नहीं था। इस आधार पर अपने को सन्त बनाना और अपने को वैरागी घोषित करना पार्वती जी जैसे रचनाकार के लिए ही सम्भव था। संस्कृत के तत्सम शब्दों का प्रयोग इन्होंने अधिकांशत: किया है। योग वर्णन और गुरु महिमा इनकी रचना का मूल स्वर रहा है।

पार्वती जी की रचनाओं में निर्गुण ब्रह्म की उपासना पर बल दिया गया है।

रूक्ख बंस गिरि कन्दर बास, निरधन कन्धा रहै उदास
शिष्या भोजन सहज में किये, ताकी सेवा पारवती करे

समान बाई

मत्स्य की मीरा के नाम से प्रसिद्ध समान बाई के लोकगीत बेहद प्रचलित हैं। इनका जन्म संवत् 1825 ई. में रामनाथ जी की पुत्री के रूप में हुआ था। इनके पति का नाम ठाकुर रामदयाल था। इनकी मृत्यु संवत् 1885 ई. में हुई थी। तत्कालीन समाज में विपरीत परिस्थितियों के बीच भी काव्य सृजन करके इन्होंने आदर्श स्थापित किया है। समान बाई को हर वह सुविधा थी जिससे वह भक्ति में लीन हो सकें इसलिए बहुत विरोधी परिस्थितियाँ इनको नहीं मिली थीं। फिर भी अपनी उन परिस्थितियों में

रचना करना भी तत्कालीन परिवेश में साहस का कार्य कहा जा सकता है। उन्होंने अनेक यात्राएँ भी की हैं। इनका एक गीत 'बनाँ' बहुत प्रचलित है जिसकी रचना दूल्हे राम को सम्बोधित करके की गयी है।

समान बाई की गणना उन कवयित्रियों में की जाती है जिन्होंने राम और कृष्ण दोनों की भक्ति का मार्ग अपनाया है। इनकी रचनाओं में राम और कृष्ण दोनों समान रूप से चित्रित किये गये हैं इसलिए यह सगुण भक्त रही हैं। राम के सन्दर्भ में इनका एक उदाहरण देखा जा सकता है—कहत समान यह दया के समेत राम कोरो राम होतो तो ये जीव कौन थामतो। समान बाई का रचना संसार बड़ा समृद्ध रहा है। इन्होंने गेय मुक्तक के साथ ही कथानक के क्रमिक विकास के अनुसार पाठ्य मुक्तक की भी रचना की है। कवित्त, सवैया और पद्धरी इनका प्रिय छन्द रहा है।

अपनी रचनाओं में समान बाई ने मिथक और प्रतीकों का भी बहुतायत से प्रयोग किया है जो इनके लोक से जुड़ाव का प्रतीक रहा है। प्रहलाद, नरसिंह, अहल्या, केवट, शबरी, इन्द्र से उबारने वाले बाँके बिहारी, पहाड़ को उँगली पर उठाने का प्रकरण आदि लोक प्रचलित कथानक इनकी रचनाओं में दिखाई देती हैं। लोक प्रचलित कथानकों को अपनी रचनाओं में मुक्ताबाई आदि ने भी स्थान दिया है। वास्तव में तत्कालीन परिस्थितियों के अनुसार अगर हम देखें तो इन लोक प्रचलित कथानकों को अपनी रचनाओं में प्रयोग करने का अर्थ है कि यह कविता अपने समय और समाज का पूर्ण ज्ञान रखती थी। प्रहलाद का एक प्रकरण इनकी रचनाओं से उदाहरण स्वरूप देखा जा सकता है—

हरिणाकुश मो मन राज भयो, मद मत्सर आदि सभा सगरी
प्रहलाद ही जीव फस्यो इन नै हरी और न जान दे एक घरी

शृंगार का चित्रण भी इनकी रचनाओं में बहुत सुन्दरता से आया है। समान बाई की रचनाओं को उत्कृष्ट कोटि का कहा जा सकता है। सीता और राम, राधा और कृष्ण की सौन्दर्यमयी छाप को बड़े अद्‌भुत रूप में गीतिकाव्य में समान बाई ने पिरोया है। राधाकृष्ण की लीलाओं और उनके सौन्दर्य का वर्णन समान बाई के काव्य की ख़ूबसूरत रचना कही जा सकती हैं। इन रचनाओं को देखकर के सूरदास के शृंगार वर्णन की याद आ जाती है। यह शृंगार वर्णन कहीं से भी अतिशयोक्ति प्रधान नहीं है बल्कि सरस और सहज है। राधा का सौन्दर्य वर्णन उत्प्रेक्षा अलंकार के माध्यम से करते हुए समान बाई कहती हैं—

नूतन तन पट पहरै अनूप, साक्षात जानी रम्भा स्वरूप
पट झीन नील तन जगमगाय, जनु बीज श्याम धन नहीं समाय

जरी कोर किरनि चहूँधा विसाल, जनु चन्द्र उदय छवि छूटा जाल
दुहूँ ओर झुकी पर्टियों अनूप, राशि में जु श्याम बद्दल सरूप

नीले वस्त्र में अनुपम सौन्दर्य उज्जवल तन और चन्द्रमा का किरणों का जाल क्या प्रसाद के नील परिधान बीच सुकुमार खुल रहा मृदुल अधखुला अंग जैसी रचना से कमतर है? पर इतना उत्कृष्ट और सुन्दर वर्णन करने के बावजूद भी समान बाई का उल्लेख हिन्दी साहित्य के इतिहास ग्रन्थों में हमें नहीं मिलता है। इस कारण से हम चाह कर के भी इतिहास के पन्नों में इनका नाम नहीं ढूँढ़ पाते हैं। परन्तु अपने लेखन से इन्होंने हिन्दी साहित्य को बहुत समृद्ध किया है।

साहित्य और लोक का अद्‌भुत सामंजस्य देखना हो तो समान बाई की रचनाओं की बगिया में विचरण करना ज़रूर चाहिए। समान बाई ने भक्ति गीतों के साथ बधाई गीत तथा बनाँ (विवाह गीत) बड़े सुन्दर और सरस लिखे हैं। अपने बनाँ के कारण यह बहुत प्रसिद्ध हुई हैं और लोक में भी इनके गीत अब तक ध्वनित होते रहे हैं।

समान बाई ने सन्त साहित्य की भाँति ईश्वर प्राप्ति में काम क्रोध को बाधक माना है इस आधार पर सिर्फ़ राम और कृष्ण धारा का ही नहीं बल्कि सन्त काव्य धारा का भी इन पर प्रभाव दिखता है। अपने सुन्दर लेखनी से इन्होंने तीनों धाराओं की रचनाओं को समृद्ध किया है पर इतना समृद्ध होने पर भी हम इतिहास के पन्नों में समान बाई का नाम नहीं पाते हैं। काम और क्रोध के लिए वह कहती हैं—

हरी काम रु क्रोध रु मोह महा, अब तो यह मोहि दुखावत है
स्वयं जानत हूँ यह पन्थ कुपन्थ पै जोरत मोहि चलावत है

अहम के विनाश और प्रभु की शरणागति को समान बाई महत्त्वपूर्ण मानती हैं। शरणागति नवधा भक्ति का एक मुख्य उपादान है जिसका प्रयोग तुलसीदास और सूरदास दोनों करते हैं। समान बाई ने भी शरणागति के विभिन्न पद लिखे हैं पर इतिहास में वह सूर और तुलसी की भाँति प्रसिद्ध नहीं हो पायी हैं। भाषा की परिपक्वता के साथ शरणागति का एक उदाहरण द्रष्टव्य है—

बिन हो शरणागति भक्ति कहाँ, बिन भक्ति न भक्तहि वत्सल आत
अभिमान समान न आन अरी, मम श्री भगवान सों क्यों न नसात

समान बाई के गीतिकाव्य में लोकजीवन घुला मिला है। शायद इसीलिए श्रुत परम्परा में यह जीवित रह गयी और इसी कारण हमें इनके बारे में कुछ जानकारी प्राप्त हो सकी। उबटन, कलेवा, विदाई जैसे लोक प्रचलित अवसरों के गीत राम

काव्य में इन्होंने बड़ी सहजता से पिरोये हैं, जो अपनी लयात्मकता और माधुर्य के कारण कंठस्थ हो जाते हैं। विवाह के समय ली जाने वाली हास्य की ठिठोली का आनन्द आप भी लीजिए—

कुँवरि को डोरो री, रूप देख आनन्द भयो
तर्क करत सब बाम, कर में कर सोहे नहीं
तुम हो तन के स्याम, सिया तन गोरो री

कृष्ण भक्ति में उन्होंने वात्सल्य रूप वर्णन फाग लीला आदि को अपना विषय बनाया है। वैसे कृष्ण भक्ति काव्य में सभी का यही विषय रहा है। समान बाई का भी विषय अत्यधिक विस्तृत रहा है। वह राम और कृष्ण काव्य दोनों परम्पराओं का निर्वहन करती हैं साथ ही सन्त काव्य धारा के भी गुण इनमें विद्यमान हैं। समान बाई की रचनाएँ भाषा, बिम्ब, अलंकार किसी भी दृष्टि में तुलसीदास और सूरदास की रचनाओं से कमतर नहीं हैं परन्तु हिन्दी साहित्य के इतिहास में किसी इतिहासकार ने इनका नाम तक दर्ज कराना आवश्यक नहीं समझा है।

डॉ. मंजुला बारठ के सम्पादन में 'भक्तिमति समान बाई : जीवन और काव्य' पुस्तक इनके सन्दर्भ में बहुत कुछ कहती है। आधी आबादी का संघर्ष (ममता जेली, श्री प्रकाश शर्मा) में समान बाई, मीराबाई के साथ रूपा बाई का भी नाम उल्लेख मिलता है और जन सुर्खियों में भी इनके गीतों का उल्लेख मिलता है। पर मुझे रूपा बाई के सन्दर्भ में पूरी जानकारी नहीं मिल पायी है। समान बाई के बारे में थोड़ी जानकारी मिल पाती है पर मिली जानकारियों के आधार पर हम इन्हें हिन्दी साहित्य के इतिहास में तो रख ही सकते हैं।

प्रवीण राय

प्रवीण राय का सम्बन्ध रीतिकाल से है। यह केशवदास के समकालीन थीं और राजा इन्द्रजीत के यहाँ रहती थीं। केशव दास ने अपने ग्रन्थ कविप्रिया में इनकी प्रशंसा में यह पद लिखा है—

तन्त्री तुंबुरु सारिका सुद्ध सुरन सो लीन
देव सभा सी देखिये राय प्रवीन प्रवीन

यह प्रशंसा अतिशयोक्ति पूर्ण भी कही जा सकती है। परन्तु केशवदास के समय में अतिशयोक्ति प्रधान रचनाएँ प्रचलन में थीं इसीलिए वह प्रवीण राय की प्रशंसा में भी अतिशयोक्ति का प्रयोग करते हैं और उनकी तुलना शारदा से करते हैं। वह कहते हैं—

राय प्रवीन की शारदा सूची रुचि राजत अंग
वीणा पुस्तक धारिणी राजहंस सुत संग

प्रवीण राय अकबर के समकालीन थीं। ऐसा माना जाता है कि यह बहुत वाक्पटु और चतुर थीं। अकबर और बीरबल भी इनकी बुद्धिमत्ता से प्रभावित थे।

बुन्देल वैभव में प्रवीण राय पर कुछ टिप्पणी हमें प्राप्त होती है जो बहुत महत्त्वपूर्ण है। इस पुस्तक में लेखक कहते हैं—"प्रवीण राय के सम्बन्ध में श्री मेजर सरदार सज्जन सिंह जी से कुछ विशेष बातें नहीं मालूम हुई हैं। मेजर साहब ने बतलाया कि ओरछा राज्य में प्रवीण राय के वंशज अभी विद्यमान हैं और प्रवीण राय को दी गयी सनदे अभी उनके अधिकार में हैं। मेजर साहब से वे लोग मिले भी थे। अनुसन्धान किया जा रहा है पूरा और ठीक-ठीक पता चल जाने पर इस विषय में फिर विस्तारपूर्वक लिखा जायेगा। मेजर साहब की तो धारणा है कि प्रवीण राय वेश्या नहीं थी। यही बात सनदों से सिद्ध होती है और प्रवीण राय के वंशजों से जानी जाती है।" (बुन्देल वैभव : गौरी शंकर द्विवेदी, पृ. 247)

अब तक का इतिहास प्रवीण राय को वेश्या ही बताता रहा है परन्तु यह उक्ति यह मानती है कि वह वेश्या नहीं थी। साक्ष्य के रूप में अगर सनद का उल्लेख है तो यह तथ्य सत्य ही होगा। फिर उन्हें वेश्या कहने का औचित्य नहीं समझ आता है। क्या यह अन्याय और दुष्प्रचार है?

ऐसा माना जाता है कि प्रवीण राय राजा इन्द्रजीत के प्रति इतनी एकनिष्ठ थीं कि अकबर के प्रलोभन को भी उन्होंने ठुकरा दिया था इसका उल्लेख आचार्य रामचन्द्र शुक्ल ने भी किया है। इनकी रचनाओं में इस भाव का चित्रण भी है। वह कहती हैं—

यहि लाज मरियत ताहि तुम सों भयो नातो नाथ जू
अब और मुख निरखै न ज्यों त्यों राखियों रघुनाथ जू

लाला भगवानदीन का कहना है कि यह पद केशवदास के कहने पर प्रवीण राय ने रामचन्द्रिका के लिए लिखा था। प्रवीण राय ने चौपाई के साथ दोहा, कवित्त, सवैया, सोरठा आदि छन्दों का भी प्रयोग किया है। एक उदाहरण द्रष्टव्य है—

दोहा लाल कह्यो सुन्यो चित्त दै नारी नवीन
ताको आधो बिन्दु युत उत्तर दियो प्रवीन

लोक से जुड़ाव इनकी रचनाओं में नहीं मिलता है पर लोक प्रचलित मिथक इनकी रचनाओं में मिलते हैं। शुभ-अशुभ शगुन आदि दृष्टि जो तत्कालीन समाज में

प्रचलित थी वह इनकी रचना में विशेष रूप से आयी है। इस सन्दर्भ में इनकी रचना के एक उदाहरण को देखा जा सकता है—

कहत प्रवीन राय आपनीन ठौर पाय/ सुन वाम नैन या वचन प्रतिपारि हौ

श्रृंगार का अलौकिक रूप इनकी रचनाओं में प्राप्त होता है। प्रेम का गार्हस्थिक रूप इसका दूसरा पक्ष भी कहा जा सकता है। भाषा की दृष्टि से इन्होंने ब्रज भाषा को अपनाया है। जिसमें तत्सम, तद्भव तथा देशज शब्दों का प्रयोग हुआ है। श्रीफल, मेरु दृढ़, मूँदि जैसे शब्द देखकर यह प्रतीत होता है कि इनका शब्द चयन भाव के अनुरूप है। अलंकारों का प्रयोग भी प्रवीण जी ने बड़े अच्छे से किया है। हाँ यह बात ज़रूर है कि केशवदास की तरह अलंकार इनकी रचनाओं में ठूँसे हुए नहीं हैं बल्कि रचनाओं की माँग के अनुरूप हैं। यमक अलंकार का एक उदाहरण देखा जा सकता है—

देखें सारंग में सारंग सुनाई के प्रवीण बीना
सारंग के सारंग की जीति करो थलियौ

इसी प्रकार से अनुप्रास अलंकार में वह कहती है—

सीतल सरीर ढार मंजन कै घनसार/ अमल अँगोछे आछे मन में सुधारि हौ

शब्दों से खेल कर के चमत्कार उत्पन्न करने में प्रवीण राय बड़ी प्रवीण थीं। जैसे—"बात निशंक कहे अति मोहि, सो मोहि सो प्रीति निरन्तर कीनी।" भाषा और भाव पर इनका पूर्ण अधिकार था। इन्हें रीतिकाल में उत्कृष्ट स्थान मिलना चाहिए था पर स्त्री होने के कारण अवश्य इनके साथ पक्षपात किया गया है। बहुत कम इतिहास ग्रन्थों में इनका उल्लेख मिलता है और मिलता भी है तो पूर्ण रूप से नहीं। अकबर और प्रवीण राय की पूर्ति इतिहास प्रसिद्ध रही है।

रूपमती बेगम

रूपमती बेगम उज्जैन्न के पास सारंगपुर गाँव की एक वेश्या की पुत्री थी। यह अकबर के समकालीन मानी जाती हैं। नागरी प्रचारिणी पत्रिका में रूपमती बेगम और बाज बहादुर का ज़िक्र हमें मिलता है। नागरी प्रचारिणी पत्रिका में मुंशी देवी प्रसाद जी का लिखा एक लेख है 'रूपमती और बाज बहादुर की कविता।' ऐसा कहा जाता है कि इनका गला बड़ा सुरीला था। यह गाना बहुत मधुर गाती थीं। तवारीखे मालवे में करम अली ने कहा है—"तानसेन जब दीपक राग की ज्वाला से व्याकुल हो रहा

था तो रूपमती ने मल्हार राग से बादलों को नियंत्रण देकर प्रकृति पर कला की विजय घोषणा की।"

रूपमती और बाज बहादुर का प्रेम प्रसिद्ध रहा है। आईने अकबरी में बाज बहादुर का मूल नाम बायजीद बताया गया है जो मालवा के शासक थे। अकबर ने सन् 1590 ई. में मालवा पर आक्रमण किया था। इस युद्ध में बाज बहादुर की हार हुई थी। अकबर की आज्ञा से अहमद खान ने मालवा पर आक्रमण किया था और उसकी बुरी नज़र रूपमती पर थी। वह रूपमती को अपनी बेगम बनाना चाहता था पर जब वह महल में पहुँचा तब रूपमती घायल अवस्था में उसको मिली थी। उपचार के बाद जब वह स्वस्थ हुई तब अहमद खान ने उससे विवाह करना चाहा पर इस कारण से रूपमती ने आत्महत्या कर ली। आत्महत्या के समय उन्होंने यह दोहा लिखा था—

रूपमती दुखिया भई बिना बहादुर बाज
सो अब जियरा तजति है इहां नहीं कछु काज

इस प्रसंग का उल्लेख अकबरनामा में भी मिलता है। 'हिन्दुओं की मशहूर औरतें' पुस्तक में यह उल्लेख है कि रूपमती के गीत मालवा की साधारण भाषा में हैं और जिसमें हृदय की पीर स्पष्ट झलकती है। मुंशी देवी प्रसाद ने 'महिला मृदु वाणी' में इनका एक पद उद्धृत किया है जो इस प्रकार है—

और धन जोड़ता है री मेरे तो धन प्यारे की प्रीत पूँजी
कहू त्रिया की न लागे दृष्टि, अपने कर राखूँगी कुंजी
दिन-दिन बड़े सवायो डेवढो घटे न एको गूँजी

बाज बहादुर के स्नेह ऊपर निछावर करूँगी धन और जी

इस पद का गद्य रूप 'हिन्दुओं की मशहूर औरतें' पुस्तक में मिलता है। गद्य का रूप पद्य से थोड़ा भिन्न है, परन्तु भावार्थ एक हैं जो यह प्रमाणित करते हैं कि यह पद रूपमती बेगम का ही है। उदाहरण द्रष्टव्य है—

'जो दौलत मंद हैं उनको घमण्ड करने दो, यहाँ तो निष्कपट प्रेम से आनन्द है। इस ख़ज़ाने पर मज़बूत ताला लगा हुआ है जिसकी मैं रखवाली हूँ और जो परायी आँखो से बचा हुआ और बेखटके है उसकी कुंजी मेरे पास है। यह पूँजी दिन-दिन कुछ न कुछ बढ़ती ही है। इसको घटने से क्या काम है? मैंने अपने मन में यह ठान लिया है कि लाभ हो या हानि जन्म भर बाज बहादुर का साथ दूँगी।"

इसी पद का गद्य रूप में उदाहरण डॉ. सावित्री सिन्हा के मध्यकालीन हिन्दी कवयित्रियाँ में (पृ. 251) पर मिलता है जो इस प्रकार है—

"संसार के समस्त जन धन एकत्रित करते हैं पर मेरा वैभव तो प्रिय के द्वारा प्राप्त प्रेम की पूँजी पर ही निर्भर है। अपनी इस पूँजी को मैं सुरक्षित करके रखूँगी तथा उसकी कुंजी भी अपने पास ही रखूँगी जिससे किसी अन्य स्त्री की दृष्टि उस पर न पड़ जाय। इस प्रेम की पूँजी में अनुदिन वृद्धि होती जाती है उसमे से एक गुंजा भी कम नहीं होता। बाजबहादुर के स्नेह के लिए मैं प्राण तथा धन सर्वस्व न्यौछावर कर दूँगी।"

रूपमती बेगम की रचनाएँ अभी पूर्णतया प्राप्त नहीं हुई हैं सिर्फ़ कुछ पद ही प्राप्त होते हैं जिस आधार पर हम इनका नाम इतिहास में दर्ज कर सकते हैं। इनका एक प्राप्त दोहा इस प्रकार से है—

बिना पिया पापी जिया चाहत है सुख साज
रूपमती दुखिया भई बिना बहादुर बाज

इन्हीं रचनाओं के आधार पर इनका व्यापक मूल्यांकन करना न्याय संगत नहीं होगा। पर कुछ चीज़ों पर दृष्टि अनायास ही चली जाती है। इनके प्राप्त पदों में विरह की प्रधानता है। इन्होंने दोहा छन्द का प्रयोग किया है। पुनरुक्ति प्रकाश अलंकार के साथ अनुप्रास अलंकार की छटा भी इनके दोहों में साफ़ दिखती है। सवायो, डेवढ़ो जैसे शब्द लोक सामान्य प्रचलित शब्द रहे हैं, जिससे इनकी भाषा में सहजता का आभास होता है। तत्कालीन समय में उर्दू के शब्दों के बजाय निछावर, दृष्टि जैसे शब्दों का प्रयोग इनके हिन्दी प्रेम को ही बताता है। रूपमती की रचनाएँ संगीत आधारित थीं इसलिए इसमें विभिन्न राग-रागिनीयों का भी रूप देखने को मिलता है।

स्याम बिना उमगे री बहु बदरा
बरसत रहत रैन अरु बासर हियै कियौ अति कदरा
कासौं कहौ सुने को मेरी जोहत बैठी पिय को मगरा
रूपमती और बाज बहादुर तजि दियो गोकुल मिटि गयो झगरा

सुन्दर कली

हिन्दी के मुसलमान कवि तथा नागरी प्रचारिणी सभा की खोज रिपोर्ट में सुन्दर कली नाम का उल्लेख किया गया है। इनकी रचना की खंडित प्रति मिलती है जिसका नाम सुन्दर कली का बारहमासा है। इनका रचनाकाल सन् 1843 ई. के पहले अनुमान लगाया जा सकता है। इनका मुख्य विषय श्रृंगार रस रहा है। एक उदाहरण देखा जा सकता है—

मेरे मन में विरह की आगी लागि
अगिन के बीच में जलती
अगिन ने सब तरह से तन को जारा
हमारा तन हुआ सारा अंगारा

रीतिकाल में जब बिहारी जैसे कवि का यह वर्णन की गुलाब जल की शीशी औंधी करने पर भी नायिका के शरीर से इतनी आग निकल रही थी कि शीशी से गिरी एक भी बूँद नायिका के शरीर पर नहीं पड़ती बीच में ही सूख जाती है, वहाँ इस तरह के वर्णन कोई कवयित्री करें तो आश्चर्य की बात नहीं है। पर बिहारी को तो हम हिन्दी साहित्य के श्रेष्ठ कवियों में गिनते हैं वहीं सुन्दर कली का नाम हमें इतिहास में नहीं मिलता है।

इनकी भाषा मूलत: ब्रजभाषा थी जिसमें अरबी, फ़ारसी के शब्द देशज शब्दों के साथ घुलमिल कर आये हैं। छन्द के आधार पर हम देखें तो इन्होंने दोहा, चौपाई छन्द को चुना था। अलंकार का सायास प्रयास रीतिकालीन तर्ज़ पर इनकी रचनाओं में नहीं मिलता है। अलंकार बहुत ही स्वाभाविक रूप से प्रयुक्त हुए हैं जिनमें पुनरुक्ति प्रकाश, अनुप्रास अलंकार की अधिकता ज़्यादा दिखाई देती है। एक उदाहरण द्रष्टव्य है—

सखी अब घर घर खेले हैं होली
सलोनी साँवरी सब रंग गोरी

प्रकृति के उपकरण से सन्देश की परम्परा हमारे साहित्य में पुरानी रही है। सुन्दर कली ने भी अपनी रचनाओं में इसका प्रयोग किया है। इसका एक उदाहरण देखा जा सकता है—

पिया के पास तू जा कहियो कागा
पकर के हाथ कोई संग ले जागा

जब स्त्री स्वातन्त्र और शिक्षा की कल्पना भी दुर्लभ थी तब उस समय यह रचना लिखी गयी है। फिर सुन्दर कली का नाम हिन्दी साहित्य के इतिहास में क्यों नहीं लिखा गया यह मुझे ज्ञात नहीं है। शायद स्त्री होने के कारण?

शेख

ठाकुर शिवप्रसाद सिंह कृत शिव सिंह सरोज में आलम का वर्णन मिलता है। इनके अनुसार आलम सनाढ्य ब्राह्मण थे और इनका जन्म सन् 1655 ई. में बताया गया है। आलम की प्रेमिका शेख थी। इस आधार पर हम देखें तो शेख का जन्म भी इसी

के आसपास निर्धारित किया जा सकता है। आलम औरंगज़ेब के पुत्र मुअज्जम के दरबार में रहते थे वहीं शेख भी रहती थी जो जाति से मुसलमान थी। दोनों का परिचय कविता के माध्यम से होता है। तत्कालीन समाज में इस प्रकार का प्रेम वर्णन रोमांचित कर देता है। आलम और शेख प्रेम के अद्‌भुत उदाहरण हैं शेख के लिए आलम मुसलमान हो गये और आलम के लिए शेख कृष्ण भक्ति में रंग गयी ऐसा प्रेम का अनूठा उदाहरण वर्तमान समय में मिल जाये तो धर्म की सारी दीवारें ही ढह जायें। स्त्री कवि कौमुदी के लेखक ज्योति प्रसाद निर्मल जी अपनी रचना में एक प्रसंग को बताते हैं और कहते हैं कि आलम की पगड़ी रखते समय शेख को काग़ज़ के टुकड़े मिले जिसे उन्होंने पढ़ा। उस पर लिखा था—"कनक छरी सी कामिनी काहे को कटि छीन"। इस दोहे की पूर्ति करके शेख ने काग़ज़ को पगड़ी में फिर उसी प्रकार से बाँध दिया। उन्होंने लिखा—"कटि को कंचन काटि बिधि कुचन मध्य धरि दीन।"

आचार्य रामचन्द्र शुक्ल ने अपने हिन्दी साहित्य का इतिहास में भी पगड़ी रंगने की कथा का वर्णन (पृ. 181) किया हैं। शुक्ल जी यह भी मानते हैं कि आलम की कविताओं में बहुत-सी रचना शेख की हैं। जैसे नीचे लिखी कविता का चौथा चरण शुक्ल जी शेख का बनाया कहते हैं—

प्रेम रंग पगे जगमगे जगे जामिनी के, जोबन की जोति जगी ज़ोर उमगत है
मदन के माते मतवारे ऐसे घूमत है, झूमत है झुकि झुकि झेंपि उघरत है
आलम सो नवल निकाई इन नैनन की, पाँखुरी पदुम पै भँवर थिरकत है
चाहत है उड़ीबे को देखत मयंक मुख, जानत है रैनि तातें ताहि में रहत है

(आचार्य रामचन्द्र शुक्ल : हिन्दी साहित्य का इतिहास पृ. 182)

मुंशी देवी प्रसाद इसी पद को आलम के प्रथम परिचय से जोड़ते हैं। वह कहते हैं कि उपर्युक्त पद का तीन पद नायक की प्रशंसा में आलम ने लिख रखा था जो शेख को पगड़ी में मिलता है। शेख ने चौथा पद लिखकर पगड़ी में काग़ज़ को वैसे ही रख दिया। चौथा पद देखते ही आलम ख़ुश होकर तुरन्त शेख से मिलने चले गये और कविता से प्रारम्भ हुआ परिचय धीरे-धीरे प्रेम में परिणत हो गया।

मुंशी देवी प्रसाद के पास शेख और आलम के लगभग 500 पद उनके स्वयं के पुस्तकालय में थे यह बात वह स्वयं बताते हैं। वर्तमान समय में पुस्तक कहाँ है इसका मुझे ज्ञान नहीं है। शेख के सन्दर्भ में जानकारी होने के बावजूद आचार्य रामचन्द्र शुक्ल शेख के विषय में दो पंक्ति भी नहीं लिखते हैं। शायद स्त्री होने के कारण इतिहास में उन्हें स्थान नहीं देना चाहते थे।

ज्योति प्रसाद निर्मल ने शेख की प्रशंसा में कहा है कि— "शेख की रचना वस्तुत: ऐसी प्रतीत होती है मानो किसी अच्छे सुकवि की रचना हो। उसमें वागवैचित्र्य, चमत्कार, चातुर्य भाषा सौष्ठव, कलापूर्ण काव्य का कौशल सभी अच्छे रूप में प्राप्त होता है।" (स्त्री कवि कौमुदी, पृ. 52)

निर्मल जी ने शेख की तुलना चन्द्रकला बाई और ठाकुर लछिराम जैसे कवियों से की है। परन्तु अपना इतना वैशिष्ट्य रखने के बावजूद शेख का उल्लेख हिन्दी साहित्य के इतिहास ग्रन्थों में हमें नहीं मिलता है। अगर तत्कालीन समय में उनका उल्लेख किया गया होता तो शायद शेख के सम्पूर्ण जीवन परिचय और उनकी रचनाओं से हम पूर्णतया अवगत हो पाते जो वर्तमान समय में नहीं है। परन्तु स्त्री रचनाकार होने के कारण किसी ने इस ओर ध्यान नहीं दिया जिस कारण से इतिहास अधूरा ही रह गया।

ज्योति प्रसाद जी ने यह माना है कि माधवानन्द काम कन्दला का अनुवाद भी शेख ने किया है पर यह ग्रन्थ आज तक प्राप्त नहीं हुआ है। परन्तु ज्योति प्रसाद जी ने अगर अनुमान किया है तो कहीं न कहीं उन्हें इसका सूत्र ज़रूर मिला रहा होगा।

शेख और आलम की 400 कविताओं का संग्रह किया गया है जिसके सम्पादक लाला भगवानदीन हैं। इस पुस्तक का भी उल्लेख आचार्य रामचन्द्र शुक्ल या अन्य इतिहासकार नहीं करते हैं। पुस्तक के अन्त में इसका समय सन् 1696 ई. लिखा है। इसमें कृष्ण की बाल लीला के भी कुछ पद मिल जाते हैं जिसे शेख ने लिखा है। वह कहती हैं—

सेख कहे तुम सिखवौ न कछु राम याही, भारी गरिहाइनु की सीखे लेत गारी है
संग लाई मइया नेकु न्यरो न कन्हैया कीजे, बलन बलैया लैके मैया बलिहारी है

यह सच है कि शेख के द्वारा वर्णित श्रृंगार वर्णन पूर्णतया लौकिक है। उनमें हरि गोपी राधा इत्यादि शब्दों का आरोपण कर कृष्ण राधा प्रेम से सम्बन्धित किया गया है। लेकिन बाल लीला और भ्रमरगीत प्रसंग में शेख का कवयित्री रूप दिखाई देता है। भ्रमरगीत प्रसंग में गोपियाँ साधारण स्त्री के रूप में चित्रित हुई हैं और उद्धव के साथ प्रसंग बड़े ही सुन्दर हैं। एक उदाहरण देख सकते हैं—

वीरह अगाध तहाँ सुन्न की समाधि कौन, जोग कहीं भावे जो वियोग दाह दहिये
सेख कहे मैन मुद्रा मोहन जू लाये बन, मुद्रा लाओ कानन सुनेई सूल सहिए

भ्रमरगीत में शेख के कवित्त में कल्पना और माधुर्य का समावेश दिखाई देता है। यहाँ प्रकृति का उद्दीपन रूप ही प्रधान है पर चित्रण सुन्दर बन पड़े हैं। जैसे—

जबतें गोपाल मधुबन को सिधारे भाई, मधुबन भयो मधु दानव विषम सौं
शेख कहे सारिका शिखंडी मंडरीक सुक, मिलि के कलेश किन्हीं

कालिन्दी क़दम सौं

इस जैसे अनेकानेक उदाहरण शेख के हैं पर आलोचक शेख को सिर्फ़ रीतिकालीन मानसिकता से जोड़ते आये हैं। जबकि सत्य यह है कि शेख की प्रकृति और परम्परापरक रचनाओं को देखा जाय तो उनमें लोक जीवन साँस लेता दिखाई देगा। इनके सारे पद मुक्तक हैं इसलिए कथा का क्रम इनमें नहीं तलाशा जा सकता है। वैसे बिहारी ने भी यही कार्य किया है। कृष्ण की बाल लीला प्रसंग के साथ ही राम वन गमन प्रसंग में कौशल्या के उद्‌गार स्त्री संवेदना को व्यक्त करते हैं और इनको चित्रित करने में शेख पूर्णतया सफल रही हैं। एक माँ की चिन्ता कि एक राजकुमार वन में ज़मीन पर सोएगा कि पशु पक्षियों के बीच रहेगा, इस तरह की चिन्ताएँ सहज नारी मनोविज्ञान को प्रदर्शित करती हैं। शेख कहती हैं—

भूमि डासिहैं कि बिस बेलि बसिहैं कि/ कुस है कि कांस है कौसल्या काहि कहिहै

राम और कृष्ण के इन वर्णन के साथ कुछ भक्तिपरक रचनाएँ भी शेख ने रची हैं। शेख के वर्णन में कहीं-कहीं सन्त काव्य का भी आभास मिलता है पर सिर्फ़ आभास मात्र है। यह हर स्थल पर नहीं है। भक्ति से प्रेरित होने के कारण सम्भवत: ऐसा हुआ है। वह मन की सहजता पर बल देती हैं और कहती हैं कि —

मिटि गयो मौन पौन साधन की सुधि गयी, भूली जोग जुगति बिसारयो तप वन को
सेख प्यारे मन को उजारो भयो प्रेम नेम, तिमिर अज्ञान गुन नास्यो बालपन को

शेख की भाषा ब्रजभाषा है, पर संस्कृत के तत्सम, तद्‌भव शब्दों के साथ अरबी, फ़ारसी का भी इन्होंने प्रयोग किया है। तलफाय जैसे अरबी, फ़ारसी के शब्द इनकी रचनाओं में कई जगह आये हैं। अलंकारों की दृष्टि से इनका साहित्य समृद्ध कहा जा सकता है। इन्होंने उत्प्रेक्षा, यमक, अनुप्रास आदि अलंकारों का प्रयोग किया है। कुछ उदाहरण भी देखे जा सकते हैं—

यमक अलंकार — सेज मैन सारी सी है सारी हूँ विसारी सी है।

अनुप्रास अलंकार—छाँह ही छुवत छबि छिन ह्वै कै छरे हैं

पुनरुक्ति प्रकाश अलंकार— पल पल अंग की मरोर मुर्छातू है

उपमा/ उत्प्रेक्षा अलंकार — मोती कैसी ढरनि ढरकि आवै नैना नेकु/ तुमै ढौरी लागी जानौ गौरी ढरि आयी है

रूपक अलंकार— चरन कमल ही की लोचनि में लोच धरी

रस की दृष्टि से शेख की रचनाओं में शृंगार रस की प्रधानता रही है। इसके साथ ही भक्ति और करुण रस अप्रत्यक्ष रूप में आया है। कहीं-कहीं वात्सल्य रस भी इनकी रचनाओं में मिलता है। शेख अपने समय की सचेत कवयित्री थीं। तत्कालीन

समाज के लोक में व्याप्त लोक कथाओं का वर्णन भी इनकी रचनाओं में मिलता है, जिनमें शिवयोग, गंगा, महा शिव के तीसरे नेत्र खोलने की कथा का वर्णन मिलता है। यह ज़रूर कहा जा सकता है एक मुसलमान होने के बावजूद तत्कालीन साहित्य से और सम्भवत: आलम से प्रभावित होने के बाद उन्होंने अपने ज्ञान का इतना विस्तार किया था जिससे वह हिन्दु संस्कृति की घटनाओं का चित्रण कर सकी। इस दृष्टि से शेख का महत्त्व अन्य महिला रचनाकारों से अलग है।

छन्द की दृष्टि से देखें तो इन्होंने मनहर कवित्त, सवैया आदि छन्दों का प्रयोग किया है। शेख के वर्णन में चित्र विधान शैली का प्रयोग हुआ है जो बहुत ही अद्‌भुत बन पड़े हैं। ब्रज भाषा के शब्दों पर इनका पूरा अधिकार था। मुसलमान होने के बावजूद इन्होंने ब्रजभाषा को बड़ी कुशलता से भावों के साथ पिरोया है यह अपने आप में अद्‌भुत है। शब्दों के प्रयोग का माधुर्य इनकी रचनाओं में देखते ही बनता है। एक उदाहरण द्रष्टव्य है—

नेह नहीं नैनन सनेह नहीं मन जाहि, देह नहीं विकल वियोग जरी आयी है
झूठे ही कहत परबस मरयो जात हौं सु, परबस नहीं बरबस बरिआयी है

शेख ने प्रतीकों के वर्णन में रीतिकालीन रूढ़ि का ही प्रयोग किया है। चाँद, पपीहा जैसे प्रतीक इनकी रचनाओं में अधिक प्रयुक्त हुए हैं। वह कहती है— "पिहकि पपीहा कि सी बार-बार पी कहै।" शेख ने सिर्फ़ दरबारी मानसिकता की कविताएँ ही नहीं बल्कि उत्कृष्ट काव्य का विकास किया है।

आलम केलि आलम की रचना है यह हर जगह कहा जाता है। परन्तु यह एक संयुक्त रचना है यह नहीं कहा जाता है। स्त्री होने के कारण शेख का वर्णन हम हिन्दी साहित्य के इतिहास में नहीं पाते हैं। पुरुष पक्षधरता का आलम तो यह है कि रसाल जी मानते हैं कि आलम ने ही अपनी रचना प्रेमवश शेख के नाम से की है। इससे ज़्यादा हास्यास्पद उक्ति और क्या हो सकती है। रसाल जी कहते हैं—"हो सकता है कि कदाचित शेख स्नेहासव-पान से मदोन्मत्त भावुक प्रेमी ने ही प्रेम प्रवाद में आकर शेख के नाम से रचना की हो। जो शेख के नाम से प्रसिद्ध हो गयी है।" (स्त्री कवि कौमुदी : भूमिका डॉ. रसाल, पृ. 52) कुछ पुरुष रचनाकार ऐसे भी हैं जिन्होंने स्त्री रचनाकारों की ओर विशेष ध्यान दिया है। लाला भगवानदीन भी उन्हीं में से एक हैं जिन्होंने आलम केलि नाम से शेख और आलम के पदों को संग्रहित किया है। इस पुस्तक में वह शेख के सन्दर्भ में कहते हैं—"शेख यदि आलम से बढ़कर नहीं है तो कम भी नहीं। प्रेम की जिस धारा का प्रवाह आलम में है वही शेख में है। ऐसा भाव, भावना साम्य बहुत कम पाया जाता है। दोनों की रचनाएँ ऐसी मिलती-जुलती

हैं कि उनका एक-दूसरे से पृथक् करना कठिन हो जाता है। नायिका भेद और कलापूर्ण काव्य की दृष्टि से शेख को पुरुष कवियों की श्रेणी में रखा जा सकता है। उसकी सबसे भारी विशेषता उसकी शुद्ध भाषा, सरल पद्धति और सुव्यवस्थित भाव व्यंजना है। शेख के प्रथम और बाद में भी कुछ दिन तक शेख जैसी ब्रजभाषा किसी भी स्त्री कवयित्री ने नहीं कही। (चतुरसेन शास्त्री : हिन्दी भाषा और साहित्य का इतिहास, पृ. 231)

सुमन राजे ने अपने ग्रन्थ 'हिन्दी साहित्य का आधा इतिहास' में शेख के सन्दर्भ में कहा है—"शेख ने नारी अभिव्यक्ति की वर्जनाओं का उल्लंघन किया है। इस दृष्टि से उनका नाम पहला है। भारतीय कनिष्ठ नारी भावना में शेख की रचनाएँ प्रथम अपवाद हैं। उनकी श्रृंगारी भावना में नारी की भावनाओं का व्यक्तीकरण नहीं है। श्रृंगार युग के पुरुष का नारी के प्रति उच्छृंखल तथा लोलुप दृष्टिकोण ही उसमें व्यक्त है।" (हिन्दी साहित्य का आधा इतिहास : सुमन राजे, पृ. 158)

मैं सुमन राजे जी के मत से सहमत नहीं हूँ। शेख रीतिकालीन मानसिकता से प्रेरित कवयित्री नहीं है बल्कि नारी संवेदना भी शेख की रचनाओं में है। राम वनवास गमन, कौशल्या विलाप आदि अनेकानेक प्रकरण शेख की नारी संवेदना, नारी अनुभूति और उसकी अभिव्यक्ति को प्रस्तुत करते हैं। एक उदाहरण से यह बात पुष्ट की जा सकती है जिसमें शेख कौशल्या की अनुभूति को अभिव्यक्त कर रही हैं कि वन में राम कैसे रहेंगे—

पसुन में बैठिन परोसी भये पच्छिनि के, झारन के डार बरबार करि रहिंहै
सेख भूमि डासिहैं कि बिस बेलि बसिहैं कि, कुस है कि काँस है कौसिल्या काहिं कहिहैं

मध्यकाल में इन रचनाकारों के अतिरिक्त भी अन्य नाम होंगे जो मेरे संज्ञान में नहीं आ पाये है। अभी भी इस क्षेत्र में शोध की आवश्यकता है।

चतुर्थ अध्याय

आधुनिक काल और स्त्री साहित्य

आधुनिक काल का नामकरण मध्यकालीन जड़ता से मुक्ति के अर्थ में पड़ा था। आधुनिक शब्द की व्याख्या देखें तो बच्चन सिंह के अनुसार "आधुनिकता औद्योगिकरण की अधिकता, महानगरी एक रासता, दो महायुद्ध की विभीषिका का फल है। वस्तुतः नवीन ज्ञान, विज्ञान, टेक्नोलॉजी के फलस्वरूप उत्पन्न विषम मानवीय स्थितियों के नये ग़ैर रोमांटिक और अमिथकीय साक्षात्कार का नाम आधुनिकता है। इस खोए हुए व्यक्ति की खोज की प्रक्रिया का नाम आधुनिकता है।" (आधुनिक हिन्दी साहित्य का इतिहास : डॉ. बच्चन सिंह, पृ. 51) जहाँ बच्चन सिंह खोए हुए व्यक्ति की खोज की प्रक्रिया का नाम आधुनिकता मानते हैं वहीं डॉ. सुमन राजे का कहना है कि नवजागरण एक राजनीतिक, सामाजिक, साँस्कृतिक जागरण है, आधुनिकता जिसका सर्वमान्य मूल्य है। (हिन्दी साहित्य का आधा इतिहासः डॉ. सुमन राजे, पृ. 225) स्त्री साहित्य के सन्दर्भ में डॉ. नगेन्द्र को उद्धृत करना आवश्यक है जिससे आधुनिक काल नामकरण की सार्थकता सिद्ध हो सकती है। डॉ. नगेन्द्र के अनुसार ''आधुनिक शब्द के दो अर्थ मध्यकाल से भिन्नता और नवीन ईहलौकिक दृष्टि की सूचना देता है। मध्यकाल अपने अवरोध जड़ता और रूढ़िवादिता के कारण स्थिर और एकरस हो चुका था मध्यकालीन जड़ता और आधुनिक गत्यात्मकता को साहित्य के माध्यम से समझा जा सकता है। आधुनिक शब्द से जो दूसरा अर्थ ध्वनित होता है वह है इहलौकिक दृष्टिकोण। धर्म, दर्शन, साहित्य, चित्र आदि सभी के प्रति नये दृष्टिकोण का इस कालखंड में आविर्भाव हुआ। मध्यकाल में पारलौकिक दृष्टि से मनुष्य इतना अधिक आच्छन्न था कि उसे अपने परिवेश की सुध ही नहीं थी, पर आधुनिक युग में वह अपने पर्यावरण के प्रति अधिक सतर्क हो गया। आधुनिक युग की पीठिका के रूप में इस देश में जिन दार्शनिक चिन्तकों और धार्मिक व्याख्याताओं

की आविर्भाव हुआ उनकी मूल चिन्ता धारा इहलौकिक ही है। सुधार, परिष्कार और अतीत का पुनर्व्याख्या नवीन दृष्टिकोण की देन रही है। आधुनिक युग की ऐतिहासिक प्रक्रिया का ही परिणाम है कि साहित्य की भाषा भी बदल गयी।" (हिन्दी साहित्य का इतिहास: सं. डॉ. नगेन्द्र, पृ. 438) आधुनिकता को ध्यान में रखते हुए आधुनिक काल को मैंने तीन कालखंड में बाँटा है—

1. अस्मिता संज्ञान युग (सन् 1857 से 1950 ई.)
2. अस्मिता निर्माण युग (सन् 1950 से 2000 ई.)
3. अस्मिता विस्तार युग (सन् 2000 से आज तक)

1. (क) अस्मिता संज्ञान युग (सन् 1850 से 1950 तक)

आलोचकों ने जिस चौथे नवजागरण की बात कही है उस नवजागरण की गूँज हमें 1940 तक की रचनाओं में देखने को मिलती है और देश को स्वतन्त्रता 1947 में मिलती है। इसलिए मैंने इस कालखंड की सीमा 1950 तक रखना उचित समझा है। मध्यकालीन नवजागरण जहाँ मानवीय, सामाजिक और साँस्कृतिक था, वहीं आधुनिक काल में नवजागरण स्वतन्त्रता आन्दोलन से जुड़ कर इसमें राजनीतिक पक्ष भी शामिल हो गया। तत्कालीन समय में स्त्री योगदान की चर्चा अगर की जाय तो हर क्षेत्र में स्त्रियों का योगदान दिखाई देता है। स्त्रियों के कार्य क्षेत्र की अगर हम बात करें तो स्त्रियों ने हर क्षेत्र में अपने आपको आगे रखा है। तत्कालीन समय में ख़ुद स्त्री अपनी अस्मिता का संज्ञान ले रही थी और अन्य स्त्रियों में अस्मिता बोध को जगा रही थी। इसलिए इस कालखंड को मैंने अस्मिता संज्ञान युग कहना श्रेयस्कर समझा है।

किसी कालखंड को समझने के लिए उसके उदय की पृष्ठभूमि बहुत महत्त्वपूर्ण होती है। राजनीतिक आधार पर तत्कालीन समाज को देखें तो औरंगज़ेब की मृत्यु के बाद मुग़ल शासन का सूर्य पूर्णतया अस्त हो गया था। अंग्रेज़ों ने पहले व्यापार फिर सत्ता पर भी अधिकार कर लिया था। एम.एम. श्रीनिवासन ने सोशल चेंज इन मॉडर्न इंडिया में यह तथ्य स्वीकार किया है कि सामाजिक सुधार का आन्दोलनकारी रूप स्वतन्त्रता संग्राम से पहले हुआ था। यह एक तथ्य अवश्य ध्यान देने योग्य है कि सन् 1857 ईस्वी का विद्रोह स्वतन्त्रता संग्राम कहलाया था और उसके पहले हुए अन्य आन्दोलन सिर्फ़ विद्रोह की संज्ञा से अभिहित किये गये थे। सन् 1793 ईस्वी में लागू ज़मींदारी प्रथा का शोषित रूप बढ़ते-बढ़ते विकराल हो गया था। परन्तु जब ज़मींदारी प्रथा नहीं थी तब भी शोषण के विरुद्ध विद्रोह की चिंगारी भारतीय जनता

में उठ चुकी थी। सन् 1763 ईस्वी में सैनिक और मज़दूर आक्रमण में मेदनीपुर के आदिवासी किसानों का शामिल होना इसका प्रत्यक्ष प्रमाण माना जा सकता है। 1768 का शमशेर गाजी विद्रोह पूर्णतया किसानी विद्रोह कहा जा सकता है। 1788 में आदिवासी किसानों के आन्दोलन के रूप में किसानी विद्रोह का व्यापक असर दिखाई देता है। वस्तुतः यह सारे विद्रोह सामन्तवादी व्यवस्था से थे स्वतन्त्रता संग्राम इन्हें नहीं कहा गया। इस सन्दर्भ में एक और महत्त्वपूर्ण तथ्य है कि मेदिनीपुर हो या पश्चिम बंगाल का आदिवासी किसान विद्रोह इन सभी विद्रोह में कृषक और मज़दूर वर्ग से लेकर सभी वर्ग और सभी जातियाँ शामिल थीं। इसलिए जब भी पुनर्जागरण के सन्दर्भ में बात करते हुए लोग राजा राममोहन राय आदि को जातिगत साँचे में देखकर वर्णन करते हैं तो वह पूर्णता ग़लत है। मेरा मानना है कि विद्रोह शोषित वर्ग ने किया था। उसे हम जातियों के साचें में देखेंगे तो पुनर्जागरण की सम्पूर्ण संकल्पना में बाधा उत्पन्न होगी। एक वर्ग पहले से ही मानसिक और आर्थिक रूप से मज़बूत था, उसने समाज सुधार का बीड़ा उठाया और अन्य वर्गों ने प्रेरणा लेकर और स्वयं की चेतना को जाग्रत कर के इसमें योगदान दिया था।

हिन्दी साहित्य में आधुनिक काल (भारतेन्दु युग से प्रगतिवाद/प्रेमचन्द युग तक) भारतीय पराधीनता का समय रहा है। गांधीवादी विचारधारा भारतीय जनमानस पर गहरा प्रभाव छोड़ रही थी। जालियाँवाला बाग हत्याकांड, चौरी चौरा कांड और असहयोग आन्दोलन आदि घटनाओं ने परतन्त्रता की बेचैनी को और बढ़ा दिया था। विदेशी पराधीनता ने जहाँ भारतीयों में असन्तोष का भाव उत्पन्न किया वहीं कुछ सकारात्मकता भी अनायास जुड़ती चली गयी। फोन, कार, ट्रेन और प्रेस की स्थापना ने भारतीय लोगों को आपसी सम्बद्धता में बहुत सहूलियत प्रदान कर दी जिसकी कमी प्रथम स्वतन्त्रता आन्दोलन में महसूस की गयी था। ब्रिटिश साम्राज्य के द्वारा स्थापित सैंडलर विश्वविद्यालय आयोग ने स्कूली शिक्षा तथा विश्वविद्यालय शिक्षा का नवीनतम ढाँचा प्रस्तावित किया। इसमें स्त्री शिक्षा पर विशेष बल दिया गया। शिक्षा के विभिन्न प्रयासों में भारतीय चेतना का विकास किया साथ ही वैश्विक साहित्य का असीम भण्डार भी भारतीयों के लिए सुलभ हुआ। वह मार्क्स, लेनिन आदि के विचारों से अवगत ही नहीं हुआ बल्कि प्रभावित भी हुआ। अमेरिकन क्रान्ति और फ्रांस की आज़ादी भी भारतीयों में घर कर गयी थी। वैश्विक स्तर पर इन घटनाओं के साथ प्रथम विश्व युद्ध का असन्तोष भी इन परिस्थितियों से जुड़ गया था।

एक ओर शिक्षा के कारण नवीन चेतना का विकास हो रहा था तो दूसरी ओर अपनी संस्कृति, सभ्यता का संकट भी दिख रहा था। नये यथार्थ और पुराने संस्कार

में सामंजस्य की आवश्यकता महसूस होने लगी थी। इसीलिए ब्रह्म समाज तथा आर्य समाज जैसी संस्थाओं की स्थापना हुई और समाज को इन सभी परिस्थितियों के अनुसार बनाने का कार्य बुद्धिजीवी वर्ग ने अपने ऊपर लिया जिसमें राजा राममोहन राय, दयानन्द सरस्वती, विवेकानन्द आदि अग्रणी रहे। पुनर्जागरण की जिस चेतना की नींव हम राजा राममोहन राय और दयानन्द सरस्वती में देखते हैं वह चेतना पूर्व के विद्रोहात्मक स्वरूप का सकारात्मक परिणाम है। सन् 1822 ई. में ब्रह्म समाज और सन् 1877 ई. में आर्य समाज को स्थापित करने की नींव प्रारम्भ के विद्रोह ही रहे हैं। परन्तु अन्य परिस्थितियों की भूमिका को यह कथन नकारता नहीं है, जिसकी चर्चा होनी आवश्यक है।

अंग्रेज़ों द्वारा 1856 ई. में अवध विजय के कारण लगभग 60,000 भारतीयों को बेरोज़गार ही नहीं किया बल्कि ग़ुलामी की ज़ंजीरों में आबाद मस्तक डुबो दिया। ऐसी विकट परिस्थितियों में बेगम हजरत महल और रानी लक्ष्मीबाई जैसी स्त्रियों का सामने आना उन राजाओं को शर्मसार करने के लिए काफ़ी था जो अंग्रेज़ों की ग़ुलामी को सहर्ष स्वीकार कर रहे थे। रानी लक्ष्मीबाई ने पहली स्त्री सेना का गठन करके सिर्फ़ अंग्रेज़ों को ही जवाब नहीं दिया अपितु पूरे स्त्री समाज को शौर्य और साहस का सन्देश भी दिया। प्रथम स्वतन्त्रता संग्राम की घटना ने भारतीय इतिहास के पन्नों में नया रंग भर दिया। क्रमवार रूप से अनेक घटनाएँ जैसे बंग विभाजन, काकोरी हत्याकांड, चौरीचौरा कांड, जालियांवाला बाग हत्याकांड, आदि हुए जिसनें जनता के सामने वैचारिक प्रश्न खड़ा किया।

लम्बे समय तक चले सामन्तवादी प्रवृत्ति और अंग्रेज़ी शासन के कारण भारत का आर्थिक ढाँचा पूरी तरह से चरमरा गया था।आर्थिक दृष्टि से भारतीय पहले ही जूझ रहे थे जिसे दादा भाई नरौजी ने स्पष्ट शब्दों में व्यक्त किया कि अँग्रेज़ी सरकार भारतीयों का शोषण कर रही है। प्रथम विश्व युद्ध की समाप्ति पर यह वैषम्य और बढ़ गया था। भारत का सारा धन ब्रिटिश साम्राज्य का हो जाता था और सामान्य जन आर्थिक अभाव से लगातार जूझ रहा था। उसके परिश्रम का फल उसे नहीं मिल रहा था। कृषक वर्ग इससे सबसे ज़्यादा प्रभावित था क्योंकि भारत कृषि प्रधान देश रहा है।

उपनिवेशवाद के भय से अपनी संस्कृति की विलुप्त होने का भाव पुनर्जागरण की परिणति के रूप में हमारे सामने आता है। हम सभी जानते हैं कि समय-समय पर भारतीय इतिहास को बदलने की पूरी चेष्टा की गयी है। इसी कारण से पुनर्जागरण का मूल स्वर वेदों की ओर चलो की ओर उन्मुख हुआ। पुनर्जागरणकालीन समाज सुधारकों ने अतीत के इतिहास को वर्तमान की प्रेरणा का बिगुल बनाया।

तत्कालीन समाज में धर्म का अन्धविश्वास उसकी रूढ़ियाँ आदि धार्मिक वैषम्य पूरे समाज में फैला था। यहाँ भी स्त्री पर दोगुना भार ज़्यादा था। धर्म का निर्वाह उसे पुरुष से ज़्यादा करना था। धर्म समाज परिवार सबके कारण सर्वाधिक उत्पीड़न स्त्री का ही होता था या यूँ कहें कि शोषण का दोहरा और तिहरा स्तर स्त्री ही भोग रही थी।सामाजिक स्तर पर भारतीयों का संघर्ष दो स्तरों पर था पहला अंग्रेज़ों से तथा दूसरे स्वयं की सामन्तवादी व्यवस्था से। स्त्री का संघर्ष यहाँ एक और स्तर पर था वह आर्थिक रूप से भी प्रताड़ित थी, जातिगत रूप से भी और पुरुष प्रधान समाज से भी प्रताड़ित की गयी थी। पुरुषों के जो संघर्ष के स्तर थे उसके साथ ही स्त्री को उन संघर्षों के साथ एक अन्य संघर्ष अस्तित्व की स्थापना के लिए था।

राजनीतिक और सामाजिक दासता के कारण साँस्कृतिक खतरा मंडराने लगा था। भारत में हिन्दू और मुस्लिम संस्कृति पहले से ही तनावपूर्ण थी। ब्रिटिश साम्राज्य के आने के बाद ईसाई धर्म के प्रचार ने भारत की साँस्कृतिक परिदृश्य को झकझोर दिया। मैकाले की शिक्षा नीति में मदरसा और संस्कृत विद्यालय का विरोध था और शिक्षा के पश्चिमीकरण पर बल था। ईसाई धर्म बड़ी तेज़ी से भारत में अपना पैर पसार रहा था। ईसाई धर्म के प्रचार-प्रसार की परिस्थितियों ने सिर्फ़ साँस्कृतिक संकट ही नहीं भारतीय चेतना का विकास और परिष्कार भी किया। आधुनिक शिक्षा की बुनियादी ज़रूरत ने सभी को अपनी यथास्थिति को ही नहीं दिखाया बल्कि उस स्थिति को झकझोरा भी था। इसमें यातायात के साधनों का विकास के साथ मुद्रण की सुविधा ने क्रान्तिकारी क़दम उठाया। वैसे तो 1550 में पुर्तगालियों ने मुद्रण की सुविधा प्रदान कर दी थी परन्तु अंग्रेज़ों की शिक्षा नीति के फलस्वरूप ईसाई धर्म के प्रचार-प्रसार के लिए मुद्रण का जो कार्य व्यापक स्तर पर हुआ उसके कारण भारतीयों को अपनी प्राचीन साँस्कृतिक विरासत के साथ आधुनिक ज्ञान भी प्राप्त होने लगा था। देवनागरी अक्षरों में ढलाई का कार्य सन् 1806 ई. में शुरू हुआ था जिसके लिए विलियम कैरी ने काफ़ी प्रयास किया था।

भाषा के स्तर पर विचार किया जाये तो सन् 1836 ई. तक फ़ारसी भाषा राजकीय कार्य करने की भाषा थी। अंग्रेज़ी भाषा के दबाव के साथ ही फूट डालो की नीति के तहत उर्दू को बढ़ावा दिया जा रहा था। ऐसे में सन् 1887 ई. में बिहार और 1900 ई. में उत्तर प्रदेश में हिन्दी को कचहरी की भाषा बनाने में लम्बा संघर्ष करना पड़ा था। सन् 1893 ई. में नागरी प्रचारिणी सभा की स्थापना हिन्दी साहित्य का टर्निंग प्वाइंट कहा जा सकता है। नागरी प्रचारिणी सभा की पांडुलिपियों की खोज के कार्य ने हिन्दी साहित्य को स्त्री रचनाकारों से परिचित कराया। इस अर्थ में नागरी प्रचारिणी सभा का हिन्दी के स्त्री साहित्य पर सबसे ज़्यादा उपकार रहा है।

एक ओर जहाँ राजा राममोहन राय दयानन्द सरस्वती आदि ने समाज सुधार के तहत स्त्री मुक्ति की ज़मीन तलाशी तो दूसरी और भाषा के माध्यम से यह कार्य भारतेन्दु हरिश्चन्द्र आदि ने किया। प्रथम स्त्री विषयक पत्रिका प्रकाशित करके भारतेन्दु ने स्त्री चेतना के विकास की पहली सीढ़ी अवश्य निर्मित की। पत्रिका का मुख्य पृष्ठ नर और नारी समानता को प्रदर्शित करता था। पितृसत्तात्मक ढाँचे में ही सही परन्तु पहली बार स्त्री और पुरुष की समानता की बात तो कही गयी। इससे पहले मध्यकाल में स्त्री कबीर के शब्दों में नारी महा विकारा थी या फिर श्रृंगार के लिए मांसल थी, मनुष्य नहीं थी।

पुरुषों द्वारा किये गये कार्य एक छोर पर थे। दूसरे छोर पर पहली शिक्षिका सावित्रीबाई फुले ने 3 जनवरी 1848 ई. को 9 छात्राओं को लेकर के विद्यालय की स्थापना की और एक वर्ष के भीतर ही अपने पति ज्योतिराव फुले के सहयोग से पाँच अन्य कन्या विद्यालय की स्थापना की। इस प्रकार से स्त्री द्वारा स्त्री शिक्षा का प्रारम्भिक और साहसिक क़दम इतिहास में दर्ज हुआ। पंडिता रमाबाई में 1882 ई. में आर्य महिला समाज की स्थापना की जिसमें स्त्री शिक्षा, विधवा पुनर्विवाह के समर्थन के साथ हत्या और बाल विवाह का पुरज़ोर विरोध दर्ज किया गया। स्त्री समुदाय में एक नयी चेतना का विकास हुआ। घटनाओं के फलस्वरूप आनन्दीबाई जैसों ने अपने देश में ही नहीं विदेश में जाकर के शिक्षा को ग्रहण किया। स्वर्णकुमारी के लेडीज़ एसोसिएशन और रमाबाई के शारदा सदन के सपनों को स्त्री सहयोग ने साकार किया। इस प्रकार से संगठनो के बनने की गति पकड़ने लगी जिन्होंने स्त्री स्थिति में सुधार किया। स्त्रियों ने लेडिज एसोसिएशन, क्लब एसोसिएशन, नेशनल काउंसिल फॉर वूमेन इन इंडिया आदि संगठन बनाये जिसमें सिर्फ़ स्त्रियों की ही बातें होती थीं। स्त्री स्वातन्त्र्य के लिए इसके अतिरिक्त भी अनेक कार्य हुए हैं जो बड़ी सहजता से इतिहास में मिल जाते हैं। इन घटनाओं को अगर हम हिन्दी साहित्य के कालखंड की दृष्टि से देखें तो भारतेन्दु युग से पूर्व चलते हुए यह घटनाएँ छायावाद / प्रेमचन्द युग तक आती हैं जिससे स्त्री चेतना की कैसे-कैसे वृद्धि हुई यह स्वत: ही स्पष्ट हो जाता है।

विभिन्न आलोचकों ने नवजागरण पर अपने मत दिये हैं। डॉ. नामवर सिंह कहते हैं— "ऐसा लगता है कि हिन्दी साहित्य में स्त्री बे-आवाज़ थी और उसे मुँह खोलने का मौक़ा नहीं मिल रहा था। इसका सम्बन्ध कुछ तो हिन्दी प्रदेश के साँस्कृतिक पुनर्जागरण की अपर्याप्तता से था।" इसी प्रकार पार्थ चटर्जी द नेशनलिस्ट रीज़ॉल्यूशन ऑफ़ द वीमेंस क्वेशचन इन एमपायर ऐंड नेशन में कहते हैं "राष्ट्रवादी आन्दोलन के

पब्लिक अजेंडे से स्त्रियाँ ग़ायब थीं।" इसी मत का समर्थन करते हुए नीता कुमार ने एजुकेशन ऐंड सोशल चेंज इन ट्वेंटी सेंचुरी बनारस में माना है कि तत्कालीन समय में स्त्री प्रश्न शामिल नहीं किया गया है। यह सत्य है कि स्त्री का सामाजिक दायरा समकालीन परिस्थितियों में जैसा है वैसा तत्कालीन परिस्थितियों में नहीं था। बंगाल की अपेक्षा हिन्दी प्रदेश में नवजागरण देर से आया था। परन्तु जब हम हिन्दी साहित्य में इस प्रश्न को विचरण कराते हैं तब देखते हैं कि पुरुषों ने स्त्री को भले ही केन्द्र में न रखा हो पर स्त्री प्रतिरोध स्वयं स्त्री के द्वारा किया जाता रहा है। यह अवश्य है कि पितृसत्तात्मक समाज ने इसे स्वीकारा नहीं और न ही उसे समाज में प्रसारित किया। इसका सबसे बड़ा उदाहरण हमें यह देखने को मिलता है कि जिस पुनर्जागरण की हम चर्चा कर रहे हैं उस समय जितने भी स्त्री आन्दोलन हुए और स्त्रियों ने साहित्य लिखा वह हिन्दी साहित्य के इतिहास में कहीं भी दर्ज नहीं हुआ है। स्त्री साहित्य लौकिक साहित्य में भी अपनी उपस्थिति दर्ज कराता रहा है। उस प्रतिरोध का स्वर हम सीता की अग्नि परीक्षा के सन्दर्भ में पहले ही पढ़ चुके हैं। अब जब स्त्री साहित्य को इतिहास में स्थान ही नहीं दिया गया तो पुरुष दृष्टिकोण से पुनर्जागरण में स्त्री केन्द्र में कैसे आयेगी? जबकि स्त्री इतिहास में देखते हैं तो स्त्री की उपस्थिति पूर्ण नहीं पर उपस्थिति पुनर्जागरण के पहले से है और अपने तीखे और प्रतिरोधात्मक रूप में है। आधुनिक काल में स्त्री अस्मिता का प्रश्न व्यापक रूप से पुरुषों और स्त्रियों ने उठाया है। अस्मिता निर्माण के लिए स्त्री स्वयं भी अग्रसर हुई यह तथ्य सत्य है। ए.आर. देसाई ने भारतीय राष्ट्रवाद की सामाजिक पृष्ठभूमि में लिखा है कि राजनीति में स्त्रियों का तीव्र प्रवेश विशेष रूप से 1919 ई. के बाद भारतीय इतिहास की अत्यन्त आश्चर्यजनक घटना है। देसाई जी का यह कथन स्त्री सहभागिता को स्पष्ट करता है, जिसका उल्लेख बहुत से इतिहास में नहीं है। इसके साथ ही स्वतन्त्रता आन्दोलन और साहित्य सृजन में स्त्रियों ने भरपूर भागीदारी की थी जिसका उल्लेख इतिहास के पन्नों में हमें नहीं मिलता है

एक तथ्य और है कि स्त्री आन्दोलन को कुछ लोग पश्चिम से आयातित मानते रहे हैं। वस्तुत: स्त्री आन्दोलन राजा राममोहन राय और भारतेन्दु के समक्ष शुरू हो गया था जिसके लिए तत्कालीन परिस्थिति के साथ वैचारिक परिपक्वता उत्तरदायी है। यह अवश्य है कि पाश्चात्य आन्दोलनों और स्त्री मुक्ति संघर्ष ने यहाँ प्रेरणात्मक वैचारिकी का कार्य अवश्य किया। स्त्री मुक्ति आन्दोलन का वैचारिक प्रभाव तत्कालीन पत्र-पत्रिकाओं में प्रेरणा के रूप में दिखाई देता है। इस आन्दोलन में पुरुषों ने स्त्री अधिकारों की लड़ाई लड़ी और स्वयं स्त्रियों ने भी इसमें बढ़-चढ़कर भागीदारी की।

यह समय वह था जब सन् 1928 ई. में स्त्रियाँ विश्वविद्यालयों में प्रवेश कर चुकी थी। 1828 ई. में आनन्दीबाई जोशी ने डॉक्टरी की पढ़ाई अमेरिका में जाकर की परन्तु उपेक्षा का यह आलम था कि उनकी चिकित्सा के लिए किसी भी डॉक्टर ने इनकार कर दिया था। ऐसे समय में स्त्रियों का संघर्ष और स्वतन्त्रता की क्या दशा और दिशा रही होगी यह स्वयं ही कल्पना की जा सकती है।

आजकल स्त्री विमर्श के नाम पर पुरुष विरोध चलायमान है इसी का प्रतिफल हम देखते हैं कि भारतेन्दु, विवेकानन्द, राजा राममोहन राय का विरोध बहुत तेज़ी से हो रहा है। पर यहाँ प्रश्न यह है कि जो आज इनका विरोध कर रहे हैं वह समकालीन परिवेश के हैं और उन्हें यह ज़मीन निर्मित मिली हुई है पर भारतेन्दु, विवेकानन्द, राजा राममोहन राय के समक्ष पहली प्राथमिकता ज़मीन निर्माण की थी। सहमति और असहमति के प्रश्न को भी अलग-अलग पहलू से देखना आवश्यक है। तत्कालीन समय में राजा राममोहन राय, भारतेन्दु आदि ने अपने परिवेश, अपनी शिक्षा के अनुसार कार्य किया था। क्या यह महत्त्वपूर्ण नहीं है कि उन्होंने प्रथम प्रयास किया? जो भारतेन्दु 'भारतवर्षोन्नति कैसे हो' निबन्ध में कहते हैं कि स्त्री शिक्षा गृह शिक्षा जैसी हो वही भारतेन्दु नाटक निबन्ध में कहते हैं कि भारतीय स्त्री इतनी शिक्षित थी उतनी इंग्लैंड में भी नहीं थी। स्त्रियों की शिक्षा के लिए प्रयास करने वाले भारतेन्दु स्त्रियों को परीक्षा पास करने पर साड़ी उपहार स्वरूप देते थे और 1882 में लड़कियों के स्कूल बन्द किये जाने पर हंटर आयोग के समक्ष विरोध प्रदर्शित कर रहे थे। पर भारतेन्दु के विरोधी इसे उल्लिखित (कोड) नहीं करेंगे। वह तो उसे कोड करेंगे जिससे भारतेन्दु पितृसत्तात्मक ढाँचे के समर्थक सिद्ध होते हैं। यहाँ मुद्दा भारतेन्दु या अन्य पितृसत्तात्मक ढाँचे का समर्थक होना नहीं है। यह मुद्दा स्त्री चेतना का है, स्त्री मुक्ति का है। स्त्री मुक्ति के लिए जिस किसी ने भी जो भी प्रयास किया है वह सराहनीय है चाहे वह पितृसत्तात्मक ढाँचे में ही क्यों न हो, क्योंकि ढाँचे को क्रमबद्ध रूप से तोड़ा जा सकता है। जिस प्रकार से अंग्रेज़ों ने अपनी सत्ता को मज़बूत करने के लिए भारत में शिक्षा, व्यापार, यातायात आदि को सुदृढ़ किया जो भारतीयों के लिए हितकर साबित हुई वैसे ही पुरुषों ने जो भी स्त्रियों के उत्थान के लिए आन्दोलन चलाये उससे स्त्रियों की अन्तर्निहित चेतना भी जागी और पुरुषों की विचारधारा में भी परिवर्तन हुआ। पुनर्जागरण की एक धारा जो स्त्री शिक्षा को गृह शिक्षा से जोड़ करके देखती थी उसने स्त्रियों में शिक्षा का प्रचार-प्रसार किया जिसका परिणाम यह हुआ कि स्त्रियों के भीतर की चेतना जागी और उन्होंने गृह शिक्षा से आगे भी अपनी राहें तलाश लीं। इसी कड़ी में वह सामाजिक असमानता, शिक्षा, राजनीतिक

अधिकार, वोट का अधिकार इत्यादि मुद्दों पर खुलकर के चर्चाएँ करती हुई सामने आती हैं। वस्तुत: नवजागरण के समय समाज में दो विचारधारा स्पष्ट रूप से दिखाई देती हैं। पहली विचारधारा वह थी जो स्त्री की आदर्शात्मक छवि या दूसरे शब्दों में कहें तो पितृसत्तात्मक रूप को निर्मित करती थी और शिक्षा को घर गृहस्थी निर्वाह तक सीमित रखती थी। दूसरी विचारधारा स्त्री की वैयक्तिक स्वतन्त्रता से सम्बद्ध थी जिसमें स्त्री मुक्ति की बात कही गयी है। यह मुक्ति पुरुष से नहीं अज्ञानता, अशिक्षा, राजनीतिक, सामाजिक सभी स्तरों पर आकांक्षित थी।

पुनर्जागरण के परिणाम-स्वरूप स्त्री चेतना की एक लहर व्याप्त हुई थी उसका सुखद परिणाम यह निकला कि स्त्री रचनाकार हर क्षेत्र में आगे आती है इसके साथ ही पुरुष रचनाकारों ने भी उनका संज्ञान लेना प्रारम्भ कर दिया था। हाँ यह अवश्य है कि यह प्रारम्भ देर से ही कहा जा सकता है। सर्वप्रथम मैं देवी प्रसाद की चर्चा करूँगी जो शिवरानी देवी के पिता थे। इन्होंने सन् 1905 में महिला मृदुवाणी नामक पुस्तक की रचना की जो हिन्दी स्त्री साहित्य का प्रथम इतिहास कहा जा सकता है। यह संग्रह हिन्दी की उन रचनाकारों को हमारे सामने लाता है जिससे इतिहास ने मुँह मोड़ लिया था। इसके पश्चात सन् 1913 में मिश्र बन्धुओं ने इतिहास रचना की जिसमें उन्होंने कुल 10 कवयित्रियों का उल्लेख किया है जिससे इतिहास को समझने में मदद मिलती है। सन् 1917 में कविता कौमुदी का प्रकाशन स्त्री साहित्य के लिए एक और सीढ़ी साबित होता है। सन् 1921 हिन्दी कोविद ग्रन्थ माला में श्यामसुन्दर दास ने स्त्री रचनाकारों का उल्लेख किया है। सन् 1922 में लाला भगवानदीन ने आलम केलि नामक ग्रन्थ जो सन् 1696 में लिखा गया था का पुन: प्रकाशन किया और हिन्दी साहित्य को यह बताया कि यह आलम और शेख की संयुक्त रचना है। इस प्रकार से हिन्दी साहित्य में पहला सह-लेखन काव्य आलम केलि को माना जा सकता है। बाद में इसी प्रकार की परम्पराओं का अनुसरण करते हुए राजेन्द्र यादव और मन्नू भण्डारी ने उपन्यास 'एक इंच मुस्कान' जैसी कृतियों को हिन्दी साहित्य के इतिहास में नाम दर्ज किया। आलम केलि के सन्दर्भ में लाला भगवानदीन कहते हैं—"छन्द नम्बर 196 में सर्वनाम और क्रिया के ऐसे रूप प्रयुक्त किये हैं जिनसे प्रत्यक्ष मालूम होता है कि वह (शेख) पंजाब निवासी है। अनेक शब्दों से उसकी कृष्ण भक्तों के प्रति अटल भक्ति भली-भाँति प्रकट होगी।" सन् 1926 में हिन्दी के मुसलमान कवि में हिन्दी की मुसलमान स्त्री कवयित्रियों के बारे में जानकारी प्राप्त होती है। मुंशी देवी प्रसाद के बाद सर्वाधिक सराहनीय कार्य ज्योति प्रसाद निर्मल जी ने किया है जिन्होंने सन् 1931 में स्त्री कवि कौमुदी और सन् 1938 में स्त्री कवि

संग्रह का प्रकाशन किया। ज़ाहिर-सी बात है इतिहास में गुम हुई इन स्त्री रचनाकारों को इतिहास में नाम दर्ज कराने के लिए यह पुस्तकें भोथरे हथियार के रूप में काम आती हैं। सन् 1941 में व्यथित हृदय जिनका मूल नाम विनीत भाई था ने हिन्दी काव्य की कलामयी तारिकाएँ नाम से एक पुस्तक का प्रकाशन किया जिसमें 39 कवयित्रियों का परिचय चित्र के साथ दिया है। व्यथित जी हिन्दू महिला महाविद्यालय में लेक्चरर थे उन्होंने हिन्दी की श्रेष्ठ लेखिकाएँ और हिन्दी भाषा और साहित्य का इतिहास (1956) में भी स्त्री रचनाकारों के सन्दर्भ में लिखा है और स्त्री रचनाकारों का संकलन भी किया है। हिन्दी काव्य की कलामयी तारिकाएँ में व्यथित जी स्वतन्त्रता पूर्व रचनाकारों का उल्लेख करते हैं और उनकी कृतियों को प्रस्तुत करते हैं तथा 'हिन्दी की श्रेष्ठ लेखिकाएँ' पुस्तक में स्वातन्त्र्योत्तर युग की स्त्री रचनाकारों का उल्लेख करते हैं। हिन्दी की श्रेष्ठ लेखिकाएँ पुस्तक के आवरण पृष्ठ पर वह कहते हैं—"स्वातन्त्र्योत्तर काल महिला कथा साहित्य लेखन का चरित्र चरमोत्कर्ष काल है। इस काल में हिन्दी साहित्यकारों में पुरुष साहित्यकारों के समक्ष अपनी अद्‌भुत प्रतिभा के साथ कुछ ऐसी देवियाँ है जिन्होंने अपनी प्रतिभा और ख़ुशियों के द्वारा हिन्दी साहित्य में चार चाँद लगा दिये उसके मस्तक को और उन्नत कर दिया है।"

उक्त इतिहास अथवा कवि संग्रह की पुस्तकों को देखकर यह निस्सन्देह कहा जा सकता है कि स्त्री चेतना की लहर अपनी अस्मिता की प्राप्ति की ओर बढ़ रही थी जिसमें स्त्री और पुरुष दोनों ने बराबर की भागीदारी की है। इसलिए स्त्री स्वतन्त्रता या जागरण के लिए स्त्री-पुरुषों ने संयुक्त रूप से कार्य किया और दोनों ने स्त्री स्वतन्त्रता के मार्ग को प्रशस्त किया है।

हिन्दी साहित्य में स्त्री सहभागिता पर विचार किया जाय तो सन् 1918 में इन्दौर में हिन्दी साहित्य सम्मेलन हुआ था उसमें एक विषय था—हिन्दी भाषा में स्त्रियों के योग्य साहित्य। पहली बार हिन्दी साहित्य सम्मेलन में लगभग 700 स्त्रियों ने भाग लिया था। सम्मेलन में गंगाबाई, हेमन्त कुमारी चौधरानी, मनोरमा बाई, रेणु बाई, आदि ने स्त्रियों की शिक्षा पर भाषण दिया। इतनी संख्या में स्त्रियों का भाग लेना इस बात का प्रमाण है कि स्त्रियाँ सजग व जागरूक हो चुकी थीं। उस समय तक सिर्फ़ और सिर्फ़ इतिहास से उन्हें ख़ारिज किया गया था। जब पुरुष काव्यधारा छायावाद की गलियों में विचर रही थी तब स्त्रियों के चर्चा का विषय 'योग्य साहित्य' था।

हिन्दी साहित्य के सन्दर्भ में चर्चा की जाये तो स्त्रियों का एक वर्ग था जो पत्रिकाओं का सम्पादन कर रहा था। पत्रिकाओं के माध्यम से यह वर्ग स्त्री मुक्ति को अपनी पत्रिकाओं में पाठकों के समक्ष रख रहा था और स्त्री मुक्ति को बढ़ावा

दे रहा था। दूसरा वर्ग वह था जो निरन्तर सृजन के द्वारा स्त्री मुक्ति का मुद्दा देश के समक्ष प्रस्तुत कर रहा था और साहित्य के माध्यम से स्त्री चेतना का विकास कर रहा था। यह वर्ग वह था जो पूर्णतया साहित्य सृजन में रत था। उसका माध्यम कहानी, कविता, उपन्यास या फिर वैचारिक लेख थे। तीसरे वर्ग में वह स्त्रियाँ आती हैं जो इन दोनों वर्गों के साथ-साथ देश की स्वतन्त्रता में भी निरन्तर अपना योगदान दे रही थीं और जिनकी दृष्टि सामाजिक सुधार पर भी निरन्तर बनी हुई थी। सामाजिक और राजनीतिक स्तर पर यह स्त्रियाँ बाल विवाह, विधवा विवाह, वोट देने का अधिकार आदि स्त्री अधिकारों के लिए विभिन्न संस्थाओं का गठन कर रही थीं और साथ ही साथ सरकार के सम्मुख अपना पक्ष भी रख रही थीं। देश की स्वाधीनता में योगदान देने वाली स्त्रियों की गाथा को हम आशा रानी व्होरा की 'स्वतन्त्रता सेनानी लेखिकाएँ', 'क्रान्तिकारी महिलाएँ', राधा कुमार की 'स्त्री संघर्ष का इतिहास', नीरजा माधव की 'हिन्दी साहित्य का ओझल नारी इतिहास' आदि पुस्तकों में पढ़ सकते हैं। इन तीनों वर्ग की स्त्रियों का लक्ष्य एक था स्त्री मुक्ति। वैयक्तिक स्तर पर शिक्षा, विधवा पुनर्विवाह स्वीकृति, पारिवारिक स्तर पर परिवार के नाम पर दासता से मुक्ति, सामाजिक स्तर पर बाल विवाह, सती प्रथा जैसी रूढ़ियों से मुक्ति, राजनीतिक स्तर पर वोट देने का अधिकार, क़ानून व्यवस्था में स्त्री सहभागिता आदि पर स्त्री अपने विचार प्रकट करने के साथ व्यावहारिक रूप से उसे क्रियान्वित भी कर रही थी। यहाँ यह भी सत्य है कि कुछ स्त्रियाँ उक्त तीनों वर्गों में शामिल थीं।

अस्मिता संज्ञान के इस युग में उक्त तीनों वर्ग की स्त्रियों की विचारधारा तीन स्तर पर व्याख्यायित की जा सकती है। प्रथम स्तर में वेदों की ओर चलो का स्पष्ट रूप दिखाई देता है। इसके तहत स्त्रियों ने जो भी विचार रखे उसमें उन्होंने सीता, अनुसूया, अहल्या जैसे पौराणिक चरित्र को लेकर स्त्री शिक्षा आदि की चर्चा की। यह वर्ग समाज सुधार को पितृसत्तात्मक ढाँचे में करना चाहता था। दूसरा वर्ग वह था जो पाश्चात्य देशों में हो रहे स्त्री आन्दोलनों को प्रेरणादायक रूप में उपस्थित कर रहा था। अपने अधिकार भी वह पाश्चात्य सभ्यता और संस्कृति के उपयोगी तत्त्वों को समाहित करके दृढ़ कर रहा था। तीसरा वर्ग वह था जो देश के स्वतन्त्रता संग्राम में अपना योग दे रहा था। इन तीनों वर्गो को हम अलग-अलग नहीं देख सकते हैं क्योंकि कुछ ऐसी स्त्रियाँ भी थीं जो किसी दो वर्ग में भी सक्रिय थीं और कुछ तीनों वर्ग में सक्रिय थी।

सर्वप्रथम स्त्रियों का वह वर्ग जो पत्रिकाओं के सम्पादन के माध्यम से स्त्री अस्मिता का संज्ञान दिला रहा था, उन पत्रिकाओं का संक्षिप्त परिचय मैं यहाँ प्रस्तुत कर रही हूँ।

जैसा कि हम सभी जानते हैं हिन्दी के पहले पत्र उदंड मार्तंड का प्रकाशन सन् 1826 में हुआ था और प्रथम स्त्री केन्द्रित पत्रिका बाला बोधिनी का प्रकाशन सन् 1874 ई. में हुआ था। इसके पश्चात सुगृहिणी पत्रिका का प्रकाशन सन् 1888 ई. में हुआ। इस प्रकार स्त्री हिन्दी साहित्य को 1826 से लेकर 1888 तक का समय लगा स्त्री विषयक, स्त्री सम्पादक पत्रिका को प्राप्त करने में। मात्र 20 वर्ष की अवस्था में हेमन्त कुमारी देवी चौधरानी ने पहली स्त्री विषयक पत्रिका सुगृहिणी का प्रकाशन किया। हेमन्त कुमारी जो भारतेन्दु की समकालीन थीं उन्होंने हिन्दी क्षेत्र में स्त्रियों के लिए आलोचना, सम्पादक और पत्रकारिता के नये प्रवेश-द्वार को खोल दिया था। यहाँ एक और जानकारी मुझे प्राप्त हुई है जिसका उल्लेख करना अनिवार्य है। प्रेमनाथ चतुर्वेदी अपनी पुस्तक 'महिला पत्रकार और पत्रिकाएँ' में लिखते हैं—"एक फ्रांसीसी पत्रकार 4 दिसम्बर सन् 1854 के विवरण में संकेत दिया है कि कुछ समय पहले किसी भारतीय भाषा की पत्रिका 'नारी' पूर्ण रूप से स्त्री वर्ग के लिए प्रकाशित हुई थी। बहुत सम्भव है कि उक्त नारी पत्रिका हिन्दी भाषा की ही हो।" इस प्रकार से प्रेमनाथ जी नारी पत्रिका (1854) को सर्वप्रथम पत्रिका मानते हैं।

राधाकृष्ण दास हिन्दी सामयिक पत्रों का इतिहास (1892) में कहते हैं—"ऐसे समय में तीन पत्रिकाओं ने अपना महत्त्वपूर्ण योगदान दिया। जिनका सम्पादन स्वयं स्त्री कर रही थी और स्वयं स्त्रियाँ ही लिख रही थी। पहली पत्रिका है मध्य प्रदेश से प्रकाशित सुगृहिणी पत्रिका (सम्पादक हेमन्त कुमारी) दूसरी सन् 1889 में प्रकाशित भारत भगिनी पत्रिका (सम्पादक हरदेवी) और तीसरी सन् 1893 में प्रकाशित वनिता हितैषी पत्रिका (सम्पादक भाग्यवती)"। स्त्री चेतना को जाग्रत करने के लिए यह तीनों पत्रिकाएँ अग्रसर थीं।

सुगृहिणी पत्रिका ने हिन्दी पत्रकारिता में कोई व्यापक मानदंड न स्थापित किया हो परन्तु अगर उसका मूल्यांकन किया जाता तो यह पत्रिका अपने आप में अभूतपूर्व थी। समय के पन्नों ने इस पत्रिका के लिखे हुए इतिहास को कोरा कर दिया है। परन्तु हिन्दी की स्त्री द्वारा सम्पादित पहली पत्रिका होने का गर्व इससे कोई छीन नहीं सकता है। इस पत्रिका पर मंगला अनुज जी ने पूरी एक पुस्तक का निर्माण किया है जिसका

नाम है पत्रकारिता की युग निर्माता हेमन्त कुमारी देवी चौधरी जो प्रभात प्रकाशन से प्रकाशित हुई है। वह कहती हैं— "हिन्दी की आदि महिला सम्पादक हेमन्त कुमारी देवी चौधरी का हिन्दी पत्रकारिता में यशस्वी अवदान है। हेमन्त कुमारी बंग महिला थीं किन्तु उन्हें पिता से हिन्दी सेवा के संस्कार मिले थे। उन्होंने अपना पूरा जीवन हिन्दी पत्रकारिता, साहित्य और शिक्षा की सेवा में व्यतीत किया। यह पूर्णरूपेण स्त्री विषयक पत्रिका थी।" सुगृहिणी पत्रिका के पहले अंक में ही लिखा है—"प्यारी बहनो द्वार खोलो, देखो तुम्हारे यहाँ कौन आयी है। तुम लोग जिसे पहचानती हो यह भी तुम्हारी एक भगिनी है। इसका नाम सुगृहिणी है। तुम्हारे दुखों को देखकर तुम्हें अज्ञानता और पराधीनता में बन्द देखकर तुम्हारी बहन तुम्हारे द्वार पर आयी है"। इस पत्रिका के ही कारण हेमन्त कुमारी देवी को भारत की प्रथम हिन्दी पत्रकार एवं सम्पादक होने का गौरव प्राप्त है। सुगृहिणी में हेमन्त कुमारी अपने लेख स्त्रियों में विदेशी भाव में लिखती है कि " देश के पुरुष गण यदि आप रमणीय को मूर्खता के पंजे से छुड़ाना चाहते हैं, यदि आप उन्हें सभ्यता का शुभ फल चखाना चाहते हैं तो अवश्य ही उनको शिक्षा देने का प्रबन्ध करेंगे। शिक्षा देने में उनको भी जाति भावना सिखाइए विजातीय भाव ना सिखाइए। यदि स्त्रियों का गहना पहनना अंग्रेज़ी भाषा में वार्तालाप करना मातृभाषा पियानो बजाने इत्यादि को शिक्षा समझते हो तो आप पछतायेंगे। यदि आप उनकी उन्नति चाहते हैं तो उन लोगों के मन को उन्नत और पवित्र करने का उपाय कीजिए।" उनका यह कथन सुगृहिणि पत्रिका का मूल उद्देश्य व्यक्त करता है। हेमन्त जी की पत्रकारिता की भोथरी धार का अनुमान उनके एक लेख दशम हिन्दी साहित्य सम्मेलन में स्त्रियाँ (1920 ई.) से लगाया जा सकता है, जिसमें वह कहती हैं—"मैंने देखा है कि हिन्दी साहित्य सम्बन्धी राजनैतिक विषयों पर बहुत ज़ोर दिया गया है और यहाँ तक कि सरकार से प्रार्थना की गयी है कि नोट रुपये अठन्नी चवन्नी आदि पर हिन्दी भाषा में भी लिखा जाये। परन्तु बड़े शोक की बात है कि आप लोगों ने घर की कन्याओं की चवन्नी अठन्नी से भी कम समझा है।—जब तक स्त्रियों के प्रति प्रेम और आदर न होगा तब तक प्रसन्नता और उन्नति नहीं होगी।"

1 जून सन् 1889 से 1906 तक लाहौर से भारत भगिनी पत्रिका भीमसेन शर्मा के सरस्वती प्रेस से प्रकाशित होती थी, जिसकी सम्पादक हरदेवी जी थीं। इस पत्रिका का स्त्री जागरण और स्त्री साहित्य में रुचि उत्पन्न करना प्रधान उद्देश्य था। हरदेवी

ने 17 वर्षों तक पत्रिका के माध्यम से स्त्री शिक्षा और स्त्री साहित्य में अभूतपूर्व योगदान दिया। यह वह समय है जब हिन्दी को स्थापित किया जा रहा था और हिन्दी के पत्र-पत्रिकाओं को बढ़ावा दिया जा रहा था। स्वतन्त्रता संग्राम की गतिविधियों को प्रेरणात्मक रूप से भारत भगिनी में प्रकाशित किया जाता था। राधा कुमार ने अपनी पुस्तक में इस पत्रिका के सन्दर्भ में कहा है कि समाज सुधार के क्षेत्र में उस समय स्त्रियों से सम्बन्धित विषय छाये हुए थे, जबकि राजनीतिक क्षेत्र में ऐसी बात नहीं थी। सन् 1892 में सम्पन्न हुए छठे राष्ट्रीय सामाजिक सम्मेलन में भारत भगिनी की सम्पादक श्रीमती हरदेवी रोशनलाल ने दृढ़तापूर्वक कहा था—

स्त्रियों का सरोकार / पुरुषों के समान ही है
साथ-साथ दोनों उठते या गिरते हैं
वामन या ईश्वर की तरह / बन्धन मुक्त या उन्मुक्त

स्वतन्त्रता संग्राम के बहिष्कार आन्दोलन में भी हरदेवी ने महत्त्वपूर्ण भूमिका निभाई थी। सुगृहिणी में सन् 1889 के सितम्बर के अंक में समालोचना शीर्षक में उल्लिखित है कि भारत भगिनी पत्रिका का प्रकाशन होगा। इसमें लिखा है— "भारत भगिनी इस पत्रिका के सम्पादक हमारी परम माननीय श्रीमती हरदेवी जी हैं। इस साल एक जून से इस मनोरंजन पत्रिका का प्रकाशन लाहौर नगर से आरम्भ होगा।" (विमला रानी महिला पत्रकार और पत्रिकाएँ पुस्तक से साभार) पत्रिका के माध्यम से हरदेवी ने न केवल स्त्री वैचारिकता और स्वतन्त्रता में योगदान दिया बल्कि पत्रिका के माध्यम से फंड जो एकत्रित होता था उसे स्वतन्त्रता सेनानियों के लिए सुलभ कराया जाता था। हरदेवी की यह पत्रिका स्त्री साहित्य में इस अर्थ में पहली है जिसे अंग्रेज़ी सरकार ने वैचारिक क्रान्ति के लिए और स्वतन्त्रता सेनानियों को इसके माध्यम से धन मुहैया कराने के लिए ज़ब्त कर लिया गया था। सन् 1906 तक इसके प्रकाशन के प्रमाण मिलते हैं।

सन् 1892 में वनिता हितैषी पत्रिका निकलती थी, जिसकी सम्पादक भाग्यवती थीं। उनके भाई ठाकुर गजाधर सिंह इसके प्रकाशक और मर्चेंट प्रेस के मालिक लाला सीताराम मुद्रक थे। बनकटलाल ओझा ने भाग्यवती देवी का नाम ठकुराइन गहलोत लिखा है। राष्ट्रीय जागरण और हिन्दी पत्रकारिता (डॉ. मीरा रानी बल) में इसका समय सन् 1894 अंकित है। यहीं से यह जानकारी मिलती है कि इसका प्रकाशन कानपुर काकेड़ी से होता था और यह एक मासिक पत्र था।

हिन्दी की सुप्रसिद्ध लेखिका मल्लिका देवी भी सम्पादक रही हैं यह बहुत कम

लोग जानते हैं। उन्होंने 'रहस्य चन्द्रिका' का सम्पादन सन् 1888 ई. में बनारस के असरार प्रेस से किया। इतिहास और नाटक इस पत्रिका में ज़्यादा छपते थे। इसकी कुल 500 प्रतियाँ छपती थीं और इनका मूल्य एक आना था। इस तथ्य से यह जानकारी होती है कि इस पत्रिका का वितरण 500 अवश्य होता था। 'रसिक पत्रिका' सन् 1890 में प्रकाशित हुई जो रामप्यारी देवी के सम्पादन में बिठूर कानपुर से निकलती थी। सन् 1890 में ही आगरा से 'प्रिया हित कारक' नामक पत्रिका भी प्रकाशित होती थी। सन् 1902 में सरस्वती देवी ने लखनऊ से 'महिला संसार' पत्रिका का प्रकाशन किया। इस पत्रिका का मुख्य उद्‌देश्य स्त्री कल्याण और सामाजिक कुरीतियों पर प्रहार करना तथा स्त्री जागृति फैलाना था।

सन् 1902 में वनिता नामक पत्रिका की सम्पादक सुमित्रा देवी जी थीं। इसका प्रकाशन जबलपुर से होता था। पंडित माधव राव सप्रे ने इसके सन्दर्भ में कहा था— "आर्य वनिता मासिक पत्रिका श्रीमती पंडिता सुमित्रा देवी द्वारा सम्पादित है। इस पुस्तक को पाकर हम हर्षित हुए हैं। इसकी संख्या 1,2,3 में लाज और पर्दा तथा आर्य पत्नी के कर्तव्य लेख अच्छे हैं। यदि यह पत्र कुछ दिनों तक जीवित रहे तो स्त्रियों को इससे बड़ा लाभ पहुँचेगा।"

सन् 1908 में लाहौर से मुन्नी देवी ने चाँद पत्रिका का सम्पादन किया था। मर्यादा में इस पत्रिका का विज्ञापन भी प्रकाशित हुआ था, जिसमें लिखा था सारे पंजाब में हिन्दी में स्त्रियों के लिए एक ही पत्र है। कहानियों और ऐतिहासिक लेखकों द्वारा स्त्रियों को अपनी पति से दशा के सुधारने के लिए उत्तेजित करना इसका मुख्य उद्‌देश्य है। इसके लेख बड़े रोचक और शिक्षाप्रद होते हैं। स्त्री समाज सुधार के प्रेमियो चाँद के ग्राहक बनकर स्त्री शिक्षा के लिए सहायता करो। इसका प्रकाशन 1916 तक हुआ था। सन् 1903 में अबला हित कारक नामक मासिक पत्रिका लखनऊ से प्रकाशित होती थी, जिसकी प्रकाशक श्रोत्रिय पूर्णा देवी थी। साहित्यिक पत्रकारिता का योगदान (आर चन्द्रन) में इसका समय 1903 माना है और मंगला अनुज ने भी यही माना है। साहित्य का नया सौन्दर्यशास्त्र (सम्पादक देवेन्द्र चौबे) में इस पत्रिका का प्रकाशन वर्ष सन् 1902 दिया है तथा इसका संस्थापक शंकर लाल को बताया गया है। राष्ट्रीय नवजागरण और हिन्दी पत्रकारिता डॉ. मीरा रानी बल ने इसका समय सन् 1884 बताया है और सम्पादक में उन्होंने अमेरिकन मिशन नाम दिया है। इसी नाम से सन् 1904 में मुरादाबाद से और सन् 1915 में बरेली से भी पत्र प्रकाशित होने का वर्णन

मिलता है। चाहे यह पत्र एक रहे हों या कई रहे हों, इन सभी पत्रों का उद्देश्य स्त्री मुक्ति रहा है। अबला हितकारक में लिखा है—"बाल विधवाओं से कोई कह दे कि हम उनकी रिहाई के लिए बीड़ा उठाते हैं।"

सन् 1907 में रामेश्वरी देवी नेहरू ने कश्मीर से स्त्री दर्पण पत्रिका का प्रकाशन किया जो उर्दू में था, बाद में 1909 से इसे हिन्दी में प्रकाशित किया जाने लगा। इस पत्रिका की प्रशंसा सरस्वती और हिन्दी प्रदीप में भी प्रकाशित होती रहती थी। इस पत्रिका की ख़ास बात यह थी कि यह शुद्ध साहित्यिक पत्रिका के साथ ही सामाजिक, राजनैतिक, स्त्री स्वातन्त्र्य इत्यादि विषयों की भी प्रखर आवाज़ के रूप में पाठकों के सम्मुख आयी थी। हिन्दी के स्त्री साहित्य की समृद्धि का सर्वाधिक कार्य स्त्री दर्पण ने ही किया है। वह पत्रिका में कहती हैं—

"भारतीय स्त्री को मनुष्योचित पद दिलाना ही शुरू दिन से इस पत्रिका का लक्ष्य रहा है। इस लक्ष्य की प्राप्ति दो प्रकार से हो सकती है, एक तो स्त्रियों के प्रति पुरुषों के विचारों में परिवर्तन से और दूसरे स्वयं स्त्री जाति की जागृति से। 'दर्पण' अपनी लघु चेष्टाओं द्वारा बराबर इन दोनों बातों का प्रयत्न कर रहा है। इस पत्र में जहाँ स्त्रियों के प्रति पुरुषों के कर्तव्य दिखाये जाते हैं वहाँ स्त्रियों का ध्यान उनके असीम उत्तरदायित्व पर भी दिलाया जाता है।"

मंगला अनुजा की पुस्तक 'आधी दुनिया की पूरी पत्रकारिता' में लिखा गया है— "परिश्रम एवं कोष सम्पादकीय नीति से परिचित कराता स्त्री दर्पण 1909 जिसकी सम्पादक रामेश्वरी देवी नेहरू थीं उस समय का देश का दिल इसमें धड़कता था। वह मानती थीं नारी के सौन्दर्य प्रसाधनों के लेख हों या रसोई के रसीले व्यंजन स्त्री पत्रिका को नहीं चलाते हैं। यही कारण है कि प्रबुद्ध नारी के मानसिक स्वास्थ्य की रक्षा और संवर्धन में उद्यत इस पत्रिका में युद्ध का स्वरूप, फिजी में अत्याचार, बर्मा की स्त्रियाँ, वर्तमान रूस में स्त्रियों की कार्यवाही जैसे बौद्धिक स्तर के लेख रहते थे। कुछ समय बाद इस पत्रिका के स्त्री दर्पण और कुमारी दर्पण दो भाग कर दिये गये। इसकी उप सम्पादक रूप कुमारी थीं।"

स्त्री दर्पण की प्रसिद्धि का अनुमान इससे ही लगाया जा सकता है कि इच्छा / अनिच्छा से भी हर कोई इसके सन्दर्भ में अपने मत दे रहा था। सरस्वती में इसके सम्बन्ध में लिखा गया है—"कोई डेढ़ वर्षीय प्रयाग से एक मासिक पत्र निकलता है, उसका नाम है स्त्री दर्पण। उसका सम्पादन श्रीमती रामेश्वरी नेहरू नाम की कोई

रमणी करती हैं। तब से इसने बड़ी उन्नति की है। यह हमारे देश का और उससे बढ़कर हिन्दी का अहोभाग्य है जो यहाँ की स्त्रियाँ शिक्षा ही नहीं प्राप्त करने लगी किन्तु अख़बार भी लिखने लगीं। प्रयाग में मर्यादा का जन्म हुआ देखकर नेहरू महाशया को परमानन्द हुआ है। इसकी समालोचना में आपने लिखा है कि तब तक उचित न होगा जब तक मर्यादा अपने रूप रंग से भी सरस्वती को मात न कर देगी।"

बाबू श्यामसुन्दर दास के अनुसार—"सम्पादक महाशया का उद्देश्य इसके द्वारा धन कमाने का नहीं है। आपका उद्देश्य देश सेवा और अपनी बहनों का उपकार है। इसलिए घाटा सहकर भी आप इसे प्रकाशित किये जाती हैं। इस पत्र से एक बार लाभ यह हुआ कि कश्मीरी महिलाओं में भी हिन्दी का प्रचार हो गया"। क्षेमचन्द्र सुमन ने स्त्री दर्पण के सन्दर्भ में लिखा है—"उन्होंने तहज़ीब ए निस्वा के लेखक के रूप में पत्रकारिता जगत में अपनी पहचान बहुत पहले ही बना ली थी। इस पत्रिका द्वारा महिलाओं में लेखन की प्रवृत्ति जाग्रत करने की दिशा में उल्लेखनीय कार्य किया था। स्त्री दर्पण के पुराने अंक उसके ज्वलंत साक्षी हैं।" वस्तुत: हिन्दी की स्त्री पत्रकारिता का इतिहास 'स्त्री दर्पण' के बिना अधूरा है। स्त्री दर्पण ने स्त्री मुक्ति के वैचारिक विमर्श को चर्चा का विषय बनाया था। स्त्री दर्पण पत्रिका का कुछ समय तक सम्पादन राजकुमारी मेहरोत्रा ने भी किया था।

सन् 1909 में गृहलक्ष्मी पत्रिका का प्रकाशन प्रारम्भ हुआ, जिसके सम्पादक मण्डल में सुदर्शनाचार्य और यशोदा देवी शामिल थी। मंगला अनुजा ने लिखा है कि "काशी से गोपाल देवी के सम्पादन में गृहलक्ष्मी का उदय हुआ। गृहलक्ष्मी पत्रिका सन् 1909 प्रकाशित हुई। गृहलक्ष्मी पत्रिका में सचित्र पाठ सामग्री उपलब्ध रहती थी।" स्त्री मुक्ति के लिए इस पत्रिका ने कितना प्रयास किया है इसका पता हमें इसमें प्रकाशित कुछ लेखों के शीर्षक से ही चल जायेगा। इसके प्रमुख लेख हैं— मनुष्य जाति (क्षमा देवी), भारतीय महिलाओं की आधुनिक शिक्षा पर एक दृष्टि (विद्यावती सेठ), दुखों से कैसे बच सकती हैं (प्रियंवदा देवी), स्त्रियों की दशा (शान्ति देवी), कन्या हितोपदेश (हुक्म देवी), वनिता बुद्धि विलास (रानी दियारा) शरीर को निरोगी रखने की नीति (रुकमणी देवी)।

जुलाई 1889 ई. में स्त्री धर्म शिक्षा नामक पत्रिका का मासिक प्रकाशन होता था जिसकी सम्पादक यशोदा देवी थीं। इसके मुख पृष्ठ पर लिखा होता था—

उठहु उठाहू बहु सो चुके, देखहु नैन उघार
अबला जन के जन्म को अबहुँ करहु सुधार

यशोदा देवी स्वयं आयुर्वेद चिकित्सक थीं। उन्होंने 108 पुस्तकें स्त्री सुधार से सम्बन्धित लिखी हैं। उन्होंने प्रयागराज में स्त्री औषधालय की भी स्थापना की थी। यशोदा जी ने स्त्री धर्म शिक्षक के अतिरिक्त स्त्री चिकित्सक तथा कन्या सर्वस्व नाम की पत्रिका का भी सम्पादन किया था। संसार का नारी इतिहास नामक पुस्तक का लेखन यशोदा जी ने ही किया है जिसके दूसरे भाग में भारत का नारी इतिहास में उन्होंने लगभग 500 स्त्रियों का परिचय दिया है जिनके कारण भारत का मस्तक गौरव से ऊँचा हुआ है। यह पुस्तक संवत् 1978 में प्रकाशित हुई थी। पुस्तक के मुख पृष्ठ पर यशोदा जी का फोटो भी है साथ ही उनके द्वारा प्रकाशित 108 पुस्तकों की सूची भी दी हुई है।

आर्य महिला हितकारिणी महापरिषद का मुख्य पत्र आर्य महिला (सन् 1918) स्त्री केन्द्रित रहा है। इसकी सम्पादक आग खैरागढ़ की राजेश्वरी श्रीमती सूरत कुमारी देवी थीं। भारतीय पत्रिका का सम्पादन सरला देवी ने किया था। सरला देवी पत्रकार के रूप में काफ़ी प्रसिद्ध रही हैं। भारती पत्रिका में उनके लेख निकलते थे। महात्मा गांधी के विचारों को वह बंगला में अनूदित करके भारती पत्रिका के माध्यम से ही पाठकों तक पहुँचाती थीं। सन् 1920 में कांग्रेस के बनारस अधिवेशन में पहली बार वन्दे मातरम सरला देवी ने ही गाया था, जिसकी धुन स्वयं सरला देवी ने ही बनाई थी। इन्होंने बग़ैर वीर नामक पुस्तक भी लिखी थी। सरला देवी चौधरानी ने कांग्रेस के अनेक अधिवेशन में वन्दे मातरम गीत गाया है। सरला देवी ने 1910 ई. में भारत स्त्री महामण्डल की स्थापना की थी जिसमें स्त्री सुधार में अनेक प्रयास किये। सन् 1924 में कानपुर से सीता देवी ने महिला सुधार नामक साप्ताहिक पत्रिका का प्रकाशन प्रारम्भ किया। इसके विद्रोही स्वभाव के सम्पादकीय के कारण सन् 1930 ई. में सीता जी को जेल भी जाना पड़ा था। नारी स्वाधीनता की पक्षधर रही इस पत्रिका ने अपनी मुखर आवाज़ के कारण कई अड़चनों को पाया। बाद में इसका नाम महिला कर दिया गया था। महिला पत्रिका में चन्द्र किरण सौनरेक्सा जी के कई कहानी और लेख प्रकाशित हुए हैं। एक लेख मैंने प्रेमचन्द पथ पत्रिका चन्द्र किरण सौनरेक्सा जन्म शताब्दी विशेषांक में धरोहर में रखा है। सन् 1941 ई. में सीता देवी की मृत्यु के बाद होमवती देवी ने इसका नया अंक निकाला था। मुसाफ़िर मासिक पत्र ने इस पत्रिका के सन्दर्भ में लिखा है कि—"स्त्री हित का प्रतिनिधित्व करने वाली, स्त्रियों में शिक्षा सुधार तथा स्त्री जागृति की रूपरेखा के निर्माण में सहायता पहुँचाने वाली इस समय बहन महिला ही दिखाई पड़ती है।"

भारती पत्रिका की स्वर्ण कुमारी देवी सम्पादक थीं जो रवीन्द्रनाथ टैगोर की बड़ी बहन थीं। मागरिट कजिंस ने दो पत्रिकाओं का सम्पादन किया था। वह पत्रिका स्त्री धर्म और रोशनी पत्रिका थी। इन तीनों पत्रिकाओं ने स्त्री मुक्ति में विशेष योगदान दिया था। मनोरमा पत्रिका का प्रकाशन इलाहाबाद से सन् 1924 में प्रारम्भ हुआ था जिसके परामर्श सम्पादक मण्डल में हीरा देवी चतुर्वेदी थीं। सन् 1948 से 50 ई. के बीच हीरा देवी चतुर्वेदी ने इसका सम्पादन किया था। सन् 1930 के आसपास हंस के सम्पादक में शिवरानी देवी का भी नाम आता है। श्याम कुमारी नेहरू स्वराज की हस्तलिखित प्रतियों को तैयार करके गुप्त रूप से हाथों से उसका वितरण करती थीं क्योंकि स्वराज पत्रिका को सरकार ने ज़ब्त कर लिया था। इसी प्रकार से उर्मिला देवी शास्त्री ने लाहौर से जन्मभूमि नामक दैनिक पत्र निकाला था। पत्र में छपे उनके सम्पादकीय से परेशान होकर अंग्रेज़ी सरकार ने उन्हें सन् 1930 में और इसके बाद सन् 1942 में कारावास की सज़ा भी दी थी। इन पत्रिकाओं के अतिरिक्त कुछ अन्य पत्रिकाओं का भी विवरण विभिन्न पत्रकारिता के इतिहास में मिलता है। इनका संक्षिप्त परिचय इस प्रकार है—

1907 कमला पत्रिका, पुष्पा कुमारी जी (महिला स्तम्भ की सम्पादक)
1911 महिला हित कारक, विद्यावती देवी (देहरादून)
1924 महिला सर्वस्व, सुशीला देवी
1925 ज्योति, विद्यावती सेठ (23 वर्ष तक सम्पादन)
1927 आर्य मस्तिष्क, नारायण देवी
1930 सहेली, रामेश्वरी देवी (प्रधान सम्पादक)
1931 त्रिवेणी, फूलवती शुक्ला
1931 महिला, चन्द्रकला सहाय
1932 स्त्री, भूषण, भगवती देवी
1934 कमल भारती, आत्मा देवी सूरी (लाहौर)
1936 दैनिक शक्ति, शन्नो देवी (लाहौर)
1937 स्त्री शिक्षा, ज्योतिर्मयी
1940 महिला चरखा समिति, सुशीला सहाय तथा मनोरमा श्रीवास्तव
1940 दीदी, यशोमती तिवारी (सम्पादक)
1944 आँचल, कैलाश कुमारी (नयी दिल्ली)
1947 नारी, सुभद्रा कुमारी चौहान, हरदेवी मलकानी

इस समय पत्रिकाओं ने स्त्री विशेषांक भी प्रकाशित किया था जिसने स्त्री जागरण

में अपनी महती भूमिका निभाई थी। त्याग भूमि पत्रिका (1927) स्त्रियों की क़लम से तथा एक दूसरा कालम आधी दुनिया सदैव रहता था। अप्रैल-मई 1930 में चतुर्वेदी मासिक पत्रिका का महिला अंक निकला था जिसमें नारी वर्ग की कुल 31 रचनाओं के प्रकाशन के सन्दर्भ में कई शोध में पढ़ा है परन्तु वह आज तक मुझे उपलब्ध नहीं हो पायी है। कोलकाता से प्रकाशित होने वाली पत्रिका विश्वमित्र ने नारी जागरण नाम से विशेषांक निकाला था जिसमें कमला देवी उपाध्याय, श्रीमती सरला देवी चौधरानी इत्यादि के लेख समाहित हैं। चाँद पत्रिका ने इसकी प्रशंसा में कहा कि संसार के समस्त देशों के नारी आन्दोलन की कथा नयी भाषा में व्यक्त की गयी है। इससे यह ज्ञात होता है कि विश्वामित्र के नारी जागरण अंक में भारत ही नहीं भारत के बाहर चलने वाले नारी आन्दोलनों की सम्पूर्ण झाँकी दिखाई जा रही थी। अर्जुन पत्रिका के महिला विशेषांक में तोरण देवी शुक्ल लली की कविता नारी ही सबला है का सर्वप्रथम प्रकाशन हुआ था। इस पत्रिका में रामेश्वरी देवी नेहरू, विजयलक्ष्मी पंडित, राधाबाई, मार्गेट कजिन, यमुना देवी शास्त्री, चन्द्रवती जैन, अतिया बेगम, ज्योतिर्मयी ठाकुर, अरूणा आसफ अली, उमादेवी नेहरू आदि शामिल थी।

विशाल भारत के महिला अंक में हमारी महिला जागृति नामक कालम निकला था। इस विशेषांक में महादेवी वर्मा, कमलाबाई किवे, सत्यवती मलिक, मरियम बेनेड, विजयलक्ष्मी पंडित जैसी 25 स्त्रियों की कविता-कहानियाँ शामिल हुई थीं। महादेवी का एक लेख पिंजरबद्ध इसी में प्रकाशित हुआ था, जिसमें उन्होंने लेखिकाओं के प्रति लेखकों के व्यवहार की ओर विशेष रूप से ध्यान दिलाया था। श्री माथुर चतुर्वेदी जागृति के महिला अंक के सम्पादकीय में लिखते हैं कि श्रीमती यमुना देवी ने हमको परामर्श दिया था कि अगले वर्ष महिलाओं के लाभार्थ जागृति का महिला अंक भी निकालें। यमुना देवी का यह आग्रह तत्कालीन समय की चेतना को बताता है।

कल्याण पत्रिका ने भी अपना नारी अंक निकाला था। इस विशेषांक में 32 कविताएँ और 47 लेख तथा लगभग सवा तीन सौ स्त्रियों का परिचय प्रकाशित हुआ था। वर्तमान समय में यह अनुपलब्ध है और जो सामग्री अन्य माध्यम से प्राप्त हुई है उसका प्रयोग मैंने इस पुस्तक में यथास्थान किया है। इसमें अमृत कौर (भारतीय स्त्रियाँ क्या करें)। अनिला देवी (नारी की आत्मकथा), निरुपमा शर्मा (नारी जागरण का अभिप्राय), अनुरूपा देवी (भारतीय नारी का कर्तव्य) शकुन्तला देवी अग्रवाल (हमारी उन्नति का उपाय), कमला सत्य नाथन (भारतीय स्त्रियों के कर्तव्य), एनी बेसेंट (नारी ईश्वर की शक्ति) जैसी लेखिकाओं के लेख प्रकाशित हुए थे। सन् 1928 में सुधा नामक पत्रिका का प्रकाशन हुआ, जिसमें एक स्तम्भ था स्त्री समाज।

इसमें सिर्फ़ स्त्रियाँ लिखती थी। चाँद पत्रिका ने स्त्रियों के अधिकार, स्त्रियाँ और शासन प्रबन्ध, सती अंक विशेषांक का प्रकाशन किया था। यहाँ यह बात ध्यातव्य है कि पत्रकारिता की यह रूपरेखा सिर्फ़ भूमिका मात्र है। इसके इतिहास का अध्ययन काफ़ी विस्तृत है और रोचक तथ्य उपस्थित करता है।

इस कालखंड में स्त्री सम्पादकों की एक विस्तृत श्रृंखला दिखती है जिसमें इन सम्पादकों ने त्रिस्तरीय कार्य किया। प्रथम सम्पादन का कार्य जिसमें स्त्री (मुक्ति व जागरूकता) विषय की प्रधानता, द्वितीय स्त्री रचनाकारों को प्रोत्साहन व प्रकाशन, तृतीय आर्थिक रूप से स्वतन्त्रता सेनानी और स्त्रियों की सहायता। इस समय प्रकाशित लेखों में हम समालोचन विधा की पूरी झलक पाते हैं क्योंकि आलोचना का परिष्कृत रूप हमें यहाँ मिलता है। इन लेखों में दो वैचारिक स्तर दिखाई देते हैं। प्रथम वह है जो स्त्री मुक्ति के लिए पितृसत्तात्मक ढाँचे को वरीयता देते हैं। इस प्रकार के लेख भारतीय इतिहास की श्रेष्ठ स्त्रियों की गाथा को कहानी, कविता, लेख के माध्यम से पाठकों के सम्मुख ले आते हैं। अतीत का गौरव गान यहाँ प्रमुख है, पर यह गौरव हर जगह पितृसत्तात्मक ढाँचे का समर्थन करता है यह आवश्यक नहीं है। दूसरे वर्ग में वह लेख हैं जो पाश्चात्य स्त्री आन्दोलनों को आधार बनाकर के भारत में भी स्त्री जागरण की बात करते थे। कुछ रचनाकार बिना किसी आदर्श के पूर्णतया देश और स्त्री की स्वतन्त्रता के सन्दर्भ में अपने विचार व्यक्त करती थीं। वर्ग चाहे जो भी हो या उनकी प्रेरणा भारतीय या पाश्चात्य हो, सभी का उद्देश्य स्त्री मुक्ति या स्वातन्त्र्य था। इस मुक्ति में देश की स्वतन्त्रता शामिल थी यह मुख्य तथ्य है।

प्रथम विचारधारा के लेखों को देखें तो मर्यादा पत्रिका फ़रवरी सन् 1914 में एनी बेसेंट ने भारतीय स्त्रियों का उत्थान कैसे हो सकता है लेख में मेवाड़ की पद्मिनी, जवाहर बाई आदि का उल्लेख करके स्त्रियों की वीरता की कहानी को सुनाया है। सन् 1917 में रामेश्वरी देवी ने रंगून की महिला समिति में भाषण दिया कि सीता, सावित्री, दमयन्ती, शकुन्तला पर्दे में रहने वाली स्त्रियाँ नहीं थीं। मर्यादा पत्रिका में भारत की विदेशी स्त्रियाँ लेख रामेश्वरी देवी नेहरू ने लिखा था जिसमें वह अपाला, गार्गी, संघमित्रा, भानुमति आदि का उदाहरण देते हुए कहती हैं—"वे (पुरुष) जानते थे कि सभ्यता सोपान शिक्षा को केवल मात्र पुरुषों में आबद्ध रखने से जाति को सम्पूर्ण भाव से सभ्य नहीं बनाया जा सकता। वे इस बात को हृदयंगम किये थे कि स्त्री जाति समाज का एक अविच्छिन्न अंग है। इसलिए स्त्रियों को मूर्खता के गर्त में न फेंककर विद्या मार्ग में सहयात्री बनाते थे।" सरस्वती पत्रिका में सावित्री देवी का

लेख परियों की स्वतन्त्रता प्रकाशित हुआ था जिसमें वह चर्चा करती हैं कि कौन-सी तालीम मिलने पर स्त्रियाँ स्वतन्त्र या योग्य होती हैं। इस लेख में उन्होंने संस्कृत और हिन्दी की पक्षधरता की और पश्चिमी सभ्यता की चकाचौंध से दूर रहने की बात कही है। कुमुदिनी मिश्र प्राचीन और अर्वाचीन भारत में स्त्रियों की स्थिति और उनके कार्य लेख में मैत्रेयी से लेकर के थेरी गाथा में रचित स्त्रियों की गाथाओं को बड़ी ख़ूबसूरती से पिरोया है। इस लेख में उन्होंने भारतीय मण्डल के कार्यों को भी बताया और साथ ही स्त्रियों के उत्थान के लिए हो रहे कार्यों का भी परिचय दिया है। उनके अन्य लेख हैं हिन्दू, इस जीवन की दशा, इंग्लिश्तान की औरतें आदि।

पाश्चात्य स्त्री आन्दोलन से प्रेरणा लेकर रचना करने वाली स्त्री रचनाकारों ने पाश्चात्य में होने वाली स्त्रियों के आन्दोलन का उदाहरण प्रस्तुत किया। पुनर्जागरण काल में इंग्लैंड में स्त्रियों के मताधिकार, स्त्रियों के अधिकार इत्यादि मुद्दों पर अनेक लेख प्रकाशित हुए थे। इस प्रकार के लेख को तत्कालीन स्त्री प्रधान सभी पत्रिकाओं ने प्रकाशित किया। स्त्री दर्पण और मर्यादा पत्रिका में उमा नेहरू ने इंग्लैंड में स्त्रियों के वोट डालने के अधिकार की व्यापक चर्चा की है। उमा देवी नेहरू का एक लेख हमारे समाज सुधारक में वह लिखती हैं— "मुसलमानी और पश्चिमी सभ्यता भारतीय पुरुषों के सामने आदर्श का नतीजा है कि अब भारतीय स्त्री को एक साँचे के स्थान पर कई-कई सांचों में ढलना पड़ता है।" इसका अभिप्राय यह है कि पाश्चात्य संस्कृति की कमियों पर भी उनका ध्यान रहा है।

राष्ट्रीय आन्दोलन के तहत स्त्रियों का एक बड़ा समूह देश की स्वतन्त्रता के लिए एकजुट हुआ था। शिक्षा और चेतना ने उन्हें यह बताया कि स्वयं को स्वतन्त्र करने के लिए देश को भी स्वतन्त्र करना आवश्यक है। इसलिए स्त्री आन्दोलन का तीसरा महत्त्वपूर्ण बिन्दु देश की स्वतन्त्रता रहा है। स्त्री दर्पण में उमादेवी नेहरू ने एक लेख में लिखा था जिसमें वह कहती हैं— "केवल राष्ट्रीय स्वतन्त्रता के जाने से तुम्हें कैसा मलिन, कैसा व्याकुल दुखी बना दिया है। फिर सोचो जिसके शरीर की, आत्मा की, हृदय की सारी स्वतन्त्रता लुट गयी है वह आनन्द में कैसे हो सकता है।" यह लेख स्पष्ट करता है कि देश की स्वंत्रता और स्त्री स्वतन्त्रता स्त्री विचारकों के केन्द्र में था। इन सभी विचारधाराओं का समग्र रूप से एक ही उद्देश्य था वह है स्त्री की स्वतन्त्रता। स्त्री की स्थिति में सुधार के लिए पत्र-पत्रिकाओं में समस्या विशेष लेख, कहानी, और कविताएँ सुनियोजित ढंग से प्रकाशित की जा रही थीं। इन समस्याओं में स्त्री शिक्षा, बाल विवाह/सती प्रथा निषेध, विधवा विवाह, राजनीतिक अधिकार आदि प्रमुख थे।

स्त्री शिक्षा समर्थन के लिए मर्यादा पत्रिका में 1914 में हेमन्त कुमारी अपने लेख में कहती हैं कि प्रत्येक नगर में हिन्दू बालिका विद्यालय जैसी सभाएँ स्थापित हो जानी चाहिए, जिससे स्त्रियों की उन्नति का मार्ग सुगम हो जाये। वह कहती हैं— "समाज के अंग को शिक्षा के गड्ढे से निकालना क्या पुरुष का कर्तव्य नहीं है? मेरे मत से वर्तमान शिक्षा प्रणाली स्त्री और पुरुष में भेद पैदा कर समाज में दुख का परिणाम बढ़ा रही है। देश के पुरुषगण यदि आप स्त्रियों को आप गहने पहनना, अंग्रेज़ी भाषा में वार्तालाप करना, पियानो बजाना इत्यादि को शिक्षा समझते हो तो आप पछतायेंगे।"

उमा देवी स्त्री दर्पण पत्रिका के मार्च 1918 के लेख हमारे समाज सुधारक में कहती हैं— "स्त्रियों को पाठशाला में न जाने देना भूल है। जब स्वयं आप पश्चिमी धारा के बहाव में हाथ-पैर छोड़कर बहे जाते हैं तो आप स्त्री जाति को क्या बतायेंगे? जब आपकी नस-नस में पश्चिमी सभ्यता का रुधिर दौड़ रहा है तो आप भारतीय शिक्षित महिलाओं को दोषी कैसे ठहरा सकते हैं। स्त्रियों के आन्तरिक भावों को तोड़-मरोड़कर अपनी इच्छानुसार बना लेना पुरुष समाज का एक साधारण कार्य हो गया है।" उमा देवी के इस लेख में तत्कालीन समय की तीव्र बेचैनी और सुदृढ़ता दिखाई देती है। स्त्री को सामाजिक विकास और साँसारिक उन्नति में स्वतन्त्रता के साथ भाग लेने दीजिए। सीता और सावित्री बनाने के लिए रामचन्द्र, कृष्ण, भरत और युधिष्ठिर की आवश्यकता होती है।

शारदा मेहता का लेख भारतवर्ष की आधुनिक सुशिक्षित स्त्रियाँ में उन्होंने मनुवादी शास्त्रों की आलोचना की है और पुत्र-पुत्री को समान बताया है। उन्होंने बताया कि भारत का प्राचीन साहित्य वर्तमान साहित्य, और विदेशी साहित्य तीनों का ज्ञान आवश्यक है। शारदा मेहता का लेख भारतवर्ष की आधुनिक सुशिक्षित स्त्रियाँ लेख में स्त्री शिक्षा पर बल दिया गया है। इसमें वो लिखती है कि जब तक स्वयं आर्थिक रूप से स्वतन्त्रता प्राप्त नहीं होगी तब तक अधिकार प्राप्त नहीं होंगे। इसलिए विधवाओं की समस्या का एकमात्र हल विवाह नहीं है। इन लेखों का अध्ययन करने से यह ज्ञात होता है कि स्त्री शिक्षा के सन्दर्भ में स्त्री रचनाकार और सम्पादक वर्ग कितना जागरूक था।

स्त्री शिक्षा के साथ ही अन्य महत्त्वपूर्ण मुद्‍दे स्त्रियों के केन्द्र में थे। हेमन्त कुमारी जी वोट देने के अधिकार पर चर्चा करती हैं और यह बताती हैं कि नार्वे, स्वीडन आदि देशों में स्त्रियों को वोट देने का अधिकार है और वह पार्लियामेंट में सदस्य भी बनती हैं। वह कहती हैं कि सन् 1870 ई. में विवाहिता रमणी गणों को सम्पत्ति का अधिकार प्राप्त हुआ है और हमारे देश में इस तरह की व्यवस्था नहीं है।

श्यामा मोहिनी ने एक लेख "स्त्री का स्थान" में पुरुष ही वोट देने के योग्य है इस पर तीखा व्यंग किया गया है। यह लेख मुझे दो जगह देखने को मिला था पर मूल पत्र का नाम नहीं पता कर पायी। मारग्रेट कजिंस का लेख समय से पीछे में वह कहती हैं कि बंगाल में सैकड़ों बी.ए. पास की हुई पर्दे में मौजूद हैं जो कि हज़ारों उन पुरुषों से जिनको कि वोट का अधिकार दिया गया है ज़्यादा वोट देने के योग्य है।

राजनीतिक मुद्दे के साथ ही सामाजिक मुद्दों पर भी स्त्री रचनाकारों ने पर्याप्त लिखा है। मर्यादा पत्रिका के 1914 के स्त्री विशेषांक में उमा देवी ने अछूत जातियों की दशा नाम से लेख लिखा और जाति प्रथा को समाप्त करने की बात उठाई। इस लेख में उमा देवी का तीखा स्वर देखने को मिलता है। वह कहती हैं कि—'हमको हज़ारों साल गुज़र चुके हैं और अब भी हम अपने को न सुधारेंगे तो भविष्य में भी हम ग़ुलामी, आपत्ति और मुसीबत में पड़ी रहेंगी।' इसमें सन्देह नहीं है इस लेख में उमा देवी की भाषा देखते ही बनती है। इतनी तीखी और मज़बूत आवाज़ हिन्दी साहित्य के इतिहास में दर्ज नहीं होने पायी यह हमारा दुर्भाग्य ही कहा जायेगा। जाति प्रथा के साथ ही पर्दा प्रथा जैसी सामाजिक कुरीतियों पर स्त्री दर्पण के अगस्त 1918 के अंक में सौभाग्यवती का एक लेख है आधुनिक पर्दा प्रणाली तथा उससे हानियाँ। स्त्रियाँ और पर्दा लेख में सत्यवती कहती है—"न तो बल, न तो पूरा ज्ञान, न विद्या, न स्वतन्त्रता फिर एक पर्दा हटाने से क्या लाभ होगा।" सामाजिक कुप्रथाओं के लिए यह साहसिक और बोल्ड वक़्तव्य इतिहास के पन्नों में अपना नाम दर्ज कराने को व्याकुल है।

पुरुषों की संकीर्ण मानसिकता को भी इन रचनाकारों ने केन्द्र बनाया था। ऐसा ही एक साहसिक लेख मर्यादा पत्रिका में जून 1920 के अंक में कुसुम कुमारी कृत कांग्रेस की महासभा प्रकाशित हुआ। इसमें वह कहती हैं—"जब हम मूर्खता और अज्ञानता के वश में हो गंगा-जमुना में नाम मात्र का कपड़ा पहनकर नहाती हैं उस वक़्त तो हमारी ओर ताकते हैं और जिस वक़्त हम शान्त चित्त सन्देश सुनने आये हैं उस वक़्त आप इतने पंडित बन गये कि हमारी तरफ़ पीठ करके व्याख्यान दिया जाता है। भाइयो क्या आप हमें साथ में लिए बिना देश का उद्धार कर सकते हैं?" इसी प्रकार से पुरुषार्थवती आर्य ने एक लेख लिखा था जिसमें वह कहती हैं कि पुरुष समाज स्त्री समाज को केवल बच्चा पैदा करने की मशीन और गृहस्थी की नौकरानी समझता है। पुरुष समाज में स्त्री समाज को जिस संकुचित परिवार के भीतर बाँध रखा है वह स्थिति असहनीय और दुर्दमनीय हो चुकी है। (सुधा पत्रिका, जुलाई 1928, पृष्ठ 549)

रुकमा देवी का लेख अर्धांगिनी या पाँव की जूती, स्त्री जाति की अवनति का कारण, अनमेल विवाह जैसे लेख तत्कालीन समय में प्रचलित कुरीतियों पर प्रहार करते थे। अर्धांगिनी या पाँव की जूती लेख में उन्होंने समाज और परिवार में फैले हुए स्त्री अत्याचारों का खुलासा किया है। बाल विवाह विरोध से सम्बन्धित लेखों में नवम्बर 1906 में लेखिका रमा देवी का लेख पतिव्रत का दृष्टान्त प्रकाशित हुआ था जिसमें वह बाल विवाह का विरोध करती हैं। भारत क्यों गारत लेखिका सावित्री देवी ने बाल विवाह पर लेख में कड़ा विरोध किया जिसे हिन्दी प्रदीप ने मई 1901 में प्रकाशित किया था। रामेश्वरी देवी नेहरू ने स्त्री दर्पण में कई लेख लिखें हैं जिनमें स्त्री धर्म का वैदिक आदर्श, स्त्री और पर्दा, स्त्री उन्नति कैसे हो, विवाह, स्त्रियाँ और स्वराज इत्यादि प्रमुख हैं।

तत्कालीन समय में साहित्य में स्त्रियों का विरोध और वैचारिक स्वतन्त्रता पर आक्षेप करने वालों को करारा जवाब भी दिया जाता था। इस सन्दर्भ में बंग महिला के सभी लेख उनकी ग्रन्थावली में संग्रहित हैं। अन्य रचनाकारों में उग्र मणि देवी ने अपने एक लेख में कहा कि लेखक को स्त्री समाज पर क़लम चलाने से पहले यह सोच लेना चाहिए था "कि अब वह जमाना लद गया जब स्त्रियाँ पुरुषों के अत्याचार चुपचाप सह लिया करती थी। तुम लोगों में से अनेक दुराचरण में लिप्त रहते हुए भी समाज में लाला बाबू, पंडित, पुजारी बने बैठे हैं और जब कोई स्त्री उसी मार्ग पर चलने लगती है तो? तब तुम्हारी खोपड़ी भन्ना उठती है। तुम स्वयं तो रांगा कांसा पीतल कुछ भी नहीं हो पर स्त्रियों को सौ टंच सोना परखना चाहते थे। तुम स्वयं तो व्यभिचार के पृष्ठपोषक, पाखंड के संरक्षक, क्रोध के रूप और स्वार्थ के अवतार हो पर स्त्री समाज को बनाना चाहते हो सहनशीलता की देवी, सतीत्व की मूर्ति और सात्विकता का चित्र? कैसे मूर्ख हो तुम।" 'सुधा' के अक्टूबर के अंक में सुमित्रा देवी ने स्त्रियों का साहित्य जीवन लिखा जिसमें स्त्री रचनाकार किन परिस्थितियों से जूझ कर सृजन करती है इस पर प्रकाश डाला गया है।

चमेली देवी जयसूर्या ने प्रभा पत्रिका में अपने लेख में कहा है—"स्वतन्त्र भारत में पुरुषों के समान स्त्रियों को भी अधिकार मिलना चाहिए। अनुपयुक्त रीति से भारतवर्ष में लूला, लँगड़ा, अपाहिज पागल, नपुंसक कोई भी मनुष्य विवाह करके एक निर्गुण बालिका का जीवन नष्ट कर सकता है। मानसिक, शारीरिक अथवा आर्थिक कोई भी अयोग्यता उसके विवाह सम्बन्ध में बाधा नहीं होती। इन बातों में स्त्रियाँ काउंसिल में पहुँचकर अथवा अपने अनुकूल सदस्य भेजकर सुधार करा सकती हैं।" इसीलिए वह राजनीति में स्त्रियों के प्रवेश की समर्थक थीं।

इन विषयों के अतिरिक्त स्त्री मुक्ति के अन्य क्षेत्र को भी वरीयता दी गयी थी। सौभाग्यवती रामदुलारी दवे की फोटोग्राफी पर लिखे लेख से यह पता चलता है कि स्त्रियाँ हर विषय पर लिखती थीं। चाँद के 1926 अंक में गर्भ संचार नामक लेख में कामनी जी ने—गर्भ के आकार-प्रकार, बनावट आदि पर पूरी तरह से वैज्ञानिक तथ्य के आधार पर चर्चा की है। 1914 में मर्यादा पत्रिका में रामेश्वरी नेहरू का लेख हिन्दू विधवा प्रकाशित हुआ जिसमें वह कहती हैं कि विद्यालय में अध्यापिकाओं की समाज में स्त्री डॉक्टरों की बहुत आवश्यकता है। विद्यावती सेठ का एक लेख महत्त्वपूर्ण है जिसमें स्त्रियों की गृह शिक्षा को महत्त्वपूर्ण मानती हैं।

इन सभी लेखों में जहाँ विषय वैविध्य है, वहीं कथन का साहस है। इन लेखों से हम हिन्दी साहित्य में समालोचन का प्रारम्भ मान सकते हैं। हिन्दी के गद्य साहित्य की अगर मैं चर्चा करूँ तो इतिहासकारों ने निबन्ध या समालोचन विधा में किसी स्त्री रचनाकार को नहीं रखा है। हिन्दी गद्य की विधाओं में निबन्ध / आलोचना का आँगन उन्होंने सूना रखा है। पर प्रश्न यह है कि क्या स्त्री दर्पण, सुधा, भारत भारती, भगिनी, दीदी, चाँद इत्यादि पत्र-पत्रिकाओं में प्रकाशित स्त्रियों के यह लेख, निबन्ध और आलोचना की श्रेणी में नहीं आते हैं? इनका विश्लेषण करने पर यह स्पष्ट है कि अगर इन्हें प्रारम्भिक आलोचना की श्रेणी में रखा जाये तो कहीं किसी के साथ कोई अन्याय नहीं होगा क्योंकि भारतेन्दु युग में इस तरह की आलोचनाएँ देखने को मिलती हैं। पुस्तक समीक्षा के रूप को भी हम अगर लें तो महिला पत्रिका में प्रकाशित चन्द्र किरण सौनरेक्सा के 'हिन्दी की दो कविता पुस्तकें' (महिला पत्रिका, फ़रवरी 1940) जैसे लेखों से पुस्तक समीक्षा होती रहती थी। बंग महिला तो इस विधा की आद्य लेखिका हैं ही जिन्होंने अपने लेख हिन्दी के ग्रन्थकार से साहित्य जगत में खलबली मचा दी थी। इस लेख में बंग महिला ने साहित्यिक छद्म और धोखे का पर्दाफाश किया है। अपने लेख में वह कहती हैं— "यूँ चुपचाप परायी चीज़ को अपनी करने वाले अनुवादक एक उच्च वंशी राजा उपाधिधारी महाशय हैं। सुनती हूँ कि इस कविता के लिए उन्होंने बहुत कुछ प्रशंसा साहित्य समाज में पायी थी। शायद हिन्दी पाठकों को यह विदित नहीं था कि यह बंगला का अनुवाद है. राजा साहब कदाचित सरल स्वभाव से ही मूल ग्रन्थ का नाम देना भूल गये हैं। पीछे मालूम होने पर भी छिपाने की चेष्टा होती थी।'... अन्त में मैं नव्य लेखकों से सविनय निवेदन करती हूँ कि वे लोग अपने मस्तिष्क और कल्पना की सहायता से निज भाषा की उन्नति की चेष्टा करें न कि दूसरे के धन से सराफी करने को ही अपना गौरव समझें।" (बंग महिला ग्रन्थावली पृ. 169) इस कथन को देखा जाये तो एक और बात कही जा

सकती है कि व्यंग शैली की शुरुआत हिन्दी साहित्य में बंग महिला के माध्यम से ही हुई। बंग महिला के सन्दर्भ में कहा गया है कि— "1904 से जब बंग महिला ने नयी भाव भूमि और शिल्प के साथ साहित्य के मैदान में क़लम के साथ प्रवेश किया तथा औरतों के हक़ में जनतान्त्रिक सोच और सभ्यता के नाम रूढ़ियों, परम्परावादी मूल्यों को समाप्त करते हुए लेख लिखे तो पुरुष समाज का सिंहासन डोलने लगा। अपने समय के मूर्धन्य लेखक और सम्पादक कोई भी बंग महिला के समर्थन में नहीं था। कुछ तो बाकायदा मोर्चा सँभाले जवाब दे रहे थे तो कुछ तटस्थ भाव अपनाये हुए थे।" (हंस पत्रिका, जून 1996)

1882 में एक अज्ञात हिन्दू महिला ने सीमान्तनी उपदेश नामक रचना की जिसे डॉ. धर्मवीर ने 1984 में पुन: प्रकाशित करवाया था। 29 अध्यायों में विभक्त स्त्री मुक्ति के अनेक विषयों पर निबन्ध इस पुस्तक में लिखे गये हैं। पुस्तक में खड़ी बोली में कुछ कविताएँ और कुछ कहानियाँ भी हैं जिन्हें कहानी के रूढ़ मानदंडों के अनुरूप कहानी नहीं कहा जा सकता है। ऑनर किलिंग पर रचित एक कहानी इसी श्रेणी की है जो स्त्री शोषण की हर परत को बड़े उग्र रूप में खोलती है। इस पुस्तक में लेखिका ने औरतें स्वयं अपनी पसन्द की शादी करें, घरवाले अगर किसी बात में सहायता नहीं करते हैं तो पुलिस का सहारा लें. ख़ुद शिक्षित हो इत्यादि अनेक मुद्दों पर वह बड़ी बेबाक़ी से अपना पक्ष रखती हैं। ऐसा माना जाता है कि रचनाकार स्वयं एक बाल विधवा थी और आर्य समाज से प्रेरित स्त्री मुक्ति का उद्देश्य लेकर लेखन कर रही थीं। इस पुस्तक में बाल विवाह, विधवा पुनर्विवाह जैसी समस्याओं के साथ ही ऐसी समस्याओं पर भी विचार किया गया है जो आज के समय में किये जा रहे हैं जैसे पति अगर शारीरिक शोषण करें तो उससे अलग होकर के रहना चाहिए। पुरुष की हर रोज़ मार खाने से राँड रहना अच्छा है। निबन्ध में रचनाकार ने विधवा पुनर्विवाह की चर्चा के साथ ही पति हिंसा की भी चर्चा की है। एक स्त्री दूसरी स्त्री की विरोधी न बने इसके लिए वह कहती हैं—''ए हिन्द की विधवाओं को मारनेवालियों क्यों अपने वास्ते कांटो को फूल समझती हो। एक ऐसी वहमी रिवाज़ के पीछे जिसका किसी मज़हब से ताल्लुक न है। मालूम आप कौन से धर्म शास्त्र की रीत पर किस पंडित के कहने से इन जान लेने वाली बदरस्मों को नहीं छोड़ती।" (पृ. 97) इन लेखों में लेखिका का उग्र रूप ज़्यादा है परन्तु तत्कालीन समय में स्त्री मुक्ति के लिए इतना ज्वलन्त लेखन भी आश्चर्यजनक है। पंडिता रमाबाई की पुस्तक द हाई कास्ट हिन्दू वूमेन में सीमान्तनी उपदेश का एक लेख अनुवादित रूप में संकलित है।

इस प्रकार से स्त्री साहित्य में आलोचना का क्षेत्र समृद्ध रहा है यह कहने की आवश्यकता नहीं है पर इतिहासकारों ने इस ओर कभी ध्यान ही नहीं दिया जिससे

यह सम्पूर्ण स्त्री साहित्य इतिहास में विलुप्त ही रहा। आज कुछ उपलब्ध सामग्री ही स्त्री साहित्य का इतना प्रखर रूप दिखाती है तो सम्पूर्ण साहित्य प्राप्त होने पर स्त्री साहित्य की परिपक्वता कितनी रही होगी इसका सहज अनुमान लगाया जा सकता है। परन्तु काल के गर्त में जा चुके पन्नों और प्राप्त जीर्ण-शीर्ण पन्नों से अधूरा इतिहास ही लिखा जा सकता है।

इस कालखण्ड में काव्य तथा कथा साहित्य पर दृष्टि डाली जाय तो स्त्री रचनाकारों का बड़ा वर्ग साहित्य सृजन में रत रहने के साथ ही समाज सुधार और स्वतन्त्रता संग्राम में उत्साह के साथ भाग ले रहा था। कविता, कहानी, उपन्यास के साथ ही एकांकी, नाटक, यात्रावृत्त, जीवनी आदि विधाओं में स्त्री रचनाकार लिख रही थीं। हिन्दी काव्य की कोकिलाएँ में लेखक ने नयी धारा की प्रथम कवयित्री राजरानी देवी को माना है। वह कहते हैं—"प्रस्तुत शताब्दी की जिन अन्य देवियों का उल्लेख हम पहले कर आये हैं उन तक हरिश्चन्द्र के इस सन्देश की लहर नहीं पहुँच सकी। इस सन्देश को सर्वप्रथम अध्ययन करने का श्रेय श्रीमती राजरानी देवी को ही मिलना चाहिए।" (हिन्दी काव्य की कोकिलाएँ, पृष्ठ 102) इस प्रकार से मध्यकालीनता से आधुनिकता की ओर उन्मुख होने वाली प्रथम कवयित्री राजरानी देवी कही जा सकती हैं।

कथा साहित्य की चर्चा की जाय तो आचार्य शुक्ल ने सन् 1907 ई. में सरस्वती पत्रिका में प्रकाशित बंग महिला की कहानी दुलाईवाली को प्रथम कहानी की श्रेणी में रखा है। इस प्रकार से कहानी के क्षेत्र में बंग महिला प्रथम कहानीकार के रूप में हमारे समक्ष आती हैं। विभिन्न समालोचकों ने इस कहानी और कहानीकार पर विचार किया है। श्री उमेश माथुर ने आधुनिक युग की हिन्दी लेखिकाएँ में कहा हैं कि दुलाईवाली हास्य रस से पूर्ण मनोरंजन प्रधान कहानी है। वस्तुतः दुलाईवाली सतही स्तर पर मनोरंजन पूर्ण कहानी ही लगेगी जो दो दोस्तों के की कहानी है किन्तु इसका मर्म उद्घाटित करने पर इस कहानी का वैशिष्ट्य सामने आता है। किसी भी कहानी को उस युग की परिस्थितियों के अनुरूप देखना आवश्यक होता है वही चेतना और स्त्री सरोकारों का स्त्री की भूमिका की अवस्था को इसमें प्रतीकात्मक रूप से उपस्थित किया गया है। कहानी में घूँघट वाली की तुलना कपड़े की गठरी जैसा करना अपनी प्रतीकात्मकता को ही प्रदर्शित करता है। कपड़े की गठरी के समान स्त्री का चित्रण करके बंग महिला ने स्त्री की वास्तविक स्थिति का पूरा प्रतीकात्मक चित्र उपस्थित कर दिया है। कहानी में स्त्री की तकलीफ़ को देखकरके नायक वंशीधर उसकी सहायता करने के लिए तत्पर होता है। श्री जगदीश्वर चतुर्वेदी अपनी पुस्तक

'स्त्रीवादी साहित्य विमर्श' में दुलाईवाली की प्रशंसा करते हुए लिखते हैं— 'स्त्री का बेजान निष्क्रिय शिक्षित एवं अज्ञानी रूप कपड़े की गठरी के बहाने पूरी शक्ति के साथ पाठकों के मन को स्पर्श कर जाता है।' कहानी में स्त्री चरित्रों के द्वारा आंचलिक भाषा का प्रयोग इस बात का प्रतीक है कि आधुनिक भाषा के प्रयोग में अशिक्षित होने के कारण वे असमर्थ थीं। अनपढ़ों में ही देशज बोलियों का ज़्यादातर प्रयोग मिलता है। कोई आलोचक कुछ भी कहे मेरे मतानुसार यह कहानी प्रतीकात्मक के साथ आदर्शात्मक है। साथ ही सामाजिक मूल्य की दृष्टि से स्त्री के प्रति रक्षा करने वाले भाव का निषेध भी यह कहानी करती है। नायक नवल किशोर का यह कथन कि "चार हाथ की दुलाई की बिसात ही कितनी" इस भाव को प्रदर्शित करता है। कहानी में आँचलिक भाषा का प्रयोग इसकी सर्व प्रधान विशेषता है। अगर हिन्दी में आँचलिक कहानियों का जन्म स्त्री साहित्य में मानना हो तो निस्सन्देह दुलाईवाली को ही इसका श्रेय प्राप्त होगा। इस बात को सिद्ध करने के लिए इस कहानी से मात्र एक वाक्य ही प्रस्तुत करना पर्याप्त होगा। उदाहरण देखिए—"उ मेहररूआ बड़ी उजबक रहल। भला केहू के चिल्लाए से रैलिऑ कहूँ खड़ी होला।"

उपन्यास विधा के सन्दर्भ में डॉ. रामचन्द्र तिवारी ने अपने ग्रन्थ हिन्दी का गद्य साहित्य में उपन्यास के विकास में प्रेमचन्द के समय के उपन्यास में एकमात्र रचनाकार उषा देवी मित्रा का व्यक्तिवादी उपन्यास के अन्तर्गत उल्लेख किया है। वह सन् 1936 में प्रकाशित वचन का मोल के साथ हिन्दी उपन्यास में स्त्री का प्रवेश कराते हैं जबकि भारतेन्दुकालीन मल्लिका उपन्यास पहले ही लिख रही थीं। उनका उपन्यास कुमुदिनी का समय सन् 1881 ई. के पूर्व अनुमानित किया जाता है। 1881 में परीक्षा गुरु का प्रकाशन हुआ था जिसका उल्लेख निस्सहाय हिन्दू के निवेदन में मिलता है। कथादेश के जुलाई 2007 के अंक में कुमुदिनी उपन्यास का पुन: प्रकाशन किया गया था। इस उपन्यास को सामने लाने में डॉ. बटे कृष्ण का मुख्य योगदान है। इस उपन्यास की भूमिका में डॉक्टर कृष्ण और प्रोफ़ेसर गिरीश चन्द्र चौधरी कहते हैं— "मल्लिका जी ने कुमुदिनी को आख्यायिका कहा है। इससे दो अभिप्राय व्यक्त होते हैं या तो यह रचना उस समय प्रस्तुत हुई जब हिन्दी में उपन्यास शब्द का प्रयोग प्रारम्भ नहीं हुआ था अर्थात सन् 1875 ई. के पूर्व या उस समय जब उपन्यास शब्द सर्वग्राह्य नहीं हो पाया था। इससे यह अनुमान होता है कि कुमुदिनी की रचना सन् 1881 के पूर्व हो चुकी थी। यदि ऐसा न होता तो मल्लिका जी आख्यायिका न कहकर उपन्यास ही कहती। उनकी रचना राधारानी सन् 1882 में प्रकाशित हो चुकी थी। (पर यह ध्यातव्य है कि राधा रानी को अनुवाद की श्रेणी

में भी रखा जाता है।) उसकी (राधा रानी) भाषा अपेक्षाकृत परमार्जित है और उसने बंगलापन की मात्रा उतनी नहीं है जितनी कुमुदिनी में है। इससे अनुमान होता है कि इसकी रचना निस्सहाय हिन्दू और राधारानी के पूर्व हुई होगी अर्थात् 1881 ई. से भी पूर्व। इस प्रकार कुमुदिनी का रचनाकाल सन् 1877 ई. से 1881 ई. के बीच माना जा सकता है।" (कथादेश पत्रिका, जुलाई, 2007 पृष्ठ 17)

इस आधार पर हम मल्लिका जी को प्रथम उपन्यासकार तथा कुमुदिनी को हम प्रथम उपन्यास कह सकते हैं। भारतेन्दु के वंशज जी.सी. चौधरी ने एक अहिन्दी भाषी का हिन्दी का पहला उपन्यास कुमुदिनी को ही माना है। एक शोध में मुझे यह तथ्य प्राप्त हुआ था जिसे यहाँ प्रस्तुत करना उचित होगा, परन्तु इसका कोई सन्दर्भ शोध में नहीं प्राप्त हुआ था— "हिन्दी की पहली उपन्यास लेखिका कोई सती प्राण अबला थी, जिन्होंने अपना वास्तविक नाम गुप्त रखकर 1890 में सुहासिनी नामक उपन्यास लिखा और प्रकाशित कराया था। यदि यह अबला ब्रज रत्नदास के अनुसार मल्लिका देवी ही हैं तो उन्हीं को हिन्दी की पहली मौलिक उपन्यास लेखिका भी मानना होगा।" यहाँ पर शोधकर्ता ने ब्रज रत्नदास का स्पष्ट उल्लेख करते हुए सती प्राण अबला को मल्लिका माना है। हम सभी जानते हैं कि बाबू ब्रज रत्नदास से भारतेन्दु के निकटवर्ती सम्बन्ध थे और उन्होंने मल्लिका के कुछ संस्मरण भी लिखे हैं। यह भी सत्य है कि कई शोध में सुहासिनी को मल्लिका का प्रथम उपन्यास माना गया है। डॉ. बद्रीदास अपने शोध प्रबन्ध हिन्दी उपन्यास पृष्ठभूमि और परम्परा में कहते हैं—''सुहासिनी एक उपन्यास लेखिका की प्रथम कृति है। भारतेन्दु काल में इस प्रकार का कोई दूसरा उपन्यास नहीं लिखा गया।" रचनाकाल के आधार पर सुहासिनी बाद की रचना मानी गयी है। दोनों रचनाएँ मल्लिका जी द्वारा रचित हैं इसलिए उन्हें प्रथम उपन्यासकार तो माना ही जाना चाहिए।

प्रसंगवश भारतेन्दु युग की चर्चा हो गयी है तो यह तथ्य भी द्रष्टव्य है कि इस युग की प्रमुख स्त्री रचनाकार प्रियंवदा देवी, ब्रह्माकुमारी भगवान देवी, यशोदा देवी, युगल बाला, दुखनी बाला, गोपाल देवी, बावली बहू, रामेश्वरी नेहरू, सरस्वती गुप्ता, लीलावती देवी, रुक्मणी देवी इत्यादि के साथ अज्ञात हिन्दू महिला का नाम भी सामने आता है। इसके बाद सन् 1892 ई. में हरदेवी का उपन्यास हुक्म देवी प्राप्त होता है। इस उपन्यास में एक पत्र लिखा गया है जिसमें दिनांक में 1892 का उल्लेख है। अर्थात् यह उपन्यास ज़ब भी लिखा गया होगा तो इसके पूर्व लिखा गया होगा। इस प्रकार से उषा देवी मित्रा के पूर्व भी उपन्यास रचा गया है यह मानने में कहीं कोई बाधा नहीं है।

सरस्वती गुप्ता का उपन्यास राजकुमार 1918 ई. में प्रकाशित हुआ था। गोपाल देवी का उपन्यास लक्ष्मी बहू प्रयाग से सन् 1912 में प्रकाशित हुआ था कुछ लोग इसे बंगला भाषा के किसी उपन्यास से अनूदित मानते हैं। इसी समय हेमन्त कुमारी चौधरी की आदर्श माता और यशोदा देवी की वीर पत्नी नामक उपन्यास भी प्रकाशित हुए थे। युगबाला के द्वारा लिखा गया उपन्यास चारुशीला 1913 में प्रकाशित हुआ था। ब्रह्म कुमारी भगवान देवी का उपन्यास सौन्दर्य कुमारी सन् 1914 में प्रयाग से प्रकाशित हुआ था। यह उपन्यास माँ के स्नेह और पति प्रेम की आदर्श कथा को प्रस्तुत करता है। गृहलक्ष्मी पत्रिका में सन् 1915 में बावली बहू नाम से सुकुमारी उपन्यास प्रकाशित हुआ था जो अपूर्ण था। यह उपन्यास कुछ संस्करणों में धारावाहिक रूप से प्रकाशित हुआ था परन्तु बाद में इसका प्रकाशन रोक दिया गया और आगे कहीं इनका उल्लेख भी नहीं मिलता है। यशोदा देवी का उपन्यास नववधू रहस्य सन् 1915 में प्रकाशित हुआ था। इस उपन्यास में पारिवारिक जीवन के साथ ही मानवीय मूल्यों की भी स्थापना की गयी है। कात्यायनी त्रिवेदी ने सन् 1916 में अनाथ बालक नाम से उपन्यास लिखा था जो प्रयाग से प्रकाशित हुआ था। यह बंगला के चन्द्रशेखर की रचना थी। विधु भूषण बसु की रचना पर यशोदा देवी ने आदर्श बालिका नाम से अनुवाद किया था जो प्रयाग से प्रकाशित हुआ था।

इसके बाद रुकमणी देवी ने मेम साहब, कुन्ती ने सुन्दरी, विमला देवी चौधरी ने कामिनी, रत्नवती देवी शर्मा ने सुमति, शैल कुमारी देवी ने उमा सुन्दरी, गिरिजा देवी ने कमल कुसुम, कुमारी तेज़ रानी दीक्षित ने हृदय का काँटा, श्रीमती ज्योतिर्मयी ठाकुर ने मधुबन, प्रभावती भटनागर ने पराजय, जगदम्बा देवी ने हीरे की अँगूठी, उषा देवी मित्रा ने वचन का मोल की रचना की थी। इन स्त्री रचनाकारों में प्रगतिशील दृष्टिकोण, जनवादी भावना का विकास इसी समय में प्रारम्भ हुआ था।

नाटकों के क्षेत्र की अगर बात की जाये तो कंचन लता सबरवाल का नाम सुमन राजे प्रथम स्थान पर रखती हैं। परन्तु 1896 ई. में श्रीमती लाली के गोपीचन्द नामक नाटक का उल्लेख प्राप्त होता है। नाटक में नवीन प्रयोग की दृष्टि से भी यह नाटक अपना अलग महत्त्व रखता है। भाषा और शैली दोनों स्तर पर इसमें प्रयोग किया गया है। भाषा में खड़ी बोली हिन्दी के साथ मराठी, गुज़रती बांग्ला भाषा का प्रयोग हुआ है और गीतों की प्रधानता रखी गयी है। लाली जी ने स्वयं इसकी भूमिका में कहा है यह इन्दर सभा की शैली पर नहीं लिखा गया है। पौराणिक कथा होते हुए भी यह स्त्री चेतना को उद्घाटित करता है। भारतेन्दु युग में गोपीचन्द नाटक लिखा गया है जिस की लेखिका लाली देवी हैं इसकी जानकारी हमें आरती वर्मा के लेख आजकल

पत्रिका, मई 2001 से होती है। डॉ. सुशीला धीर कहती हैं—"श्रीमती लाली जी का गोपीचन्द नाटक खड़ी बोली गद्य के साथ बांग्ला, गुज़राती, मराठी गीतों का मिश्रण प्रयोग है इसमें गीतों की प्रधानता है।" हिन्दी नाटक कोश में दशरथ ओझा ने कहा है कि सन् 1930 में बनारस से प्रकाशित अबला की आह नाटक की रचना देहाती महिला के नाम से प्राप्त होती है। इनका मूल नाम उसी प्रकार अज्ञात है जिस प्रकार से एक दुखिनी बाला का है। यह एक सामाजिक नाटक है जिसमें स्त्रियों पर ग़लत दृष्टि रखने वाले पुरुषों को सबक सिखाने की कहानी है। 1934 ई. में अनुरूप देवी द्वारा कुमारिल भट्ट नाटक लिखा गया है। इसके बाद हमें कंचन लता सबरवाल नाम का नाटक साहित्य में मिलता है। इस आधार पर हम श्रीमती लाली जी को प्रथम नाटककार कह सकते हैं।

इन विधाओं के अतिरिक्त एकांकी विधा में भी स्त्री रचनाकार सक्रिय थीं। पुनर्जागरण पर शोध कर रही शोध छात्रा अलका तिवारी ने यह सूचना दी है कि 1929 में हीरा देवी ने 'एक घूँट' एकांकी की रचना की थी। हीरा देवी चतुर्वेदी का (जो मनोरमा पत्रिका की सम्पादिका भी थी) 'रंगीन पर्दा' एकांकी संग्रह (1952), इंडियन प्रेस प्रयाग से प्रकाशित हुआ था जिसमें नौ एकांकी संग्रहित हैं। इसमें संग्रहित एकांकी 'रँगा सियार' सन् 1946 में प्रकाशित हुआ था।

यात्रा संस्मरण विधा में मेरी लन्दन यात्रा, (1883) जो हरदेवी द्वारा लिखित है प्रथम यात्रावृत्त कहा जा सकता है। अहिन्दी भाषी लेखिका द्वारा लिखित यात्रावृत्त की अगर बात की जाये तो स्त्री दर्पण के जनवरी 1916 के अंक में मिसेज जैन वियर का यात्रावृत्त 'छुट्टी का समय किस भाँति से बिताया' मिलता है जिसमें गंगोत्री यात्रा का वर्णन है। 1920 में श्रीमती नवल बिहारी लाल की 'मेरी मसूरी की यात्रा' भी स्त्री दर्पण में प्रकाशित हुई थी। यह दोनों यात्रावृत्त बहुत लम्बे नहीं छोटे यात्रावृत्तान्त हैं।

जीवनी साहित्य के बात की जाये तो स्त्री दर्पण के फ़रवरी 1910 के अंक में मुझे दो जीवनी प्राप्त होती हैं। पहली है श्रीमती कैलाश रानी वातल द्वारा लिखित पंडित मदन मोहन मालवीय तथा जगदम्बेश्वरी सरूप द्वारा लिखित रानी चन्दा। रानी चन्दा की जीवनी खालसा पन्थ के सन्दर्भों को ले करके लिखी गयी है। दूसरी जीवनी पंडित मदन मोहन मालवीय की है जो रानी चन्दा से ज़्यादा विस्तृत है। इसे प्रथम जीवनी कहूँगी। पहली तो यह कि यह ज़्यादा विस्तृत है और पत्रिका में इसे पहले स्थान दिया गया है। मदन मोहन मालवीय के सम्पूर्ण जीवन का पक्ष यह जीवनी प्रस्तुत करती है। जीवन के साथ-साथ उनके शैक्षिक आचार-विचार उनके व्यक्तिगत गुणों का भी चित्रण लेखिका ने किया है जिस का अभाव रानी चन्दा में मुझे दिखाई देता है।

जब तक कोई अन्य जीवनी का विवरण प्राप्त नहीं होता है तब तक इसे ही प्रथम जीवनी माना जा सकता है।

आत्मकथा विधा पर दृष्टि डाली जाय तो दुखिनी बाला कृत एक विधवा की आत्मकथा का प्रकाशन स्त्री दर्पण पत्रिका में जुलाई 1915 से मार्च 1916 तक के अंकों में हुआ था परन्तु इसकी चर्चा उतनी नहीं हो सकी जितनी होनी चाहिए थी। इसके पूर्व किसी आत्मकथा के विषय में जानकारी नहीं है। इसकी वास्तविक रचनाकार भी ज्ञात नहीं है। प्रज्ञा पाठक जी ने इसका पुन: प्रकाशन कराया है। वह कहती हैं— "सरला : एक विधवा की आत्मजीवनी हिन्दी में किसी स्त्री के द्वारा आत्मकथा लिखने का पहला प्रयास है इसलिए ऐतिहासिक भी है। यह अपने आप में आश्चर्यजनक है कि वर्ष 1915-1916 के बाद इस क्षेत्र में एक लम्बा अन्तराल दिखाई देता है। इस आत्मजीवनी के पाठ के सन्दर्भ में यह ज़िक्र करना भी आवश्यक लगता है कि यह इक्कीसवीं सदी की किसी नारीवादी महिला की आत्मकथा नहीं है बल्कि एक सामान्य स्त्री की आपबीती है। तत्कालीन समय और समाज में यह बात ही अपने आप में नयी है कि कोई विधवा स्त्री अपनी और अपने जैसों की पीड़ा के बारे में सोचती है, न सिर्फ़ सोचती है बल्कि लिखकर उस पीड़ा को समाज के सामने उजागर करने का साहस करती है। इस आत्मजीवनी में लेखिका के निजी जीवन से जुड़े वह हिस्से हैं जो जीवन के एक खंड की कथा के रूप में तत्कालीन सामाजिक परिदृश्य में स्त्रियों से जुड़ी अनेक सामाजिक समस्याओं को उभारकर सामने ले आते हैं।" (फ्लैप से) इस आत्मकथा में एक विधवा महिला की आत्म बयानी पीड़ा, अन्याय की दर्द भरी दास्तां भी है जिसमें पुरुष प्रधान समाज के प्रति विद्रोह भाव के साथ प्रतिरोध का भी स्वर मिलता है।

स्फुरना देवी का 'अबलाओं का इन्साफ़' (1927) को नैया जी ने आधुनिक हिन्दी की प्रथम आत्मकथा माना है। इस किताब की प्रस्तावना में लिखा गया: ''जब विधर्मी लोगों के हमले अपनी जाति पर होते हैं, तो उनकी स्त्रियाँ अपने को सँभालती हुई हमलों में पुरुषों का साथ देती हैं; परन्तु आपको उन हमलों के समय अपने बचाव के पहले हमारा बचाव करने की आवश्यकता पड़ती है; अर्थात हम लोग उस विकट समय में आपकी सहायता करना तो दूर रहा, उलटा बोझ रूप हो जाती हैं। इसका कारण यही है कि आपकी चिर–अभ्यस्त आदतों से होने वाले अत्याचारों ने हमको भेड़ों से भी गयी–गुज़री बना दिया कि हमको कोई काट डाले तो रोने की आवाज़ निकालने तक का हमें साहस नहीं होता— (श्रीमती स्फुरना देवी(जुलाई 1927) अबलाओं का इन्साफ,चाँद कार्यालय इलाहाबाद, पृ.-12)

इसके प्रस्तावना में यह भी लिखा है कि इसमें कल्पना का समावेश किया गया है—" मैंने थोड़े से नामों की कल्पना करके उनके वर्णन में अनेक अत्याचार पीड़ित व्यक्तियों की आत्मकथाओं का संक्षेप में समावेश करते हुए समाज की दुर्दशा का दर्शन करा दिया है। इस तरह की आत्मकथा सच्ची हो तो भी उनके सम्बन्ध में व्यक्तियों के सच्चे नाम लिखना अनेक कारणों से ठीक नहीं। अत: इस लेख में नाम यद्यपि बदले गये हैं और कहीं कल्पित भी किये गये परन्तु अत्याचार कल्पित नहीं है।— न इसमें भाषा की शुद्धता और सुन्दरता का ही कोई ख़याल रखा गया है और न कोई कविता ही कही गयी है। बल्कि यह अत्याचार से आकर महिलाओं की आत्मकथा और है उनकी आँख भरी अपनी अपील।' (अबलाओं का इंसाफ, स्फुरना देवी, सम्पादन एवं प्रस्तुति नैया, राधाकृष्ण प्रकाशन, पृष्ठ 12 व 13) परन्तु इस पुस्तक को किशोरी दास वाजपेयी स्त्री नहीं पुरुष लिखित मानते हैं। 'अबलाओं का इन्साफ़' की निष्पक्ष आलोचना में किशोरीदास वाजपेयी (विशाल भारत, 1985, वर्ष 1, खंड 2, पृ. 773) कहते हैं कि— "मैं स्वयं इस समय कुछ अर्से से बीकानेर में हूँ, जहाँ उक्त पुस्तक के लेखक रहते हैं, उन्हें ख़ूब जानता हूँ। पुस्तक के लेखक एक सेठ जी है।" अबलाओं का इन्साफ़ आपने बड़ी सड़ियल भाषा में लिखा था, और उसे स्वयं मैंने ही शुद्ध करके सम्पादन किया था। पर सम्पादिका बना दी गयी श्रीमती सहगल, जैसे लेखिका श्रीमती स्फुरना देवी।" यह विवाद का विषय है कि इसके मूल लेखक/लेखिका कौन हैं। तत्कालीन समय में छद्म नाम से लिखने का प्रचलन रहा है ऐसी स्थिति में अनेक रचनाएँ सन्देह के घेरे में आती हैं। इस विवाद गें न पड़ कर हम अपने मूल विषय पर रहते हैं।

सन् 1932 में हंस पत्रिका का आत्मकथा विशेषांक प्रकाशित हुआ जिसमें श्रीमती यशोदा देवी कृत मेरा अनुभव और शिवरानी देवी द्वारा लिखित आत्मकथा मेरी गिरफ़्तारी प्रकाशित हुई थी। मेरा अनुभव में यशोदा जी कम उम्र के विवाह और साहित्य अध्ययन की पाबन्दियों का ज़िक्र करती हैं। शिवरानी देवी ने अपने आन्दोलन के कारण जेल जाने के प्रसंग को मेरी गिरफ़्तारी में लिखा है। इसमें उन्होनें अंग्रेज़ों के कारण भारतीय सिपाही की विवशता, एक माँ के जेल जाने पर बच्चों की चिन्ता और बिना वारंट एक गिरफ़्तारी आदि का उल्लेख है। आत्मकथ्य में संवेदनात्मक बिन्दु के साथ साहस की गाथा भी है। भाषा के बारे में शिवरानी जी का यह साहस उनकी कहानियों में भी दिखाई देता है। इसी पत्रिका में दिनेश नन्दिनी जी का गद्य काव्य 'बता तो' और 'प्रेम' प्रकाशित हुआ था।

1935 में प्रकाशित प्रियंवदा देवी कृत एक विधवा की आत्मकथा है। यह पुस्तक प्रियंवदा देवी की आत्मिक जीवनी ही है जिसमें वह अपने माता-पिता के परिचय के साथ ही अपने ससुराल और अपने वैधव्य की पीड़ा को बयाँ करती हैं। जानकी देवी बजाज कृत मेरी जीवन यात्रा प्रकाशन वर्ष 1956 है जिसे लोग स्त्री लिखित पहली आत्मकथा मानने है जो तर्क संगत नहीं है।

अस्मिता संज्ञान युग में काव्य साहित्य पर हम दृष्टिकोण डालते हैं तो देखते हैं कि मध्यकाल से आधुनिक काल में आने पर मध्यवर्ग की स्त्रियों ने भी अपना योगदान देना प्रारम्भ कर दिया था। इसके पूर्व रानी तथा निम्न वर्ग की स्त्री की उपस्थिति साहित्य में दिखाई देती है। इस युग की प्रवृत्तियों की अगर बात की जाये तो डॉ. राज बुद्धिराजा के कथन को उद्धृत करना उपयुक्त होगा। अपनी पुस्तक 'हिन्दी लेखिकाएँ : परवर्ती काल से आधुनिक काल' तक में वह कहती हैं—"नवजागरण काल में साहित्य के इस मोड़ से तत्कालीन सामाजिक परिस्थितियों से असन्तोष, राष्ट्रीय भावनाएँ, विद्रोह के स्वर, मानसिक ग्रन्थियों का खुला चित्रण स्त्री साहित्य में दिखाई देने लगा है। रूढ़ि भंजन, समाज सुधार, राष्ट्रभक्ति, स्वदेशी भावना के साथ आस्था-अनास्था, आशा-निराशा के बीच भविष्य के प्रति आशावादिता, कहीं भक्तिकाल का समर्पित स्वर, कहीं राष्ट्र सेवा, कहीं व्यंग से मिलीजुली अभिव्यक्तियाँ इस युग के साहित्य की विशेषताएँ हैं।" (पृष्ठ 157)

डॉ. राज बुद्धिराजा जी का यह कथन उपयुक्त है कि इस युग की काव्य प्रवृत्तियों में आध्यात्मिकता, भक्ति, प्रेम, देश प्रेम, रूढ़ि विरोध आदि का स्वर अधिक है। इसके साथ ही लोक सम्पृक्ति, गार्हस्थ जीवन के चित्र, स्त्री स्वतन्त्रता पर बल के साथ-साथ समस्या पूर्ति जैसी प्रवृत्तियाँ भी विद्यमान थीं। ऐसे समय में जब सामाजिक, पारिवारिक और व्यक्तिगत सीमाएँ पुरुषों द्वारा निर्धारित थीं, तब कुछ रचनाकार पुरुषों द्वारा रचित साहित्य का अनुकरण करके समस्या पूर्ति, प्रेम आदि विषयों में अपना कौशल बिखेर रही थीं तो कुछ पुरुष साहित्य से इतर अपना अलग रास्ता बना रही थीं।

पुरानी लीक पर चलने वाली कवियित्रियों में जुगल प्रिया, गिरिराज कुमारी, रघुवंश कुमारी, रामप्रिया आदि अनेक नाम हैं। प्राचीन परम्परा और नवीन प्रयोग का मिश्रित रूप हमें तोरण देवी शुक्ला, राजकुमारी चौहान, सरस्वती देवी इत्यादि कवयित्रियों में मिलते हैं। नयी चेतना और राष्ट्रवादी धारा की झलक हमें तारा पांडे, महादेवी वर्मा, रामेश्वरी देवी, चकोरी, विष्णु कुमार श्रीवास्तव, मंजु चन्द्रावती, ऋषभ जैन इत्यादि में मिलती है।

भक्ति और शृंगार की धारा में रूप कुमारी चन्देल, प्रताप कुँवरि बाई, वृषभानु, गिरिराज कुमारी इत्यादि स्त्री रचनाकार हैं। यह सभी रचनाकार मध्यकाल की आती हुई भक्ति एवं शृंगार की परम्परा का निर्वहन कर रही थीं। गिरिराज कुमारी जैसी रचनाकार मीरा की भक्ति भावना से प्रभावित रही हैं जिसकी स्वीकारोक्ति उन्होनें स्वयं दी है। इन रचनाकारों ने राम और कृष्ण भक्ति की परम्परा को आधुनिक काल में भी आगे बढ़ाया है। सन् 1883 में जन्मी राम प्रिया का मूल नाम रघुराज कुँवरि था। उन्होंने अपनी रचनाओं में राम की भक्ति की है। कीरति कुमारी का कृष्ण जन्म प्रसंग काफ़ी प्रसिद्ध रहा है। कृष्ण उनके लिए हैं—

मन गोपी हरैया मीठी बांसुरी बजैया है
सोई दीनानाथ आज कीरति कुमारी गृह
जन्म लेवैया दुख दारुण हरैया है

निधि रानी का एक काव्य संग्रह राम मिलन नाम से प्राप्त होता है जिसका उल्लेख उमेश माथुर ने 'आधुनिक युग की हिन्दी लेखिकाएँ' में किया है। इसमें गुरु की भक्ति, गुरु का महत्त्व और भक्ति उसी प्रकार से प्रदर्शित की गयी है जिस प्रकार से भक्तिकाल में हुआ है। कमल कुँवरि नामक रचनाकार ने विनय चन्द्रिका की रचना की थी, जिसमें कुल 68 पद संग्रहित हैं। वह कहती हैं—

प्रभु तुम ऐसे दीनदयाल
दीन जान अब कमल कुँवर पर कृपा करो नन्दलाल

तोरण देवी शुक्ल लली के जागृति काव्य संग्रह में दिव्य ज्योति उपखंड में भक्ति परक रचनाएँ हैं। चन्द्रकला बाई ने तुलसी रामायण, रामचन्द्रिका जैसे ग्रन्थों की रचना रामचरितमानस के आधार पर की है। इनका रामचरित्र नामक एक मात्र ग्रन्थ प्राप्त होता है। इस ग्रन्थ को पढ़कर के यह अहसास होता है कि इस ग्रन्थ की रचना में कवि गुलाब ने भी योगदान दिया है। दूसरे शब्दों में इसे सह-लेखन भी कह सकते हैं। काव्य के क्षेत्र में आलम केलि के बाद सह-लेखन का दूसरा उदाहरण है। नीति के पद भी इस समय में हमें देखने को मिलते हैं। सरस्वती देवी कहती हैं—

राखहि कुटिल स्वभाव सों बैर भाव जो कोय
तुम उन पर मन्द ध्यान दो आपहु लजिहैं सोय

स्त्री रचनाकार भारतेन्दु युग की समस्या पूर्ति जैसी प्रवृत्तियों को लेकर के भी चल रही थी। ऐसी रचनाकारों में चन्द्रकला, रमा देवी, बुन्देल बाला प्रमुख थीं। जैसा

कि मैंने पहले भी कहा कि भक्ति के साथ-साथ शृंगार की भी एक सूक्ष्म परम्परा इस समय वर्तमान थी। सम्पूर्ण जागरूकता के बावजूद मल्लिका आदि रचनाकारों ने प्रेम की उस धारा को सूखने नहीं दिया जो मानवीय जीवन का आधार रहे हैं।

इस कालखंड में जब हम आगे दृष्टि डालते हैं तो स्वतन्त्रता प्राप्ति की प्रबल आकांक्षा जो हमें लेखों में प्राप्त होती थी वह काव्य में भी दिखाई देती है। देशभक्ति की इस परम्परा का निर्वाह करने में तोरण देवी शुक्ल लली, बुन्देल बाला, सुभद्रा कुमारी चौहान, पुरुषार्थवती देवी इत्यादि आती हैं। तोरण देवी को हम राष्ट्रीय काव्य धारा की प्रथम कवयित्री कह सकते हैं। जय स्वदेश कविता में उनके देश भक्ति के भाव को देखा जा सकता है—

जय जय भारत जय-जय स्वदेश
जय शोभित सुन्दर तिलक भाल, अति भव्य मूर्ति लोचन विशाल
अतुलित बलधारी अति दयाल, जय जगत शिरोमणि वीर वेष
जय जय भारत जय जय स्वदेश

सन् 1917 में जनक दुलारी की एक कविता 'भारत की सेवा' प्राप्त होती है। यह गीत मुझे बेहद प्रिय है इसलिए उदाहरण स्वरूप इसकी कुछ पंक्तियाँ देती हूँ—

ए मेरी जान भारत सेवा तेरी करूँगी
जब तक दम में दम है तेरा दम भर लूँगी
अगर जान तक भी जाये हरगिज ना मैं डरूँगी
तेरे लिए जिऊँगी तेरे लिए ही मरूँगी

सन् 1922 में कुमारी राजेश्वरी पटेल की कविता भारत माता का सन्देश तथा 22 में ही सूर्य देवी दीक्षित की कविता स्वतन्त्रता देवी और ललिता देवी की कविता भारत विनय काफ़ी पसन्द की गयी थीं। स्वतन्त्रता आन्दोलन के परिणाम-स्वरूप गांधी की विचारधारा के अनुरूप और प्रेरणा स्वरूप कविताएँ भी विभिन्न पत्र-पत्रिकाओं में प्रकाशित होती थीं जिससे यह पता चलता है कि तत्कालीन परिस्थितियों में स्त्री रचनाकार कितनी सजग थी और साथ ही इन परिस्थितियों से कितनी प्रेरित थी। अनूप सुन्दरी रोहतगी की कविता असहयोग तरंग इस बात का पुष्ट प्रमाण है कि इस तरह की कविताएँ अन्य भी हैं जो पत्र-पत्रिकाओं में बिखरी पड़ी हैं। कविता में रोहतगी जी कहती हैं—

कहती अनूपी लल्को बहनो मानकर गांधी जी का कहना
सदा अब चरखा के प्रति रहना/कहो अब प्रण यही करते हैं

ऐसे ही बुन्देल बाला (गुज़राती बाई) भी कहती हैं—

क्षत्रिय कुल अवतंस वीर वर है प्रताप जी का यह देश
रानी पद्मावती सती ने यही किया है नाम विशेष

देश प्रेम की भावना को पोषित करने में गोपाल देवी ने श्रेष्ठ योगदान दिया है। हिन्दी काव्य की कलामयी तारिकाएँ में लेखक कहते हैं—"सबसे प्रथम आप ही के कार्यों से स्त्रियों और बच्चों के क्षेत्र में देशभक्ति का भाव क्रियात्मक रूप में दिखलाई पड़ा। आपके सम्पादन काल में हिन्दी साहित्य के भीतर भारत सम्बन्धी कविताओं की उसी तरह धूम मची हुई थी जैसी आज छायावाद की है।" (हिन्दी काव्य की कलामयी तारिकाएँ, पृष्ठ 117) देश प्रेम के अतिरिक्त गोपाल देवी ने स्त्री स्वास्थ्य सम्बन्धित समस्याओं को भी अपने काव्य में पिरोया और जागृति की लहर लाने का सार्थक प्रयास किया। ल्युकोरिया जैसी बीमारी के लिए वह कहती हैं—

लुकछुप धीरे-धीरे देह में दखल कियो, यासो अंग्रेज़ी में लुकोरिया कहायो है
महिला समाज बीच स्वास्थ्य धन लूटबे को, मौक़ा ताकि प्रदर ने गदर मचायो है

इस समय विश्व युद्ध की पृष्ठभूमि पर भी कई कविताएँ प्राप्त होती हैं। सन् 1917 ई. में चन्द्रमुखी देवी की कविता हमारा कर्तव्य विश्व युद्ध में भारत की भागीदारी की पृष्ठभूमि पर लिखा गया है। विभिन्न व्रत त्यौहार इत्यादि पर भी कविताएँ छुटपुट रूप में पत्रिकाओं में प्रकाशित होती रहती थीं। इन्हें समकालीन परिस्थिति में समकालीन अभिव्यक्ति के रूप में देखा जा सकता है। सन् 1916 में महारानी देवी अवस्थी की कविता होली इसी प्रकार की कविता में आती है।

तत्कालीन स्त्री साहित्य में मुझे कविता में कहानी कहने की शैली काफ़ी कविताओं में देखने को मिली है जिसमें गोपाल देवी (धोबी और गधा, भेड़ और भेड़िया, मौत और घसियारा), कमला चौधरी (पाकिस्तान देखेंगे), चन्द्र किरण सौनरेक्सा (भारत वर्ष एक लम्बी कहानी) का नाम प्रमुखता से लिया जा सकता है। कुछ स्त्री रचनाकार ऐसी भी हैं जो देश भक्ति और भक्ति दोनों प्रवृत्तियों का निर्वाह करती हैं इनमें रेहाना जी और लली जी प्रमुख रचनाकार हैं।

स्त्रियों के साहित्य पर सदैव यह आरोप लगाने वाले कि उनके साहित्य में गृहस्थी ही प्रधान है वह गृहस्थी वर्णन के मध्य समकालीन हलचलों को न जान पाने की विवशता और राजनीतिक परिवर्तनों की आहट इन जैसी कविताओं में देखना भूल जाते हैं—

जब लग मैं मैके रही लिखत पढ़त रहि नित
अब घर पर परबस परी रही नहिं सकति सुचित
गृहकारज व्यवहार बहु परे संभारन मोहिं
लिखत पढ़न इक संग ही यह सब कैसे होहि
समाचार के पत्र जे आवत है मम पास
तिनके देखन के लिए मिलत न मोहिं सुपास

समय बीतने के साथ-साथ छायावादी प्रभाव की कविताएँ भी स्त्री रचनाकारों के द्वारा लिखी गयीं। तारा पांडे, होमवती देवी इत्यादि रचनाकारों ने अन्य प्रवृत्तियों के साथ इसे भी अपनाया है। तारा पांडे का एक उदाहरण देख सकते हैं—

अमर करो के मृदुल स्पर्श से सजनी मैं जागी
बीती सपनों से भरी रात खग गाते आया नवप्रभात

पुनर्जागरण की मूल चेतना अतीत का गौरव गान भी स्त्री रचनाकारों में लक्षित होता है। परम्परा से चली आ रही स्त्री चरित्रों को यह कवयित्रियाँ नये सन्दर्भ में व्याख्यायित करने के साथ ही प्रश्न भी पूछ रही थीं जो जागरूक चेतना का पर्याय था। प्रियंवदा देवी कहती हैं—

सीता प्रति श्री राम निठुर हैं राधा प्रति गोपाल
सती समक्ष निठुर शंकर में यही सदा की चाल

स्त्री काव्य में लेखों के साथ ही स्त्री मुक्ति का मुद्दा प्रधान रूप से उठाया गया है। राजरानी देवी अपनी कविता राष्ट्रवाद में कहती है—

उत्तम शिक्षा सब नर लहिहै बनिहै एक समान नर नारी
उच्च शिक्षित पुत्री होईहैं पुत्र सकल बनिहै ब्रह्मचारी

अपने उग्र और विद्रोही तेवर के साथ राजरानी देवी स्त्री मुक्ति की मशाल लेकर सबसे आगे दिखती हैं। इसलिए इन्हें आधुनिक काल की प्रथम कवयित्री माना जाता है जिसमें पुनर्जागरण की चेतना व्याप्त है। वह स्त्रियों को ललकार कर कहती हैं—

देवियो! क्या पतन अपना देखकर नेत्र से आँसू निकलते हैं नहीं
भाग्यहीना! क्या स्वयं को लख कर पाप से कलुषित हृदय जलते नहीं?
क्या तुम्हारी बदन श्री खो गयी, उच्च गौरव का नहीं कुछ ध्यान है?
क्या तुम्हारी आज अवनति हो गयी?

इसी प्रकार स्त्री जीवन का यथार्थ होमवती देवी अपनी कविता दलित कुसुम मैं कहती हैं—

बस यही दशा इस जीवन में निर्बल अबला की होती है
कितनी ही कलियाँ खिलने से पहले ही झर झर रोती हैं

तत्कालीन समय में स्त्री शिक्षा पर हर क्षेत्र में बल था। सन् 1911 में ब्रज रानी देवी एक कविता लिखती हैं—विद्या पढ़ो विद्या पढ़ो। कविता के माध्यम से वह बताती हैं कि स्त्री मुक्ति का सिर्फ़ एक रास्ता है वह है शिक्षित होना। राजरानी देवी की भाँति ही वह कहती हैं।

बहनों उठो कटिबद्ध हो अब जाति अपनी सुधार लो
विद्या पढ़ाओ और ख़ुद पढ़ो अब विद्या पढ़ो

स्त्री चेतना के लिए पत्रिकाओं में विभिन्न प्रकार की कविताएँ, लेख, कहानियाँ प्रकाशित होती थीं। चाँद पत्रिका के नवम्बर 1922 अंक में शारदा कुमारी (सम्पादिका महिला दर्पण) भारतीयों का कर्तव्य में कहती हैं कि छेड़छाड़ और दुष्कर्म की घटनाएँ आये दिन सुनने को मिलती हैं, स्त्रियों को स्वयं में साहस लाना होगा। वह कहती है—

मिटे ना जो सत्ता रखने में तो क्या राशि है रहती है फिर आब
अपनी रक्षा अपने हाथों होती सुनो सदैव गुलाब (चाँद पत्रिका, पृष्ठ 23)

तत्कालीन समाज में कृषकों का शोषण किसी से छुपा नहीं है। इस पीड़ा को प्रेमचन्द और निराला ने व्यक्त किया है। परन्तु सन् 1899 में निराला के समय ही जन्मी रामकुमारी चौहान अपनी कविता ग्राम देवता में किसानों का दर्द व्यक्त करते हुए निःश्वास संग्रह में कहती हैं—

शीत धाम में निश्चल वे, ग़लते हैं अंग तपाते
उनके सूखे अंगों में चिन्ता का चित्रण देखा,
उनके मुरझाए मुख पर है खचिक हाथों की रेखा

इतनी भाव विभोर करने वाली पंक्तियों की रचनाकार इतिहास में गुम हो गयी वहीं निराला इतिहास में अमर हो गये। यह इतिहासकारों का अन्याय नहीं है तो और क्या है?

स्त्री रचनाकारों का एक वर्ग स्त्री मुक्ति के लिए निरन्तर संघर्षरत था चाहे वह कथा साहित्य हो या काव्य साहित्य। इन रचनाकारों की संख्या ज़्यादा है। इसमें हम मुन्नी देवी भार्गव, रामप्यारी, राजदीप रानी देवी, श्रीमती मन्नन द्विवेदी, हरदेवी इत्यादि

रचनाकारों को प्रमुख कह सकते हैं। रामकुमार वर्मा की माताजी राजरानी देवी की रचनाओं में नवजागरण की सभी प्रवृत्तियाँ (समाज सुधार, अतीत का गान और देश प्रेम) दिखती हैं। राजरानी देवी के इतने उत्कृष्ट योगदान के बावजूद हिन्दी साहित्य के इतिहास में उनका कहीं नाम न होना एक कसक उत्पन्न करता है। स्त्री शिक्षा इस युग की सर्व प्रधान विशेषता रही है क्योंकि स्त्रियों को यह ज्ञान हो गया था कि हम अपनी अस्मिता तभी स्थापित कर सकते हैं जब हम शिक्षित होंगे।

समकालीन विषयों पर लेखन इस युग की सबसे बड़ी विशेषता रही है यहाँ तक की व्रत, त्यौहार, दशहरा बन्द जैसे छोटे से आयोजन पर भी रमा देवी अपनी कविता लिखने से नहीं चूकती हैं। काव्य के क्षेत्र में एक और दिलचस्प बात यहाँ पर यह भी है कि रमा देवी जैसी रचनाकार खड़ी बोली और ब्रजभाषा दोनों का निर्वाह करती है। कथा क्षेत्र में अगर बात की जाये तो यह मिश्रण बंगला और खड़ी बोली में प्राप्त होता है। मल्लिका जैसी रचनाकार इसका प्रत्यक्ष उदाहरण है।

सन् 1907 में प्रकाशित दुलाईवाली की प्रथम कहानी की चर्चा हम पहले ही कर चुके हैं। काव्य की भाँति कहानियों में भी पुनर्जागरणकालीन चेतना का व्यापक प्रसार हम देखते हैं। बंग महिला की समकालीन यशोदा देवी स्त्री से सम्बन्धित कहानियाँ लिखने में माहिर थीं। यशोदा देवी का लक्ष्य था आदर्श नारी। इस समय की कहानी लेखिकाओं में मुझे जानकी देवी, सुभद्रा देवी ठकुरानी, शिव मोहिनी, कुन्ती देवी, कुलदेवी इत्यादि का नाम मिलता है। विभिन्न शोधों में यह बताया गया है कि इनकी कहानियाँ सामाजिक और पारिवारिक जीवन की कहानियाँ हैं। कुछ शोध ग्रन्थों में वनलता देवी, सरस्वती देवी आदि लेखिकाओं की कहानियों में राष्ट्रीय चेतना का भी विश्लेषण किया गया है। शारदा देवी की विधवा और अभागिनी कहानी बाल विवाह एवं विधवा जीवन की त्रासदी पर आधारित है। इन सभी के बाद सर्वाधिक प्रखर स्वर शिवरानी देवी की कहानियों में मिलता है। इनकी स्त्रियाँ समाज में पुरुषों के अन्याय के आगे रोती नहीं है मौन भाव से अत्याचारों को सहन नहीं करती है बल्कि उसका विरोध करती है। इनकी कहानियाँ विमाता, विध्वंस की होली, प्रवीण विजय, इत्यादि महत्त्वपूर्ण कहानियों में स्त्री की सहनशीलता, त्याग, महत्ता, क्षमा चित्रित है, वहीं इसके विपरीत बूढ़ी काकी, हत्या जैसी कहानियों के द्वारा हृदयहीन नारियों का चित्रण है। शिवरानी देवी की कहानियों में एक मूलभूत तत्त्व आया है स्त्री की प्रताड़ना। स्त्री को प्रताड़ित स्वयं स्त्री भी करती है सिर्फ़ पुरुष ही नहीं, इस तथ्य को शिवरानी जी रेखांकित करती हैं। सुमित्रा कुमारी सिन्हा की 'अचल सुहाग' सत्यवती मलिक की 'वैशाख की रात' होमवती देवी की 'पीतल की चूड़ियाँ' कमला

चौधरी की 'दीदी', उषा देवी मित्रा की 'मेघ मल्हार' इत्यादि कहानियाँ काफ़ी प्रसिद्ध रही हैं। उषा देवी मित्रा ने अन्तर्जातीय विवाह, वेश्या समस्या, परित्यक्ता नारी, वर्ण व्यवस्था की कुप्रथाएँ इत्यादि मुख्य बिन्दुओं पर आधारित अनेक कविता, कहानियाँ लिखी हैं। इस समय के कहानीकारों में वसन्त प्रभा, शान्ति मेहरोत्रा इन्दिरा नूपुर आदि कहानीकारों के भी नामों का उल्लेख मिलता है।

मिश्र महिला की एक कहानी 'वसीयतनामा' सन् 1916 में प्राप्त होती है जिसमें शिक्षित व भारतीय परम्परा की पक्षकार नायिका का चित्रण है। 'स्त्री दर्पण' पत्रिका के जुलाई 1918 में 'आदर्श सखी' नामक कहानी गुलाब देवी की प्रकाशित हुई थी इस कहानी में कमला और उसकी मित्र शीला की मित्रता की कहानी है जिसमें अपनी सखी कमला को वह उस पति से मुक्त कराती है जिसकी एक पत्नी पूर्व में मृत हो चुकी है। इस कहानी में एक आदर्श की भी स्थापना की गयी है जिसने कमला का पुनर्विवाह नायक कमलनयन से होता है। कहानी में अपने उद्देश्य को प्रकट करते हुए गुलाब देवी कहती हैं— "अनुचित विवाह से हमारा देश पीसा जाता है। अनुचित विवाह के घोर अत्याचार से हमारी बहनें कुचली जा रही हैं। आपका धर्म है कि आप भरसक इस अत्याचार को रोकने का यत्न करें।" (स्त्री दर्पण पत्रिका, पृष्ठ 18)

सन् 1919 में प्रकाशित सुजाता चौधरी की कहानी अपराजिता लिंग भेद को उजागर करती हुई कहानी है जिसमें लड़की होने पर मार दिया जाता है। सन् 1921 में प्रकाशित कुमारी आगा की कहानी लीला जाति प्रथा के विरुद्ध आवाज़ उठाने वाली कहानी है। इसमें हिन्दू लड़के और ईसाई लड़की की कहानी को केन्द्र में रखा गया है।

स्त्री दर्पण के जून 1917 के अंक में दो कहानी प्रकाशित हुईं पहली है 'प्रेम बिन्दु' दूसरी है 'आराधना'। प्रेम बिन्दु कहानी में विधवा विवाह की समस्या को उठाया गया है। इस कहानी में आदर्शात्मक रूप में नायिका को विधवा होने के पश्चात आर्थिक रूप से समर्थ दिखाया गया है। 1913 में एक मुस्लिम महिला लेखिका रुकैया सखावत हुसैन की कहानी 'सुल्ताना का सपना' मर्यादा पत्रिका में प्रकाशित हुई। यह कहानी स्त्री जो रूढ़िवादी परम्पराओं में जकड़ी है तथा स्त्री मुक्ति का न केवल सपना देखती है बल्कि समाज से मुक्ति की माँग भी करती हैं। इस कहानी में पर्दे का विरोध और पुरुष वर्चस्व के ख़िलाफ़ शिक्षा का समर्थन किया गया है। लेखिका दमयन्ती देवी की पुस्तक सहृदय भाइयों से याचना में स्त्री मुक्ति की चर्चा की गयी है। सन् 1923 में चाँद पत्रिका में विमला देवी चौधरी की कहानी 'विधवा' प्राप्त होती है। जैसा कि नाम से ही पता चलता है या कहानी विधवा स्त्री की है। शिवरानी देवी की कहानी 'हत्या' (1933) पर्दा प्रथा के कारण उत्पन्न होने वाली मानसिक आत्मिक पीड़ा को

भीतर तक झकझोर देती है। खिड़की पर खड़े होने की सज़ा पाने वाली नायिका की वस्तुतः परिस्थितियों से और बीमारी से मृत्यु नहीं होती है बल्कि दूसरे शब्दों में कहा जाये तो उसकी हत्या होती है। पूरी कहानी एक व्यंग पर जाकर समाप्त हो जाती है जब एक बुढ़िया सास मैना को समझाती है और कहती है—"दीदी अब क्यों रोती हो। सलामत रहे बेटा फिर बहू आ जायेगी।"

कहानी 'बुड्ढे की चिढ़' में यशोदा देवी ने विवाह की नयी सोच, नयी परम्परा पर अपनी लेखनी चलाई है और शुद्ध सात्विक प्रेम पर बल दिया है। वसन्तकुमारी की कहानी 'झुमके' में दहेज का प्रकरण, आर्थिक अभाव से जूझती स्त्री और स्त्री सुलभ श्रृंगार प्रियता को केन्द्र में रखा गया है। यशोमती देवी की कहानी 'अँधेरी रात' दहेज की ही मार्मिक अभिव्यक्ति को व्यक्त करती है। यशोधरा की लिखी कहानी 'सलमा' (1946, आजकल पत्रिका) सौतेली माँ के द्वारा प्रताड़ित स्त्री पीड़ा की दर्दनाक कथा को बयाँ करती है। राधारानी माथुर की कहानी करुणा स्वाधीनता आन्दोलन स्वतन्त्रता आन्दोलन को केन्द्र में रखकर स्त्री मुक्ति की ओर इशारा करने वाली कहानी है। इस कहानी में संजीव से विद्रोह पितृसत्तात्मक व्यवस्था से विद्रोह को इंगित करता है। यहाँ परतन्त्रता को प्रतीकात्मक रूप से स्त्री और देश दोनों रूपों में मिश्रण कर दिया गया है। रानी माथुर की कहानी 'दुरंगी दुनिया' किसान की दशा को बख़ूबी बयाँ करती है। सुभद्रा कुमारी चौहान अपनी राष्ट्रवादी कविताओं के लिए भी जानी जाती है परन्तु उनकी एक कहानी 'मझली रानी' अपने आप में बड़ी अनोखी कहानी है जो तत्कालीन समय में आधुनिक चेतना का पर्याय बनती है। इस कहानी में एक ऐसा मानवीय रिश्ता है जो सबसे अलग है। नायिका कहती है—"वह मुझे माता की तरह ममता, पिता की तरह प्यार करते हैं। पति की तरह रक्षा, पुत्र की तरह आदर करते हैं। कुछ न होते हुए भी वे मेरे सब कुछ हैं।" इस प्रकार की आधुनिक संकल्पना स्त्री-पुरुष के प्रेम में सुभद्रा कुमारी चौहान की आधुनिकता का ही परिचायक है।

हीरा देवी चतुर्वेदी की कहानी 'रधिया' (1946,आजकल पत्रिका) मज़दूर वर्ग की पीड़ा को बयाँ करती है। तत्कालीन समय में भी हीरा देवी ने युद्ध के कारण महँगाई और उसके नाम पर हो रहे शोषण की गाथा को खोल करके रख दिया है। यह कहानी हीरा देवी की मानसिक परिपक्वता का परिचायक भी बनती है और साथ ही तत्कालीन समाज में हर वक़्त हर पहलू पर विचार होता था और स्त्रियाँ इससे अनभिज्ञ नहीं थीं इस तथ्य को उजागर करती है। होमवती देवी की कहानी 'गोटे की टोपी' क्रान्तिकारी सोच और विधवा विवाह जैसे बिन्दुओं पर घूमती है। पुष्पा भारती की कहानी 'आठ अगस्त' 1942 के स्वदेशी आन्दोलन की घटना पर आधारित है।

कहानी को पढ़कर के आश्चर्य होता है कि इसमें पुष्पा जी ने क़ानून की दफा 29, 26, 38 भारत रक्षा क़ानून इत्यादि का ज़िक्र किया है। इस कहानी के माध्यम से भारत रक्षा क़ानून पाठकों के मध्य बड़ी आसानी से पहुँच जाता है। इसके साथ ही इस कहानी में 1942 की घटना में स्त्रियों के योगदान का भी ज़िक्र है। यह अवश्य है कि नाम का उल्लेख वास्तविक रूप से नहीं है। स्वतन्त्रता की पृष्ठभूमि पर सृजित यह कहानी स्वतन्त्रता संग्राम के संघर्षों को तो उजागर ही करती है साथ में स्वतन्त्रता के लिए प्रेरित भी करती है। विभिन्न पत्र-पत्रिकाओं में खोजने के बाद मुझे विद्यावती सहगल की 'भेड़ चाल' मिली जो कहानी में कहानी कम लेख अधिक प्रतीत होता है। सन् 1935 में यशोदा देवी की कहानी 'भ्रम' भी प्राप्त होती है। सन् 1935 में चाँद पत्रिका में प्रकाशित कमला बाई की कहानी 'कृष्णाबाई' एक विधवा स्त्री के साहसी कहानी है। सन् 1944 में माधुरी पत्रिका में प्रकाशित आशा देवी की कहानी 'कायर' विश्व युद्ध पृष्ठभूमि पर लिखी गयी है जिसके फ्लैश बैक में जर्मनी युद्ध से उत्पन्न विभीषिका के चित्र के साथ एक स्त्री के साहस की कहानी है। क़ायर प्रेमी का तिरस्कार करती एक साहसी नायिका नायक को वास्तविक आईना दिखाती है। सन् 1942 में चन्द्रावती ऋषभ जैन की कहानी 'ब्रोकन' माधुरी में प्रकाशित हुई। इस कहानी में दीदी पत्रिका का ज़िक्र हुआ है। कहानी में चेखव आदि की चर्चा तत्कालीन समाज में स्त्री शिक्षा को प्रदर्शित करती है। 1945 में विशाल भारत पत्रिका में अंजना सन्याल की कहानी 'शून्य की ओर' प्रकाशित की गया थी जिसमें नायिका सुभद्रा का विवाह से इनकार करना विदेश में जाकर डॉक्टरी की पढ़ाई करना प्रगतिशील विचारधारा को इंगित करता है। तेजरानी जी की कहानी 'गुप्त आकर्षण' को विधवा प्रेम और विवाह के समर्थन के रूप में देखा जा सकता है। इसी प्रकार से प्रेमलता कौमुदी की कहानी, अमिट आँसू बाल विधवा की व्यथा को बयाँ करती है। तारा की कहानी 'अक्षय तीज' लड़का 'लड़की' भेद पर आदर्श स्वरूप प्रदर्शित करती है। इस कहानी में प्रेम और बलिदान का आदर्श रूप उपस्थित किया गया है। कमला चौधरी की कहानी 'स्वप्न' स्त्री के भावावेश दमन और भावनाओं के दमन से उत्पन्न दुष्परिणाम को व्यक्त करती है। मनोवैज्ञानिक दृष्टि से यह कहानी जैनेन्द्र और इलाचन्द्र जोशी की मनोवैज्ञानिक कहानियों की तरह है। जय देवी पांडे की कहानी 'भैया दूज' कश्मीर नरसंहार पर केन्द्रित है जिसमें हिन्दू और मुस्लिम धर्म के आदर्श को प्रस्तुत किया गया है।

इन कहानियों से पता चल जाता है अस्मिता संज्ञान युग में स्त्रियाँ लिख ही नहीं रही थीं बल्कि हर विषय पर उनकी दृष्टि थी। उस समय तक स्त्रियाँ केवल शिक्षा

और सामाजिक समानता के प्रति नहीं बल्कि अपने राजनीतिक अधिकारों के प्रति भी जागरूक हो गयी थीं और हर तरह के भेदभाव का विरोध करती थीं। तत्कालीन समय में स्त्री साहित्य अपने सजग स्वर के कारण केन्द्र में आने लगा था। हज़ारी प्रसाद द्विवेदी का यह तुलनात्मक कथन स्त्री साहित्य के विश्लेषण का प्रमाण है—"अधिकांश कहानियों की शिकायत यही है कि किसी के प्रति अन्याय हो रहा हैं।"—कमलादेवी में जहाँ वैयक्तिक स्वाधीनता के प्रति पक्षपात का स्वर प्रधान हो उठा है वहाँ होमवती देवी में रोगियों की प्रधानता का स्वर है। शायद यही कारण है कि कमलादेवी अपने चरित्रों में अनुभव के द्वारा काट छांट विश्लेषण करती हैं और होमवती देवी कल्पना के द्वारा उन्हें मांसल करने की चिन्ता करती है।" इस प्रकार से कहानी विधा अपने विषय वैविध्य के साथ अपनी सजग चेतना का प्रमाण स्वयं प्रस्तुत कर रहा थी जिसे इतिहासकारों ने अनदेखा कर दिया था।

कहानी की चर्चा के बाद उपन्यास विधा पर भी एक संक्षिप्त दृष्टि तत्कालीन समय में उपन्यास विधा के मूल विषय व स्त्री चेतना को प्रस्तुत करने में सक्षम है। अस्मिता संज्ञान युग में मल्लिका जी द्वारा लिखित उपन्यासों में विषय वैविध्य उपलब्ध मिलता है जिससे यह प्रमाणित होता है कि हिन्दी का स्त्री उपन्यास साहित्य प्रारम्भ से ही परिपक्व रहा है और विभिन्न विषयों पर अपना ध्यान केन्द्रित किया है। मल्लिका जी का उपन्यास 'पूर्ण प्रकाश चन्द्रप्रभा' बेमेल विवाह पर आधारित एक सामाजिक उपन्यास है। यह उपन्यास अनमेल विवाह के साथ ही जाति प्रथा और दहेज पर भी कुठाराघात करता है। नायक पूर्ण प्रकाश निम्न कुल का है। यह उपन्यास आदर्शात्मक और सुखात्मक उपन्यास है जिसमें परिवार की प्रधानता है, स्त्री सुलभ लज्जा है। कथानक के घटनाक्रम में काल्पनिकता के साथ ही विधवा विवाह की आधुनिक सोच इस उपन्यास की प्रमुख विशेषता है।

मल्लिका के बाद हरदेवी का उपन्यास 'सुखदेवी' 1892 ई. के आसपास लिखा गया था। इस उपन्यास में पर्दा प्रथा और विधवा स्त्री के जीवन के कष्टों का चित्रण है। प्रमुख उपन्यासों के सन्दर्भ में खोज करने पर मुझे एक लेख में शैल कुमारी देवी के उपन्यास 'मेम और साहब' का उल्लेख मिलता है जो पाश्चात्य सभ्यता को केन्द्र में रखकर लिखा गया है। यशोदा देवी का उपन्यास 'सच्चा पति प्रेम' दाम्पत्य के आदर्श को पाठक के समक्ष प्रस्तुत करता है। प्रियंवदा देवी का 'लक्ष्मी', 'कलयुगी परिवार का एक दृश्य' जैसे उपन्यास भी इस समय प्रकाशित हुए थे जिनका विषय सामाजिक उपन्यास की श्रेणी में आते हैं। प्रियंवदा देवी का विधवा की आत्मकथा स्त्री पीड़ा का बयान ही नहीं है अपितु स्त्री विरोध का प्रखर

स्वर भी है। गोपाल देवी का उपन्यास दयावती और गिरिजा देवी का उपन्यास 'कमला कुसुम' तत्कालीन उपन्यासों में विशेष रूप से प्रसिद्ध थे जिनके कुछ मुख्य बिन्दु कई आलोचनात्मक पुस्तकों में मिलते हैं परन्तु मूल उपन्यास अप्राप्त हैं। स्त्री लेखन की खोज करते हुए एक पुराने शोध में मुझे यह मिला कि शैल कुमारी देवी द्वारा लिखा गया उपन्यास उमा सुन्दरी हिन्दी का प्रथम मौलिक स्त्री लिखित उपन्यास है। एक अन्य शोध ग्रन्थ में उमा सुन्दरी का रचनाकाल 1969 बताया गया है परन्तु जहाँ तक मेरी जानकारी है शैल कुमारी देवी प्रेमचन्द युग के समय की लेखिका रही है इस हिसाब से मल्लिका से पूर्व तो उन्होंने उपन्यास नहीं लिखा होगा। स्त्री उपन्यासकारों में उषा देवी मिश्रा काफ़ी प्रसिद्ध रही हैं उनका उपन्यास पिया बाल विधवा की समस्या पर केन्द्रित रहा है जिसमें व्यंग की पैनी धार है। इनके अन्य उपन्यास पथचरी आवाज़ जैसे उपन्यास भी स्त्री जीवन की समस्याओं पर ही केन्द्रित हैं।। इन उपन्यासों के विवरण से यह पता चलता है कि अस्मिता संज्ञान युग में उपन्यास लेखन सुचारू रूप से चल रहा था और स्त्री जीवन उसकी पीड़ा उसके कष्ट इन उपन्यासों के केन्द्र में थे। नवजागरण कालीन चेतना के अनुरूप समाज सुधार की दृष्टि इन उपन्यासों में दिखाई देती है।

सुमन राजे के हिन्दी साहित्य का आधा इतिहास की अगर बात की जाये तो स्वातन्त्र्योत्तर इतिहास में वह नाटक के क्षेत्र में लाली के बाद कंचन लता सबरवाल की चर्चा करती हैं जबकि बीच में कई रचनाकार शामिल रही हैं। जीवनी लेखन पर वह कहती हैं कि स्त्री रचनाकारों ने अपना खाता भी नहीं खोला है, जबकि इसके पूर्व जीवनी लेखन स्त्री दर्पण में प्रकाशित होते रहे हैं जिसका उल्लेख सुमन राजे नहीं करती हैं। आलोचना के क्षेत्र में वह डॉ. निर्मला जैन तथा गिरीश रस्तोगी का उल्लेख करती हैं। संस्मरण में शिवरानी देवी के 'प्रेमचन्द' घर में हैं की चर्चा करती हैं।

भारतेन्दु युगीन रचनाकार बालकृष्ण भट्ट की पुत्री सावित्री देवी ने हिन्दी प्रदीप से ही लिखना प्रारम्भ कर दिया गया था, पर उन्हें आलोचकों ने कोड नहीं किया। हिन्दी प्रदीप में उनके तीन निबन्ध 'भारत क्यों आरत' (1817) 'पतिव्रता का एक सिद्धान्त' (1906), 'स्त्रियों का कर्तव्य' (1907) प्रकाशित हुआ, जिसमें उनका गहन अध्ययन व चिन्तन दिखाई देता है। उपेक्षा के कारण सावित्री देवी हिन्दी साहित्य के इतिहास में अपना स्थान नहीं बना पायीं।

नवजागरण की परिस्थितियों के मध्य प्राप्त उपर्युक्त स्त्री रचनाकारों के अतिरिक्त भी अन्य रचनाकार सामग्री बिखरी पड़ी हैं जिन्हें शोध व संकलन की दरकार है।

1. (ख) अस्मिता संज्ञान युग और स्त्री रचनाकार

चन्द्रकला

चन्द्रकला के जन्म का अनुमान सन् 1866 ई. किया गया है। यह बूँदी की रहने वाली थीं। इन्होंने अपना परिचय स्वयं दिया है—

बरस पच दस की वय मेरी
कवि गुलाब की हूँ मैं चेरी
बालहिं ते कवि संगत पायी
तात तुक जोरन मोहि आयी

यह समस्या पूर्ति को करने में बड़ी कुशल थीं। इनकी रचना का केन्द्र कृष्ण और राधा रहे हैं परन्तु रीतिकालीन श्रृंगार की प्रवृत्ति का इनमें अभाव रहा है। अलंकारों में नवीनता और शब्द चयन में चमत्कार इनकी विशेषता कही जा सकती है। एक उदाहरण दृष्टव्य है—

चन्द्रकला दान आगे दीन कल्पवृक्ष लागे, वैभव के आगे लागे इन्द्र हूँ कुदाल ची
धन्य धन्य राधे वृषभान की दुलारी तोही, जाके रूप आगे लगे चन्द्रमा मसाल ची

भावाभिव्यक्ति की दृष्टि से इनकी रचनाएँ बड़ी उत्कृष्ट कही जा सकती हैं। इनके उच्च लेखन के लिए इन्हें सम्मान में वसुन्धरा रत्न की पदवी प्राप्त हुई थी।

राम प्रिया

राम प्रिया का मूल नाम रघुराज कुँवरि था। इनका जन्म सन् 1883 ई. माना जाता है। इनके पति का नाम प्रताप बहादुर सिंह था। इनकी एक पुस्तक राम प्रिया विलास प्राप्त होती है जिसमें उन्होंने राम और सीता का भक्तिमय चित्रण किया है। यह स्वयं शिक्षित थी और स्त्री शिक्षा को प्रोत्साहित भी करती थी। सन् 1914 ई. में आपका स्वर्गवास हो गया। इनका श्रृंगार चित्रण रीतिकाल से बिल्कुल भिन्न होने के साथ ही अपनी मधुरता में इनके काव्य में उपस्थित है। उपमा अलंकार इन्हें विशेष प्रिय रहा है। इनके बहुत से पद राम और हनुमान की भक्ति के मिलते हैं। परन्तु इन्होंने अन्य भावपरक रचनाएँ भी की हैं। एक उदाहरण द्रष्टव्य है—

मृग मन हारे मीन खंजन निहारि वारे। प्यारे रतनारे कजरारे अनियारे हैं।
पैन सर धारे कारी भृकुटि धनुष वारे। सुठि सुकुमारे शोभा सुभग सुढारे है।

तोरण देवी शुक्ल 'लली'

इनका जन्म जबलपुर में सन् 1896 में और निधन 1960 में हुआ था। इनके दो काव्य संग्रह 'जागृति' और 'साधना' उपलब्ध हैं। जागृति संग्रह में इनका जन्म वर्ष संवत् 1966 और साधना में सन् 1817 उल्लिखित है। साधना का प्रकाशन इनकी मृत्यु के उपरान्त इनकी बहू प्रेमा शुक्ला ने कराया था जिसमें वह कहती है कि यह कविताएँ 1947 तक की हैं। इनके पिता का नाम कन्हैया लाल तिवारी था। इनकी रचनाएँ रसिक मित्र, जाहन्वी, लक्ष्मी, सरस्वती, स्त्री दर्पण, भारत भगिनि, कान्य कुब्ज,मर्यादा, प्रताप आदि प्रतिष्ठित पत्रिकाओं में प्रकाशित होती थीं। इन्होंने त्रिवेणी पत्रिका का सम्पादन भी किया था। इनकी रचनाओं में देश भक्ति मुख्य रूप से रही है। एक उदाहरण हम देख सकते हैं —

अब देखूँगी उत्थानों में, देश प्रेम के अभिमानों में
वीर श्रेष्ठ के गुणगानों में, अमर सुयशमय सम्मानों में।

राष्ट्रीय काव्य धारा की यह प्रथम कवयित्री कही जा सकती हैं। इनकी राष्ट्रीयता विश्व कल्याण की भावना से अनुप्राणित थी। वैचारिक स्वतन्त्रता के कारण जाहन्वी पत्रिका के सम्पादक श्रीकान्त उपासनी कविता लौटाते समय यह कहते थे कि क्या पत्रिका बन्द करवायेंगी? यह घटना 1909 की है जिसका उल्लेख बरज़ोर सिंह 'सरल' करते हैं जो लली जी के परिवार के निकटवर्ती थे। तत्कालीन समय में रंगमंच पर ख़ूब सक्रिय रहकर स्वतन्त्रता और स्त्री मुक्ति का शंखनाद किया था। कवि सम्मेलनों में इनकी बड़ी पूछ रहती थी और वहाँ यह अपनी ओजपूर्ण कविताएँ सुनाती थीं। इनकी वाक्पटुता रंगमंच को बाँधे रहती थी। इनकी राष्ट्रवादी कविताएँ ओजस्वी भी थीं और तत्कालीन पीड़ा को भी पूर्ण रूप से उपस्थित करती थी। इनकी भाषा बेहद सरल थी पर सरस पूर्ण थी। शब्दों की दुरूहता इनमें नहीं थी। साधारण शब्दों में भावाभिव्यक्ति करती थी। इनकी रचनाओं के अर्थ गूढ़ नहीं बल्कि हृदयस्पर्शी होते थे। साहित्य में योगदान के लिए हैं इन्हे साहित्य चन्द्रिका की उपाधि से विभूषित किया गया था। इनको जागृति कविता संग्रह पर सेक्सरिया पुरस्कार भी प्राप्त हुआ था। इनकी रचनाओं में कल्पना और यथार्थ भक्ति की रचना शब्दों के द्वारा प्रत्येक व्यक्ति के मन में उत्पन्न कर देती थी। अपने कहन की शैली के कारण यह रंगमंच पर विशेष रूप से प्रसिद्ध थीं। इनके काव्य में छायावाद की भी झलक दिखाई देती है। प्रेम का कोमल रूप भी इनकी कविता में उपस्थित है। वीणा पत्रिका से 'तुम कविता' (वर्ष 12, अंक 11, सितम्बर 1939, पृष्ठ 38) का एक सुन्दर उदाहरण—

तेरा मेरा चिर संग सखे मैं विरह गान क्यों गाऊँ
तुम जहाँ रहे मिल गये मुझे मन क्यों ना वहीं लगाऊँ

स्त्री शिक्षा और साहित्य को आगे बढ़ाने में इनका विशेष योगदान रहा है। इनकी कुछ रचनाओं को देखकर राजा राममोहन राय की वैचारिकता का भी आभास होता था। सिर्फ़ देश ही नहीं स्त्री पराधीनता पर भी इनकी दृष्टि थी जो इनकी प्रगतिशीलता की परिचायक थी—

कहो बन्धुअब क्या कहते हो
कब तक मुक्त करोगे, इस घूँघट की कड़ियों से

लली जी ने खड़ी बोली हिन्दी का प्रयोग अपनी रचनाओं में किया है। हिन्दी की अप्रतिम रचनाकार की लिखी यह पंक्तियाँ (चाँद पत्रिका, नवम्बर 1937, पृ. 16) स्वयं उनके जीवन को बयाँ करती हैं।

मैं वही हूँ विश्व में जिसने कहीं पीड़ा न जानी
मिट गये युग युग अमिट होती रही जिसकी कहानी
ज्योति जिसकी आज जग में जगमगाती सी
वे अचेतन क्यों समझते सजनी मैं तो जागती सी

प्रियंवदा देवी

इनका जन्म सन् 1899 ई. में हुआ था। इनके पति का नाम शिव नारायण श्रीवास्तव एवं पिता का नाम नन्दकिशोर था। इनकी गद्य की रचना भक्त स्त्रियाँ तथा पद्य की रचना गृहिणी, गीतांजलि है। इनकी कविताओं का विषय प्रेम, वियोग, भक्ति आदि है। इनकी अपमान नामक कविता से दो पंक्तियाँ उद्धृत हैं—

हमारा ख़ूब हुआ अपमान
बना प्रेम अवतार प्रियंवदा विधि की प्रिय श्रीमान
पटक दिया मेरा मन मोती ग्राहक ने क्या जान।

प्रियंवदा देवी के नाम से 'विधवा की आत्मकथा' (1930 में आदर्श हिन्दी पुस्तकालय कलकत्ता से प्रकाशित) एक आत्मकथात्मक उपन्यास भी मिलता है। पुस्तक में प्रियंवदा जी ने ऐसे लोगों का चरित्र खुल कर उधेड़ दिया है जो स्त्री का शोषण करते हैं। इस पुस्तक के केन्द्र में बाल विवाह, विधवा विवाह, व्यभिचार है। प्रियंवदा जी की भाषा तीखी व यथार्थपरक है। वह पूरी बोल्डनेस से कहती हैं—"पर

सारा पाप क्या स्त्रियों में ही घुसा रहता है? किसी स्त्री पर थोड़ा भी अपवाद सुनते ही आप लोग निकाल बाहर करते हैं और स्वयं इस तरह गली का जूठन चाटा करते हैं— क्या इससे आपके समाज में दोष नहीं फैलता ?'' तत्कालीन समाज में इतना साहसिक लेखन सराहनीय है।

पुरानी पत्र-पत्रिकाओं में एक नाम प्रियंवदा गुप्ता का भी मिलता है जिसका उल्लेख नीरजा माधव करती हैं। इनका जन्म सन् 1817 में शाहजहाँपुर में हुआ था और पिता चिन्मय लाल थे। यह अलीगढ़ में मजिस्ट्रेट के पद पर भी रही थीं। स्त्रियों की शिक्षा, शोषण इत्यादि पर उन्होंने हमारी दशा' नामक पुस्तक भी लिखा है। इनकी रचना आनन्दमयी रात्रि का स्वप्न, कलयुगी परिवार का एक दृश्य है। परन्तु नीरजा जी पृष्ठ 88 पर उपन्यास धर्मात्मा चाचा और अभागा भतीजा की रचनाकार प्रियंवदा गुप्ता को बताती हैं और उनका निधन 1972 मानती हैं वहीं पृष्ठ 143 पर धर्मात्मा चाची तथा दूसरा अभागा भतीजा नामक दो कहानी संग्रह का ज़िक्र करती हैं और उसे प्रियंवदा देवी का बताती हैं। जहाँ तक मेरा अनुमान है यह दोनों रचनाकार अलग-अलग हैं क्योंकि बद्री जी के शोध प्रबन्ध में प्रियंवदा देवी के नाम से कई रचनाओं का उल्लेख मिलता है। वह मानते हैं कि प्रियंवदा देवी का पहला उपन्यास सन् 1905 में 'लक्ष्मी' नाम से आया था। उपन्यास की नायिका लक्ष्मी और शिवनाथ में प्रेम होता है लेकिन शिवनाथ का विवाह सावित्री के साथ हो जाता है। लक्ष्मी सावित्री से स्नेह बढ़ाकर बिना उसकी गृहस्थी को तोड़े अपने खोए प्यार को पाने का प्रयास करती है, परन्तु शिवनाथ उसकी तरफ़ फिर से आकृष्ट होता है वह क्षण लक्ष्मी के जीवन का अन्तिम क्षण रहता है। लक्ष्मी उपन्यास आधुनिक चेतना से परिपूर्ण उपन्यास कहा जा सकता है। एक स्त्री स्त्री की दुश्मन है इस तथ्य को नकारता हुआ यह उपन्यास प्रेमी की पत्नी से स्नेह सम्बन्ध को प्रदर्शित करता है। सम्भवत: आज के युग में इस तथ्य पर अनेक विचार प्रस्तुत किये जा रहे हैं कि पुरुष अपनी इच्छा अनुसार कार्य करता है परन्तु एक स्त्री दूसरी स्त्री का घर और उसकी गृहस्थी को तोड़ने में सहयोग करती है। यहाँ एक नवीन चेतना का निरूपण करते हुए लेखिका ने आदर्श की स्थापना की है, जिसमें लक्ष्मी को महान बताया गया है। लक्ष्मी के ह्रदय में उठने वाले सावित्री के प्रति भाव और शिवनाथ के प्रति प्रेम स्त्री ह्रदय की सहज अनुभूतियों को व्यक्त करता है।

प्रियंवदा गुप्ता का आत्मकथात्मक शैली में लिखित उपन्यास धर्मात्मा चाचा और अभागा भतीजा की विभिन्न पत्र-पत्रिकाओं के माध्यम से सूचना प्राप्त होती है परन्तु इसकी मूल प्रति मुझे प्राप्त नहीं हुई है। कलयुगी परिवार का एक

दृश्य सन् 1915 में प्रकाशित हुआ था जिसमें सुमति नामक स्त्री और उसके परिवार का वर्णन है।

क्षेमचन्द सुमन का मानना है कि श्रीमती प्रियंवदा गुप्ता का जन्म उत्तर प्रदेश के शाहजहाँपुर जनपद के तिलहर नामक क़स्बे में सन् 1896 में हुआ था। आप हिन्दी के प्रख्यात लेखक और प्रकाशक मुन्शी चिम्मनलाल वैश्य की सुपुत्री थी। विवाहोपरान्त आप अलीगढ़ आ गयी थीं। आपके पति श्री विश्वम्भरसहाय एडवोकेट अलीगढ़ में वकालत करते थे। अपने पिता के संस्कारों के अनुरूप आप भी आर्यसमाज के संस्थापक महर्षि दयानन्द सरस्वती की अनन्य भक्त और लेखिका थी। आपने जहाँ अपनी जातीय पत्रिका 'बारहसनी' का सम्पादन कई वर्ष तक किया था वहाँ आप नगर के 'समाज कल्याण बोर्ड!' की अध्यक्षा होने के अतिरिक्त अलीगढ़ जनपद की प्रथम आनरेरी महिला मजिस्ट्रेट भी रही थी। आप लेखिका भी उच्चकोटि की थीं। आपके द्वारा लिखित 'कलयुगी परिवार का एक दृश्य (96), 'आनन्दमयी रात्रि', आनन्दमयी रात्रि का स्वप्न' (97) तथा 'धर्मात्मा चाची और अभागा भतीजा' (98) नामक उपन्यासों के अतिरिक्त 'हमारी दशा के नामक पुस्तकें प्रकाशित हो चुकी है। आपकी सुपुत्री श्रीमती उर्मिला वार्ष्णेय, हिन्दी के प्रख्यात पत्रकार श्री शरदेन्दु (दैनिक हिन्दुस्तान) की सहधर्मिणी और हिन्दी की अच्छी लेखिका हैं। आपका निधन सन् 1972 में हुआ था।

सुभद्रा कुमारी चौहान

इनका जन्म इलाहाबाद में सन् 1904 ई. और मृत्यु 15 फ़रवरी 1948 में हुआ थी। इनके पिता का नाम रामनाथ था। इन्होंने कर्मवीर पत्रिका का सम्पादन भी किया था। माधुरी, चाँद, कर्मवीर आदि में उनकी रचनाएँ प्रकाशित होती रहती थीं। इनकी रचनाओं का मूल देश भक्ति रहा है। सुभद्रा कुमारी चौहान ने कुल 46 कहानियाँ लिखी हैं जो बिखरे मोती उन्मादिनी सीधे-सादे चित्र नामक कहानी संग्रह में संग्रहित है। इनका प्रमुख कविता संग्रह त्रिधारा मुकुल तथा अन्य कविताएँ नाम से संग्रहित हैं। इन्होंने बाल साहित्य का भी सृजन किया है जिसमें झाँसी की रानी, कदम्ब का पेड़ और सभा का खेल उपलब्ध होता है। सुधा चौहान ने मिला तेज़ से तेज़ नामक जीवनी में लक्ष्मण सिंह एवं सुभद्रा कुमारी चौहान की संयुक्त जीवनी को लिखा है जिससे इनके सन्दर्भ में सम्पूर्ण जानकारी प्राप्त होती है। सुभद्रा कुमारी चौहान का नाम हिन्दी साहित्य प्रेमियों के अतिरिक्त प्रत्येक भारतवासी उनकी झाँसी की रानी कविता के लिए सदैव स्मरण करता है। सुभद्रा जी को मुकुल तथा बिखरे मोती

कविता संग्रह के लिए सेक्सरिया पारितोषिक पुरस्कार प्राप्त हुआ है। सुभद्रा जी की ख्याति इसी से लगाई जा सकती है कि इनके नाम पर डाक टिकट भी जारी है और भारतीय सेना ने अपने एक तटरक्षक जहाज़ का नाम इन्हीं के नाम पर रखा है। सुभद्रा जी को केन्द्र में रखकर कई लेखकों ने उन पर पुस्तकों का सृजन किया है जिसमें राजस्वी ने राष्ट्रभक्त कवयित्री सुभद्रा कुमारी चौहान नामक पुस्तक का सृजन किया है जिसमें वह सुभद्रा जी के व्यक्तित्व एवं कृतित्व के साथ उनके स्वतन्त्रता संग्राम में शामिल होने की साहसिक गाथाओं को भी शामिल करते हैं। पुस्तक में सुभद्रा जी की 88 कविताओं का उल्लेख है। जनमनमयी सुभद्रा कुमारी चौहान पुस्तक के लेखक राजेन्द्र उपाध्याय हैं और विद्रोहिणी कवियित्री सुभद्रा कुमारी चौहान पुस्तक का सम्पादन शिवनारायण जी ने किया है। सुधा जी की पुत्री सुधा चौहान ने मिला तेज़ से तेज़ (संस्मरण, जीवनी) में सुभद्रा जी के व्यक्तित्व एवं कृतित्व पर व्यापक चर्चा की है। इनकी कहानियों का मूल स्वर स्त्री जागरण है और कविताओं का मूल स्वर देश प्रेम है। इनकी कहानी 'पापी पेट' तत्कालीन समय में काफ़ी चर्चित हुई थी जो राष्ट्रवादी चेतना से अनुप्राणित थी।

राजदेवी

इनका जन्म सन् 1892 ई. में हुआ था। प्रसिद्ध लेखिका सुभद्रा कुमारी चौहान इनकी छोटी बहन थी। सुभद्रा कुमारी चौहान ने तो अपनी ओजस्विता के कारण हिन्दी साहित्य के इतिहास में अपना नाम लिखवा लिया परन्तु राजदेवी का नाम इतिहास में गुम हो गया। इनकी छोटी बहन सुन्दरी कुँवरि भी बहुत बड़ी कवयित्री थी। उस समय की प्रतिष्ठित पत्रिका रसिक मित्र, मर्यादा आदि में इनकी रचनाएँ प्रकाशित होती थीं। तत्कालीन परिवेश के अनुकूल न होते हुए भी कवि सम्मेलनों में यह बराबर शिरकत करती रहती थीं। कवि सम्मेलनों में अपनी भाषा और माधुरी के कारण यह समा बाँध देती थीं। इनकी रचनाओं का भी स्वर सुधारवादी रहा है—

होई है भारत फिर सुखारी
विद्या वेद सबै नर पढिहैं
बनिहै इक समान नर नारी

कमला कुमारी

कमला कुमारी सुभद्रा कुमारी चौहान की छोटी बहन थीं जिनका जन्म सन् 1907 में हुआ था। हिन्दी के दैनिक पत्र तथा पत्रिकाओं में इनकी रचनाएँ प्रकाशित होती

थीं। साहित्य सेवा के साथ-साथ उन्होंने समाज सेवा भी की है। स्वतन्त्रता आन्दोलन से जुड़ी कमला जी स्वतन्त्रता पूर्व उत्तर प्रदेश में प्रथम कांग्रेसी मन्त्रिमण्डल की ऑनरेरी मजिस्ट्रेट भी रही हैं। जयशंकर प्रसाद तथा बेढब बनारसी इन्हें बड़ा मान देते थे। इनका सन् 1938 में जीवन की साधना नाम से काव्य संग्रह प्रकाशित हुआ था। कमला जी का निधन सन् 1974 में हुआ था।

महादेवी वर्मा

महादेवी वर्मा का नाम किसी भी भारतीय के लिए अपरिचित नहीं है। इनका जन्म 24 मार्च 1907 को फर्रुखाबाद में और मृत्यु 11 सितम्बर 1987 को इलाहाबाद में हुई थी। छायावाद के चार स्तम्भ की जो गणना की जाती है उनमें एक स्तम्भ महादेवी वर्मा भी रही हैं परन्तु छायावादी परिप्रेक्ष्य में इन्हें देखना उचित नहीं होगा। आधुनिक मीरा के नाम से विख्यात महादेवी वर्मा ने गद्य एवं पद्य दोनों विधाओं में अपनी लेखनी चलाई है। इनके प्रमुख काव्य संग्रह दीपशिखा, निहार, रश्मि, अग्नि रेखा, सप्तपर्णा, प्रथम आयाम इत्यादि हैं। अतीत के चलचित्र और स्मृति की रेखाएँ इनके प्रसिद्ध रेखाचित्र हैं। इनके प्रमुख संस्मरण में पथ के साथी, मेरा परिवार काफ़ी चर्चित रहे हैं। इनके निबन्धों में शृंखला की कड़ियाँ, साहित्यकार की आस्था तथा अन्य निबन्ध इत्यादि प्रमुख हैं। क्षणदा नाम से इन्होंने ललित निबन्ध की रचना की है। बहुत कम लोग जानते हैं कि महादेवी वर्मा ने बाल साहित्य का भी सृजन किया है। इनके दो प्रमुख संकलन ठाकुर जी भोले हैं और आज खरीदेंगे हम ज्वाला काफ़ी प्रसिद्ध रहे हैं। हिन्दी साहित्य के प्रमुख पुरस्कार मंगला प्रसाद पारितोषिक पुरस्कार, भारत भारती पुरस्कार, ज्ञानपीठ पुरस्कार पद्म भूषण साहित्य अकादमी पुरस्कार इत्यादि सभी पुरस्कारों से महादेवी वर्मा नवाजी जा चुकी हैं। महादेवी वर्मा पर अनेक शोध व पुस्तकें प्रकाशित हो चुकी हैं तथा इनकी सम्पूर्ण सामग्रियाँ उपलब्ध हैं।

सुशीला सामद

सुशीला सामद का जन्म 7 जून 1906 को और मृत्यु 10 दिसम्बर 1960 को हुई थी। सुशीला जी हिन्दी की पहली भारतीय आदिवासी कवयित्री, पत्रकार, सम्पादक और स्वतन्त्रता आन्दोलनकारी रही हैं। इन्होंने पत्रिका 'चाँदनी' का सम्पादन-प्रकाशन किया है। यह तत्कालीन बिहार में गांधी की एकमात्र आदिवासी महिला 'सुराजी' आन्दोलनकर्ता भी थीं। इनके दो काव्य संग्रह प्रकाशित हैं— 1935 में 'प्रलाप' और 1948 में 'सपने का संसार'।

हेमन्त कुमारी चौधरानी

हेमन्त कुमारी का जन्म सन् 1868 ई. में नवीन चन्द्र राय के घर हुआ था। इन्होंने सुगृहिणी नामक मासिक पत्रिका के सम्पादन के द्वारा पत्रकारिता और स्त्री मुक्ति संघर्ष के नये आयाम का निर्माण किया। हेमन्त कुमारी विक्टोरिया कन्या महाविद्यालय में प्रिंसिपल थीं। हेमन्त जी ने हरदेवी के साथ मिलकर वनीता बुद्धि सभा की भी स्थापना की थी। सरस्वती पत्रिका के नवम्बर 1957 अंक में हेमन्त कुमारी की जन्म तिथि 17 अक्टूबर 1868 लिखी है। इस प्रकार से हेमन्त जी ने मात्र 20 वर्ष की अवस्था से ही पत्रकारिता का कार्य शुरू कर दिया था। इनके सन्दर्भ में कुमारी विमला रानी का लेख (सरस्वती पत्रिका में दिसम्बर 1957 प्रकाशित) इनके वैशिष्ट्य को रेखांकित करता है। काल निर्णय पत्रिका के फ़रवरी 1995 अंक में प्रकाशित हिन्दी की प्रथम सम्पादक एक बंग महिला नाम से जगदीश प्रसाद चतुर्वेदी का लेख भी हेमन्त कुमारी के व्यक्तित्व को उजागर करता है।

स्त्री शिक्षा और हिन्दी भाषा का प्रचार-प्रसार इनका मूल उद्देश्य था। हेमन्त जी अपने सामाजिक कार्यों के लिए ज़्यादा प्रसिद्ध रही हैं। इन्होंने महिला समिति, महिला पुस्तकालय और विद्यालय की स्थापना की जो तत्कालीन परिवेश में बड़े साहस का कार्य कहा जा सकता हैं। स्त्री शिक्षा के लिए उन्होंने बहुत प्रयास किया है इसी के फलस्वरूप यह समिति पुस्तकालय और विद्यालय की स्थापना रही है। इनकी पुस्तकों के नाम है आदर्श माता, माता और कन्या, नारी पुष्पावली, हिन्दी बंगला प्रथम शिक्षा, सचित्र नवीन शिल्प माला। इनकी रचनाओं का मूल स्वर स्त्री सुधार रहा है और इनके सारे प्रयास इसी दिशा में रहे हैं। स्त्री शिक्षा और स्त्री साहित्य के प्रचार-प्रसार के प्रयास के लिए हिन्दी साहित्य का इतिहास इनका सदैव ऋणी रहेगा। इलाहाबाद यूनिवर्सिटी ने जब हिन्दी में प्रवेश परीक्षा कराने से मना किया तो हेमन्त जी लिखती हैं कि—"हम यह नहीं कहतीं कि केवल स्त्रियों को एंट्रान्स में हिन्दी का अधिकार दिया जावे क्योंकि इस पार्थक्य से स्त्री-पुरुषों में परस्पर भाषा उन्नति विषयक में सहानुभूति नहीं होगी जैसा कि चाहिए। बल्कि समान परीक्षा में उत्तीर्ण होने से भी स्त्रियों को पुरुषगण विद्या में अपने तुल्य नहीं समझेंगे। इस कारण हमारी प्रर्थना यह है कि स्त्री-पुरुष दोनों को एंट्रान्स की परीक्षा में हिन्दी लेने का भी अधिकार देने योग्य है।" बाद में प्रवेश परीक्षा के लिए अनुमति दी गयी। हेमन्त कुमार देवी का नागरी भाषा के लिए किया गया यह कार्य नज़रंदाज कर दिया गया। जब सुगृहिणी पत्रिका प्रकाशित हुई तब 'आर्यवृत्त' के सम्पादक ने तीखी आलोचना

की थी। परन्तु सम्पादिका ने अपना स्त्री मुक्ति का कार्य किसी आलोचना के कारण नहीं रोका और निरन्तर विचारोत्तेजक सम्पादकीय और लेख लिखती ही नहीं रहीं बल्कि स्त्री रचनाकारों को पत्रिका में उचित स्थान भी दिया। इनका रचित एक स्त्रोतम् उदाहरण स्वरूप प्रस्तुत कर रही हूँ—

जय जगदीश्वर देव दयाकर, सर्व गुणकर विश्वविधे
प्रेम सुधाकर करुणा सागर, भुवन मनोहर शान्ति निधे।

मंगला अनुजा की पुस्तक पत्रकारिता की युग निर्माता हेमन्त कुमारी देवी चौधरी में इनका सम्पूर्ण अवदान रेखांकित है।

रघुवंश कुमारी

रघुवंश कुमारी का जन्म सन् 1868 ई. में हुआ था। इनके पिता सूर्यभान और पति रुद्र प्रताप थे। इनकी पुस्तक भामिनी विलास, घर गृहस्थी, बनिता बुद्धि विलास, स्त्री शिक्षा, सूप शास्त्र आदि हैं। इनका भी मूल उद्देश्य स्त्री शिक्षा को बढ़ावा देना रहा है और उसे स्त्री आदर्श के लिए ही इन्होंने रचनाएँ की हैं।

छायेगी जो ज्ञान घटा हिय विचार सत्य, मारुत बहाय स्वच्छ बूँदे झरि लायगी
जायगी मलिन मति आपनो परायो सब, रहैगी न देह यह नीके दरसायगी।

स्त्री शिक्षा के बढ़ावा और हिन्दी साहित्य के इतिहास में स्त्रियों के योगदान को प्रेरित करने के लिए इन्होंने बहुत पूर्ण कार्य किया है। रघुवंश कुमारी के सन्दर्भ में हमें रामनरेश त्रिपाठी के माध्यम से पता चला चला है। रामनरेश त्रिपाठी ने मेरे अनुसार दो बहुत बड़े कार्य किये हैं जिनके लिए हिन्दी साहित्य का इतिहास विशेष रूप से स्त्री हिन्दी साहित्य का इतिहास उनका ऋणी रहा है। प्रथम कार्य है उनका ग्राम गीतों का संकलन जिसमें स्त्रियों की रचनाएँ एक अलग वर्ग में रखी गयी हैं और रानी रघुवंश कुमारी नाम से इन्होंने रघुवंश कुमारी का जीवन चरित्र लिखा है। दोनों ही पुस्तकें इतिहास के लिए अत्यन्त महत्त्वपूर्ण हैं।

राजरानी देवी

राजरानी देवी का जन्म सन् 1870 (कहीं-कहीं 1869 उल्लिखित) ई. में कायस्थ कुल में लक्ष्मण प्रसाद के यहाँ हुआ था। इनका निधन 27 अप्रैल सन् 1928 ई. को हुआ था। मात्र 13 वर्ष की उम्र में विवाह लक्ष्मी प्रसाद के साथ हो गया था। प्रसिद्ध रचनाकार रामकुमार वर्मा आपके सुपुत्र रहे हैं। प्रमदा प्रमोद तथा सती संयुक्ता इनके काव्य संग्रह हैं। इनका उपनाम वियोगिनी था। जिस प्रकार से भारतेन्दु से

हिन्दी की दिशा बदलती है उसी प्रकार से स्त्री काव्य धारा की दिशा राजरानी देवी ने बदला है। राष्ट्रीय चेतना और समाज की विसंगतियों का यथार्थपरक रेखांकन इनकी रचनाओं में स्पष्ट दिखाई देता है। शृंगार, भक्ति, प्रेम इनकी रचनाओं में नहीं है, बल्कि राष्ट्रप्रेम, स्त्री सुधार और आदर्श पर बल है। इनका मुख्य भाव जागरण का है जो पुनर्जागरण की प्रेरणा से अनुप्राणित कहा जा सकता है। पुनर्जागरण के तीन महत्त्वपूर्ण तत्त्व—देश प्रेम, स्वर्णिम अतीत का चित्रण और समाज सुधार इनकी रचनाओं में देखने को मिलता है।

आर्य दल का शौर्य ठण्डा पड़ गया, यवन दल में बढ़ चली कुछ वीरता
ह्रास से यह देश हाय पिछड़ गया, आज भी इतिहास देता है पता

यह कहना अतिशयोक्ति न होगा कि पुनर्जागरण की मूल चेतना से यह अनुप्राणित थी। स्वतन्त्रता चाहे स्त्री की हो या देश की इनकी प्राथमिकता में था। परतन्त्रता के लिए वह कहती हैं कि बद्ध होकर जिये तो क्या जिये—

क्या न अब कुछ देश का अभिमान है?
खो गयी सुखमय सभी स्वाधीनता।
हो रहा कितना अधिक अपमान है?
समुद इसको कौन सकता है बता?
नव-हरिद्रा-रंग-रंजित अंग में,
सर्वदा सुख में तुम्हीं लवलीन हो।
ग्रन्थि-बन्धन के अनूप प्रसंग में,
दूसरे ही के सदा अधीन हो।
बस तुम्हारे हेतु इस संसार में,
पथ-प्रदर्शक अब न होना चाहिए।
सोच लो संसार के कान्तार में,
बद्ध होकर यदि जिये तो क्या जिये?
कर्म के स्वच्छन्द सुखमय क्षेत्र में,
किंकिणी के साथ भी तलवार हो।

अपने उत्कृष्ट योगदान के बावजूद इनका हिन्दी साहित्य के इतिहास में नाम नहीं है और सबसे बड़े आश्चर्य की बात है स्वयं इनके पुत्र जो इतने बड़े प्रसिद्ध रचनाकार रहे हैं उन्होंने भी अपनी माँ की रचनाओं को और अपनी माँ का नाम आगे बढ़ाने के लिए कोई प्रयत्न नहीं किया। रामकुमार वर्मा का नाम हिन्दी साहित्य प्रेमियों के

लिए अनजान नहीं है परन्तु कोई नहीं जानता है उनकी माता इतनी बड़ी साहित्यकार रही हैं। स्त्री जागरण का जैसा स्वर हम आज सुनते हैं वैसा तीव्र स्वर राजरानी जी में उस समय था जब स्त्री शिक्षा का प्रसार कम था और लोगों की विचारधारा उतनी आधुनिक नहीं थी। उनके प्रबल स्वर का एक उदाहरण देखिए—

देवियों क्या पतन अपना देखकर, नेत्र से आँसू निकलते हैं नहीं
भाग्य हीना क्या स्वयं को लखकर, पाप से कलुषित हृदय जलते नहीं।

स्त्री जागरण के अतिरिक्त उस पर हो रहे अत्याचार पर भी राजरानी देवी की दृष्टि थी—

हो रहे क्यों भीष्म अत्याचार हैं
इस तुम्हारे फूल से मृदु गात पर

नवजागरण की चेतना से अनुप्राणित महत्त्वपूर्ण कवयित्री का रचना संसार अभी साहित्य प्रेमियों के लिए अनजाना है। क्षेमचन्द सुमन ने इनके सन्दर्भ में कहा है—"आपकी कविता में भारतेन्दु युगीन राष्ट्रीय चेतना और समाज की दुर्दशा के प्रति चिन्ता के भाव स्थल-स्थल पर अभिव्यक्त हुए हैं। जिस प्रकार पुरुष कवियों में भारतेन्दु बाबू हरिश्चन्द्र ने कविता में नये युग का सूत्रपात किया था, उसी प्रकार महिला कवयित्रियों में भी आपने वही मार्ग अपनाया था। उन दिनों की कविता जिसका विगत में वरण किया करती थी श्रीमती राजरानी का संसार उन सबसे भिन्न था।" (दिवंगत हिन्दी सेवी, पृ. 426)

सरस्वती देवी

इनका जन्म सन् 1876 ई. में आजमगढ़ में हुआ था। इनके पिता का नाम राम चरित त्रिपाठी था। यह स्वयं बड़े अच्छे कवि थे और राज कवि की उपाधि से विभूषित थे। सरस्वती देवी की रचनाएँ गृहलक्ष्मी रसिक मित्र आदि पत्रिकाओं में निरन्तर छपती रहती थीं। इन्होंने शारदा उपनाम से भी अपना लेखन किया है। नीति सम्बन्धी इनकी एक रचना यहाँ उदाहरण स्वरूप दे रही हूँ—

नारी धर्म अनेक है, कहौं कहाँ लगि सोय
करहु सुबुद्धि विचारते, तजहु जो अनुचित होय।

सुन्दरी सुपथ, नीति निचोड़, शारदा शतक आदि इनकी प्रमुख रचनाएँ हैं। इनकी एक रचना वनीता बन्धुकी भी बड़ी चर्चा होती है पर मुझे उसकी कहीं कोई प्रति प्राप्त

नहीं हुई। इसके अतिरिक्त सन्मार्ग प्रदर्शनी का भी उल्लेख मिलता है जो अप्राप्त हैं परन्तु कुछ स्थानों पर उसके कुछ दोहे मिल जाते है। इनके पिता स्वयं इतने बड़े कवि थे परन्तु उन्होंने अपनी पुत्री को कभी भी आगे नहीं किया। नहीं तो सरस्वती देवी का नाम इतिहास में गुम नहीं होता। ऐसा नहीं कि समकालीन रचनाकार इनके नाम से अनभिज्ञ थे। इनके इनकी प्रतिभा से प्रभावित होकर अयोध्या सिंह उपाध्याय जैसे श्रेष्ठ रचनाकार इनकी प्रशंसा किये बग़ैर नहीं रह सकते हैं। वह कहते हैं—"इनकी रचना अत्यन्त मधुर और हृदय ग्राहिणी है। नागरिक जीवन ना होने के कारण यद्यपि यह जैसी चाहिए वैसे ख्याति लाभ नहीं कर सकी तो भी उनमें कविता सम्बन्धी जो गुण है आदरणीय है।" यह कथन बिल्कुल उपयुक्त है कि जैसी ख्याति उन्हें मिलनी चाहिए वैसे नहीं मिली है। स्वयं इनके पिता ने भी इसके लिए प्रयास नहीं किया और हिन्दी साहित्य के इतिहास में इनका नाम गुम हो गया। स्त्रियों के साहित्य पर सदैव यह आरोप लगाने वाले कि उनके साहित्य में गृहस्थी ही प्रधान है वह गृहस्थी वर्णन के मध्य समकालीन हलचलों को न जान पाने की विवशता और राजनीतिक परिवर्तनों की आहट इन जैसी कविताओं में देखना भूल जाते हैं—

जब लग मैं मैके रही लिखत पढ़त रहि नित
अब घर पर परबस परी रही नहिं सकति सुचित
गृहकारज व्यवहार बहु परे संभारन मोहिं
लिखत पढ़न इक संग ही यह सब कैसे होहि
समाचार के पत्र जे आवत है मम पास
तिनके देखन के लिए मिलत न मोहिं सुपास

बुन्देल बाला

इनका जन्म गाजीपुर में सन् 1883 ई. को हुआ था। इनके पिता परमेश्वर दयाल कायस्थ थे। इनका मूल नाम गुज़राती बाई था। इनके पति प्रसिद्ध रचनाकार कवि लाला भगवानदीन थे। इनकी रचनाएँ बाल हितैषी, भारतेन्दु और लक्ष्मी जैसी पत्रिकाओं में प्रकाशित होती थीं। इनकी पुस्तक बाल विचार काफ़ी प्रसिद्ध रही है। लालाजी इनके लेखन में सहयोग भी करते रहे थे। इनकी रचना विधवा विलाप के लिए महावीर प्रसाद द्विवेदी से इन्हें पुरस्कार स्वरूप सचित्र रामायण भी मिला था और इनकी ख्याति यहीं से आगे बढ़ने लगी। रमाशंकर शुक्ल रसाल ने इनकी प्रशंसा में कहा है कि— "समाज में इन्हें वही स्थान दिया जा सकता है जो पुरुष कवि समाज में भूषण जैसे कवियों को दिया जा सकता है।" इतना वैशिष्ट्य होने के बावजूद किसी

भी इतिहासकार ने अपने ग्रन्थ में इनका नामोल्लेख करना भी आवश्यक नहीं समझा है। यह स्त्री रचनाकार के साथ अन्याय नहीं तो क्या है।

इनकी रचना का मूल विषय देश प्रेम है। समाज की वेदना को यह बड़ी सुन्दरता से व्यक्त करती हैं। इनकी रचना का मूल उद्देश्य जागृति की प्रेरणा रहा है। अपनी मौलिकता और सहज अभिव्यक्ति के लिए यह काफ़ी प्रसिद्ध रही हैं। लोग कहते हैं कि भगवानदीन के कारण इन्होंने काव्य रचना की है और सारा श्रेय बुन्देल बाला को न देकर के भगवानदीन को दे देते हैं। परन्तु उन्होंने भगवान दीन की भाँति शृंगारी कविताएँ नहीं लिखी हैं। इनकी रचनाओं का मूल स्वर देशभक्ति रहा है। जागरण का सन्देश जो इनकी रचनाओं में मिलता है उसका सर्वथा अभाव हमें लाला भगवानदीन के काव्य में मिलता है। भगवान दीन की राष्ट्रीय कविताओं में इनका प्रभाव हमें स्पष्ट दिखाई देता है पर पुरुष इसे स्वीकार नहीं करेंगे। देश प्रेम में यह अपने देश के गौरवशाली लोगो का नाम बड़े आदर से लेती हैं—

क्षत्रिय कुल अवतंस वीरवीर वर है प्रताप जी का यह देश
रानी पद्मावती सती ने यही काम किया है विशेष।

कविता में कहन शैली इनकी निजी विशेषता रही है जो अपने आप में नवीनता और मौलिकता की परिचायक है।

गोपाल देवी

गोपाल देवी के पिता का नाम शोभाराम और माता का नाम सरस्वती देवी था। इनका जन्म सन् 1883 ई. को बिजनौर में हुआ था। नीरजा माधव इनका जन्म 1890 मानती हैं और मृत्यु 1925 ई. में हुई है। गृहलक्ष्मी पत्रिका का सम्पादन उन्होंने ही किया था। इनकी प्रमुख पुस्तकें परियों का देश, महिला स्वास्थ्य संजीवनी, लाल बिल्ली, आटे का लड़का, परी लोक, दिव्य देवियाँ हैं। इन्होंने राजवैद्य नामक मासिक पत्र का भी सम्पादन किया है। हिन्दी साहित्य में बाल साहित्य बहुत कम लिखा गया है। गोपाल देवी ने अनेक बाल कविताएँ लिखी हैं जो काफ़ी प्रसिद्ध रही हैं। इन्होंने बाल सम्बन्धित शिक्षाप्रद कहानियाँ भी लिखी है। स्त्री शिक्षा और स्त्री जागरण पर इन्होंने बहुत काम किया है। इनकी रचना दिव्य देवियाँ महान विभूतियों के नाम से समर्पित हैं। स्वास्थ्य और शिक्षा इन दो क्षेत्रों में इन्होंने बहुत कार्य किया है।

पढ़ने लिखने में चित्त लावें
जिससे हम कभी न दुख पावें

गोपाल देवी ने कविता में कहानी कहने की बड़ी अच्छी शैली विकसित की थी। इन्होंने बाल काव्य की भी रचना की है। भेड़ और भेड़िया, धोबी और गधा, मौत और घसियारा जैसी अनेक रचनाएँ कविता में कहानी का आनन्द ही नहीं देतीं बल्कि बाल चरित्र का विकास भी करती हैं। इनकी रचनाओं में राष्ट्रवादी विचारधारा की झलक दिखाई देती है। गोपाल देवी का उपन्यास दयावती एक साधारण स्त्री की साधारण कथा है।

उर्मिला देवी शास्त्री

उर्मिला देवी शास्त्री का जन्म 20 अगस्त 1890 को श्रीनगर में हुआ था। इनके पिता लाला चिरंजी लाल थे। उर्मिला जी ने आर्य कन्या गुरुकुल देहरादून में अवैतनिक शिक्षिका का कार्य किया था। नौचन्दी मेले में विदेशी कपड़ों के बहिष्कार आन्दोलन का नेतृत्व इन्होंने किया था। गांधीजी और प्यारे लाल शर्मा के गिरफ़्तार होने पर इन्होंने 3000 से अधिक महिलाओं को एकत्र किया और 100 व्यक्तियों से प्रतिज्ञा पत्र भरवा कर ज्ञापन दिया था। तत्कालीन समय में इन 3000 महिलाओं ने जो स्वतन्त्रता में योगदान दिया नाम अज्ञात होने पर भी उनका कार्य वन्दनीय है। एक बार 10000 लोगों की जनसभा में इन्होंने बहुत ही तीखा और विद्रोहपरक स्वर में भाषण दिया जिस कारण इन्हें पुनः जेल में जाना पड़ा था। लाहौर से इन्होंने जन्मभूमि नामक दैनिक पत्र का प्रकाशन शुरू किया था जिसमें 'जेल जीवन के अनुभव' संस्मरण धारावाहिक रूप में प्रकाशित हुआ था। इसकी सम्पादकीय अंग्रेज़ी शासन विरोधी होने के कारण इन्हें बन्दी बनाकर रोक दी गयी थी। बाद में मरणासन्न अवस्था में इन्हें जेल से रिहा किया गया। 6 जुलाई 1941 को इन्होंने गर्भाशय का कैंसर के कारण शरीर त्यागा। कारागार के अनुभव संस्मरण को बाद में पुस्तकाकार रूप में प्रकाशित किया गया जिसकी भूमिका कस्तूरबा गांधी ने लिखी थी। उर्मिला जी बताती हैं कि रेत मिली रोटी क़ैदियों को दिया जाता था। क़ैदियों को बदबूदार स्थान पर रखा जाता था और फ़र्श पर कीड़े रेंगते थे जिससे अनेक बीमारियां होती थी। उर्मिला जी की बड़ी बहन सत्यवती मलिक तथा छोटी बहन पुरुषार्थवती देवी को हिन्दी साहित्य परिवार बख़ूबी पहचानता है। इन दोनों ने भी स्वतन्त्रता संग्राम में बराबर भूमिका निभाई थी।

सत्यवती मलिक

सत्यवती मलिक का जन्म 1 जनवरी 1906 को श्रीनगर में हुआ था। जब यात्रावृत्तान्त जैसी रचनाएँ बहुत कम लिखी जाती थीं तब 'कश्मीर की सैर' जैसा प्रसिद्ध यात्रावृत्त

उन्होंने लिखा था। इनका कहानी संग्रह 'दो फूल', 'वैशाख की रात', 'नारी हृदय की साध', 'दिन रात', 'सुभाना और अन्य कहानियाँ' है। 'अमर पथ', 'अमिट रेखाएँ' तथा 'मानव रत्न' रेखाचित्र काफ़ी प्रसिद्ध रहे हैं। इनकी पुस्तकों में परिचय में कहा गया है कि "सत्यवती मलिक की कहानियाँ भाषिक संरचना की दृष्टि से हिन्दी की आरम्भिक आधुनिक कहानियाँ कही जायेंगी। इनमें कश्मीरी लोकवृत्त की उदारता लक्षित होती है। सत्यवती मलिक की कहानी की कथाभूमि भारतीय समाज में परिवार का बहुविध महत्त्व तो प्रतिपादित करती ही हैं किन्तु वे अपने अन्तर्निहित संकेतों में उन तमाम समस्याओं की ओर भी इंगित करती हैं जिन्होंने दासता की यथास्थिति को मज़बूत किया है। उनकी कहानियों में प्रकृति के साथ उनका आत्मिक सम्बन्ध व ऐसे भारतीय संस्कार का वातावरण देखने को मिलता है जिसमें स्त्रियों के प्रति मार्मिकता और संवेदनशीलता विशेष रूप से झलकती है।"

पुरुषार्थवती देवी

पुरुषार्थवती देवी का जन्म 10 अक्टूबर 1911 को पंजाब में हुआ था मात्र 20 वर्षों के अपने जीवन काल में इन्होंने राष्ट्रीय आन्दोलन में बढ़-चढ़कर हिस्सा ही नहीं लिया बल्कि अनेक ऐसी रचनाएँ कीं जिसको सुनकर पढ़कर लोगों ने स्वतन्त्रता के आन्दोलन में अपनी स्वयं की आहुति दी। सन् 1931 में इनका निधन हुआ था। देशभक्ति परक रचनाएँ पुरुषार्थवती जी की विशेषता रही है। एक उदाहरण देखें—

हे स्वच्छन्द विचरने वाले हे स्वातन्त्र्य सुधा रस वाले
हमको भी स्वाधीन बना दे मीठा जल बरसाने वाले

देशभक्ति परक रचनाएँ इनके काव्य का वैशिष्ट्य है। एक उदाहरण

छेड़ दो एक बार फिर तान।
सुन्दर, सुखद, सरस, शुचि, सुमुधुर देश-भक्ति की तान॥
निर्जीवी जीवित हों जिससे, निर्बल हो बलवान॥
ऊँच-नीच का भेद मिटाकर होवें सकल समान।
ग्रन्थित होकर एक सूत्र में, समझें निज कल्याण॥
यही चाह हो, यही ध्येय हो, मातृ-भूमि-सम्मान।
देश-वेदि पर कर दो मिलकर, तन मन अर्पण प्राण॥
कष्ट-क्लेश का भारत के हो जाने पर अवसान।
तभी होगा भारत-उत्थान॥

विशाल भारत में बहन सत्यवती मलिक ने इन पर एक संस्मरण भी लिखा था। सुधा, मनोरमा, विशाल भारत, चाँद जैसी प्रतिष्ठित पत्रिकाओं में प्रकाशित होने के बावजूद इन्हें हिन्दी साहित्य के इतिहास में स्थान नहीं मिला है। इनकी रचना दुखवाद और करुणा से आप्लावित दिखती है। इसीलिए इनकी कविताओं में दर्शन भी झाँकता है—

व्यथित हृदय तन्त्री झंकृत कर/ कौन अहो गाता है गान
किस अतीत की याद दिलाकर/ बेसुध कर देता अनजान

प्रकृतिपरक इनकी रचनाएँ उत्कृष्ट श्रेणी की हैं। इनकी रचनाओं की तुलना पन्त के पल्लव से की जाती रही है। ऐसा माना जाता है कि पन्त के ही समान इनके भाव थे और इनकी रचनाएँ कहीं से भी सुमित्रानन्दन पन्त से कमतर नहीं थी। परन्तु पन्त के समान सम्मानित नाम यह हिन्दी साहित्य में नहीं लिखवा पायी। सरलता इनकी रचनाओं में देखने को मिलती है पर उस सरलता में भी विचारों की प्रौढ़ता है। इनकी प्रारम्भिक रचनाओं में छायावाद का प्रभाव स्पष्ट रूप से दिखाई देता है। विश्व मित्र पत्रिका जनवरी 1930 के अंक में दीमक छ्द्म नाम से एक टिप्पणी दी गयी है जो इनके विषय वैशिष्ट्य को तो दर्शाता है साथ ही स्त्री लेखन के सन्दर्भ में किये गये पक्षपात को भी उजागर करता है— "पन्त के पल्लव और वीणा के बाद हिन्दी की कविताओं का ऐसा अच्छा संकलन हमें कहीं अन्यत्र देखने को नहीं मिला।— "एक आश्चर्यमयी प्रतिभाशालिनी स्त्री कवि ऐसी सुन्दर सरस और कविताओं को लिखकर इहलोक से सिधार भी चुकी और हम उसके नाम से भी परिचित न रहें इस अक्षम्य दोष के लिए हमारी उदासीनता बहुत कुछ अंश में दायी हो सकती है।" सभी पत्रिकाओं में इनके संग्रह की समीक्षा इनकी प्रसिद्धि को प्रकट करती है। अपनी कविता वीर सन्देश, भारत प्रेम, रमणी आदि कविताओं में पुरुषार्थवती देवी का देश प्रेम झलकता है। स्त्री चेतना की यह प्रबल दावेदार हैं और भारत की स्वतन्त्रता के लिए स्त्रियों को आगे आना आवश्यक मानती थी। वह अन्तर्वेदना में (पृष्ठ 63) कहती हैं—

कौन कह रहा तुमको अबला/ तुम तो शत्रु घातिनी सबला
शक्ति और साहस में प्रबला/ वीरपुर प्रसविनी भारत की

प्रेम का कोमल पक्ष भी इनकी रचनाओं में मिलता है—

सदा दृग-जल से रोता विश्व, हृदय तुम देते अपना चीर
कहाँ पाओगे प्रेम-अनन्त, बहाकर अपना मानस-नीर

खींचकर स्वर-लहरी के बीच, वेदना के सूने उद्गार
निरन्तर देते हो सन्देश, नहीं पाते हो फिर भी प्यार

इनका एकमात्र काव्य संग्रह अन्तर्वेदना प्राप्त होता है जिसमें कुल 39 कविताएँ संग्रहित हैं। इसकी रचना पुरुषार्थवती जी ने मात्र 19 वर्ष की अवस्था में की थी। इसका प्रकाशन उनके पति चन्द्रगुप्त विद्यालंकार ने उनकी मृत्यु के पश्चात कराया था।

रमादेवी

रमा देवी का जन्म भी सन् 1883 ई. में हुआ था। इनके पिता का नाम रामाधीन और माता का नाम कौशल्या देवी था। उस समय की प्रतिष्ठित पत्र-पत्रिकाओं जैसे रसिक मित्र, भारत भगिनी, स्वदेश बान्धव, मर्यादा आदि में इनकी रचनाएँ प्रकाशित होती थी। इनकी दो पुस्तकें बहुत प्रसिद्ध है— अबला पुकार और रमा विनोद। इन्होंने ब्रजभाषा और खड़ी बोली दोनों में रचनाएँ लिखी है। इनकी रचनाओं में अरबी, फ़ारसी के शब्दों का भी बहुतायत प्रयोग हुआ है। स्त्री की समस्याओं पर इन्होंने कई रचनाएँ लिखी हैं और स्त्री शिक्षा के लिए और उसकी जागरूकता के लिए कार्य भी इन्होंने किया है। तत्कालीन राजनीति और समय पर भी इन्होंने लिखा है। एक बार दशहरे का त्योहार बन्द करवा देने पर इन्होंने अपनी प्रतिक्रिया इस प्रकार दी—

हुआ न दशहरा दिवाने बन ठौर ठौर
आशिक़ बने है शीश सेहरा बँधाये है—
बूढ़ी मन भाई शाह आलम की प्यारी नीति
गले से लगाये गये शाह बनी आये है।

रामेश्वरी नेहरू

इनका जन्म सन् 1892 ई. को हुआ था। इन्होंने स्त्री दर्पण नामक पत्रिका का सम्पादन किया। तत्कालीन समय में स्त्री दर्पण पत्रिका ने स्त्री मुक्ति का जो बीड़ा उठाया था उसके लिए हिन्दी साहित्य के इतिहास में स्वर्णिम अक्षरों में लिखा जाना चाहिए। रामेश्वरी जी ने पत्रिका में लेख, कहानी इत्यादि के माध्यम से जागरूकता फैलाई थी। 'सूर्य देव का आगमन' नामक उपन्यास इनका मनोरमा में धारावाहिक रूप में प्रकाशित हुआ था जो काफ़ी प्रसिद्ध रहा। उन्होंने स्त्री उत्थान के लिए महिला समिति भी बनाई थी। इनकी कविता का एक उदाहरण देखा जा सकता है—

हम इनमे नाज जहाँ तक करे वो सब कम है

ये जात हिन्द में इक नेमते मुजस्सम है।

कमलेश मोहन ने अपनी पुस्तक 'रामेश्वरी नेहरू' में इनके सन्दर्भ में पर्याप्त प्रकाश डाला है।

कीरति कुमारी

इनका मूल नाम परिहारिन था। इनका जन्म सन् 1815 ई. को हुआ था। यह रींवा की राजमाता थीं। इनकी एक पुस्तक राधा-कृष्ण विनोद भजनावली उपलब्ध होती है। इन्होंने प्रेम, वियोग और कृष्ण पर अनेक रचनाएँ लिखी हैं। रचनाएँ बहुत उत्कृष्ट कोटि की नहीं है परन्तु इतिहास में अपना नाम लिखवाने में समर्थ है। एक उदाहरण हम देख सकते है—

राँभती है नाद करती हाय हाहाकार है
देश हित यह जगत हित के वास्ते था पुन: किया।

मल्लिका

मल्लिका मूल रूप से बंगाल की रहने वाली थी। यह भारतेन्दु की प्रेम पोषिता थी और हिन्दी साहित्य का इतिहास इन्हें इसी रूप में जानता है। परन्तु भारतेन्दु मण्डल में उनका नाम न आना बेहद आश्चर्य का विषय है। हाल ही में मनीषा कुलश्रेष्ठ ने भी इन पर एक उपन्यास लिखा है जिसमें गल्प का सहारा लिया गया है। डॉ. राजकुमार ने 'मल्लिका समग्र' में मल्लिका की रचनाओं को संग्रहित किया है। कथादेश पत्रिका ने भी मल्लिका की रचनाएँ प्रकाशित की हैं जिससे विलुप्त सामग्री पुन: प्रकाश में आयी है। नागरी प्रचारिणी पत्रिका ने मल्लिका के कुलीन कन्या चन्द्रप्रभा प्रकाश उपन्यास को प्रकाशित किया। कुलीन कन्या चन्द्रप्रभा प्रकाश उपन्यास में बेमेल विवाह की समस्या उठाई गयी है। इसी विषय पर निर्मला लिखकर प्रेमचन्द अपना नाम हिन्दी साहित्य के इतिहास में स्वर्णाक्षरों में लिखवा लिया पर मल्लिका इतिहासकारों की उपेक्षा का शिकार रही है। इस उपन्यास में धर्म, जाति, दहेज आदि से जुड़ी अनेक समस्याओं का चित्रण किया गया है। कुमुदिनी और पारस इनके अन्य उपन्यास हैं। कुमुदिनी का पुन : प्रकाशन कथादेश पत्रिका ने सन् 2007 में किया था। कुमुदिनी को मल्लिका जी ने आख्यायिका कहा है। प्रेम तरंग पुस्तक में इनके बंगला गीत संग्रहित हैं। कुमुदिनी में भी कथानक के मध्य में गीतों को पिरोया गया है जिसे देखकर के प्रसाद की शैली की याद आ जाती है। हो सकता है कि प्रसाद को प्रेरणा यहीं से मिली हो? इनकी रचनाओं में आदर्शवाद की झलक दिखाई देती है। मल्लिका की रचनाओं में

भारतीय संस्कार, परिवार का महत्त्व, सामाजिक आदर्श आदि को कथानक के मध्य में बड़े सुन्दर ढंग से प्रतिपादित किया गया है। इनकी रचनाओं में काल्पनिकता का गुम्फन बहुत रोचक है। विधवा विवाह की दूरदर्शी सोच, पुनर्जागरण की सुधारवादी दृष्टि, रूढ़ियों का विरोध, स्त्री शिक्षा आदि विभिन्न तत्कालीन मुद्दों की अभिव्यक्ति हमें इनकी रचनाओं में मिलती है। जिससे यह पता चलता है कि यह अपने समय और समाज के प्रति कितनी सचेत थी। इसके बावजूद हिन्दी साहित्य के इतिहास में इनका नाम न आना अन्याय नहीं तो और क्या है? आंचलिकता का गुण इनकी रचना की बड़ी विशेषता कही जा सकती है। ख़ासतौर पर तब जब आंचलिकता नाम की कोई प्रथा हिन्दी साहित्य में प्रचलित नहीं थी। मूल भाषा बंगला होते हुए भी इनकी हिन्दी बड़ी अच्छी थी। संस्कृतनिष्ठ हिन्दी का एक उदाहरण देखा जा सकता है—

"अकस्मात उनकी दृष्टि में पड़ा तब और भी संदिग्ध चित्त से किंकर्तव्यविमूढ़ की भाँति खड़ा रहा। सहसा गम्भीर शंखनाद से वह कानन काँपने लगा। सुनते ही पथिक ने संकुचित चित्त से मन्दिर अभिमुख चलें।" (कुमुदिनी, पृष्ठ 42)कई शोध में सुहासिनी को मल्लिका का प्रथम उपन्यास माना गया है। दाम्पत्य प्रेम प्रधान होने के कारण कुछ आलोचकों ने इसे गार्हस्थ उपन्यास की श्रेणी में रखा है। परन्तु उपन्यास में घटनाक्रम इस प्रकार से है कि संवेदनाएँ हृदय को स्पर्श कर जाती हैं। प्रेम और सुहासिनी का सौन्दर्य वर्णन जितना आकर्षक है बिहार का अकाल वर्णन उतना ही हृदयद्रावक है। डॉ. बद्रीदास अपने शोध हिन्दी उपन्यास पृष्ठभूमि और परम्परा में कहते हैं—"सुहासिनी एक उपन्यास लेखिका की प्रथम कृति है। उसमें वह विशेषताएँ हैं जो एक महिला की क़लम से मिलती हैं। पुरुष की अपेक्षा स्त्री जीवन के अधिक निकट रहती हैं। मल्लिका देवी को जीवन के गद्य और पद्य दोनों की अनुभूति है और उसे उन्होंने वाणी दी है। सुहासिनी गार्हस्थ उपन्यास परम्परा की अनमोल कृति है। भारतेन्दु काल में इस प्रकार का कोई दूसरा उपन्यास नहीं लिखा गया।" एक सति प्राणा अबला नाम से सन् 1883 ई. में काशी से बंकिमचन्द्र के एक उपन्यास का अनुवाद राधा रानी के नाम से हुआ था जिसे मल्लिका की रचना मानने में कोई बाधा नहीं है।

हरदेवी

इनका जन्म सन् 1860 ई. में हुआ था। इनके पिता राय बहादुर कन्हैयालाल थे। हरदेवी विधवा होने के बाद आर्य समाजी रोशनलाल के साथ विवाह किया था। इनकी लन्दन यात्रा नामक पुस्तक 1883 ई. में प्रकाशित हुई थी जो यात्रावृत्तान्त की पुस्तक है।

यह सम्भवत: पहली स्त्री रचनाकार हैं जिन्होंने यात्रा साहित्य हिन्दी साहित्य में लिखा है। इनका लघु उपन्यास हुक्म देवी काफ़ी प्रसिद्ध रहा है। इसके अतिरिक्त उन्होंने लन्दन जुबली और स्त्रियों पर सामाजिक उपन्यास भी लिखा है। हुक्म देवी का प्रकाशन वर्ष 1892 ई. है। इन्होंने अपनी रचनाओं में पर्दा प्रथा और विधवा स्त्री के जीवन की समस्याओं को बड़ी बारीकी से उठाया है। इनकी भाषा अच्छी कही जा सकती है। संस्कृतनिष्ठ शब्दों के साथ भाषा का जो रूप तत्कालीन समय में रहा है वह हमें इनकी रचनाओं में देखने को मिलता है। इनकी भाषा और विचारधारा का परिचय हमें हुक्म देवी रचना से इस उदाहरण से ही देखने को मिल जाता है—

"जो स्त्रियाँ लोक भय अथवा सम्बन्धियों की रक्षा से धर्म को बचाये रखती हैं वह सच्ची धार्मिका सती कहलाने के योग्य नहीं, किन्तु जिनकी आत्मा में धर्म की श्रद्धा है। सारे हृदय से प्राणों से भी अधिक जिन्हें अपना धर्म प्यारा है वह कठिन से कठिन परीक्षा और घोर प्रलोभनों में पड़कर भी इसकी रक्षा करती हैं।"

सन् 1881 में स्त्री विलाप नामक कविता इन्होंने लिखी जिसमें तत्कालीन महिलाओं की स्थिति को बख़ूबी वर्णित किया गया है। हरदेवी के सम्बन्ध में जानकी देवी का कहना है कि हरदेवी लाहौर के वरिष्ठ आर्य समाजी रोशनलाल की पत्नी समाजसेविका, हिन्दी पत्रिका भारत भगिनी की सम्पादक थीं, जो क्रान्तिकारियों के मुक़दमों में धन इकट्ठा करके सहायता देती थी। आर्य समाज के इतिहास में सत्यकेतु विद्यालंकार ने पटियाला षड्यंत्र केस में हरदेवी द्वारा प्रकाशित समाचार पत्र भारत भगिनी को राजद्रोहात्मक साहित्य मानकर उसे ज़ब्त करने का उल्लेख किया गया है। परोपकारी पत्रिका के अप्रैल प्रथम 2018 अंक से यह उल्लेख प्राप्त होता है कि हरदेवी सर्वप्रथम पहली हिन्दी भाषी महिला हैं जिन्हें पढ़ाई के लिए इंग्लैंड भेजा गया था। इन्होंने भाग्यवती, सास पतोहू, वामा शिक्षक, लन्दन यात्रा, हुक्म देवी, हिन्दू धर्म की उच्चता में एक सच्ची कहानी, सीमान्तनी उपदेश, स्त्रियों पर सामाजिक अन्याय, स्त्री विलाप इत्यादि अन्य पुस्तकों की रचना की है। पत्रिका में कहा गया है कि उपर्युक्त विदुषी महिला श्रीमती हरदेवी का उदाहरण इस कारण प्रस्तुत किया गया है कि तत्कालीन स्त्री शिक्षा विरोधी वातावरण में भी महर्षि दयानन्द और उनके अनुयायियों ने किस प्रकार स्त्री शिक्षा और उनकी अन्य समस्याओं के निराकरण हेतु जो कार्य किया इसके महत्त्व को आज के शोधार्थी समझें और वर्तमान सन्दर्भ में वैदिक शिक्षा के दृष्टिकोण को अपनाएँ। स्त्रियों की महत्ता और स्वस्थ समाज के निर्माण में उनकी महती और शाश्वत भूमिका को केवल वैदिक दृष्टि से ही समझा जा सकता है।

रूप कुमारी चन्देल

रूप कुमारी चन्देल का जन्म सन् 1881 ई. में बुन्देलखंड उत्तर प्रदेश में हुआ था। इनके पिता जीत सिंह और पति भूप सिंह थे। इनकी मृत्यु 1952 में झाँसी में हुई थी। बुन्देलखंड की प्रसिद्ध पत्रिका वागीश में उनकी रचनाएँ अक्सर छपा करती थी। इन्हीं की पुत्री रामकुमारी चौहान थी जो बड़ी अच्छी कवयित्री रही हैं। पर इन दोनों का नाम हिन्दी साहित्य के इतिहास में हमें देखने को नहीं मिलता है। रूप कुमारी चन्देल तत्कालीन परिस्थितियों में भी जब स्त्री शिक्षा और स्वतन्त्रता का अभाव था तब भी यह काव्य मंच पर ख़ूब सराही जाती थीं। इनके उत्कृष्ट योगदान का अन्दाज़ा इसी से लगाया जा सकता है कि उस समय काव्य मंच करना एक स्त्री के लिए कितना साहसिक कार्य रहा होगा। इनका काव्य संग्रह 'काव्य मंजरी' है जो भक्ति और श्रृंगार परक रचनाओं से ओतप्रोत है। स्त्री शिक्षा का सन्देश इन्होंने अपने व्यक्तित्व और कृतित्व दोनों से दिया है। इनकी रचना का एक उदाहरण दृष्टव्य है—

अब रूप कुमारी बतावे कहाँ
जुग सौ दिन बीतत है सगरो
बिन मोहन कौन सहाय करें
हरि आवहूँ बेग कलेस हरौ

रामकुमारी देवी चौहान

रामकुमारी देवी चौहान का जन्म सन् 1899 ई. में कानपुर में हुआ था। मात्र ग्यारह वर्ष की आयु में रामकुमारी जी ने काव्य सृजन प्रारम्भ किया था। रामकुमारी जी के पिता भूप सिंह चन्देल जी भूप उपनाम से कविताएँ लिखते थे। इनकी माता रूप कुमारी चन्देल जी के काव्य संग्रह 'काव्य मंजरी' में श्रृंगार और भक्ति की रचनाओं का सुन्दर चित्रण है। माता-पिता से इनमें काव्य प्रतिभा प्रस्फुटित हुई। इनके भाई रामपाल सिंह चन्देल और बहन राजरानी चौहान भी रचनाकार रहें हैं। आलोचकों ने इनकी रचनाओं का मूल स्वर वेदना और करुणा का गान माना है। रामकुमारी जी का लेखन जब चल रहा था उस समय क्योंकि देश पराधीन था इसलिए देश प्रेम प्राण तत्त्व के रूप में सर्वत्र उपस्थित दिखाई देता है। देश प्रेम को प्रकट करने के कई रूप हो सकते हैं पहला तो यह है कि हम अपने देश के प्राकृतिक सौन्दर्य की विशेषताओं को चित्रित करें और दूसरा साधन है देश की स्थिति का चित्रण कर सुधार की अपेक्षा रखना। इन दोनों कसौटियों पर रामकुमारी जी का काव्य खरा उतरता

है। इनकी कविताओं में जागरण का भाव हमें नहीं दिखाई देता है परन्तु छायावाद की शक्ति का जो मूल आधार है राष्ट्रीयता और देश प्रेम वह इनकी रचनाओं में हमें दिखता है। परन्तु प्रसाद और निराला के जैसा चित्रण इनके यहाँ नहीं हैं। इनके यहाँ देश प्रेम का अर्थ है देश की प्रकृति का, सौन्दर्य का चित्रण और स्त्री, मज़दूर आदि वर्ग का यथार्थ चित्रण। इनकी कविताओं में देश प्रेम की अद्‌भुत छँटा अपने भौगोलिक ज्ञान के साथ गौरवान्वित करती है इन्होंने संसार की नश्वरता और पीड़ा को अपना मुख्य विषय बनाया है। इनके काव्य संग्रह निश्वास पर इन्हें सेक्सीरिया पुरस्कार भी प्राप्त हुआ था। देश प्रेम का एक उदाहरण द्रष्टव्य है—

उस भारत जननी के चरणों पर जग के सुख सारे
लुट जाने दो हँसते-हँसते जीवन वैभव प्यारे

बादल राग जैसी कविताओं ने निराला को क्रान्तिकारी और प्रगतिवादी घोषित कर दिया था। हिन्दी साहित्य में स्त्री रचनाकारों ने भी ऐसा लेखन किया है परन्तु उनकी रचनाएँ काल के गर्त में समा गयीं। इतिहास का यह पुरुषात्मक सामन्तवादी रूप आज भी हमें दिखाई देता है। पुरुषात्मक सामन्तवादी दृष्टि ने हिन्दी साहित्य का बहुत अहित किया है। रामकुमारी जी की रचनाएँ भी इसका उदाहरण हैं। निराला की तरह सर्वहारा वर्ग की पीड़ा, मज़दूर वर्ग की व्यथा इनकी क़लम से छुप नहीं पायी है। आज की कसौटी पर भले ही इन रचनाओं को नहीं कसा जा सकता है पर भावनात्मक स्तर पर यह रचनाएँ बहुत कुछ कह जाती हैं। प्रोत्साहन मिलने पर इस तरह की अनेक रचनाएँ हमारे समक्ष प्रस्तुत हो सकती थीं जो इस सामन्तवादी प्रवृत्ति ने रोक दीं। निराला की तोड़ती पत्थर के समान ही एक कविता मुझे बेहद प्रिय है जिसमें रामकुमारी जी कहती हैं—

वे शीत घाम में निश्चल
ग़लते हैं अंग तपाए
हिम कण से ठिठुर ठिठुर कर
श्रम कण बन घुलते जाते
उनके सूखे अंगों में
चिन्ता का चित्रण देखा
उनके मुरझाए मुख पर
है खचित हास की रेखा
साहस से ऋण ले लेकर

पर सुख हित नित मरते हैं
चिर रक्तपात से अपने
वे विश्व उदर भरते हैं

इनके काव्य वैशिष्ट्य के सन्दर्भ में सरस्वती पत्रिका के सम्पादक देवी दत्त शुक्ला कहते हैं—"श्रीमती चौहान की इन सभी रचनाओं में कविता का दर्शन होता है। क्या शब्द योजना, क्या लालित्य और क्या भाव धारा कविता की तीनों विशेषताएँ श्रीमती जी की इन रचनाओं में पूर्ण रूप से विद्यमान हैं। इन सब में करुण रस का जो परिपाक हुआ है वह श्रीमती चौहान को कविता क्षेत्र की प्रथम पंक्ति में आसीन कर देने के लिए पर्याप्त है। हमें आशा है कि श्रीमती जी के हृदय में कविता की जो वेदना पूर्ण भाव धारा लहराती है उससे हमारी राष्ट्रभाषा का रिक्त भण्डार अलंकृत ही न होगा किन्तु उसकी गौरव वृद्धि भी होगी।"

राजरानी चौहान

राजरानी चौहान का जन्म 1909 में बसन्त पंचमी के दिन हुआ था। प्रथम कवयित्री सम्मेलन में यह अपनी बहन रामकुमारी चौहान के साथ सम्मिलित हुई थी जिसमें इन्हें स्वर्ण पदक प्राप्त हुआ था। इनके झलक नामक काव्य संकलन का उल्लेख मिलता हैं। वीर रस, भक्ति रस के साथ ही छायावादी बोध की रचनाएँ इन्होंने की है। इनकी मृत्यु 24 जून 1949 ई. को हुई थी। एक उदाहरण द्रष्टव्य है—

दिखाई दिये अदेखे रहे न जी भर तुम्हें बिलोका आह
रही मन में अभिलाषा न पूरी हुई आज तक यह चाह

कमलाबाई कीबे

इनका जन्म सन् 1886 ई. में महाराष्ट्र में हुआ था। इनकी भाषा मूल मराठी रही है। अनुवाद से इन्होंने दोनों भाषा के साहित्य को समृद्ध किया है। चाँद पत्रिका में 1935 ई. में इनकी कृष्णाबाई कहानी प्रकाशित हुई थी। बाल साहित्य की पुस्तक बाल कथा का भी लेखन इन्होंने किया है। तत्कालीन समय में बाल साहित्य उपलब्ध होना आसान नहीं था वह भी एक स्त्री के लिए। पर इस क्षेत्र में इन्होंने सराहनीय कार्य किया है। इनकी बहुत-सारी रचनाएँ हमें प्राप्त नहीं होती हैं। कृष्णाबाई कहानी एक विधवा स्त्री के दुख और तकलीफ़ की कहानी है। इनकी भाषा समृद्ध रही है। सन्ताप, शेष, औषधि जैसे शब्द इनकी भाषा के उत्कृष्ट चयन के परिचायक हैं।

चन्दाबाई पंडिता

इनका जन्म सन् 1889 ई. में वृन्दावन में हुआ था। इनका मुख्य कार्य लेखन व समाज सुधार रहा है। यह और इनकी रचनाएँ पुनर्जागरण की चेतना से अनुप्राणित थीं। इनकी प्रमुख रचनाएँ उपदेश रत्नमाला, निबन्ध रत्नमाला, आदर्श कहानियाँ, आदर्श निबन्ध आदि हैं। इनकी मृत्यु सन् 1977 ई. में हुई थी।

उषा देवी मित्रा

द्विवेदी युगीन यह रचनाकार अपने उत्कृष्ट लेखन के लिए हिन्दी साहित्य के इतिहास में स्वर्णिम अक्षरों में लिखी जाने योग्य हैं। इनका जन्म सन् 1817 ई. में मध्य प्रदेश में हुआ था। इनकी पहली कहानी मातृत्व सन् 1932 में हंस पत्रिका में छपी थी। सन् 1933 में प्रकाशित इनकी कहानी प्यासी हूँ अपने वैशिष्ट्य के कारण काफ़ी चर्चा में थी। पिउ कहाँ, गोधूली, मन का मोह, देवदासी कहानियाँ अपनी सामाजिक चेतना और स्त्री शोषण की परतों को खोलती कहानियाँ हैं। इनके प्रमुख उपन्यास पथ चारी, वचन का मोल, सम्मोहिता, पिया, नष्ट नीड़, सोहनी और जीवन की मुस्कान काफ़ी प्रसिद्ध रहे हैं। वर्तमान समय में समृद्ध और सुलभ साहित्य हो जाने के कारण इनकी सारी रचनाएँ हमें पुस्तकाकार रूप में उपलब्ध हैं। इनकी प्रमुख कहानी संग्रह में मेघ मल्हार, रागिनी, नीम चमेली, महावर, सान्ध्य पूरबी, रात की रानी, आँधी के छन्द प्रमुख रहे हैं। अपने उत्कृष्ट लेखन के लिए इन्हें सेकसरिया पुरस्कार भी प्राप्त है। इनका साहित्य स्वतन्त्रता संघर्ष की सम्पूर्ण गाथा कहता है। एक उदाहरण वचन का मोल उपन्यास से देखिए—"हमारे देश के प्राण ही ठहरे कृषि ताँत और चरखा। प्राय: सत्तर साल पहले दरिद्र स्त्रियाँ सूत कातकर लड़कों को पढ़ाने का ख़र्च चलाती थीं।" (वचन का मोल, पृ. 57)

इनकी भाषा परिपक्व रही है। यह संस्कृतनिष्ठ हिन्दी की समर्थक रही हैं। नारी समस्या और स्वाधीनता इनके रचनाओं के विषय का केन्द्र रहा है। उषा जी ने बिना स्त्री विमर्श का शोर किये चुपचाप स्त्री को अपनी रचनाओं के केन्द्र में रखा है। इस सन्दर्भ में यह उक्ति सार्थक दिखाई देती है—"उषा जी के साहित्य में एक विशेष मानसिक प्रतिक्रिया का चित्रण मिलता है। समाज में विधवा स्त्रियों की स्थिति, उनकी मर्यादा, कामना, नैतिकता-अनैतिकता, आशा-निराशा, सुख-दुख और आदर्श और कामनाओं की टकराहट और उनसे जूझते हुए पात्र की मूर्तियाँ मिलती हैं।" (डॉ. प्रभा सक्सेमा; उषा देवी मित्रा: व्यक्तित्व और कृतित्व, पृ. 03)

प्रेमचन्द्र जैसे रचनाकार ने इनकी प्रशंसा में अनेक बातें कहीं हैं—"तुम्हारी कहानी पढ़कर चित्त प्रसन्न हो गया।... ऐसी और कहानियाँ भी तुम लिख दो तो हिन्दी गद्य लेखकों में तुम्हारा स्थान सर्वोच्च हो जायेगा।" (डॉ. पन्ना; उषा देवी मित्रा : युग और साहित्य, पृ. 15) इसके बावजूद किसी इतिहासकार ने इनका नाम भी उल्लेख करना ज़रूरी नहीं समझा। शायद इसी उपेक्षा से आहत होकर उन्होंने कहा था कि मेरी चिता के साथ मेरी सारी पुस्तकें जला देना। परन्तु उषा देवी मित्रा का नाम आज अन्धकार में नहीं है। इन पर कई शोध कार्य हो चुके हैं और आलोचना की कई पुस्तकें इन पर प्रकाशित हो चुकी हैं।

बंग महिला

इनका जन्म सन् 1882 ई. में वाराणसी में हुआ था। इनके पिता का नाम राम प्रसन्न घोष तथा माँ का नाम नीरज वासनी घोष था। यह बांग्ला साहित्य में प्रवासिनी नाम से लेखन का कार्य करती थीं। इनकी मृत्यु 24 फ़रवरी 1949 ई. में हुई थी। 1904 में अपने लेख हिन्दी के ग्रन्थकार जो समालोचन पत्रिका में छपा था, अपने बेबाक और स्पष्ट मन्तव्य को प्रस्तुत करने के लिए काफ़ी चर्चा में रहा। उस समय ऐसी बेबाक़ी वह भी एक ही स्त्री रचनाकार से लोगों को उम्मीद नहीं थी। इस पर काफ़ी तर्क वितर्क और वाद-विवाद भी पत्रिकाओं में चला था। परन्तु अनुवाद और चोरी के साहित्य पर पुरुष वर्ग पर इन्होंने जो कटाक्ष किया था इससे हिन्दी का लेखक वर्ग काफ़ी तिलमिला गया था।

इनके सन्दर्भ में मैं ज़्यादा न कहते हुए विकिपीडिया से ली गयी यह पंक्तिया प्रस्तुत कर रही हूँ जो इनके सम्बन्ध में सब कुछ कह देती है—

"यह हिन्दी नवजागरण की पहली छापामार लेखिका थीं। उन्होंने अपने आक्रामक लेखन द्वारा पुरुष-सत्तात्मक समाज की चूलें ढीली कर दीं। वे छद्माचार्यों द्वारा आरोपित चारित्रिक लांछनों से न टूटीं और न घबरायीं बल्कि नये तेवर के साथ नारी-मुक्ति की लड़ाई जारी रखी। नतीजतन-स्त्री-स्वतन्त्रता की बहाली के लिए उनका लेखकीय अभियान फेमिनिस्ट आन्दोलन का प्रथम अध्याय साबित हुआ। नारियों को रूढ़ तथा जड़ परम्पराओं के शिकंजे में कसने वाली शास्त्रीय व्यवस्थाओं को नकारती हुई बंग महिला ने स्त्री-शिक्षा का नया माहौल बनाया। उन्होंने नारियों के लिए स्वेच्छया पति का चुनाव करने, तलाक देने और यहाँ तक कि 'पत्यन्तर' करने के अधिकार की माँगें पुरज़ोर कीं। उनके लेखन में नया युग नयी करवटें लेने लगा। निःसन्देह कहा जा सकता है कि बंग महिला के जीवन और कृतित्व में समकालीन

नारी-लेखन के तमाम-तमाम मुद्दे अन्तर्भूत हैं। बंग महिला हिन्दी-कहानी लेखन की विचारधारा-सम्पन्न आदि महिला हैं। उन्हीं की बनाई ज़मीन पर प्रेमचन्द जैसे कहानीकार खड़े हुए। हिन्दी कहानियों के लिए नया वस्तु-विधान करने, रचना-प्रक्रिया को अभिनव मोड़ देने और भाषा को समूची प्राण-सत्ता के साथ संचलित करने में बंग महिला का कोई जोड़ नहीं। बंग महिला हिन्दी के पुरोधा समीक्षकों की लामबन्दी का शिकार हो गयी थीं। एक अदना, विधवा बंगाली स्त्री-पुरुष-लेखकों का सरताज नहीं हो सकती थी। उन्हें आठ-नौ दशकों तक गुमनाम कर दिया गया।" (विकिपीडिया से साभार)

इनकी कहानी दुलाईवाली सरस्वती पत्रिका में प्रकाशित हुई थी। सरस्वती पत्रिका में प्रकाशित होने के बाद भी द्विवेदी जी ने अपने इतिहास में इनके सन्दर्भ में लिखना आवश्यक न समझा। हाँ प्रथम कहानी पर चर्चा से कोई भी इनसे मुँह नहीं मोड़ पाया ठीक वैसे ही जैसे महादेवी वर्मा और सुभद्रा कुमारी चौहान को चाह कर भी पुरुष इतिहासकार ख़ारिज नहीं कर सका। इनकी साहित्यिक कृतियाँ इतनी हैं कि पेज कम पड़ जायें। परन्तु विवरण मात्र के लिए भी इतिहासकारों ने इन्हें नहीं लिखा, बल्कि एक पंक्ति या यूँ कहें कि सिर्फ़ दुलाई वाली कहानी का नाम अपने इतिहास में लिख करके अपने कार्य की इतिश्री कर ली। इनकी रचनाओं का विवरण इस प्रकार है—

कहानी—

दुलाई वाली सन् 1907 ई. सरस्वती में प्रकाशित

भाई बहन सन् 1908 ई. बाल प्रभाकर में प्रकाशित

हृदय परिक्षा सन् 1915 ई. सरस्वती में प्रकाशित

काव्य संग्रह—

कुसुम-संग्रह, सम्पादक-आचार्य रामचन्द्र शुक्ल

निबन्ध और अनुवाद विवरण—

हिन्दी के ग्रन्थकार-(समालोचक), जोधाबाई (मूल निबन्ध) सरस्वती, चन्द्रदेव से मेरी बातें, ललित निबन्ध।

अंडमान द्वीप के निवासी-(अनूदित निबन्ध), नीलगिरि पर्वत के निवासी टोड़ा लोग—'प्रवासी' में प्रकाशित लेख का अनुवाद, पति सेवा-(श्रीमती लावण्यप्रभा सरकार के प्रबन्ध का भावानुवाद, गृह-नारी शिक्षा सम्बन्धी प्रबन्ध बंगला से भावानुवाद, रामायण की समालोचना-बंकिम बाबू द्वारा मूलतः लिखित प्रहसन के अंश का अनुवाद, मुरला-बंगला औपन्यासिक कृति का अनुवाद। **अन्य**–गृहचर्या, स्त्रियों की शिक्षा, संगीत और सुई का काम, कुम्भ में छोटी बहू अनूदित कहानी।

नागरी प्रचारिणी सभा के पंडित सुधाकर द्विवेदी का हिन्दी का स्त्री साहित्य ऋणी रहेगा जिन्होंने बंग महिला ग्रन्थावली का प्रकाशन सन् 1989 ई. में किया। कितने आश्चर्य की बात है कि स्वयं रामचन्द्र शुक्ल ने इनके काव्य संग्रह को कुसुम नाम से प्रकाशित किया था और इस संग्रह का नामकरण भी स्वयं रामचन्द्र शुक्ल ने किया था। इसके बावजूद अपने इतिहास में इनके सन्दर्भ में प्रकाश डालना उन्होंने ज़रूरी नहीं समझा। जबकि बंग महिला से इनके बड़े अच्छे सम्बन्ध रहे हैं और शुक्ल जी इन्हें अपनी बड़ी बहन मानते थे। जब बंग महिला के साथ ऐसा अन्याय हुआ तब उस समय अन्य लेखिकाओं का क्या हश्र हुआ होगा यह अनुमान लगाया जा सकता है।

वर्तमान समय में साहित्य की सुलभता हो गयी है इसलिए बंग महिला का नाम हर व्यक्ति जानता है। इधर भवदेव पांडे जी ने इन पर एक पुस्तक का प्रकाशन किया है जिसका नाम है बंग महिला : नारी मुक्ति का संघर्ष। वाणी प्रकाशन की यह पुस्तक सराहनीय है।

शिवरानी देवी

इनका जन्म सन् 1889 ई. में हुआ था। इनके पिता मुंशी देवी प्रसाद थे, जिन्होंने महिला मृदुवाणी का लेखन करके हिन्दी स्त्री इतिहास की नींव डाली। अपने पिता और पति प्रेमचन्द की भाँति यह भी प्रतिभासम्पन्न थीं। सन् 1905 में इनका विवाह प्रेमचन्द से हुआ था और इनकी मृत्यु सन् 1976 में हुई थीं। इनकी पहली कहानी साहस 1924 में चाँद में प्रकाशित हुई थी। इनकी कहानियों में नारी हृदय प्रेमचन्द ने स्वयं प्रकाशित किया था। अपनी पहली कहानी साहस में पुरुषवादी मानसिकता पर इन्होंने ज़ोरदार प्रहार किया था, जिस पर अनेक पत्रिकाओं में वाद-विवाद भी चला था। बिना स्त्री विमर्श के मुद्दे के स्त्री की हर संकट समस्या उसकी तकलीफ़ों को इन्होंने अपनी रचनाओं में उठाया है। स्त्री विमर्श को इन्होंने अपने व्यक्तिगत जीवन और कृतित्व दोनों में सार्थक किया है। इनके प्रमुख कहानी संग्रह 'कौमुदी' और 'नारी हृदय' हैं। डॉ. क्षमा शंकर पांडेय जी की पुस्तक विस्मृत रचनाकार शिवरानी देवी में इन पर विस्तृत जानकारी प्राप्त होती है। क्षमा जी कहते हैं— शिवरानी जी की अधिकांश कहानियाँ स्त्री केन्द्रित हैं। इन कहानियों में स्त्री जीवन में विविध चित्र उपलब्ध हैं, जिसमें स्त्री जीवन की विडम्बना, उसका त्याग, समर्पण और संघर्ष सब मिलते हैं। स्त्री अधिकारों की पक्षधर होने के बाद भी उनकी स्त्रियाँ, स्त्री स्वतन्त्रता का पश्चिमी मॉडल स्वीकार नहीं करतीं। त्याग, समर्पण, कर्त्तव्य निष्ठा, सेवाभाव आदि गुणों को अपनाने वाली उनकी अत्याचार के विरोध में तन कर खड़ी होती हैं।

अन्याय, अत्याचार और कुरीतियों का विरोध करती ये स्त्रियाँ परम्पराओं के नकार का भी साहस रखती हैं और ज़रूरी होने पर प्रतिकार का भी। 'कर्म का फल' कहानी की कान्ति, 'साहस' की राम प्यारी, माता की राधा, वरयात्रा की रामेश्वरी समझौता की ललिता', वधू-परीक्षा' की 'निर्मला' 'बलिदान' की प्रभा देवी, ऋण की 'सुर्जी', एवं 'सिंदूर की रक्षा' की चन्दा आदि ढेरों स्त्रियाँ हैं जो सम्मान, स्वाभिमान और अधिकार के लिए आवाज़ उठाती हैं और यथाशक्ति प्रतिरोध भी करती हैं। यौन उत्पीड़न के लिए उद्यत पुरुष की नाक काट लेने वाली कर्म का फल की कान्ति, एवम ऋण' कहानी की विधवा कृषक महिला 'सुर्जी' वे चरित्र हैं जो परम्परा की ज़मीन से रस लेते हुए भी स्वाभिमान और सम्मान की रक्षा के लिए किसी भी सीमा तक जाने को तैयार हैं। समझौता कहानी की ललिता' और बलिदान की प्रभादेवी स्त्री अधिकारों के लिए वैचारिक रूप से सन्नद्ध स्त्रियाँ है। अधिकारों की बात चलने पर ललिता अपने पति मोहन से कहती है, ''मैं यही अधिकार लूँगी कि स्त्री और पुरुष दोनों के हक़ हर बात में बराबर हों। रत्ती भर का फ़र्क़ न हो। पिता की सम्पत्ति, पति की सम्पत्ति या ससुर की सम्पत्ति पर स्त्री का उतना ही हक़ हो जितना पुरुष का होता है। सरकारी नौकरियाँ दोनों को बराबर मिलें, कौंसिल में स्थान भी बराबर हो और अपने धर्म और देह पर भी उसका अपना अधिकार हो—उसी तरह जैसे पुरुष का अधिकार अपने ध्येय और धर्म पर होता है। स्त्रियाँ यह कभी न स्वीकार करेंगी कि पुरुष का जो धर्म हो, वही धर्म उन्हें भी मानना पड़े या माता-पिता जिसको चाहें उसे दान कर दे।'' (नारी हृदय: पृ.151) शिवरानी जी ने स्वतन्त्रता संग्राम में सक्रिय योगदान देने वाली स्त्री चरित्रों को भी अपनी कहानियों में प्रस्तुत किया है। वे निडर भाव से आन्दोलन में भाग लेती हैं। स्वतन्त्रता आन्दोलन की पृष्ठभूमि में लिखी कहानियों में माता, गिरफ़्तारी, जेल में, हत्यारा, सच्चा व्याह और बलिदान प्रमुख हैं।

पारिवारिक जीवन, राजनीति, राष्ट्रीय और स्त्री आदि पर इन्होंने बहुत लिखा है। पर उपन्यास सम्राट प्रेमचन्द सभी को याद रहे और किसी ने भी हिन्दी साहित्य के इतिहास में इनका नाम उल्लेख करना भी ज़रूरी नहीं समझा। प्रेमचन्द के समान समझौतावादी दृष्टिकोण इनका नहीं था बल्कि अपने बेबाक लेखन के कारण यह प्रेमचन्द को भी प्रिय थीं। कई आलोचकों ने इन पर प्रेमचन्द का प्रभाव और विषय ग्रहण का आरोप लगाया है जिसका विरोध स्वयं प्रेमचन्द ने भी किया था। शिवरानी जी स्वतन्त्रता आन्दोलन से भी जुड़ी रही हैं और जेल भी जा चुकी हैं। अपनी संस्मरणात्मक जीवनी प्रेमचन्द घर में, से यह काफ़ी प्रसिद्ध हुईं। भाषा और शैली की दृष्टि से इनका रचना संसार समृद्ध है।

कुमारी रेहाना

इनका जन्म सन् 1901 ई. में गुज़रात में हुआ था। इन्होंने कृष्ण भक्तिपरक रचनाएँ की हैं। इनकी प्रमुख रचनाएँ गोपी हृदय, सुनिए काकासाहेब हैं। इनका निधन 17 मई 1975 में हुआ था। अपनी स्पष्ट बयानी और दूरदर्शी दृष्टि इनकी प्रमुख विशेषता में रहा है। समाज सुधार के लिए इनका नाम बड़े आदर से लिया जाता है।

चन्द्रावती लखनपाल

चन्द्रवती का जन्म सन् 1906 ई. में हुआ था। इनके पिता का नाम जय नारायण शुक्ल था। इनकी मृत्यु सन् 1969 ई. में हुई थी। स्त्रियों की स्थिति पुस्तक पर इन्हें सेकसरिया पुरस्कार मिला था। इनकी एक और कृति शिक्षा मनोविज्ञान पर इन्हें मंगला प्रसाद पारितोषिक पुरस्कार मिला था। इनकी पुस्तक 'मदर इंडिया का जवाब' अपने बोल्ड और साहसिक लेखन के लिए प्रसिद्ध हुई थी। यह पुस्तक मिस मेयो की पुस्तक मदर इंडिया के प्रति उत्तर में लिखी गयी थी जिसमें भारत की बुराइयों का काल्पनिक चित्रण किया गया था। पुस्तक में चन्द्रावती जी ने मिस मेयो का प्रत्यक्ष नाम लेते हुए उनके द्वारा किये गये भारत के चित्रण का तर्क पूर्ण जवाब दिया है। मिस मेयो की पुस्तक की आलोचना महात्मा गांधी ने भी की थी।

चन्द्रावती ऋषभसेन

इनका जन्म सन् 1909 ई. में हुआ था और मृत्यु 1969 में। शान्ति और दीदी पत्रिका को इन्होंने सम्पादन किया था। नींव की ईट कहानी संग्रह पर इन्हें सेकसरिया पुरस्कार प्राप्त हुआ था। इनकी रचनाएँ उपलब्ध नहीं हो पायी हैं।

कमला चौधरी

इनका जन्म 22 फ़रवरी सन् 1908 ई. में लखनऊ में हुआ था। इनके पिता राय मनमोहन दयाल और पति जितेन्द्र मोहन चौधरी थे। इनकी मृत्यु 14 अक्टूबर 1970 ई. में मेरठ में हुई थी। यह स्वतन्त्रता सेनानी भी रही हैं और स्वतन्त्रता के बाद इनका अपना राजनीतिक कैरियर भी रहा है। लेखन के साथ-साथ लोकसभा की सदस्य के रूप में भी उन्होंने अपने कर्तव्य का निर्वाह किया है। 1933 ई. में विशाल भारत में पहली कहानी 'पागल' प्रकाशित हुई जो इन्होंने जेल में लिखी थी। इसके अतिरिक्त 'मधुरिमा', 'कर्कशा', 'साधना का उन्माद' आदि कहानियाँ भी प्रसिद्ध रही हैं। इनका हास्य काव्य संग्रह 'आपन मरन जगत कै हाँसी' काफ़ी प्रसिद्ध है। इन्होंने

बाल साहित्य का भी सृजन किया है, जिसमें 'चित्रों में लोरियाँ' और 'मैं गांधी बन जाऊँगा' काफ़ी प्रसिद्ध है। इन्होंने उमर खय्याम की रुबाईओं का पद्य बद्ध अनुवाद खय्याम का जाम नाम से किया है। इनकी मनोवैज्ञानिक कहानियों का संग्रह 'प्रसादी कमण्डल' है। तभी तो रामधारी सिंह दिनकर का मानना था कि कमला जी जिस भी दिशा में लेखनी चलाती हैं, सामग्री सुपाठ्य बन जाती है यह उनकी विशेषता है। इनके लेखन का विषय काफ़ी विस्तृत रहा है। इन्होंने धर्म जाति प्रेम नैतिकता स्त्री समाज आदि सभी पर लिखा है। विधवा विवाह, लैंगिक असमानता, स्त्री शिक्षा, स्त्री शोषण एवं स्त्री मानसिक स्थिति पर इन्होंने बहुत ख़ूबसूरती से लिखा है। सन् 1933 में प्रकाशित 'स्वप्न' कहानी उस समय विद्वानों में चर्चा का विषय बनी रही थी। इनका कहानी संग्रह 'उन्माद' 1934 में, 'पिकनिक' 1936 में तथा 'यात्रा' 1947 में प्रकाशित हुआ था। इसके अतिरिक्त इनका एक और कहानी संग्रह 'बेलपत्र' भी काफ़ी प्रसिद्ध रहा है। इनकी अधिकांश रचनाएँ उपलब्ध हैं। भाषा के सन्दर्भ में बात की जाय तो कमला जी को हिन्दी के साथ अरबी, फ़ारसी के शब्दों का अच्छा ज्ञान था। इनकी भाषा में उत्कृष्ट श्रेणी का प्रवाह व रोचकता है। तभी तो प्रेमचन्द कहते हैं कि मैं उनकी भाषा की प्रौढ़ता और प्रवाह, उनकी भाव व्यंजना और मनो-रहस्यों की गहराई में उतर जाने की शक्ति पर चकित हो गया हूँ।

सत्यवती शर्मा

इनका जन्म सन् 1911 में तथा मृत्यु सन् 1973 में हुई थी। इनकी पहली कविता चाँद पत्रिका में 1933 में प्रकाशित हुई थी। इनका काव्य संग्रह 'प्रथम सुमन' तथा 'जुगनू का जन्म' है।

सुमित्रा कुमारी सिन्हा

सुमित्रा कुमारी सिन्हा का जन्म 1913 में हनुमानगढ़ी फ़ैज़ाबाद में विजयादशमी के दिन हुआ था। 30 सितम्बर सन् 1994 ई. में इनकी मृत्यु हुई थी। इनके पिता महेश चरण सिन्हा तथा माता सूर्यमुखी देवी थी। प्रसिद्ध रचनाकार अजीत कुमार सिन्हा तथा कीर्ति चौधरी इन्हीं की सन्तानें हैं। सुमित्रा जी अपने मधुर कंठ के कारण काव्य मंचों पर ख़ूब सराही जाती थीं। सन् 1936 में इन्होंने अपना पहला काव्य पाठ किया था। तत्कालीन परिवेश में इसे बोल्डनेस का ही परिचायक हम कह सकते हैं। राजनीति के साथ-साथ इन्होंने आकाशवाणी में भी अपनी सक्रिय भूमिका अदा की है। इनकी प्रमुख रचनाएँ निम्न हैं'—

काव्य संग्रह—विहाग (1940), आशा पर्व (1942), बोलों के देवता (1954), प्रसारिका (1955)

कहानी संग्रह— अचल सुहाग (1939), वर्ष गाँठ (1942)

बाल साहित्य— आँगन के फूल, आँचल के फूल, फूलों के गहने, अच्छे बच्चे, मीठी लोरी, दादी का मटका, कथा कुंज, वैज्ञानिक बोध माला।

जब उन्होंने साहित्य में पदार्पण किया था तब उस समय छायावाद का चरमोत्कर्ष था परन्तु इनकी शुरुआती रचनाओं में छायावाद का प्रभाव रहा है और बाद में धीरे-धीरे यह यथार्थवाद की ओर उन्मुख होती चली गयीं। कुसुम गान अब नहीं सुहाते और भिखारिणी जैसी रचनाएँ इसका प्रत्यक्ष प्रमाण है। इनकी अधिकांश इनकी रचनाओं में अलौकिकता और रहस्यवाद तत्त्व उतना नहीं है परन्तु प्रकृतिपरक रचनाएँ बहुत सुन्दर हैं। इनकी रचनाएँ भाव प्रधान रही हैं। इसके साथ ही बौद्धिकता और तार्किकता पर भी निगाह रही है। एक उदाहरण द्रष्टव्य है—

नमन अपना दे धरा को, मैं चली निज को भुलाती
श्रोत धारा ज्वार में अब, तरणि अपनी बही जाती

इन्होंने बाल साहित्य का भी सृजन किया है जिसका उद्‌देश्य व्यक्तित्व निर्माण और आदर्श रहा है। इनकी गद्य रचना को अगर हम देखें तो इनकी अधिकांश नायिकाएँ मध्यवर्गीय शिक्षित स्त्रियाँ हैं जो स्वतन्त्रता का मूल्य स्थापित करती हैं। परन्तु 'सुखिया' जैसी कहानी भी हमें देखने को मिलती है जिसमें निम्न वर्ग का यथार्थ चित्रण मिलता है। इनकी प्रशंसा में निराला जी ने कहा था कि आधुनिक रचना शैली की पहली महिला हैं। (वर्ष गाँठ संग्रह की भूमिका से)। जिस समय सुमित्रा कुमारी सिन्हा लिख रही थीं उस समय स्त्री विमर्श नहीं था परन्तु इसके सारे तत्त्व हमें उनकी रचनाओं में देखने को मिलते हैं। जो मुख्य तत्त्व इनकी रचनाओं में नहीं मिलता है वह है देह प्रदर्शन और पुरुष का विरोध। उन्होंने अपनी रचनाओं में स्त्री की स्वतन्त्रता के लिए आर्थिक स्वतन्त्रता को पहली अनिवार्यता बताया है। स्त्री विमर्श का बेबाक स्वरूप गृहलक्ष्मी कहानी के माध्यम से देखिए—

"कमाते हैं तो क्या इसी बल पर इतनी अकड़? क्या वह कमा नहीं सकती। लेकिन मुश्किल तो यह है कि ये पुरुष हमेशा ग़ुलामी में ही रखना चाहते है। हमारा स्वतन्त्र होकर रहना इन्हें फूटी आँख नहीं सुहा सकता।"

स्त्री का इतना बुलन्द तेवर तत्कालीन समय में साहस नहीं तो और क्या है। पर यह साहस पुरुष इतिहासकारों द्वारा नहीं देखा गया और सुमित्रा जी का नाम इतिहास

में नहीं आया। सुमित्रा कुमारी सिन्हा की 'सुलगते कोयले' सन् 1926 में प्रकाशित कहानी बहुत प्रसिद्ध हुई थी। विवाहेतर प्रेम सम्बन्धों पर इन्होंने बहुत लिखा है, इनकी कहानियाँ इसका सीधा गवाह है। फिर भी जैसा इनका लेखन रहा है वैसी प्रसिद्धि इन्हें प्राप्त नहीं हुई। परन्तु हिन्दी का जागरूक पाठक वर्ग इनकी रचनाओं से परिचित है। सन् 2016 में अमिताभ राय जी ने इन पर एक पुस्तक लिखी है जो साहित्य अकादमी से प्रकाशित है। सुमित्रा कुमारी सिन्हा पर हमें कुछ शोध भी उपलब्ध होते हैं जो इनके व्यक्तित्व एवं कृतित्व पर प्रकाश डालते हैं।

चन्द्रमुखी ओझा

इनका जन्म सन् 1923 ई. में हुआ था। प्रेम और प्रकृति पर इन्होंने अधिकांश रचनाएँ लिखी हैं। इनके प्रमुख काव्य संग्रह वन्दना और 'पराग' हैं। इन्होंने बहुत उत्कृष्ट तो नहीं परन्तु इतना योगदान अवश्य किया है इनका नाम इतिहास में दर्ज हो सकता है। यह कवि सम्मेलन में ज़्यादा रुचि रखती थीं और इनके गीत रेडियो पर प्रसारित होते थे। निराला इन्हें मित्रवत स्नेह करते थे।

हीरा देवी चतुर्वेदी

इनका जन्म सन् 1915 ई. में मध्य प्रदेश में हुआ था। यह अपने समय की काफ़ी प्रसिद्ध रचनाकार रही हैं। इन्होंने कविता, कहानी और एकांकी नाटकों के क्षेत्र में बड़ी सफलता प्राप्त की है। इनके तीन काव्य संग्रह 'मंजरी', 'नीलम' और 'मधुबन' प्रकाशित हुए हैं। इनमें संग्रहित अनेक गीतों को इन्होंने रेडियो के द्वारा समय-समय पर भी प्रसारित किया है। रेडियो पर इनके गीतों का प्रसारण अपनी मधुरता के कारण जाना जाता रहा है। इनकी कविताओं में जीवन का संगीत कल्पना अनुभूति कोमल भावनाएँ प्रमुखता से समाहित हैं। इनकी कविताओं में छायावादी निराशा, कल्पना और उसकी प्रतिध्वनि हमें सुनाई देती है। कृष्ण और राधा के माध्यम से उन्होंने प्रेम परक रचनाएँ भी की हैं। भाषा की दृष्टि से इनकी भाषा मधुर और परिष्कृत है। एक उदाहरण द्रष्टव्य है—

आँख मिचौली जीवन की सबको ही भारमाए
भूल भुलैया माया की यह सबको ही भटकाए

इनका कहानी संग्रह 'उलझी लड़ियाँ' काफ़ी प्रसिद्ध रहा है। इसकी प्रसिद्धि का परिणाम यह रहा है कि 1951 में उत्तर प्रदेश सरकार के शिक्षा विभाग द्वारा इस

कहानी संग्रह पर 500 का पुरस्कार प्रदान किया गया था। हीरा देवी ने 'घर की शोभा' नामक निबन्ध संग्रह भी लिखा है। विभिन्न पत्र-पत्रिकाओं में इनके एकांकी नाटक 'भूल भुलैया', 'मुँह दिखाई', 'रंगीन पर्दा', 'माटी की मूरत', 'शंखनाद', 'बड़ी बहू' इत्यादि प्रकाशित होते रहे हैं। एकांकी नाटक के सन्दर्भ में वह कहती हैं—''एकांकी नाटक ने आज हिन्दी साहित्य में अपना महत्त्वपूर्ण स्थान बना लिया है। यद्यपि इसका इतिहास केवल दो युग का है फिर भी इसने अपनी नवीनता और उपयोगिता के कारण सभी को अपनी ओर आकृष्ट कर लिया है। लघु कथा जहाँ मानव जीवन की तीव्र अनुभूति के आवरण के साथ हमारी संवेदनशीलता पर करारी चोट कर हमें झकझोर देती है वहाँ एकांकी हमारे जीवन की घटनाओं और समस्याओं को दृश्य रूप में उपस्थित कर हमारे मन को छू लेता है। हमारी आन्तरिक प्रवृत्तियों और मनुष्यों पर सूट कर देता और हमारा यथार्थ रूप प्रकट कर देता है।" (रंगीन पर्दा : भूमिका से)

इनके एकांकी की मुख्य विशेषता रही है मध्य वर्ग की समस्याओं का चित्रांकन। इनकी रचनाओं का मुख्य स्वर सभ्य समाज में शिक्षितों का मिथ्याचार, सच्चाई, मध्यवर्ग का खोखलापन, सभ्यता की आड़ में होने वाली धोखेबाजी, प्रेम की मधुरता में छिपे क्रूर व्यवहार इत्यादि रहे हैं। प्रोफ़ेसर रामचरण महेन्द्र कहते हैं— "श्रीमती हीरा देवी चतुर्वेदी के जगत में कहीं अमीरी की धूप है तो कहीं गरीबी की छाया, एक ओर मंगल गीतों का स्वर गूँज रहा है तो दूसरी ओर मातम मनाया जा रहा है। इनमें न केवल समस्या तथा रंगों की विभिन्नता है वरन नयी-पुरानी भारतीय सभ्यता के संघर्ष का चित्रण भी है।

इन्होंने एकांकी में गीतों का भी समावेश किया है। बैकग्राउंड से आता हुआ संगीत इनके एकांकी की प्रमुख विशेषता रही है।

शान्ति मेहरोत्रा

इनका जन्म 1926 ई. में राजस्थान में हुआ था। इनकी प्रमुख रचनाएँ 'निष्कृति', 'पंच प्रदीप', 'रेखा', मरीचिका आदि हैं। इन संग्रहों को देखकर के यह पता चलता है कि उन्होंने कविताएँ बहुत अधिक की हैं परन्तु अपने योगदान के अनुसार इनको प्रसिद्धि प्राप्त नहीं हुई है। फिर भी हिन्दी साहित्य के जो जागरूक पाठक हैं वह इनके नाम से परिचित हैं। इनकी रचनाएँ प्रेम और प्रकृति से सम्बन्धित ज़्यादा रहती हैं। भाषा इनकी उत्कृष्ट है और अलंकारों की दृष्टि से उल्लेखनीय है। इन्हे 'रेखा'

नामक काव्य संग्रह पर हिन्दी साहित्य सम्मेलन में सेकसरिया पुरस्कार प्राप्त हुआ था। 'सुर्खाब के पर' हास्य व्यंग संग्रह और 'खुला' आकाश मेरे पंख कहानी संग्रह प्रकाशित हुए हैं।

कुमारी शकुन्तला शर्मा

इनका काव्य संग्रह 'अंजलि' है जिसकी भूमिका डॉ. रामकुमार वर्मा ने लिखी है। इनकी रचनाओं में छायावादी बोध की प्रमुखता रही है। जिसमें आत्मा, परमात्मा, सत्य, रहस्य आदि तत्त्वों का समन्वय है।

शकुन्तला सिरोठिया

शकुन्तला सिरोठिया का जन्म 15 दिसम्बर 1915 ई. में राजस्थान में हुआ था। इनकी प्रमुख रचनाएँ 'चटकीले फूल', 'नन्हीं चिड़िया', 'सोन चिरैया', 'मेरे परदेसी', 'चाँद इतना हंसा', 'सुधी के स्वर', 'बांगरू दीप' आदि हैं। इनकी मृत्यु 5 जून 2005 को हुई थी। अपनी बाल रचनाओं के लिए यह ज़्यादा प्रसिद्ध रही हैं और इन्होंने बाल साहित्य के विकास के लिए बाल पुरस्कार योजनाएँ भी चलाई थीं। इनके प्रमुख काव्य संग्रह 'सुधी के स्वर' जो 1956 में प्रकाशित हुआ था, इसमें छायावाद के सभी रंग उपस्थित मिलते हैं। महादेवी की रचनाओं में जो रंग हमें दिखाई देते हैं वहीं इनकी रचनाओं में पूरी तरह से व्याप्त है। प्रीति के स्वर इनकी रचनाओं में प्रमुख रूप से हैं। इनके कार्यों में रामकुमार वर्मा ने बहुत सहयोग किया था। इनकी रचना का एक उदाहरण 'सुधी के स्वर' पृष्ठ 5 से यहाँ प्रस्तुत है—

मैं निर्जन वन की निर्झरिणी
जग का कोलाहल क्या जानूँ

'हिन्दी के बाल साहित्य का इतिहास' में प्रकाश मनु इनके सन्दर्भ में कहते हैं— "बच्चों के उन्मुक्त मन को पढ़ते हुए, उसी के मुताबिक लय और भाषा की मस्ती साधने की कला शकुन्तला सिरोठिया के यहाँ निस्सन्देह अनोखी हैं। 'हाथी आया झूम' के जैसी जादुई लय के सहारे शकुन्तला जी बाल मन के इतने करीब आ जाती हैं कि हिन्दी के बड़े शीर्षस्थ कवि भी यहाँ उनका मुक़ाबला नहीं कर पाते हैं।" (हिन्दी का बाल साहित्य 'प्रकाश मनु' पृष्ठ 146)

इनकी प्रमुख रचनाएँ बाल वाणी, बालसखा में प्रकाशित होती रही हैं। इन्होंने नवज्योति और हिन्दू विश्व पत्रिका का सम्पादन भी किया है। इनके बालगीत काफ़ी प्रसिद्ध रहे हैं। एक उदाहरण द्रष्टव्य है—

धुमक धूम भाई धुमक धूम
मैं हूँ राजा नौकर तुम

इनके सम्पादन में एक पुस्तक का ज़िक्र 'हिन्दी काव्य को नारी की देन' मुझे कई शोध प्रबन्धों में दिखाई पड़ा है पर यह पुस्तक मुझे नहीं मिली है। पर चूँकि सन्दर्भ ग्रन्थ में इस पुस्तक का रिफरेंस है इसलिए निस्संकोच यह कहा जा सकता है कि यह पुस्तक इन्हीं के द्वारा सम्पादित है। हिन्दी के काव्य साहित्य में स्त्री के योगदान को यह निश्चित रेखांकित करता है। इस दृष्टि से भी शकुन्तला सिरोठिया का स्थान हिन्दी साहित्य में ऊँचा कहा जा सकता है।

अगर हम बाल साहित्य की बात करें तो उस समय में मंजुला वीर देव, शान्ति अग्रवाल, कमला चौधरी, विद्यावती कोकिल, तारा पांडे, सुधा चौहान, शोभा देवी मित्रा, मधु भारती, इन्दिरा परमार जैसी लेखिकाएँ भी हिन्दी के बाल साहित्य को समृद्ध कर रही थीं। कमला चौधरी का यह बालगीत तो काफ़ी प्रसिद्ध रहा है—

माँ खादी का कुर्ता दे दे
मैं भी गांधी बन जाऊँ

राजेश्वरी देवी नलिनी

नलिनी जी की रचनाओं में वेदना तत्त्व अधिक है और इनका दूसरा स्वर जो है वह राष्ट्रीयता का है। हिन्दी साहित्य में देशभक्ति की रचनाएँ बहुत स्थलों पर की गयी हैं परन्तु किसी स्त्री रचनाकार में स्वयं को स्वतन्त्रता के लिए बलिदान हो जाने की प्रवृत्ति हमें इनमें दिखाई देती है। इस दृष्टि से यह अन्य रचनाकारों से अलग कही जा सकती हैं। राजेश्वरी देवी नलिनी की रचनाओं से एक उदाहरण द्रष्टव्य है—

जननी जन्मभूमि के हित में हो जाऊँ
सहर्ष बलिदान बनकर
वीर बालिका मैं भी
कर दूँ भारत का उत्थान

राष्ट्रीय काव्यधारा में स्वयं को बलिदान करने की स्त्री की यह प्रवृत्ति अपने आप में अग्रगामी सोच की परिचायक है। साथ ही हिन्दी की राष्ट्रीय काव्यधारा में सुभद्रा कुमारी चौहान के समान विचारधारा को प्रस्तुत करती है।

तारा देवी पांडे

तारा देवी पांडे का जन्म सन् 1914 ई. में हुआ था। अपने अनगढ़पन के कारण यह काफ़ी प्रसिद्ध रही हैं। यह महादेवी वर्मा और पन्त की समकालीन थी। इनकी रचनाओं में दर्शन और वेदना की अभिव्यक्ति है। इनके वेदना के गीत बड़े सुन्दर बन पड़े हैं। इन्हें संसार में पीड़ा ही सर्वत्र दिखाई देती है और वही सर्वोपरि है। यह वेदना में कहती हैं—

मैं दुख से श्रृंगार करूँगी
जीवन में जो थोड़ा सुख है
मृगजल है
उसमें भी दुख है

इनके भाव में मौलिकता है। इनकी प्रमुख रचनाएँ 'शुक पिक', 'वेणुका सीकर' और 'अन्तरंगिणी' है। इनकी रचनाओं में गूढ़ता नहीं बल्कि भाव की सहज अभिव्यक्ति है। इनकी रचनाओं में सत्य अनुभूति और संवेदनात्मक अभिव्यक्ति की आलोचकों ने सराहना की है। मैथिलीशरण गुप्त इनके प्रकृति प्रेम, राय कृष्ण दास इनके नारी हृदय की वेदनात्मक अभिव्यक्ति से विशेष प्रभावित थे। रहस्यवाद और छायावाद की झलक इनकी रचनाओं में देखने को मिलती है। इन्होंने प्रकृति पर सुन्दर कविताएँ लिखी हैं। प्रकृति के अतिरिक्त देश प्रेम और भक्ति की रचनाएँ भी उन्होंने की हैं। देश प्रेम का एक उदाहरण 'भाव गन्ध' से (पृष्ठ 12) प्रस्तुत है—

मेरा देश बुलाता मुझको, होते व्याकुल प्राण हैं
मुखर हो उठे कंठ हैं, बलिदानों के गाने

अनेक ओजस्वी और देशभक्ति की कविताएँ तारा जी ने लिखी हैं पर उस समय के छायावादी भाव बोध के संकुचित दृष्टिकोण में इन रचनाओं का मूल्यांकन करना ज़रूरी नहीं समझा गया, परन्तु तत्कालीन परिवेश में अपनी निजता को प्रमाणित करतीं इस प्रकार की रचनाएँ तारा पांडे की मौलिक विशेषता रही है। यह सन् 1936 से 1940 तक उत्तर प्रदेश सरकार द्वारा प्रकाशित पत्रिका हक़ के सम्पादक मण्डल में भी शामिल थीं जिससे सिद्ध होता है कि सम्पादन के क्षेत्र में उन्होंने अपना काफ़ी योगदान दिया है। तारा पांडे के सन्दर्भ में सुमित्रानन्दन पन्त कहते हैं— "उनकी वाणी में निसर्ग जगत का टटुकापन तथा रचनाओं में फूलों की पंखुड़ियों सा सौन्दर्य तथा सद्यः स्फुटित आभा मिलती है। उनकी वाणी निस्सन्देह बौद्धिक ऊहापोह से

मुक्त स्वच्छ और सरल हृदय की वाणी है इसलिए उसमें इतनी स्वाभाविकता पायी जाती है।" (वेणुका, भूमिका, पृ. 5)

शकुन्त माथुर

शकुन्त माथुर का जन्म 20 मार्च 1922 ई. को दिल्ली में हुआ था और इनका निधन 12 सितम्बर 2004 को हुआ है। शकुन्त माथुर दूसरा तार सप्तक की एकमात्र कवयित्री रही हैं। इन्हें नयी कविता की पहली कवयित्री भी कहा जाता है। इनके प्रमुख काव्य संग्रह 'चाँदनी चुनर' (1960), 'अभी और कुछ' (1966), 'लहर नहीं टूटेगी' (1990) हैं। इनकी कविताएँ घर की देहरी से संसार को देखने की प्रवृत्ति की ओर इंगित हैं। शकुन्त माथुर की कविताएँ आदर्श यथार्थ इत्यादि साँचों में फिट नहीं बैठती हैं। इन सबसे दूर इनकी कविताएँ मन की सहज अनुभूतियाँ हैं। यह ऐसी अनुभूतियाँ हैं जो किसी घटना, किसी तथ्य या जीवन की सामान्य से घटित होने वाली दैनिक क्रिया से भी उपज जाती हैं। इसके लिए काव्य सिद्धान्तों की आवश्यकता अगर महसूस की जायेगी तो कविता का मूल रस ही समाप्त हो जायेगा। शकुन्त माथुर की रचनाओं को परखने के लिए काव्य कसौटी के मानदंडों को आरोपित करके देखने में निराशा हाथ लगेगी। वस्तुतः कुछ रचनाकार ऐसे होते हैं जिनके लिए मानदंड की कसौटी बदलनी आवश्यक होती है, शकुन्त जी ऐसी ही रचनाकार हैं। इनकी रचनाओं में स्त्री एक साधारण स्त्री है जो अपने मुक्ति का शोर नहीं करती है बल्कि बड़ी सहजता से इस समाज को अपनी स्थिति बताती है। यह सहजता और सरलता ही शकुन्त जी की विशेषता है। वह तुम्हारी नज़र में' (अभी और कुछ काव्य संग्रह, पृष्ठ 19) कविता में कहती हैं—

मैं टूट गयी हूँ / तुम्हारी नज़र में
नहीं मैं / बँट गयी हूँ
मैं अपने स्वरूप को
पूरा नहीं देख पाती हूँ
जान लेती हूँ टुकड़ों में
मैं कट गयी हूँ

शकुन्त जी की रचनाओं में किसान, मज़दूर और निम्न वर्ग अपने सम्पूर्ण अभावों, विषमताओं, आशा, निराशा, आकांक्षाओं, अपेक्षाओं के यथार्थपरक रूप में उपस्थित हुआ है। इसके साथ ही मध्यवर्गीय जीवन, उसकी पीड़ा, घुटन, सुख,

दुख, कड़वाहट इत्यादि को उनके काव्य में बख़ूबी देखा जा सकता है। शोषण की गहरी जड़ें समाज में व्याप्त हैं इसकी ओर इनकी रचनाएँ इंगित करती हैं। शकुन्त जी की कुछ कविताएँ पढ़ कर के ऐसा लगता है कि प्रेमचन्द के कथा साहित्य की काव्यात्मक अभिव्यक्ति हैं। एक उदाहरण के द्वारा मैं अपनी बात को पुष्ट करना चाहती हूँ—

कभी एक ग्रामीण धरे कन्धे पर लाठी
सुख-दुख की मोटी सी गठरी
लिए पीठ पर
भारी जूते फटे हुए
जिनमें से झाँक रही गाँव की आत्मा

कीर्ति चौधरी

कीर्ति चौधरी का जन्म 1 जनवरी 1934 को उन्नाव में हुआ था। इनका मूल नाम कीर्ति बाला सिन्हा था। प्रसिद्ध रचनाकार सुमित्रा कुमारी सिन्हा इनकी माँ थीं। इनकी मृत्यु 13 जून 2008 को लन्दन में हुआ थीं। कीर्ति जी तीसरा सप्तक की एकमात्र कवयित्री रही हैं। इनके संग्रह 'खुले आसमान के नीचे', 'दायित्व भार', 'एकलव्य', 'बदली का दिन', 'सीमा रेखा' आदि हैं। इनकी रचनाओं में प्रारम्भ में प्रेममय संसार की अभिव्यक्ति हुई है परन्तु बाद की रचनाओं में इन्होंने अन्य धरातल को तलाशा है। प्रेम के बाद इन्होंने प्रकृति का वर्णन किया है। प्रकृति अपने सम्पूर्ण सौन्दर्य में हमें उनके यहाँ दिखाई देती है। पर प्राकृतिक रंग पन्त के छायावादी रंग की भाँति नहीं है। यहाँ पर प्रकृति अपनी मूल संवेदना में है जो बाद में हमें केदारनाथ अग्रवाल जैसे रचनाकारों में दिखाई देती है। सारी सुविधाओं और पृष्ठभूमि के होते हुए भी यह अपने साहित्य के क्षेत्र में ज़्यादा आगे नहीं बढ़ी। इनकी रचनाओं का एक उदाहरण है—

बरसते हैं मेघ झर झर मेघ झर झर
भीगती है धरा/ उड़ती है गन्ध
चाहता है मन/ छोड़ दूँ निर्बन्ध
तन को यही भीगे/ भीग जाये
देह का हर रन्ध्र

कीर्ति जी ने काव्य की रचनाएँ की हैं परन्तु उनका शोध उपन्यास के कथानक तत्त्व पर रहा है।

रमा सिंह

इनका जन्म 1945 में उदयपुर में हुआ था। इन्होंने अपना क्षेत्र आलोचना को चुना है। इनकी प्रमुख आलोचना रही है 'हिन्दी ग़ज़ल: नवम दशक'। समुद्र फेन इनकी कविताओं का संग्रह रहा है।

इसके अतिरिक्त **किरण जैन** जिनका संग्रह 'स्वर परिवेश', 'यात्रा और यात्रा' है। इन्हीं के समकालीन **कान्ता जी** (22 नवम्बर 1934–25 फ़रवरी 1986) रही हैं। जिन्होंने कल्पना और कृति पत्रिका का कुछ समय तक सम्पादन/ सम्पादन मण्डल सदस्य भी रही हैं। इनका काव्यसंग्रह जो कुछ भी देखता हूँ और समयातीत है। रूसी कवयित्री अन्ना अख्मातोवा की कविता का अनुवाद तनाव पत्रिका में प्रकाशित हुआ था।

अमृता भारती

अमृता भारती का जन्म 16 फ़रवरी 1939 ई. को उत्तराखंड में हुआ था। इनके प्रमुख काव्य संग्रह हैं— 'आज या कल या सौ बरस बाद', 'मिट्टी पर साथ-साथ', 'मैं तट पर हूँ', 'मैंने नहीं लिखी कविता', 'सन्नाटे में दूर तक', 'मन रुक गया वहाँ'। 'अन्तिम पत्ती' इनका प्रमुख कहानी संग्रह रहा हैं। इनकी प्रमुख रचना आदमी के अरण्य में काफ़ी प्रसिद्ध रही है। इस संग्रह में स्त्री केन्द्र में है। अमृता जी अपने नये शिल्प विन्यास के लिए जानी जाती रही हैं। इन्होंने छायावादा, प्रगतिवाद, प्रयोगवाद की प्रवृत्ति से अपने को अलग रखकर के कविता में अपनी कविता की खोज को महत्त्वपूर्ण माना है। सत्य की खोज इनकी कहानियों में सभी जगह दिखाई देती है। 'प्रसंग संग्रह' में इनके लेखों का संकलन है। अपनी रचना भवभूति में इन्होंने भवभूति का समग्र रूप से विवेचन किया है। इसी प्रकार से 'हरिवंश गाथा' पुस्तक में हरिवंश पुराण का हिन्दी में अनुवाद किया है। अमृता जी ने सानेट की भी रचना की है और अनुवाद के क्षेत्र में भी उन्होंने काफ़ी कार्य किया है। इनकी कविताओं में दर्शन के समावेश को भी हम देखते हैं। वास्तव में यह अकविता के दौर की रचनाकार रही हैं—

मन रुक गया वहाँ / जहाँ वह था
नित्य और निरन्तर/ गतिशील
लय की अनन्यता में/ मन रुक गया वहाँ
उसके अन्दर/ जहाँ घर था

इन्दु जैन

इन्दु जैन का रचनाकाल उस समय रहा है जब नयी कविता का दौर रहा है। इनकी प्रमुख रचनाओं में चौंसठ कविताएँ, कितनी अवधि, सबूत क्यों चाहिए आदि प्रमुख हैं। संवाद शैली इनकी कविता का प्रमुख गुण कहा जा सकता है। समकालीन आन्दोलनों का प्रभाव इन्दु जी की रचनाओं में हमें नहीं देखने को मिलता है। स्त्री के प्रति इन्दु जी की विचारधारा इन दो शब्दों में देखी जा सकती है—

पसीना पोंछती हुई औरतें
दफ़्तर जाती हैं
नमक से नमक बहाती हैं

(वागर्थ फ़रवरी 2001, कवि और कविता, इन्दु जैन, पृष्ठ 35)

वास्तव में इन्दु जी की कविताओं में स्त्री सौन्दर्य श्रम में दिखता है। वह स्त्री के शारीरिक सौन्दर्य पर नहीं जाती हैं।

सुमन राजे

सुमन (सक्सेना) राजे का जन्म 23 अगस्त 1938 को उत्तर प्रदेश में हुआ था। इनके पिता विरेन्द्र कुमार सक्सेना और माता प्रेम कुमारी सक्सेना थीं। इनका निधन 26 दिसम्बर 2008 को हुआ। सप्तक में प्रकाशन के बाद यह साहित्य के केन्द्र में पाठकों के सम्मुख आती हैं। हिन्दी का स्त्री साहित्य इनके सृजनात्मक कार्य और इतिहास के लिए सदैव ऋणी रहेगा। इनकी रचनाएँ अपनी परिपक्वता स्वयं बयान करती हैं। इनकी प्रमुख आलोचना की रचनाएँ हैं— 'इतिहास में स्त्री', 'हिन्दी साहित्य का आधा इतिहास', 'साहित्य इतिहास संरचना और स्वरूप', 'साहित्य इतिहास आदिकाल', 'रचना की कार्यशाला', 'आदिकालीन काव्य धारा'। इनके प्रमुख कविता संग्रह 'सपना और लाश घर', 'उगे हुए हाथों के जंगल', 'यात्रा दंश', 'एरका', 21वीं सदी का गीत। इनकी सम्पादित पुस्तके आदिकालीन काव्य धारा, बीसवीं सदी का महिला लेखन, अपभ्रंश पीठिका तथा रेवा तट है। सुमन जी का मानना था कि कविता मिट्टी खाकर मिट्टी रचती है, सपने खा कर सपने उग़लती है। इनकी कविताओं में छायावादी रूमानियत के अतिरिक्त यथार्थ का बोध भी गहरा है। एक उदाहरण प्रस्तुत है—

इतिहास की शिनाख़्त अब ज़ुबान से कभी नहीं होगी
क्योंकि ज़ुबान काट कर हमने माथे पर सज़ा ली है

इनका इतिहास और लोक बोध विशेष रूप से ध्यान को आकर्षित करता है। चौथे सप्तक में शामिल यह कवयित्री कविताओं के लिए कम अपने इतिहास और आलोचना के लिए ज़्यादा प्रसिद्ध रही हैं।

स्नेहमयी चौधरी

स्नेहमयी का जन्म 9 मई 1935 को उत्तर प्रदेश में हुआ था और उनकी मृत्यु 29 जुलाई 2017 को हुई थी। इनके प्रमुख काव्य संग्रह 'पूरा ग़लत पाठ', 'चोरों का लड़ाई', 'हड़कंप', 'एकाकी' है। इनकी कविताओं में कामकाजी स्त्री का व्यक्तित्व और पुरुष की वही भूमिका है जो स्त्री के द्वन्द्व और पीड़ा को बढ़ा देती है मुख्य रूप से चित्रित हुए हैं। इनके विशेष योगदान के लिए इन्हें रचना पुरस्कार, हिन्दी अकादमी पुरस्कार भी प्राप्त हुए हैं। इनके पति अजीत कुमार भी अच्छे लेखक रहे हैं। 'धूप एक गौरैया' जैसी रचनाएँ इनकी प्रकृति की ओर उन्मुख रचनाएँ कही जा सकती हैं। विद्रोह का स्वर इनमें ज़्यादा है। मुख्य रूप से सामाजिक विषमता पर उन्होंने व्यापक लेखनी चलाई है—

सारी औरतों ने / अपने घरों के दरवाज़े
तोड़ दिये हैं/ पता नहीं
वह सब की सब/ गलियों में भटक रही हैं
या / पक्की सड़कों पर दौड़ रही हैं
या / क्या के चक्कर काट काट कर
जहाँ से चली थीं
वहीं पहुँच रही हैं तितलियाँ

सुनीता जैन

सुनीता जैन का जन्म 13 जुलाई 1940 को अम्बाला में हुआ था। इनकी मृत्यु 11 दिसम्बर 1917 को हुई थी। बहुमुखी प्रतिभा की धनी सुनीता जी पद्मश्री सम्मान से विभूषित हुई हैं इनके प्रमुख उपन्यास सफ़र के साथी, तितिक्षा, 'मरनातीत बिन्दु', 'अनुगूँज' आदि हैं। इनके प्रमुख कहानी संग्रह निम्न है— 'हम मोहरे दिन रात के', 'इतने बरसों बाद', 'पाँच दिन'। इनका प्रमुख काव्य संग्रह 'हो जाने दो मुक्त' हैं। इनके सम्पूर्ण कविताओं का संग्रह सुनीता जैन ग्रन्थावली के नाम से हुआ है जिसके 8 खंड हैं। इनमें सुनीता जी की सारी रचनाएँ संग्रहित की गयी हैं जो पाठकों के लिए आसानी से सुलभ हैं।

इनकी आत्मकथा 'शब्द काया' पाठकों के बीच में अपनी विशेष पहचान बना चुकी है। इन सबके अतिरिक्त सुनीता जी ने अंग्रेज़ी में काव्य संग्रह और उपन्यास भी लिखे हैं। सुनीता जी ने अपने लेखन के द्वारा अनुवाद विधा को भी समृद्ध किया है।

अपने उत्कृष्ट योगदान के लिए इन्हें व्यास सम्मान जैसी प्रतिष्ठित उपाधियाँ भी मिल चुकी हैं। अपनी आत्मकथा में इन्होंने अपने अध्यापन जीवन के अनुभव को, विदेशी प्रवास को और माँ बनने और उसके संघर्ष की गाथा को कहा है। कविता के सन्दर्भ में उनका कहना है कि कविता भीतर की अनायास प्रक्रिया है। इनकी कहानियों में कहन शैली इनकी अपनी निजी विशेषता है। कहानी को पढ़ते-पढ़ते कभी-कभी लगता है कि हम कहानी पढ़ नहीं रहे हैं बल्कि सुन रहे हैं। इनका सम्पूर्ण कथा साहित्य समकालीन समाज की आलोचना का प्रतिबिम्ब कहा जा सकता है। इनके कथ्य में भारतीय परिवेश तो है ही साथ ही अमेरिकी संस्कृति और उसमें मिसफिट भारतीय व्यक्ति पूरी संवेदना के साथ चित्रित हुआ है। इनके काव्य में जहाँ बिम्ब विधान बहुत अच्छे हैं तो वहीं कथा में चित्र विधान शैली पायी जाती है। अपने व्यापक साहित्यिक जीवन में सुनीता जी ने हिन्दी साहित्य को बहुत कुछ दिया है जिसके लिए हिन्दी का स्त्री सहित समाज उनका सदैव ऋणी रहेगा।

सुनीता जैन का काव्य-संसार पर्याप्त वैविध्य और विस्ताए लिए हुए है, फिर भी प्रेम उनके काव्य की नाभिकीय धुरी है। प्रेम स्त्री-पुरुष सम्बन्धों के सन्दर्भ में तो विविध उल्लासों-संवेदनों (मूड्स)और अपने विभिन्न रंगों में अभिव्यक्ति पाता ही है,यह प्रेम पारिवारिक सम्बन्धों में अपनी निजता में निराली अभिव्यक्ति पाता है।

वस्तुत: सुनीता जैन की कविता एक साथ ही, प्रेम की सान्द्र अनुभूतियों का अनूठा संसार और संभार, अपनी प्रखर बौद्धिकता में आधुनिक सोच, युग-प्रश्नों से मुठभेड़ करने का मनोबल और हृदय की अतल गहराइयों को संस्पर्श करने वाली भाषा सामर्थ्य और काव्यात्मक संवेदन लिए हुए हिन्दी काव्य को एक समृद्धि, अपने तरह की सम्पन्नता और सम्पदा प्रदान करती है।

सुनीता जैन का कथा साहित्य भी 5-5 उपन्यासों और 6-7 कहानी-संग्रहों की विस्तृति में फैला हुआ है। उन्होंने गुणात्मक और परिमाणात्मक दोनों ही रूपों में हिन्दी कथा साहित्य को समृद्धि प्रदान की है। मैं उनके साहित्य का पाठक उनकी कहानियों से ही बनी। पुष्पपाल सिंह ने सुनीता जी के सन्दर्भ में कहा है— "शब्द की इस साधिका ने जिस रूप में अपनी साहित्यिक यात्रा तय की है, उसका आत्म विवरण उन्होंने बहुत ईमानदारी से अपनी 'शब्द काया' शीर्षक आत्मकथा में दिया है। शब्दकाया को पढ़कर यह अवश्य अनुभव होता है कि किस प्रकार एक जीवट

वाली स्त्री लगभग 'अथ' से प्रारम्भ कर शिक्षा-क्षेत्र और साहित्य संसार में इन ऊँचाइयों तक पहुँची है।... ऐसे कृती व्यक्तित्व की सृजन-यात्रा को एक स्थान पर चौदह खण्डों में प्रस्तुत करने का यह समायोजन हिन्दी संसार को सौंपते हुए हम हर्ष और गौरव का अनुभव कर रहे हैं।''... साहित्य-समीक्षा उनके अवदान का समुचित और सम्यक् मूल्यांकन कर सकेगी। परिवार और साहित्य की भावी पीढ़ियाँ इस धरोहर को सहेजकर गौरवान्वित होंगी।" (सुनीता जैन समग्र, सम्पादक —पुष्पपाल सिंह, भूमिका से)

रामेश्वरी मिश्र चकोरी

रामेश्वरी मिश्र चकोरी का जन्म सन् 1916 ई. में उन्नाव में हुआ था। स्त्री काव्य धारा पुस्तक में इनका जन्म सन् 1915 ई. बताया गया है। इनके पिता उमाचरण शुक्ल थे। इनकी मृत्यु 1935 ई. में हुई थी। इनकी रचनाओं में सजीवता और मार्मिक के साथ दर्शन का हस्तक्षेप है। वेदना और विषाद की अभिव्यक्ति इनकी रचनाओं में ज़्यादा देखने को मिलती है। इन्होंने छायावादी बोध से प्रभावित रचनाएँ ही नहीं कीं बल्कि प्रेम, सौन्दर्य और देश प्रेम से ओतप्रोत रचनाएँ भी की है—

देश बलि वेदी पर मरना यही हो प्रण
लेकर अहिंसा अस्त्र रण के सज़ा दो साज

रामेश्वरी देवी चकोरी के तीन काव्य संग्रह उपलब्ध होते हैं 'किंजल', 'मकरन्द' और 'उषा गीत'। किंजल संग्रह में वैयक्तिक सुख-दुख, आशा-निराशा आदि की अभिव्यक्ति है। बाक़ी दोनों संग्रह प्रेम भावना पर आधारित हैं। इनका प्रकृति चित्रण स्पष्ट रूप से छायावादी काव्य का बोध कराता है। प्रात:कालीन उषा को नायिका के रूप में चित्रित करते हुए मनोहर कल्पनाएँ रामेश्वरी जी ने की हैं। इनकी 'अनुरोध' नामक कविता से एक उदाहरण हम देख सकते हैं—

मानस की मधुर उमंगें मन्द मन्द मुस्कुराती हैं
आशाएँ थिरक थिरक कर नर्तन करती गाती हैं
जीवन की स्वर लहरी में आकुल रसधार बहा दो
अन्तर के शून्य गगन में आशा रवि उदय दिखा दो (किंजल, पृष्ठ 32)

इनकी 'धूपछाँह तथा अन्य कहानियाँ' नामक कहानी संग्रह 1932 में प्रकाशित हुआ था।

रत्न कुमारी देवी

रत्न कुमारी देवी की भाषा बड़ी पुष्ट है। छायावाद से इन्होंने अपने को अलग रखा है। इनकी रचनाओं में राष्ट्र प्रेम, पीड़ा बोध देखने को मिलता है। कविता के सभी उपकरणों का प्रयोग यह बड़ी कुशलता से जानती थीं। राष्ट्रीय भावना के साथ-साथ मानवीय संवेदना और दर्शन का समावेश भी हमें दिखाई देता है। यह नाटककार गोविन्द दास की पुत्री थी। फिर भी गोविन्दास में इनकी साहित्यिक प्रतिभा को उभारने के लिए कोई प्रयास नहीं किया और न ही हिन्दी साहित्य के इतिहास में इनका नाम दर्ज हो पाया है। उन्होंने कथा साहित्य का भी सृजन किया है। इनकी रचना 'अंकुर' काफ़ी प्रसिद्ध रही है। प्रकृति चित्रण में यह पन्त के समान भावाभिव्यक्ति करती है।

जब तम पट में मुँह ढँक राका
रोती गिरा अश्रु निहार
सुभग सुधाधर उसे हँसाता
कलित कलाएँ सभी प्रसार

रामेश्वरी देवी गोयल

रामेश्वरी देवी गोयल का जन्म सन् 1911 ई. में हुआ था। इन्हें ज़्यादा लम्बा जीवन नहीं मिला था फिर भी इन्होंने हृदय की गहराइयों से कविताओं का सृजन किया है। इनकी रचनाओं का स्वर भी रहस्यवाद, पीड़ा, दुखवाद और प्रकृति परक रहा है। नवीनता तो नहीं पर भावों की अभिव्यक्ति इनकी सुन्दर है—

पीड़ामय तंद्रा में सखी
याद उसी की आती
निठुराई निर्मम के उर
चुभती पर खोज न पाती

विष्णु कुमारी श्रीवास्तव

विष्णु कुमारी श्रीवास्तव 'मंजु' का जन्म सन् 1903 ई. में हुआ था। इनकी रचनाओं में नैराश्य और दुखवाद की पीड़ा की अधिकता दिखाई देती है परन्तु उनके भावों की अभिव्यक्ति बहुत उत्कृष्ट रही है। साधारण जीवन, साधारण साहित्य सरोकारों पर उन्होंने लिखा है पर इनका लेखन उत्कृष्ट श्रेणी का है। इनकी कविता चन्द्र विलास से एक उदाहरण—

धवल नील पिताभ गगन से
बरसी सुषमा कण कण में
प्रकृति वधु ने गोधूली में
कुंचित केश बिखेरे कुछ

मीरा पर समालोचनात्मक लेखों का संग्रह मीरा मन्दाकिनी के नाम से इन्होंने निकलवाया था जो आलोचना की अच्छी पुस्तक कही जा सकती है। इनकी कविताओं के सन्दर्भ में क्षेमचन्द सुमन ने कहा है—"निराशा और पीड़ा आपकी कविता के मूलाधार हैं जो धीरे-धीरे मानव मन में अवसाद तथा करुणा के भाव का उल्लेख करते जाते हैं। सीधी-सादी भाषा में आपने अपनी वेदना को जिस गहराई से कविता में रूपायित किया है वह आपकी आन्तरिक पीड़ा को उजागर करने में पूरी तरह सक्षम है।" उन्होंने 1934 में मीरा पदावली का सम्पादन भी किया था जो हिन्दी प्रभाकर परीक्षा के पाठ्यक्रम में भी शामिल था। आपके 'किंकीणि' काव्य संग्रह तथा दुखिया 'दुल्हन नाटक' का उल्लेख भी मिलता है। आपका निधन 29 नवम्बर सन् 1955 को कानपुर में हुआ था।

मंगला बालूपुरी

इनका जन्म काशी में हुआ था। यह रंगमंच पर अपनी प्रतिभा बिखेर देती थीं। इनकी रचनाओं में सौन्दर्य भावना के साथ-साथ दुखात्मक पीड़ा की भी अभिव्यक्ति हुई है। भाव एवं भाषा की दृष्टि से इनकी रचनाएँ उत्कृष्ट हैं। कहीं-कहीं इनकी रचनाओं में दार्शनिकता का पुट भी मिलता है। इनकी मृत्यु सन् 1940 ई. में हुई थी। इनकी रचना का एक उदाहरण—

मेरी अब सहचरी बनी है/ आसूँ की मृदु माला
कब हाथों से छूट गया/ औचक सुख रस का प्याला

सावित्री देवी

सावित्री देवी की रचना का मुख्य विषय दर्शन रहा है। जीवन, सृष्टि और प्रकृति के बीच का सत्य इनकी काव्य रचना की प्रेरणा रही है।

सुकुमार कुसुम सा जीवन लेकर दुनिया में आयी
अपने स्वर्णिम स्वप्नों की दुनिया है अलग बसायी
पर बसते उजड़ रही है बस्ती अरमानों की
है ध्वनित चतुर्दिक पीड़ापीड़ा अवसाद भरे प्राणो की

उनकी रचनाओं में विश्व बन्धुत्व का भाव हमें दिखाई देता है। यह दुलारे लाल भार्गव की पत्नी थी जो एक प्रसिद्ध लेखक रहे हैं। इनका नाम हिन्दी साहित्य प्रेमियों के लिए अनजान नहीं है। फिर भी दुलारे जी की पत्नी होने और अच्छी रचना करने के बावजूद हिन्दी साहित्य के इतिहास में उनका नाम कहीं नहीं है। इनकी बहन सरस्वती सुधा भी अच्छी रचनाकार रही हैं। इनकी रचनाओं में विचार और भाव की क्रान्ति दिखाई देती है।

सावित्री सिन्हा

डॉ. सावित्री सिन्हा का 2 फ़रवरी 1922 को लखनऊ में जन्म हुआ था। इनके शोध का विषय 'मध्यकालीन हिन्दी कवयित्रियाँ' रहा है जो हिन्दी की स्त्री साहित्य की धरोहर को संजोने में प्रमुख रहा है। अनुसन्धान का स्वरूप नामक पुस्तक काफ़ी चर्चित रही है जो शोध क्षेत्र में काफ़ी प्रसिद्ध रही है। 'युग चरण दिनकर' और 'ब्रजभाषा के कृष्ण भक्ति काव्य : अभिव्यंजना शिल्प, तुला और तारे' नामक आलोचना की पुस्तकें भी काफ़ी प्रसिद्ध रही हैं। नागरी प्रचारिणी सभा वाराणसी से प्रकाशित हिन्दी साहित्य का बृहत् इतिहास में अद्यतन खंड में उपन्यास विधा पर शोध पूर्ण आलेख इनका शामिल है। पूज्य दद्दा (मैथिलीशरण गुप्त), बापू कुछ स्मृतियाँ (सियारामशरण गुप्त) नामक संस्मरण भी अपनी शैली के लिए प्रसिद्ध रहे हैं। इनका निधन 25 अगस्त सन् 1972 को कैंसर के कारण हुआ था।

होमवती देवी

होमवती देवी का जन्म सन् 1906 ई. में मेरठ में, मृत्यु 3 फ़रवरी 1951 में हुई थी। इनकी रचनाएँ 'उद्गार', 'निसर्ग', 'अर्ध', 'अपना घर धरोहर', 'स्वप्न भंग' आदि हैं। 'गोटे की टोपी' सन् 1941 में प्रकाशित हुई जिसकी गणना श्रेष्ठ कहानी में की जाती है।

चल मन ऐसे देश चले
जहाँ न अपना अपना कह कर जग के लिए छले।

'उद्गार' के मुख पृष्ठ पर कवयित्री लिखती हैं—"पूर्व में उमड़ा पीड़ा वारिधि जीवन में बरसे अंगार/ जीवन धन को खोकर मैंने पाया कविता धन उपहार।" इन्होंने स्त्रियों के दारुण जीवन को अपनी रचनाओं में रेखांकित किया है। अन्धविश्वास और रूढ़ियों का विरोध करके स्त्री का जीवन सफल बनाने की अपनी रचनाओं में कोशिश की है। इनकी रचनाओं में प्रकृति के चित्र भी आये हैं जो अपने चित्रण में

सफल कहे जा सकते हैं। दलित कुसुम नामक इनकी कविता काफ़ी प्रसिद्ध रही है जो एक असहाय के जीवन पर केन्द्रित है और उसके दुख व उपेक्षा का प्रतीक बन जाती है। उमेश माथुर का मानना है कि वह संसार से विमुख होकर छायावादियों के एकान्त लोक में चली जाना चाहती हैं। व्यक्तिगत वेदना से उत्पन्न छायावाद, पलायनवाद इनकी रचनाओं में दिखाई देता है। होमवती जी की भाषा सहज है। उसमें कहीं अलंकृता का गुण हमें नहीं देखने को मिलता है परन्तु भावों की अभिव्यक्ति में भाषा पूर्णतया सक्षम है। अर्ध नामक कविता से एक उदाहरण हम देख सकते हैं—

भवसागर की दुस्तर लहरें नित धन और घटाएँ घहरे
बहने दो डगमग नैया को चलो भँवर में हो लें
नाविक आओ नौका खोलें

इनका निवास स्थान पर्णकुटी साहित्य, सदन साहित्य परिषद कार्यालय तथा पुस्तकालय होने के साथ-साथ साहित्यिक चर्चा का एक अच्छा केन्द्र भी था। नगेन्द्र ने स्वयं कहा है कि हिन्दी का कोई भी जीवित कलाकार इस परिषद के न्यायालय में पेश हुए बिना न रहा होगा। बहुत ही साहित्यिक समस्याएँ इसके कमरे में बैठकर सुलझा ली गयी हैं। (होमवती स्मारक संकलन, डॉ. नगेन्द्र का संस्मरण, सं. डॉ. कृष्ण चन्द्र शर्मा, पृ. 120)

इनकी 'मैंने पाया कविता धन', 'उपहार', 'निसर्ग' सन् 1939 ई. में तथा 'स्वप्न भंग' सन् 1948 में, 'अपना घर' कहानी संग्रह सन् 1950 में प्रकाशित हुए। इनकी प्रसिद्ध कहानी 'गोटे की टोपी' पर किशोर साहू ने सिन्दूर फ़िल्म बनाई जिसका उन्हें बाद में पता चला था। अदालती नोटिस के बाद किशोर साहू ने स्वीकार किया कि यह उन्हीं की कहानी है और 5000 जुर्माना देकर माफ़ी माँगी।

सूरी देवी दीक्षित

इनका उपनाम उषा था। इनका काव्य संग्रह निर्झरिणी काफ़ी प्रसिद्ध रहा है। इन्होंने दर्शन, अध्यात्म, नारी सुलभ अनुभूतियों को अपनी रचनाओं में रखा है। यह प्रसिद्ध कवि मन्नन द्विवेदी की बहन थीं। आचार्य रामचन्द्र शुक्ल जी इनकी कविता के कायल थे। एक स्थल पर बग़ैर किसी रिफरेंस के मुझे शुक्ल जी का यह कथन प्राप्त हुआ जिसे यहाँ दे रही हूँ—"इसमें मुझे वह कवि हृदय मिला है जिसमें जगत और जीवन के मार्मिक स्वरूप को ग्रहण करने और झलकाने की पूर्ण क्षमता है। ये न तो कल्पना की कोरी उड़ान रूप में हैं अभिव्यंजना के अनपेक्षित वक्रता के रूप में। इनमें है जीवन के मार्मिक प्रसार पर स्वच्छ दृष्टि उसके प्रति सच्ची सरल अनुभूति।

अनुभूति और उस अनुभूति को जगाने वाली भोली अभिव्यंजना।"

इसके बावजूद भी हिन्दी साहित्य के इतिहास में इनके नाम का उल्लेख न मिलना बेहद आश्चर्य का विषय रहा है। एक उदाहरण—

कहते हैं ध्यानी ज्ञानी जग, है माया दुख मूल सखी
किन्तु इसी जग में खिलते हैं, सुखद प्रेम के फूल सखी

शकुन्तला देवी खरे

शकुन्तला देवी खरे की भाषा बहुत ही परमार्जित रही है। इनकी भावाभिव्यक्ति भी उत्कृष्ट श्रेणी की है। इनकी रचनाओं का मुख्य विषय जीवन जगत के तत्त्व की खोज रहा है। संसार में जो रसमयता बरकरार है उनमें प्रवेश करना इनका मुख्य विषय और प्रिय विषय रहा है। दर्शन इन्होंने विशेष रूप से अपनी रचनाओं में रखा है। इनकी रचनाओं को पढ़कर प्रतीत होता है कि यह सत्य की खोज में सदैव भटकती रही हैं पर इसका यह तात्पर्य नहीं कि नारी हृदय की अभिव्यक्ति में यह पीछे रही हैं। इनकी रचनाओं में आदर्शवाद ज़्यादा है।

फूलों ने क्यों सीखा है, खिल खिल कर मुरझाना
सीखा है क्यों मेघों ने, अपना सर्वस्व लुटाना

विद्या भार्गव

विद्या भार्गव की रचनाओं में आत्मा और परमात्मा व्यक्ति में देखने को मिलती है। इनमें वियोग का भाव ज़्यादा प्रबल रहा है। इसलिए उन्होंने योगात्मक रचनाएँ ज़्यादा लिखी हैं।

दीपक से आकुल शलभ आज, कहता मिटने पर मुझे नाज
मैं जानूँ क्या सुधि सलिल एक, पहिराने आयी मुझे आज

विद्यावती कोकिल

विद्यावती कोकिल का जन्म 26 जुलाई 1914 को मुरादाबाद में हुआ था। इनके पिता त्रिलोकीनाथ सिन्हा थे। इनका निधन 10 जुलाई 1990 को हुआ था। विद्यावती जी के प्रमुख रचनाएँ हैं— 'अंकुरित', 'माँ', 'सुहागिन', 'सुहाग गीत', 'पुनर्मिलन', 'सप्तक', 'अमर ज्योति', 'फ्रेम बिना तस्वीर', 'ऋतायन और आरती'। 'सप्तक' संग्रह (1959) में अरविन्द की अंग्रेज़ी रचनाओं को इन्होंने हिन्दी में अनुदित किया है और अरविन्द के सावित्री महाकाव्य, सप्तक संग्रह में अरविन्द की अंग्रेज़ी रचनाओं

का हिन्दी अनुवाद भी किया है। 'सुहाग गीत' (1953) लोक गीतों का समीक्षात्मक संग्रह है। इससे अपने रचना क्षेत्र के सन्दर्भ में विद्यावती जी अंकुरित काव्य संग्रह में कहती हैं—"मैंने कभी किसी बात से प्रभावित होकर नहीं लिखा है। गीत तो अनजाने किसी अन्तः प्रेरणा से फूट निकलते हैं। आत्मा में एक साथ एक हुलास एक मूर्ति होती है और उसकी अभिव्यक्ति के लिए मैं विवश हो उठती हूँ।"

डॉ. उमेश माथुर के शब्दों में कोकिल जी की सभी रचनाओं में इनकी अध्यात्म चिन्ता व्यक्त होती है। सभी कविताएँ प्रगीत मुक्तक होते हुए भी एक तारतम्य में बंधी हैं तथा किसी जाग्रत जीव का परिचय उपस्थित करती हैं। शैली परिमार्जित एवं आत्माभिव्यक्ति सबल सघन प्रतीत होती है।" (आधुनिक युग की हिन्दी लेखिका, पृ. 156) माँ पर एक कविता उदाहरण स्वरूप देखी जा सकती है—

बेसन की सोंधी रोटी पर, खट्टी चटनी जैसी माँ
याद आती है चौका चिमटा फुकनी जैसी माँ
बीवी बेटी बहन पड़ोसी थोड़ी थोड़ी-सी सब में
दिनभर एक रस्सी के ऊपर चलती नटनी जैसी माँ

विद्यावती का नाम कवि सम्मेलनों में बहुत आदर के साथ लिया जाता था। इनकी रचनाओं में वेदना तत्त्व समाहित रहा है। इस वेदना में दार्शनिकता का भी गुण गुम्फित है। पीड़ा को इन्होंने यौवन और मधुमास कहा है।

विद्यावती कोकिल ने अपने काव्य में प्रकृति और वात्सल्य को चित्रित किया है। माँ, भक्ति, सुहाग गीत जैसी कविताओं में स्त्री जीवन की छोटी-छोटी भावनाएँ चित्रित की गयी हैं। 'आरती' काव्य संग्रह में वह भक्ति भावना और प्रकृति चित्रण दोनों रूपायित करती हैं। इनकी रचनाओं में श्री अरविन्द की विचारधारा दिखाई देती है। ज्ञान और कर्म का भेद नष्ट करके भक्ति साधना के लिए वह कहती हैं

मेरा ज्ञान भजन बन जाता, पीड़ा में क्या आह निकालो
और विजय में नाद करूँ क्या, आत्मा की फुल कन बन जाता

छायावादी भाव बोध की कविताओं से इतर विद्यावती जी ने देश प्रेम की रचनाएँ ज़्यादा की हैं। स्वतन्त्रता आन्दोलन में यह जेल भी जा चुकी हैं। भारत माता के लिए उनके यह शब्द इसी भाव का प्रमाण हैं—

पर्वत और मैदान नदी की यह रेखाएँ, मनोज बुद्धि के विरोधियों की बाधाएँ
रचती है निजरूप नीति यह अभिनव नाना, क्योंकि अन्तर नैना तुम्हें पहचाना

देशभक्ति और प्रकृति का मिलाजुला सम्मिश्रण इनकी कविताओं का वैशिष्ट्य रहा है।

मेरे सींचे हुए आम की, इन बौराई डालों पर
कठिन गगन यात्रा से थक कर
पहर पहर सुस्ताती है
यहीं पेड़ के नीचे अपनी शाला नित्य लगाऊँगी
ताकूँगी गूँगे फूलों पर
क्यों इतना पतियाती है

(बाल सखा पत्रिका, मई 1940)

नवम्बर 1957 ई. में फ्रेम बिना तस्वीर नामक नाटक की रचना करके इन्होंने गद्य में भी सुन्दर लेखन किया है। इंग्लैंड के वातावरण में पूर्व-पश्चिम, ज्ञान और अध्यात्म का सामंजस्य इस नाटक का कथ्य है।

इन रचनाकारों के साथ-साथ हमें रामप्यारी श्रीवास्तव जी का नाम भी कई स्थानों पर देखने को मिला है। रामप्यारी जी की दो लाइनें उनके विचारों को स्पष्ट करने के लिए यहाँ सक्षम हैं कि वह स्त्री चेतना की कितनी बड़ी रचनाकार हैं।

हा हन्त नारियों ने निज धर्म को भुलाया
पायी न पूर्ण शिक्षा अभिमान उर में छाया

इसके अतिरिक्त **लीलावती, प्रेम प्यारी देवी, चंचल कुमारी** जैसी कवयित्रियों का भी नाम शोध के दौरान मिला परन्तु इनके सन्दर्भ में कोई विशेष जानकारी और उनके संग्रह का पता नहीं चल पाया है।

शान्ति अग्रवाल

23 जुलाई 1920 को जन्मी शान्ति अग्रवाल का हिन्दी साहित्य में विशिष्ट स्थान है। मात्र 11 वर्ष से शान्ति जी ने अपना लेखन कार्य प्रारम्भ किया था। इनकी महत्त्वपूर्ण रचनाएँ निम्नलिखित हैं—"**बाल वीणा, मेरा देश महान,** अगड़म बगड़म, दुल्हन आयी गोल मटोल, जान आफत में, अधूरी छतरी, राष्ट्र के गीत और नाद, राधा माधव, स्नेहिल बन्धन, भीगी पलकें, जय घोष, अनुगुंजन आदि।

शान्ति जी के उत्कृष्ट योगदान के लिए उन्हें भारतीय साहित्य सम्मेलन प्रयाग से विशिष्ट सम्मान, उत्तर प्रदेश के प्रतिनिधि कवयित्री सम्मान, श्रीमती शकुन्तला सिरोठिया बाल साहित्य पुरस्कार, साहित्य महारथी, काव्यश्री, सारस्वत सम्मान आदि पुरस्कारों से नवाज़ा गया है।

शान्ति जी का सृजन काल बहुत लम्बा समय रहा था, जो छायावाद से होते हुए नयी कविता तक आता है। परन्तु इस बीच जितने भी वाद चले चाहे वह प्रगतिवाद रहा हो, प्रयोगवाद रहा हो या कोई अन्य वाद, इन सबसे शान्ति जी ने अपने को अलग रखा था।

शान्ति जी की रचनाओं के केन्द्र में मूल रूप से तीन बिन्दु दिखाई देते हैं पहला है देश प्रेम दूसरा है प्रेम एवं प्रकृति तथा तीसरा है बाल साहित्य। उस समय देश की जनता आज़ादी के लिए व्याकुल थी। ऐसे समय में शान्ति जी वीरता और ओजपूर्ण गान करती दिखाई देती हैं। इनके गीत तत्कालीन समय में काफ़ी प्रसिद्ध रहे हैं। इसीलिए यह मंच पर भी दिखाई देती थीं। आकाशवाणी और दूरदर्शन से इनकी रचनाएँ समय-समय पर प्रकाशित होती रही है। और यह तब था जब स्त्री शिक्षा और स्वतन्त्रता की कल्पना भी सम्भव नहीं की जा सकती थी। उस समय देश ग़ुलामी के बोझ तले दबा था, तब शान्ति जी ने अपनी कविता के माध्यम से सिंहनाद किया। वह कहती हैं—

सिंहनाद सुन हुई प्रकम्पित चोटी चोटी गिरि की
फड़की निज जन शौर्य देखकर बोटी बोटी गिरि की

सन् 1975 ई. में इन्होंने फाँसी के फन्दे नामक गद्य की रचना की जिसमें भारत की स्वतन्त्रता के लिए बलिदान हुए क्रान्तिकारियों की सम्पूर्ण जीवन गाथा उपलब्ध है। इसी तरह से 'आज़ादी की कहानी' नामक गद्यात्मक पुस्तक में शान्ति जी ने भारत की स्वाधीनता का पूरा इतिहास वर्णित किया है।

स्त्री की महत्ता को रेखांकित करते हुए इनकी मुख्य कृति 'पाँच नारी रत्न' बाल जीवनी की श्रेष्ठ पुस्तक कही जा सकती है। इसमें इन्होंने कन्नगी, माता जीजाबाई, अहिल्याबाई होलकर, रानी लक्ष्मीबाई तथा रानी गिडिंलू जिलियांग का वर्णन किया है। इस पुस्तक परिचय में उन्होंने बड़े सरल शब्दों में बताया है कि इन पाँच नारी रत्नों की जीवन गाथा साहित्य की अमूल्य निधि के रूप में पाठकों के बीच में सदैव विद्यमान रहेगी। शान्ति जी की भाषा और भाव का गद्यात्मक उदाहरण हमें इस पुस्तक में देखने को मिलता है। वह कहती हैं—

'स्वतन्त्रता के इस महायज्ञ में भारत की नारियों ने सक्रिय सहयोग किया। उन्होंने ब्रिटिश शासन की लाठियाँ खायीं, गोलियाँ झेली और जेल गयी। अपना जीवन ही स्वतन्त्रता संग्राम को भेंट चढ़ा दिया। आज भी वे नारियाँ मील का पत्थर के रूप में इतिहास में प्रतिष्ठित हैं। पूर्वोत्तर भारत में स्वतन्त्रता संग्राम में भाग लेने वाली

प्रभावशाली नारी स्वतन्त्रता सेनानी थी रानी गिडिंलू जिलियांग। उनका नाम आज भी बड़े गर्व से लिया जाता है।"

भारत के राष्ट्रपति : राजेन्द्र बाबू से कलाम तक स्वतन्त्रता संग्राम, गौरव गाथा आयी एक ख़बर अन्य रचनाएँ हैं। बाल गीत का एक उदाहरण जिसे सुनकर हम सब बड़े हुए हैं—

कद्दू जी की चली बारात/ हुई बताशो की बरसात
बैंगन की गाड़ी के ऊपर/ बैठे कद्दू राजा
शलजम और प्याज ने मिलकर
ख़ूब बजाया बाजा/ बने बराती नाच रहे थे
आलू मटर टमाटर/ कद्दू जी हँसते मुस्कुराते
लौकी दुल्हन लाये/ कटहल और करेले जी ने
चाट पकोड़े खाये/ प्रातः चली यह बात
सपना देखा था यह रात

अपने उत्कृष्ट योगदान के बावजूद शान्ति जी को हिन्दी साहित्य के इतिहास में कोई स्थान प्राप्त नहीं हुआ है। जबकि हम देखते हैं कि इनका सृजन काल बहुत लम्बे समय तक चला है और श्रेष्ठ रहा है।

चन्द्र किरण सौनरेक्सा

सेक्सरिया, सारस्वत, सुभद्रा कुमारी चौहान स्वर्ण पदक तथा दिल्ली हिन्दी साहित्य अकादमी पुरस्कारों से पुरस्कृत चन्द्र किरण सौनरेक्सा जी ने लगभग 300 कहानियाँ, उपन्यास, नाटक, आत्मकथा और अनेक बाल साहित्य का सृजन किया है। इसके बावजूद किसी भी हिन्दी साहित्य के इतिहास ग्रन्थ में इनका उल्लेख नहीं मिलता है। चन्द्र किरण सौनरेक्सा का जन्म 19 अक्टूबर 1920 ई. में पेशावर छावनी, नौशहरा में हुआ था। इनके पिता का नाम रामफल और माता का नाम जानकी था। चन्द्र किरण जी ग्यारह वर्ष की अल्पायु से ही सृजन रत हो गयी थीं जो जीवन पर्यन्त तक चलता रहा। सन् 1931 में कोलकाता से प्रकाशित भारत मित्र पत्रिका में 'घीसू चमार' कहानी प्रकाशित हुई और इसी वर्ष 'अछूत' कहानी विजय पत्रिका में प्रकाशित हुई। बहुत कम लोग जानते हैं कि यह दोनों कहानी एक ही हैं और यही चन्द्र किरण जी की पहली कहानी है। इनका पहला कहानी संग्रह 'आदमखोर' (1946) और पहला उपन्यास 'चन्दन चाँदनी' (1962 ई.) में प्रकाशित हुआ था। इनकी प्रमुख रचनाएँ

'वंचिता', 'समाज और साहित्य', 'हिन्दी साहित्य एक आधुनिक परिदृश्य, 'पिंजरे की मैना' आदि हैं।

स्त्री जीवन के दर्द की अभिव्यक्ति चन्द्र किरण जी को ज़्यादा समकालीन बनाती है। सौदा कहानी में चार सौ रुपये के लिए पिता के द्वारा बेची जाने वाली लड़की की पीड़ा आज की हर लड़की की पीड़ा बनकर उभरती है। कहना न होगा कि चन्द्र किरण जी ने तत्कालीन समाज का यथार्थ ही नहीं बल्कि आज का सच भी दूर तलक देखा है। इनकी कहानियाँ मानवोदात्त संवेदनाओं से परिपूर्ण हैं। चन्द्र किरण की क़लम से मानवीय संवेदनाएँ पारिवारिक-सामाजिक मूल्य, व्यक्तिगत इच्छाएँ अपने सहज रूप में पाठकों के सामने आती हैं। इन कहानियों में मध्यवर्गीय जीवन अधिकांशत:उपस्थित हुआ है। चन्द्र किरण की रचनाओं में स्त्री मन की वह दुनिया है जहाँ पुरुषवादी अहं नहीं पहुँच पाता है। जीवन के हर छोटे से छोटे प्रसंग जो संवेदनात्मक होते हैं वह स्त्री तो महसूस करती है पर पुरुष नहीं। चन्द्र किरण के कथा साहित्य में यही छोटे से छोटे प्रसंग अपनी मनोवैज्ञानिक सूक्ष्मता के साथ उपस्थित हुए हैं। स्त्री की घर और बाहर की ज़िम्मेदारियाँ, उसका दोहरा जीवन, दोहरा संघर्ष चन्द्र किरण जी की लेखनी से रूपाकार हुआ है। गृहस्थी का सुख जैसी कहानियाँ इन संवेदनात्मक बिन्दुओं पर यथार्थवादी दृष्टि डालती हैं। चन्द्र किरण जी के सन्दर्भ में श्रीपत राय का मानना है— निम्न मध्म वर्ग के घरों के अन्दर का विशेषकर स्त्रियों का इतना स्वाभाविक और पैना चित्रण अन्यत्र दुर्लभ है। नारी की स्वभावगत तुच्छता और क्षुद्रता का भी उनका अध्ययन बहुत व्यापक है। आज के कहानीकारों में मैं उनका स्थान ऊँचा मानता हूँ।" (दूसरा बच्चा : कहानी संग्रह)

तेज रानी पाठक

चन्द्र किरण सौनरेक्सा की समकालीन तेज़ रानी पाठक अपने समय की चर्चित कहानीकार रही हैं। इनके दो कहानी संग्रह 'अंजलि' तथा 'एकादशी' प्राप्त होते हैं। इनकी कहानियों में किसानों, मज़दूरों के शोषण का चित्र ज़्यादा दिखाई देता है। 'अपराधी सैम है' कहानी में मालिक मोहन स्वयं पर इसलिए चोरी का आरोप लगाता है क्योंकि वह निर्धन है और मालिक का देखने का नज़रिया अलग है। इसी प्रकार से 'लाल कुर्ता' कहानी में सुलोचना जैसी निम्नवर्गीय पात्र को नायिका लेते हुए समाज के चारित्रिक हनन को बयाँ करती हैं।

आशा रानी व्होरा

इनका जन्म 7 अप्रैल 1921 में तथा मृत्यु 21 दिसम्बर 2009 को हुई। यह स्वतन्त्रा सेनानी लेखिका तथा सम्पादक भी रही हैं। विष्णु प्रभाकर ने 'आशा रानी व्होरा : एक सार्थक यात्रा' को लिख कर इनका सम्पूर्ण योगदान रेखांकित कर दिया है। इन पर अनेक शोध भी हो चुके हैं। इन्होंने सौ से अधिक पुस्तके लिखी हैं। 'भारत की प्रथम महिलाएँ', 'स्वतन्त्रता सेनानी लेखिकाएँ', 'नारी शोषण आईने और आयाम', और 'नारी कलाकार' पुस्तक में इन्होंने स्त्री विमर्श को प्रेरित किया है। इन्होंने बाल साहित्य भी लिखा है जिसमें, 'अक्षर गीत', 'गीत गीत में सुनो' कहानी आदि है।

प्रेमकुमारी शर्मा

आपका जन्म 20 जनवरी सन् 1930 को आगरा के बसई ताजगंज नामक उपनगर में हुआ था। आप हिन्दी के वयोवुद्ध पत्रकार और कवि श्री देवीप्रसाद शर्मा 'दिव्य' की सुपुत्री और आगरा के प्रख्यात जन-सेवक, पत्रकार और शिक्षाविद् श्री फूलसिंह शर्मा 'नीरव' की सहधर्मीणी थीं। यह ब्रजप्रदेश की प्रथम महिला पत्रकार थीं और कई वर्ष तक 'युवक' और 'सूर वाणी' पत्रिका का सम्पादन किया था। आपकी 'नारी और रसोई' तथा 'गृह-शास्त्र दर्शन' नामक पुस्तकें प्रकाशित हो चुकी थीं। इनके अतिरिक्त आपके द्वारा गृह-शास्त्र, इतिहास, समाजशास्त्र तथा ब्रज की लोक-संस्कृति पर लिखित अनेक लेख पत्र-पत्रिकाओं में प्रकाशित हुए थे। आपका निधन 20 जनवरी सन् 1975 को हुआ था।

रजनी पन्नीकर

रजनी पन्नीकर का जन्म 11 सितम्बर 1924 को लाहौर में हुआ था। तत्कालीन समय में यह हिन्दी एवं अंग्रेज़ी दोनों विषयों से परास्नातक की डिग्री ली हुई थीं। 'मोम की मूर्ति', 'काली लड़की', 'दो लड़कियाँ' आदि इनके उपन्यास काफ़ी प्रसिद्ध रहे हैं। 'मोम की मूर्ति' उपन्यास अनमेल विवाह पर आधारित है परन्तु यहाँ अनमेल विवाह से तात्पर्य उम्र से नहीं बल्कि विचारों के अनमेल होने से है। रजनी पन्नीकर का कहानी संग्रह 'सिगरेट के टुकड़े' में अपने समय से आगे की सोच दिखाई देती है। रजनी जी की कहानियाँ अपने समय का ज्वलन्त साक्ष्य है। 'भगवान जल गया' कहानी शोषण को प्रकट करती है तो 'सुलेखा और मूर्तियाँ', जैसी कहानियाँ नारी मनोविज्ञान को रेखांकित करती हैं।

इसी समय **कमला त्रिवेणी, शिवरानी विश्नोई, लीला अवस्थी, किरण कुमारी गुप्ता** आदि कहानीकार भी पूर्ण रूप से सक्रिय थीं परन्तु संरक्षण के अभाव

में इनकी रचनाएँ आज अप्राप्त हैं। मालती परुलकर का उपन्यास 'उल्टी गिनती', मुक्ता, मीनाक्षी पुरी का उपन्यास 'बैठक की दिल्ली', 'जाने पहचाने अजनबी', क्रान्ति त्रिवेदी का उपन्यास 'अन्तिमा और त्रिशिता', कान्ता भारती का उपन्यास 'रेत की मछली' भी अपने कथा विन्यास के कारण प्रसिद्ध रहे हैं।

2. (क) अस्मिता निर्माण युग (1950 से 2000 तक)

एक लम्बे समय से विदेशी दासता ने भारत को हिन्दुस्तान और पाकिस्तान के रूप में राष्ट्र के विभाजन और साम्प्रदायिक दंगों, मारकाट, लूटखसोट, हत्या आदि की नृशंस, हृदय-द्रावक, वीभत्स,पाश्विक और रोंगटे खड़े कर देने वाली घटनाओं के बीच स्वतन्त्रता प्राप्त हुई थी। स्वतन्त्रता प्राप्ति के अवसर पर विभाजन और उससे उत्पन्न परिस्थितियों के कारण दुःख, निराशा, विद्वेष, घृणा, अनिश्चय आदि का अवसाद पूर्ण वातावरण था। अनदेखी और अप्रत्याशित नृशंसता और पाशविकता को देखकर मानवता तथा मानवीय सम्बन्धों की आस्था पर से विश्वास उठ रहा था। राजनीतिक पार्टी में आपसी फूट, सुख-सुविधाओं के उपयोग की बढ़ती हुई प्रवृत्ति, निजी स्वार्थ आदि के कारण तत्कालीन भारत में राष्ट्रीय लक्ष्य और राष्ट्रीय हित के कार्यों के विकास की गति धीमी पड़ गयी थी।

तत्कालीन समय में भ्रष्टाचार तथा निजी स्वार्थों के परिणाम-स्वरूप देश का आर्थिक ढाँचा भी लड़खड़ाता गया था। बुनियादी सुविधाओं का अभाव तथा जीने के लिए आवश्यक चीज़ों के बढ़ते दाम से मध्यवर्गीय एवं निम्नवर्गीय जीवन पिसते चले जा रहे थे। अमीर और अमीर तथा गरीब और गरीब होते चले जा रहे थे। विभाजन के बाद देश की आर्थिक व्यवस्था पर भी काफ़ी प्रभाव पड़ा था। स्वतन्त्रता प्राप्ति के बाद आम जनता जैसा सोच रही थी वैसा नहीं हुआ। सत्ता बदल गयी पर लाभ पूँजीपति वर्ग और सत्ता में बैठे लोगों को ही मिलता रहा था। इन परिस्थितियों के कारण व्यक्ति में विरोध और असन्तोष की उपज हुई। विजय कुमार ने अपनी पुस्तक साठोत्तरी हिन्दी कविता-परिवर्तित दिशाएँ में कहा है—"स्वतन्त्रता प्राप्ति के बाद का भारत एक ओर सामन्तवादी सामाजिक संरचना में और दूसरी ओर भीषण आर्थिक संकट में जकड़ा था। देश का नेतृत्व जिस घड़ी अभिजात और उच्च वर्ग के संस्कारों वाले नेतृत्व के पास आया उसके पास विकास की अवधारणा पश्चिम के विकसित औद्योगिक ढाँचे पर आधारित थी। इस नेतृत्व की निगाह में देश की समस्याएँ आर्थिक आयोजन से जुड़ी रही हैं क्योंकि समस्याओं को आर्थिक बताकर ही प्रशासन तन्त्र को ज्यों का त्यों बनाये रखा जा सकता था।" (पृष्ठ 11)

इसके बाद का समय भी सुखद नहीं कहा जा सकता है। इन्दिरा गांधी की हत्या, ब्लू ऑपरेशन, भोपाल गैस त्रासदी अपने में सिर्फ़ एक त्रासदी ही नहीं बल्कि बहुराष्ट्रीय कम्पनियों, विदेशी पूँजीपतियों इत्यादि के षड्यंत्र को भी उजागर करती है। गुन्नार मिर्डल ने अपनी पुस्तक 'एशियन ड्रामा' में यह माना है कि भारत में तरक़्क़ी का फ़ायदा एक विशेष वर्ग को मिल रहा था जो पहले से समृद्ध था। गाँव की जनता की स्थिति में सुधार नहीं हो रहा था। विषमता, वैमनस्य, असन्तोष भारत में व्यापक स्तर पर था। आर्थिक ढाँचे का न सुधरना, मूल्यहीनता के दौर को देखना, युवा पीढ़ी की नकारात्मकता, बेरोज़गारी, आधुनिकता की मृग मरीचिका में घूमते युवा इत्यादि समस्याएँ इस युग में रही हैं।

आर्थिक अनिश्चित वातावरण, युद्ध की आशंका तथा जीवन के दुर्निवार संघर्ष के कारण व्यक्ति धुरीहीन, व्यक्तिवादी निष्क्रिय बनता चला गया। इसी कारण व्यक्ति अनास्था, आशंका, क्षणवाद, अनिश्चय आदि की विघटनशील मनोवृत्तियों को अपनाता चला गया। उसकी ये मनोवृत्तियाँ परिवार एवं व्यापक सामाजिक सम्बन्धों के सभी स्तरों पर दृष्टिगोचर होती हैं। व्यक्ति के जीवन मूल्य, व्यक्ति और समाज के परस्पर सम्बन्धों में व्यक्ति के दायित्व के आधार पर विकसित हुआ करते हैं, लेकिन जब व्यक्ति अपने स्वार्थ में लीन हो असामाजिक और व्यक्तिवादी हो जाता है, तो उसके जीवन मूल्यों का विघटन होने लगता है।

धर्म और जाति के नाम पर भारत की स्थिति अत्यन्त विचारणीय हो गयी थी। हिन्दू मुस्लिम वैमनस्य, दलित-ग़ैर दलित संघर्ष, धर्मान्तरण इत्यादि मुद्दे वृहद स्तर पर दिखाई दे रहे थे। ललित शुक्ल जी 'नया काव्य: नये मूल्य' में इस पक्ष का विश्लेषण करते हुए कहते हैं— "इतिहास की यात्रा पथ में भारत देश जाति, उप जातियों, संस्कृतियों, सभ्यताओं, भाषाओं, बोलियों और वर्ग राष्ट्रीयता का एक अजायबघर बन गया है। जिस समय भारत आज़ाद हुआ उस समय उसकी छाती पर बँटवारे का घाव था। अनेक रक्त चिन्ह जो वर्गों के वैमनस्य के परिणाम थे।"

धर्म के बँटवारे ने एक नयी समस्या को जन्म दिया वह था धर्मान्तरण। धर्मान्तरण के सन्दर्भ में सूर्यकान्त बाली ने नवभारत टाइम्स में 7 नवम्बर 1887 ई. को अपने लेख में कहा—"इन मिशनरियों ने अरुणाचल की दक्षिणी सीमा पर अपने स्कूलों की क़तार लगा रखी है जिसके माध्यम से यह धर्मान्तरण और गद्दारी की प्रेरणा देते रहते हैं।" पंजाब में खालिस्तान की माँग और असम की समस्या का बहुत लम्बा इतिहास है। बनवारी जी का जनसत्ता में प्रकाशित एक लेख 'क्या है असम की गुत्थी' जिसका प्रकाशन अगस्त सन् 1987 ई. को हुआ था में वह लिखते हैं—

"अखिल असम छात्र परिषद की पुस्तकों से इस रहस्य का पता चलता है कि अंग्रेज़ों के कैबिनेट मिशन प्रस्तावों में बंगाल के साथ-साथ असम को भी पाकिस्तान का हिस्सा बना देने का षड्यंत्र था। जवाहरलाल नेहरू इस षड्यंत्र में आसानी से आ गये थे, बाद में असम के नेताओं की पहल पर महात्मा गांधी ने षड्यंत्र को चलने नहीं दिया और असम भारत में बना रहा।"

एक ओर जहाँ स्वातन्त्र्योत्तर भारत में विषम परिस्थितियाँ थीं तो दूसरी ओर इन्हीं परिस्थितियों में औद्योगिकरण नगरीकरण के साथ देश विकसित भी हो रहा था। पंचवर्षीय योजना जैसी अनेक सरकारी योजनाओं के तहत देश बदल रहा था तथा शिक्षा के क्षेत्र में भी जागरूकता आयी थी। स्त्री सन्दर्भ में बात की जाय तो स्त्रियों की शिक्षा का व्यापक प्रसार हुआ जिससे उनमें और जागरूकता आयी। क़ानूनी तौर पर भी स्त्रियों को कई अधिकार मिले जिससे स्त्री मुक्ति की दिशा और प्रशस्त हुई। अपने अधिकार के बल पर स्त्री ने अपनी अस्मिता का निर्माण किया और व्यापक फलक पर इसकी परिणति दिखाई दी। अस्मिता निर्माण की स्थिति से गुज़रते हुए जिस समस्या का सामना स्त्रियों ने किया उस सामाजिक, आर्थिक, राजनैतिक, मनोवैज्ञानिक समस्या के निराकरण के लिए स्त्री स्वयं उद्यत हुई और उसका यह संघर्ष आज भी जारी है।

साहित्यिक परिदृश्य पर दृष्टि डाले तो स्वतन्त्रता की प्राप्ति के बाद साहित्य में लेखकों की दो श्रेणियाँ हो गयी थीं। एक पीढ़ी वह थी जो परतन्त्रता में पली-बढ़ी और स्वतन्त्रता प्राप्ति के संघर्ष को देखा था, दूसरी वह पीढ़ी थी जो स्वतन्त्र भारत में पल-बढ़ रही थी। गुलाम भारत के सामने एक आदर्श था एक लक्ष्य था, लेकिन स्वतन्त्रता प्राप्ति के बाद पुरानी पीढ़ी का प्राचीन आदर्श छिन्न-भिन्न हो गया था वहीं नयी पीढ़ी ने पाया कि उनके स्वप्न पूर्ण रूपेण बिखर गये हैं। इसी कारण जीवन मूल्य, पुरानी सामाजिक व्यवस्था एवं परम्परागत साँस्कृतिक रूपों के प्रति उनकी आस्था उठने लगी थी। स्वतन्त्रता प्राप्ति के फलस्वरूप देश के भविष्य के सम्बन्ध में तथा यहाँ के जीवन के भिन्न- भिन्न पक्षों के सम्बन्ध में रंग-बिरंगे सपने सँजोए गये थे। इनको साकार न कर पाने की असमर्थता ने भारतीय जीवन में कुछ उलझनपूर्ण परिस्थितियाँ उत्पन्न कर दीं। जिसके परिणाम-स्वरूप लेखक की दृष्टि, रचना प्रक्रिया, चिन्तन आदि सब तेज़ी से बदलने लगे। डॉ. लक्ष्मी सागर वार्ष्णेय द्वितीय महायुद्धोत्तर हिन्दी साहित्य का इतिहास में कहते हैं—"द्वितीय महायुद्ध के बाद स्वतन्त्रता कालीन भारतीय जीवन की भी विचित्र स्थिति है एक ओर तो स्वतन्त्रता की उपलब्धि के फलस्वरूप राष्ट्रीय जीवन के विविध पक्षों के सम्बन्ध में बड़े-बड़े सपने थे और हैं,

और रात-दिन सपने दिखाये जा रहे हैं दूसरी ओर जीवन में कुछ नहीं है। प्रजातन्त्र की दुहाई देते हुए भी उसका दुरुपयोग राजनेताओं और बुद्धिजीवियों एवं साहित्यकारों के बीच अलगाव और सही-सही परिप्रेक्ष्य के अभाव में जीवन को एक विचित्र सा अर्थ प्रदान कर दिया है।" (पृष्ठ 21) परिस्थितियों के कारण भारतीय समाज की स्थिति कुछ जटिल तथा अन्तर्विरोधात्मक हो गयी थी जिसके कारण लेखक कुछ कह सकने में अपने को असमर्थ पाने लगा था। इसकी आन्तरिक परिणति यह हुई कि घुटन, कुंठा, संत्रास, विडम्बना, अन्तर्विरोध आदि समाज में व्यवहृत मनोवृत्तियाँ उभर कर सामने आयी। इन विपरीत परिस्थितियों में मोहभंग की प्रक्रिया शुरू हो गयी। शहरों में मोहभंग की प्रक्रिया जल्दी शुरू हुई क्योंकि कोटा-परमिट और शिक्षित बेरोज़गारी से उत्पन्न प्रभाव वहाँ आसानी से दिखाई देने लगे थे। गाँवों में यह प्रभाव बाद में पहुँचा पर अछूता नहीं रह सका था। इन सबने जिसे सबसे ज़्यादा प्रभावित किया वह था मनुष्य का मनुष्य से आपसी सम्बन्ध। विभाजन, मोहभंग और सम्बन्धों में परिवर्तन आदि की इसी पीठिका ने नये साहित्य की पीठिका को जन्म दिया।

इस समय हिन्दी साहित्य में चित्रित नगरीय/महानगरीय समस्याएँ और असन्तोष आर्थिक परिस्थिति का प्रभाव कहा जा सकता है। देश में आर्थिक समस्या ने मुद्रास्फीति, औद्योगिक, व्यापारी वर्गों के शोषण, कालाबाज़ारी आदि को उत्पन्न किया। ब्रिटिश पत्रिका 'रेस टुडे' ने अप्रैल 1975 के अपने अंक में कहा कि कांग्रेस की ग़लत आर्थिक नीतियों के कारण देश की आन्तरिक स्थिति में अस्थिरता आती गयी। महँगाई, बेरोज़गारी, हड़ताल एवं मुद्रास्फीति के बड़े-बड़े प्रश्नों से सत्ता के पाये हिलने लगे। सरकार अपने को निर्दोष सिद्ध करने के लिए अपने वफ़ादार पुलिस का सहारा लेकर दमन करवाती गयी। इमरजेंसी का भयावह सच भी इसी समय हुआ था। बर्बरता, तानाशाही, राजनीतिक समीकरण, आर्थिक तंगी, भविष्य की अनस्थिरता के बीच पिसते मनुष्य की सारी पीड़ा और वेदना तत्कालीन साहित्य में दिखाई देती है। तत्कालीन परिस्थितियों को अगर हमें भीतर तक महसूस करना है तो बलदेव वंशी द्वारा सम्पादित काला इतिहास पुस्तक का अध्ययन करना चाहिए जिसमें धर्मवीर भारती, रामदरश मिश्र इत्यादि ने अपनी कविताओं के माध्यम से आपातकाल की पीड़ा को व्यक्त किया है।

कुछ समय पश्चात् साहित्य में नव स्वच्छन्दतावाद की गूँज भी सुनाई देने लगी थी। साहित्य में विषय का दायरा बहुत बढ़ गया था। समाज में जब शोषण का रूप बदला तो चित्रण करने का तरीका भी बदल गया। साहित्य में यथार्थ अब परत दर

परत खोला जाने लगा था। राजनीति जो पहले स्वतन्त्रता आन्दोलन तक सीमित थी वह बदल गयी, जिससे शोषण का रूप भी बदला और कार्य करने का रूप भी बदला। सबके केन्द्र में यथार्थ, शोषण, उसका विरोध, सामाजिक विसंगतियाँ इत्यादि रहने लगा। इन परिस्थितियों के कारण भाषा में अलंकरण की नवीन परम्पराओं को विकसित किया गया। भाषा के सन्दर्भ में विचार किया जाये तो भाषा में व्यंग का प्रधान हुआ। आंचलिक शब्दों के प्रयोग के साथ ही अंग्रेज़ी शब्दों का प्रयोग तेज़ी से बढ़ा। स्वतन्त्रता प्राप्ति के बाद राजनीतिक, आर्थिक एवं सामाजिक जो भी परिवर्तन हुए उसका साहित्य पर प्रभाव पड़ा और हिन्दी साहित्य में इस प्रभाव की झलक हर जगह दिखती है।

स्वाधीनता के बाद हमारा साहित्य एक नये सन्दर्भ में आ गया था और सन्दर्भ बदलते ही दूसरा यथार्थ प्रकट होने लगा था। मोहभंग का आभास तत्कालीन पत्रिकाओं तथा लेखकों के वक़्तव्यों से होने लगा था। यथार्थ का वर्णन पूर्ववर्ती रचनाकारों ने भी किया था लेकिन नये रचनाकार ने जिस तटस्थता व निर्ममता से किया उतना पहले के रचनाकारों नहीं कर पाये थे। इस समय पूर्ववर्ती पीढ़ी तो लिख ही रही थी दूसरी जो पीढ़ी आती है वह ज़्यादा मुखर है। काव्य में प्रगतिवाद, प्रयोगवाद के बाद नयी कविता जैसे वाद जहाँ चलने लगे थे वही कथा साहित्य में प्रेमचन्द को धुरी बनाकर के कथा साहित्य की विभाजक रेखा खींची जा रही थी। विभिन्न काव्य/कथा आन्दोलन चले जिसमें कुछ स्त्री रचनाकार इन आन्दोलनों से प्रभावित रहीं और कुछ अपनी अलग से राह बना कर चलती चली जा रही थीं।

स्वतन्त्रता प्राप्ति के बाद मध्य वर्ग का उदय तेज़ी से हुआ और स्त्री रचनाकारों की संख्या भी बहुत तेज़ी से बढ़ी। उषा प्रियंवदा, कृष्णा सोबती, मन्नू भण्डारी, मृदुला गर्ग आदि के आने से स्त्री साहित्य का परिदृश्य बदलता है। सन् 1980 ई. के बाद स्त्री लेखन व्यापक स्तर पर हुआ और हिन्दी साहित्य में स्त्री विमर्श पर चर्चा होने लगी थी। पुरखिनों ने जो स्त्री मुक्ति का मुद्दा उठाया वह विमर्श के रूप में परिणति को प्राप्त हुआ और अग्रसर हुआ। इस समय सभी बन्धन (रूढ़ियों, विधागत, शरीर सम्बन्धी अवधारणा आदि) टूटने लगे थे। इस समय साहित्य का विषय स्त्री जीवन के परत दर परत यथार्थ के साथ बौद्धिक चेतना से संपृक्त हो गया। इस बौद्धिक संपृक्तता ने स्त्री साहित्य में कई खिड़कियाँ खोलीं जिससे शहरीकरण, राजनीति, सामाजिक और आर्थिक परिदृश्य पर बेबाक लेखन सामने आया।

इस कालखंड में हिन्दी साहित्य के पाठ्यक्रम के स्तर पर भी बदलाव स्पष्ट दिखाई देता है। अब पाठ्यक्रम में स्त्री रचनाकारों को स्थान मिला और शोध कार्य भी प्रारम्भ हुआ जिससे स्त्री रचनाकार और उनकी रचनाएँ सहज प्राप्य हुईं साथ ही उन्हें और लिखने की प्रेरणा भी मिली। स्त्री रचनाकारों पर हुए शोधों के परिणाम-स्वरूप उनपर स्वतन्त्र पुस्तकों के साथ स्वतन्त्र लेख में स्त्री रचनाकारों का विश्लेषण हुआ। इसका सुखद परिणाम यह हुआ कि स्त्री रचनाकारों की रचनाएँ ही नहीं बल्कि इन पर लिखी स्वतन्त्र पुस्तकें भी सहज प्राप्य हो गयीं।

साहित्य में कुछ समय बाद जहाँ प्रगति, प्रयोगवाद जैसे वादों की अप्रासंगिकता पुरानी बात हो चुकी थी वहीं नयी कविता अपना आकार ले करके आगे बढ़ रही थी। कहानी भी नयी कहानी का कलेवर ग्रहण कर रही थी। गाँव के क्षेत्र में नयी कविता और उसके बाद की कविता में हम मार्क्सवाद, अस्तित्ववाद, समाजवाद, मानवतावाद, मनोविश्लेषणवाद आदि दर्शनों का समावेश देखते हैं। इसके साथ ही भारतीय जीवन का समकालीन यथार्थ पाश्चात्य रचनाकारों का साहित्य में वैचारिक रूप से प्रवेश व्यापक स्तर पर होने लगा था। नयी कविता के मूल स्वर में आधुनिकतावाद और व्यक्ति स्वतन्त्रता ज़्यादा लम्बे समय तक नहीं चल पायी क्योंकि सामान्य जन के शोषण, उसकी स्वतन्त्रता, मध्यवर्गीय संवेदना उसकी परिधि से कहीं छूट रहे थे। तभी तो डॉ. कुमार विमल 'नयी कविता, नयी आलोचना और कला' में कहते हैं—"नयी कविता सामान्य जनता अथवा औसत पाठकों की कविता न हो पर कवियों की कविता बन गयी है। नयी कविता की आत्म केन्द्रीयता उसके पतन का एक मुख्य कारण रही है।"

जगदीश गुप्त जी ने 'नयी कविता: स्वरूप और समस्याएँ' में लगभग चार दर्जन से अधिक काव्यान्दोलनों का उल्लेख किया है जिनमें से कुछ काव्यान्दोलन अकविता, जनवादी कविता, भूखी पीढ़ी कविता, सहज कविता, ताजी कविता, बीट कविता, विचार कविता, वाम कविता आदि हैं। कथा साहित्य की अगर बात की जाये तो नयी कहानी आन्दोलन के बाद कहानियों में भी विभिन्न विचारधाराएँ दिखने लगी थी। नयी कहानी, अकहानी आदि आन्दोलन इसी का परिणाम थे। उपन्यासों के सन्दर्भ में अगर देखा जाये तो व्यक्तिवादी उपन्यास, मनोविश्लेषणवादी उपन्यास, सामाजिक उपन्यास, यथार्थवादी उपन्यास, ऐतिहासिक उपन्यास इत्यादि वर्गीकरण हमें देखने को मिलते हैं।

इस युग में कविता की प्रवृत्तियों की बात की जाये तो डॉ. ओम निश्चल अपनी पुस्तक 'समकालीन हिन्दी कविता-ऐतिहासिक परिप्रेक्ष्य' में कहते हैं कि—"साठोत्तरी

कविता के वर्गीकृत चरित्र और विशेषताओं पर निगाह डालने से स्पष्ट होता है कि विगत दो-ढाई दशकों की कविता की विशेषता तीन दिशाओं में फैली है—पहला है निषेध अस्वीकार एवं विद्रोह की रूमानियत, दूसरा है राजनीतिक सरोकार एवं व्यवस्था विरोध, तीसरा है जनवादी विचारधारा एवं मानवीय मूल्य। यद्यपि साठोत्तरी कविता को निषेध और स्वीकृति के स्वरों में हुआ परन्तु थोड़े समय बाद अश्लीलता, अस्वीकार और उत्तेजना की नकली आँधी थम गयी। कविता के अन्तर्धारा में व्याप्त कलर्स फिर आ गया तथा उसमें निरन्तर राजनीतिक चेतना, मानवीय मूल्यों और जनपक्षधरता के स्वरों की उपस्थिति कहन होती चली गयी।, (पृ. 89) बाद की कविताओं में हमें भूमण्डलीकरण, बाज़ारवाद, साम्प्रदायिकतावाद, उदारतावाद के साथ अस्वीकृति, विद्रोह, अनास्था, व्यर्थता बोध, मध्यवर्गीय बोध, शोषित पक्षधरता, राजनीतिक विचार बोध इत्यादि अनेक बिन्दु मिलते हैं जो काव्य के साथ गद्य विधा में भी विद्यमान हैं।

काव्य के क्षेत्र में किसी भी काव्यान्दोलन से अपने को संचालित न करते हुए भी कुछ स्त्री रचनाकारों ने कुछ प्रवृत्तियों को अपनाया है। अकविता दौर की मोना गुलाटी, मणिका मोहिनी, ममता अग्रवाल, विद्या शर्मा इत्यादि की कविताएँ भावुक और कामोन्मुख झुकाव को संकेतिक करती हैं। सुविचार कविता आन्दोलन को समर्थन विद्या शर्मा ने किया था। सुविचार कविता आन्दोलन में केवल गोस्वामी और मंजु उपाध्याय का नाम लिया जा सकता है। सुविचार कविता की भूमिका (सम्पादक नरेन्द्र मोहन और महीप सिंह) पुस्तक में रामदरश मिश्र, रमेश कुंतल मेघ, राजीव सक्सेना, दिविक रमेश के साथ केवल गोस्वामी एवं मंजु उपाध्याय को स्थान दिया गया है। आठवें और नौवें दशक में जनवादी कविता का जो परिदृश्य था उसमें नागार्जुन, आलोक धन्वा, चन्द्रकान्त देवताले इत्यादि रचनाकारों के साथ केवल गोस्वामी की रचना पटाक्षेप भी काफ़ी चर्चित हुई थी। इनमें से कुछ कवयित्रियाँ कविता को वयस्कों के लिए लिखती हैं। मोना गुलाटी, मणिका मोहिनी, विद्या शर्मा आदि की कविताओं में सेक्स और निषेध स्थायी रूप में दिखाई देने लगे थे।

इस समय आन्दोलन/ वाद से इतर स्त्री कविता भी अपना एक अलग मुकाम बना रही थी। जहाँ कात्यायनी जी स्त्री शक्ति और पितृसत्ता के शोषण को व्यक्त करती हैं वही शुभा जी पितृसत्ता को नर्क का द्वार तक कह देती हैं। रजनी तिलक स्त्री का सच बयाँ करते हुए कहती हैं—

औरत औरत होती है/उसका ना कोई धर्म,
ना कोई जाति होती है

गगन गिल, अनामिका, सविता भार्गव आदि रचनाकारों ने स्त्री कविता की नयी ज़मीन ही नहीं दी अपितु अनुभव का एक विस्तृत आकाश भी प्रदान किया है। इस समय कविता में स्त्री सन्दर्भ का कोई रेशा भी अभिव्यक्ति से नहीं बच सका था। स्त्री की हर पीड़ा चाहे वह कोख से उपजी हो या महावारी से, पाठक को स्त्री पीड़ा के भीतर तक प्रवेश करा देती है। यह स्त्री रचनाकारों की कुशलता है कि स्त्री की रोज़मर्रा पीड़ा को अभिव्यक्त करने के लिए रोज़मर्रा के उपमान इस अभिव्यक्ति में सहायक हुए हैं। अनामिका कहती हैं—

मैं एक दरवाजा थी
जितना मुझे पीटा गया
उतना मैं खुलती गयी।

इस कालखंड में नीलेश रघुवंशी, सविता सिंह आदि ने स्त्री का नया चेहरा पाठक के समक्ष उपस्थित किया। यह वह संसार था जिसमें स्त्री अपनी अभिव्यक्ति के लिए बेबाक रूप धारण किये हुए थी और स्त्री के नाम पर रोने को तैयार नहीं थी। स्त्री मुक्ति का प्रश्न इसी बिन्दु पर पूर्ववर्ती काव्य से अलग कहा जा सकता है। इन कवयित्रियों ने पुरानी काव्य विषय वस्तु ही नहीं बल्कि अपना शिल्प भी बदल डाला। सविता सिंह कहती हैं—

मैं किसकी औरत हूँ/ कौन है मेरा परमेश्वर
किसके पाँव दबाती हूँ/किसका दिया खाती हूँ
किसकी मार सहती हूँ/ ऐसे ही थे सवाल उसके

इन कविताओं में विरोध के स्थान पर विडम्बना अधिक झलकती है। पहल पत्रिका से शब्द उधार लेकर कहूँ तो "समकालीन कविता की एक उल्लेखनीय शक्ति यह है कि उसके छोटे और साधारण लगने वाले अनुभव बड़े और स्तर बहुल अनुभवों से जुड़े हैं और उनमें व्यक्तिगत पीड़ाओं के माध्यम से राजनैतिक यातनाएं सामने आयी हैं।" (पहल पत्रिका 37, पृ. 7)

काव्य के साथ ही कथा साहित्य में भी विषय का विस्तार दिखता है। रचनाकारों की दृष्टि से कथा साहित्य में इस समय तीन वर्ग स्पष्ट रूप से देख सकते हैं। पहला वर्ग वह था जो प्रेमचन्द के समय से ही लेखन में सक्रिय था। जिसमें चन्द्र किरण सौनरेक्सा, कमला चौधरी इत्यादि स्त्री रचनाकार इस समय भी अपना लेखन जारी रख रखी थीं। इसके बाद दूसरी पीढ़ी है वह शिवानी, मन्नू भण्डारी, उषा प्रियंवदा, कृष्णा सोबती, ममता कालिया, शशि प्रभा शास्त्री इत्यादि की है जो अपने स्वतन्त्र विचार और बोल्ड लेखन के लिए काफ़ी तेज़ी से प्रसिद्ध हुई। इनमें कुछ रचनाकार

आज भी अपने लेखन से हिन्दी के स्त्री साहित्य को समृद्ध कर रही हैं। इसके पश्चात जो तीसरी पीढ़ी इस समय लेखन में सक्रिय रहती है वह मृणाल पांडे, चित्रा मुद्गल, राजी सेठ, सुधा अरोड़ा, सूर्यबाला इत्यादि की है जिनमें से समकालीन समय में भी कुछ रचनाकार हिन्दी में निरन्तर लिख कर हिन्दी की श्री वृद्धि कर रही हैं।

उपन्यास विधा के सन्दर्भ में सामाजिक, ऐतिहासिक, मनोवैज्ञानिक उपन्यास की श्रेणी अब अपनी प्रासंगिकता खो चुके थे। विषय वैविध्य के साथ ही कथ्य और सम्प्रेषण का स्वरूप बदलने के कारण उपन्यास भी बदले हैं। उपेक्षितों को स्वर देना अब प्रधान हो गया था। इसी कारण विभिन्न विमर्श हिन्दी साहित्य में तेज़ी से प्रसारित हुए। स्त्री विमर्श, दलित विमर्श, आदिवासी विमर्श, पुरुष विमर्श जैसे सभी विमर्श हमें काव्य के साथ कथा साहित्य तथा अन्य विधाओं का प्रारम्भ में देखने को मिलते हैं।

उपन्यास में विषय की विविधता इस कालखंड की विशेषता है। राजी सेठ का उपन्यास 'तत्सम' में जहाँ विधवा पुनर्विवाह की समस्या उठाई गयी है वही प्रभा खेतान के 'छिन्नमस्ता' में स्त्री उत्पीड़न को मुख्य बिन्दु बनाया गया है। नासिरा शर्मा उपन्यास 'ज़िन्दा मुहावरे' विभाजन के बाद की स्थिति को बयाँ करता है। ममता कालिया का उपन्यास 'बेघर' स्त्री के कौमार्य मिथक को यथार्थ परक रूप में व्यक्त करता है। मैत्रेयी पुष्पा का 'इदन्नममं' (1994) अविवाहित रहकर समाज सेवा की दृढ़ प्रतिज्ञा को प्रदर्शित करता है। कुसुम कुमार की 'हीरामन हाई स्कूल' में दो बेटियों की विधवा माँ की कसम संघर्ष को पढ़कर पुरानी पीढ़ी के स्त्री मुक्ति की याद आ जाती है। कृष्णा सोबती का उपन्यास 'सूरजमुखी अँधेरे के' में बलात्कार की शिकार रत्ती का मनोवैज्ञानिक चरित्र स्त्री पीड़ा का अलग रूप चित्रित करता है। उषा प्रियंवदा इस समय नयी कविता और नयी कहानी के दौर की आधुनिकता के सभी तत्त्व (अकेलापन, सन्त्रास, घुटन, अजनबीपन) अपने में समाहित किये हुए कथा साहित्य की रचना करती हैं। मन्नू भण्डारी के हर उपन्यास की पृष्ठभूमि अलग है, चाहे वह 'आपका बंटी' हो या 'एक इंच मुस्कान', या फिर 'महाभोज' हो। मृदुला गर्ग 'उसके हिस्से' की धूप 'में स्त्री स्वातन्त्र' की तलाश देह से इतर अर्थ में करती हैं। चित्रा मुद्गल ने अपने हर उपन्यास की ज़मीन अलग निर्मित की है। कहीं 'एक ज़मीन अपनी' में विज्ञापन जगत का सच है तो वहीं 'आवां' में मज़दूर जीवन संघर्ष का चित्र है। चन्द्रकान्ता के सभी उपन्यास (ऐलान गली ज़िन्दा है, यहाँ वितस्ता बहती है और कथा सतीसर) कश्मीर का रक्तरंजित रूप और उसकी पीड़ा को व्यक्त करते हैं। यहाँ कश्मीर के सन्दर्भ में क्षमा कौल के उपन्यास 'दर्दपुर' और

'मूर्ति भंजन' का उल्लेख भी आवश्यक है जिसे पढ़कर दर्द भी तड़प उठता है। वीणा सिन्हा (उपन्यास पथ प्रज्ञा), चित्रा चतुर्वेदी (उपन्यास महाभारती तथा तनया) पौराणिक कथाओं को वर्तमान सन्दर्भों में व्याख्यायित करती हैं और पात्रों के माध्यम से एक नयी अर्थवत्ता देती हैं। स्त्री रचनाकारों का विषय का इतना वैविध्यपूर्ण चित्रण इस कालखंड में उनकी परिपक्व अस्मिता की स्थापना की घोषणा करता है। राजनीतिक परिस्थितियों के चित्रण में भी स्त्री रचनाकारों ने निरन्तर प्रगति ही की है, जहाँ एक तरफ़ 'महाभोज' में हम सामन्तवादी दासता और उसमें शोषित गाँव को देखते हैं वहीं मैत्रेयी पुष्पा 'चाक' में एक ऐसी स्त्री का चित्रण करती हैं जो राजनीतिक चेतना से लैस है और स्त्री की राजनीतिक स्थिति को आईने की तरह साफ़ दिखाती है। यह सभी रचनाकार कहानी लेखन में भी सक्रिय रही हैं।

इस कालखंड में कहानी विधा भी परिपक्व और मज़बूत स्वरूप को प्रकट करती है। अकहानी आन्दोलन की जब चर्चा होती है तब मणिका मोहिनी की कहानी 'एक ही बिस्तर' का विशेष रूप से उल्लेख किया जाता है। एक ही बिस्तर कहानी दाम्पत्य सम्बन्धों की नीरसता और अपने आपको ज़बरदस्ती जुड़े रहने की यान्त्रिक जीवन शैली को प्रदर्शित करती है। औपचारिकता का ठंडापन इस कहानी का मुख्य तथ्य है। अकहानी के अन्तर्गत काम, समलैंगिकता आदि प्रकार की कहानियाँ तो हैं ही साथ ही पशु सम्पर्क की कहानियाँ भी हैं। मणिका मोहिनी की कहानी 'एक मेरा दोस्त' इसी प्रकार की कहानियों की श्रेणी में कही जा सकती है। वेदप्रकाश अमिताभ जनवादी कहानी आन्दोलन में चित्रा मुद्गल की कहानियों को सम्मिलित करते हैं। नयी कहानी आन्दोलन के अन्तर्गत उषा प्रियंवदा, मन्नू भण्डारी, कृष्णा सोबती इत्यादि महत्त्वपूर्ण लेखिकाएँ पाठकों के सामने आती हैं। लघु कथा के अन्तर्गत चित्रा मुद्गल की 'रिश्ता' कहानी को वेदप्रकाश अमिताभ विशेष रूप से रेखांकित करते हैं।

इस समय कहानियों में प्रवृत्तियों को ढूँढ़ना क्लिष्ट कार्य हो गया था। इन कहानियों में विषय का वैविध्य है साथ ही कथानक का ह्रास भी है। इस दौर में लिखी जाने वाली कहानियाँ क्षण या मूड पर आधारित होने के साथ बोल्ड हैं और समय के साथ इस प्रवृत्ति में भी परिवर्तन होता है। सर्वाधिक प्राथमिकता पुराने मूल्यों को अस्वीकार करने, बोल्ड और आधुनिक सन्दर्भ में बने रहने की अभिलाषा इस युग की कहानीकारों में दिखाई देती है। दीप्ति खंडेलवाल की कहानी 'मूल्य', मृणाल पांडे की कहानी 'शरण की ओर', शशि प्रभा शास्त्री की कहानी 'बीच की कड़ियाँ', कृष्णा अग्निहोत्री की कहानी 'एक और अश्वत्थामा', मृदुला गर्ग की कहानी अलग-अलग कमरे इसी प्रकार की कहानियाँ हैं। इस दौर में कथा

साहित्य में स्त्री देह के प्रति विचारों में परिवर्तन दिखाई देता है। दीप्ति की कहानी 'देह की सीता' देह की पवित्रता की परम्परागत अवधारणा की आलोचना करती है। गीतांजलिश्री की कहानी 'बेलपत्र' जातिगत वैमनस्य और साम्प्रदायिकता की परतों को उघाड़ती है।

इस समय कुसुम चतुर्वेदी अपनी कहानियों (तीसरा यात्री) में मध्य वर्ग और उर्मिला शिरीष (केंचुली) परिवार और स्त्री को केन्द्र में रखती हैं। नमिता सिंह समाज के जटिल यथार्थ (जंगल गाथा) को और गीतांजलिश्री (वैराग्य) जीवन को अपनी कहानियों में व्याख्यायित करती हैं। सारा राय (अबाबील की उड़ान), मुक्ता (पलाश बन के घुँघरू), लवलीन (चक्रवात), उषाकिरण खान (दूबधान) आदि ने कहानी विधा को एक नयी और ख़ूबसूरत भावभूमि प्रदान की जिससे स्त्री कहानी विधा समर्थ और मुकम्मल हुई। पर्यावरण विमर्श आज तेज़ी से अपनी सीमा का विस्तार कर रहा है परन्तु पूर्व में भी हम इस विषय को हिन्दी साहित्य में रूपायित देखते हैं। इस सन्दर्भ में अलका सरावगी का 'एक पेड़ की मौत', मृदुला गर्ग का '21१वीं सदी का एक पेड़' को हम विशेष रूप से सन्दर्भित कर सकते हैं जिसमें इस पृथ्वी को बचाने की पीड़ा झलकती है।

इस कालखंड पर विचार किया जाये तो विषय का विस्तार पूर्व काल से ज़्यादा रहा है। दिनेश नन्दिनी डालमिया में जहाँ खुरदुरा यथार्थ है, वहीं शिवानी में कोमल यथार्थ की झलक दिखती है। शशि प्रभा शास्त्री वर्तमान पीढ़ी की समस्याओं को केन्द्र में रखती हैं तो राजी सेठी स्त्री पुनर्विवाह का प्रश्न यथार्थवादी तरीक़े से उठाती हैं। कान्ता भारती और उषा प्रियंवदा को पढ़कर यह लगता है कि वह जीवन की अन्तरंगता को पन्ने पर उतारने में कुशल हैं। मंजुल भगत ने निम्न मध्यवर्गीय स्त्री जीवन को अपनी रचनाओं में उकेरा है तो मृदुला गर्ग ने अभिजात वर्ग की स्त्री के सरोकारों को उठाया है। सूर्यबाला की रचनाओं में निम्न मध्यवर्गीय परिवार की झलक दिखाई देती है और चन्द्रकान्ता मध्यवर्गीय स्त्री को केन्द्र में रखती हैं। ममता कालिया ने स्त्री को ही नहीं बल्कि व्यापक सामाजिक सन्दर्भों को भी अपनी रचनाओं में रेखांकित किया है। मेहरुन्निसा परवेज अनादि काल से चली आ रही नारी के अभिशप्त जीवन की समस्याओं को रेखांकित करती हैं। चित्रा मुद्गल व्यवसाय, उपभोक्तावादी संस्कृति के मध्य शोषण की घटनाओं को गति देती हैं। कृष्णा सोबती एक नयी भूमि लेकर के हिन्दी साहित्य में आती हैं जो अपनी बोल्डनेस के लिए सदैव याद की जायेंगी। उषा प्रियंवदा जहाँ प्रवासी मन के साथ स्त्री-पुरुष सम्बन्धों के नये मानदंड बनाती हैं वही मन्नू भण्डारी साहित्य में संवेदना की अलग-अलग रंगों से आकृति बनाती हैं।

कहीं 'आपका बंटी' में बाल मन है तो कहीं 'महाभोज' में 'दास' का राजनीतिक चरित्र है। मृणाल पांडे ने पहाड़ी अंचल संस्कृति को अपनाया है।

कमल कुमार ने मध्यवर्गीय युवा वर्ग की भूमिकाओं को बख़ूबी चित्रित किया है। नासिरा शर्मा एक मानवधर्मा लेखिका के रूप में अपनी पहचान बना चुकी हैं। प्रभा खेतान की रचनाओं में स्त्री जीवन के रेशे की कई परतें खुलते दिखते हैं। मैत्रेयी पुष्पा और उषाकिरण खान अंचल के रंग में लपेटा हुआ सच कहने का साहस दिखाती हैं। गीतांजलिश्री की कथ्य और शिल्प दोनों प्रयोगधर्मी संवेदनात्मक है। गीतांजलि हिन्दी साहित्य में समलैंगिक सम्बन्धों को नये सन्दर्भ में व्याख्यायित करती हैं। मधु कांकरिया का विषय क्षेत्र नयी पीढ़ी की नशाखोरी से लेकर नक्सलवादी आन्दोलनों तक जाता है। जया जादवानी का प्रिय विषय प्रेम है। अलका सरावगी यथार्थ और फैंटेसी के लिए हिन्दी साहित्य में लम्बे समय तक याद की जायेंगी। नीरजा माधव ने स्त्री मुक्ति को पारिवारिक जीवन से जोड़कर उसकी जड़ों से मुक्ति के अर्थ में रखा है। उषाकिरण खान अंचल विशेष में मानवता के बीज तलाश करती हुई दिखाई देती हैं। लवलीन, सारा राय, मुक्ता, अलका सरावगी, उर्मिला शिरीष, जया जादवानी आदि सभी लेखिकाओं में अनुभव का विशाल संसार समाहित है जिसे एक साथ उल्लेखित करना दुष्कर कार्य है।

स्त्री रचनाकारों के कथा साहित्य को पढ़कर के यह अनुभव होता है कि पूर्व के कथा साहित्य से इस युग के कथा साहित्य में आशातीत सकारात्मक प्रगति देखी जा सकती है। मध्यवर्गीय पारिवारिक जीवन के अन्तर्विरोध, पुरुष प्रधान समाज में अपनी अस्मिता की पहचान बनाने के लिए संघर्षरत स्त्री के साथ ही, जीवन के विविध आयामों में अपने को स्थापित करती स्त्री के साथ सामाजिक, राजनीतिक, आर्थिक परिवेशों के मध्य स्त्री जीवन पर रचनाकारों ने अपनी लेखनी चलाई है। रामचन्द्र तिवारी 'हिन्दी का गद्य साहित्य' में कहते हैं—"अनेक कथा लेखिकाओं ने मानव जीवन को समग्रता और संश्लिष्टता में पहचानने की कोशिश की है। इसके अतिरिक्त पिछले कुछ वर्षों में स्त्री केन्द्रित लेखन अन्तरराष्ट्रीय विस्तार पा चुका है। अब तो लगने लगा है कि हिन्दी की नयी पहचान का श्रेय महिला लेखिकाओं को ही मिलेगा।" (पृष्ठ 288)

कथा साहित्य के अतिरिक्त की अन्य विधाओं में भी इस कालखंड में स्त्रियों का सृजन बना रहा है। नाटक विधा की चर्चा अगर हम करें तो मन्नू भण्डारी का नाटक 'बिना दीवारों का घर' पति-पत्नी के जीवन को मंच पर प्रस्तुत करने में पूर्णत: सफल रहा है। शान्ति मेहरोत्रा के नाटक 'एक और दिन', 'ठहरा हुआ पानी' आधुनिक

मध्यवर्गीय परिवार की बिखराव की कथा को कहती हैं। मृदुला गर्ग के 'नाटक 'एक और अजनबी', 'तीन क़ैदें' अपने मंच की सफलता के लिए हिन्दी साहित्य में जाने जाते हैं। इनके नाटकों का विषय बाल मज़दूरी, स्त्री अस्मिता, प्रेम आदि हैं। मृणाल पांडे नाटक 'जो राम रचि राखा' 'आदमी', 'जो मछुआरा नहीं था' में भ्रष्टाचार, अमानवीयता, राजनीति, ईमानदार मनुष्य की पीड़ा को व्यापक सामाजिक सन्दर्भों में देखा गया है। इनके नाटकों में राजनीति, स्वार्थ, भ्रष्टाचार, धर्म आदि केन्द्र में रहते हैं।

कंचनलता सब्बरवाल का ऐतिहासिक नाटक 'आदित्यसेन गुप्त' (1942) में प्रकाशित हुआ जो मगध की राजकुमारी देवप्रिया के साहस और शौर्य का चित्रण है। 'अमिया', 'अनन्ता', 'लक्ष्मी बाई', 'आँधी और तूफ़ान' आदि अनेक नाटक लिखकर कंचन जी ने हिन्दी नाट्य परम्परा को समृद्ध किया है। इनके नाटक जयशंकर प्रसाद की भाँति देश प्रेम से ओतप्रोत रहे हैं। मालती श्रीखंडे का नाटक 'वीरांगना' (1970) में स्त्रियों द्वारा देश के विकास में कैसे सहयोगी है इसकी रूपरेखा देखने को मिलती है।

शारदा मिश्रा का ऐतिहासिक नाटक 'आमेर की सरस्वती' (1965) जोधाबाई के ऊपर केन्द्रित है। साम्प्रदायिक आधार पर एक स्त्री की आस्था उसके दर्द और आघात को इस नाटक में वर्णित किया है। नाटककार स्नेह का 'कल और आज' (1955) नाटक सामाजिक रूढ़ियों और स्त्रियों की समस्याओं के साथ ही हिन्दू कोड बिल इत्यादि के माध्यम से स्त्री जागरूकता का चित्रण करता है जो तत्कालीन समाज में सराहनीय और साहसी क़दम कहा जा सकता है।

क़ुदसिया ज़ैदी ने 1955 में हिन्दुस्तानी थिएटर को स्थापित करके हिन्दी नाटक में अपना विशिष्ट योगदान दिया है। इनका नाटक 'जानहार' लखनऊ की वेश्या और उनकी समस्याओं को एक स्त्री के रूप में केन्द्र में रखा है। इसी प्रकार रूपमती किरण कृत 'वसन्त तिलका' (1965) पौराणिक नाटक है जिसमें पौराणिक आख्यान के माध्यम से वेश्या के जीवन के कष्ट, उसकी पीड़ा का मार्मिक चित्रण मिलता है।

विमला रैना का नाटक 'तीन युग' (1958) में तत्कालीन समाज की सामाजिक-राजनीतिक घटनाओं को ख़ूबसूरती से प्रस्तुत किया है। विमला रैना ने रंगशाला संस्था को स्थापित किया था। इनके अन्य नाटक 'न्याय', 'सवेरा', 'समस्या', 'खँडहर' आदि हैं। शोभना भूटानी का नाटक 'शायद हाँ' मंच पर काफ़ी चर्चित रहा है जो कल्पना पत्रिका में प्रकाशित हुआ था। इस नाटक में स्त्री-पुरुष सम्बन्धों की जटिलता और संश्लिष्टता को व्यक्त किया गया है।

लीला अवस्थी ने 1957 में रेवा प्रांगण नामक रेडियो नाटक लिखा था। इसी प्रकार शान्ति मेहरोत्रा का रेडियो नाटक 'ठहरा हुआ पानी' तथा 'एक दिन और'

काफ़ी सराहा गया था। गिरीश रस्तोगी रूपान्तर' संस्था की संस्थापक थीं। गिरीश रस्तोगी का नाटक 'मुझे मत मारो' स्त्री अस्मिता के प्रश्नों को उभारता है। इनकी एक विशेषता है काव्य नाटक में रूपान्तरण, जिसमें यशोधरा, प्रलय की छाया, छिन्नमस्ता, बाणभट्ट की आत्मकथा, श्रीलाल शुक्ल के उपन्यास राग दरबारी का नाट्य रूपान्तर रंगनाथ की वापसी' काफ़ी प्रसिद्ध रहे हैं।

'बीसवीं शताब्दी का हिन्दी नाटक और रंगमंच', 'हिन्दी नाटक का आत्म संघर्ष', 'हिन्दी नाटक : सिद्धान्त और अध्ययन', 'आधुनिक हिन्दी नाटक', 'समकालीन हिन्दी नाटककार', 'समकालीन हिन्दी नाटक की संघर्ष चेतना', 'नाटक और रंग-परिकल्पना', 'हिन्दी नाटक और रंगमंच : नयी दिशाएँ नये प्रश्न', रंगभाषा', 'मोहन राकेश और उनके नाटक' आदि नाट्य समीक्षा की रचनाएँ इस क्षेत्र में स्त्री रचनाकार की सशक्त उपस्थिति दर्ज करती हैं।

नादिरा जहीर ने एकजुट नाट्य संस्था की स्थापना की है। 'दयाशंकर की डायरी', 'सकूबाई', 'सुमन और सना', 'जी जैसी आपकी मर्ज़ी' नाटक लिखे हैं। नादिरा जहीर के प्रमुख नाटक दयाशंकर की डायरी तथा सकूबाई है। ऑपरेशन क्लाउडबर्स्ट नाटक साम्प्रदायिक आधार पर, जेहाद के नाम पर आतंक फैलाने पर केन्द्रित है जो अपने सन्देश में पूर्णतः सफल कहा जा सकता है।

मीरा कान्त का जन्म 1958 ई. में हुआ है। इनके प्रमुख नाटक 'ईहामृग', 'भुवनेश्वर दर भुवनेश्वर', 'नेपथ्य राग' आदि हैं। इनकी कृतियों में नाटक के अतिरिक्त 'हाइफन' कहानी संग्रह तथा 'उर्फ हिटलर' उपन्यास भी काफ़ी चर्चित रहे हैं। मीरा कान्त का नाटक 'नेपथ्य राग' उत्तर-आधुनिक युग के सन्दर्भ में लिखा गया है। स्त्री स्वतन्त्रता की या स्त्री मुक्ति की बात करने वाले स्त्री जीवन का यथार्थ नहीं देख पाते हैं इनकी रचनाओं में यह स्पष्ट झलकता है। हिन्दी साहित्य में 'दिव्या' उपन्यास का नाट्य रूपान्तरण करने के साथ ही 'भुवनेश्वर दर भुवनेश्वर' लिखकर भुवनेश्वर को वह केन्द्र में ले आती हैं।

कुसुम कुमार के नाटक हिन्दी साहित्य में काफ़ी प्रसिद्ध रहे हैं। इनके समग्र नाटकों का संग्रह भी प्रकाशित हो चुका है। इनके प्रमुख नाटक 'सुनो शेफाली', दिल्ली ऊँचा सुनती है, 'पवन चतुर्वेदी की डायरी' आदि है।

त्रिपुरारी शर्मा के नाटक 'बहू', 'बिरसा मुंडा', 'काठ की गाड़ी', सज़ा के बाद' आदि नाट्य लेखन के साथ इनके निर्देशन के लिए भी प्रसिद्ध रहे हैं। रेखा जैन ने बाल नाटक लिखे हैं। 'नटखट कृष्ण', 'बैलों की जोड़ी', 'स्वाधीनता संग्राम', 'दीवाली के पटाखे', बाल रंग आदि रचनाएँ हैं।

प्रतिभा अग्रवाल का जन्म बनारस में 1930 ई. में हुआ था। इनका नाटक सूरदास काफ़ी प्रसिद्ध रहा है। इन्होंने कई उपन्यासों पर नाट्य लेख तैयार किये जिसमें गोदान और सुहाग के नूपुर काफ़ी चर्चित रहा है। 1981 ई. में इन्होंने नाट्य शोध संस्थान की स्थापना की थी। भारतीय रंगकोश का लेखन हिन्दी साहित्य का अभूतपूर्व कार्य कहा जा सकता है। अपनी आत्मकथा 'दस्तक ज़िन्दगी की तथा मोड़ ज़िन्दगी का, के लिए यह चर्चा में रही हैं।

मैत्रेयी पुष्पा ने अपने उपन्यास 'इदन्नमम' पर 'मंदाक्रांता' नामक नाटक लिखा है जो स्त्री जीवन की कथा है। रमा पांडे का रेडियो नाटक 'गिरफ़्तारी' आम आदमी और व्यवस्था की विसंगतियों पर केन्द्रित है। इन्दिरा दांगी का नाटक 'आचार्य' 2016 में प्रकाशित हुआ था जो नाटक साहित्य जगत की विडम्बना को प्रस्तुत करता है।

विभा रानी का नाटक 'आओ तनिक प्रेम करें', 'दूसरा आदमी दूसरी औरत', स्त्री-पुरुष सम्बन्धों को अनोखे ढंग से प्रस्तुत करता है।

माधुरी सुबोध का नाटक 'मन वृन्दावन', 'फिर साँझ' कई नाटक के मंचों पर मंचित हुआ है। आशा वर्मा के दो नाटक 'आत्महत्या की दुकान', 'आफ़त के बम का गोला और यह लड़कों का टोला चर्चा में रहें है। इनके उपन्यास 'रूप-रुपैया', 'मत कर इतना प्यार', इक्कीसवीं सदी का अकबरनामा हैं।

आत्मकथा लेखन एक सशक्त विधा है। इस कालखंड में कई प्रतिभा सम्पन्न स्त्री लेखिकाओं ने आत्मकथा का सृजन किया है। इन आत्मकथाओं में प्रतिभा अग्रवाल कृत 'दस्तक ज़िन्दगी की', कृष्णा अग्निहोत्री कृत 'लगता नहीं है दिल मेरा', पद्मा सचदेव कृत 'बूँद बावड़ी', मैत्रेयी पुष्पा कृत 'कस्तूरी कुंडल बसे', रमणिका गुप्ता कृत 'हादसे', मन्नू भण्डारी कृत 'एक कहानी यह भी', प्रभा खेतान कृत 'अन्या से अनन्या', चन्द्र किरण सौनरेक्सा कृत 'पिंजरे की मैना' प्रसिद्ध रहे हैं। यहाँ राजेन्द्र यादव और अर्चना वर्मा द्वारा सम्पादित 'देहरी भई विदेश' का उल्लेख करना अनिवार्य है जिसमें 20 लेखिकाओं के आत्मकथ्य संकलित हैं। इसके दस्तावेज़ शीर्षक में मीराबाई, एक अज्ञात हिन्दू औरत, दुखनी बाला, महादेवी वर्मा और शिवरानी देवी की आत्मकथा संग्रहित है जो दुर्लभ कहे जा सकते हैं।

जीवनी साहित्य की चर्चा की जाये तो शान्ति जोशी कृत 'सुमित्रानन्दन पन्त जीवन और साहित्य', कमला सांकृत्यायन कृत 'महामानव महापंडित', प्रतिभा अग्रवाल कृत 'प्यारे हरिश्चन्द्र जू' (1997), सुलोचना रांगेय कृत 'रांगेय राघव एक अन्तरंग परिचय' (1997), बिन्दु अग्रवाल कृत 'स्मृति के झरोखे से' (1999, भारत भूषण अग्रवाल की जीवनी), गायत्री 'कमलेश्वर कृत कमलेश्वर' मेरे हमसफ़र (2005),

कुमुद नागर कृत 'वट वृक्ष की छाया में' (2006, अमृत लाल नागर की जीवनी), महिमा मेहता कृत 'उत्सव पुरुष: नरेश मेहता' (2003) कृतियाँ विशेष प्रसिद्ध हैं।

यात्रा साहित्य अपने आप में एक रोमांचकारी विधा है। स्त्री रचनाकारों द्वारा रचित इस कालखंड की कुछ प्रसिद्ध यात्रा साहित्य का उल्लेख करना आवश्यक हैं। लक्ष्मी देवी चुंडावत ने यात्रा संस्मरण 'हिन्दू कुश के उस पार' (1966) लिखा था। दुर्गावती सिंह का 'सीधी सादी यादें' 1976 में प्रकाशित हुआ था। शिवानी का यात्रा संस्मरण 'यान्त्रिक' (1981), 'चरैवेति चरैवेति' (1987), कुमुद का यात्रावृत्तान्त 'केदार के पथ पर' (1981), इन्दु जैन का 'पत्तों की तरह चुप' (1987), शशि प्रभा शास्त्री का 'सागर पार का संसार' (1988) 'थेम्स में बहती गंगा' (1987), पुष्पा भारती का 'सफ़र सुहाने' (1994), कुसुम अंसल का 'स्मृतियों का अतीत' (1998) निर्मला भुराडिया का 'कठोर डग सधे क़दम' (1998) इन्दु जैन का 'सौन्दर्य की नदी नर्मदा' (1992), नासिरा शर्मा का 'जहाँ फव्वारे लहू रोते हैं' (2003), तथा पद्मा सचदेव का यात्रावृत्त मैं कहती आँखिन की देखी अपने मनमोहक और रुचिकर प्रसंग के कारण चर्चित रहे हैं।

संस्मरण विधा की बात की जाये तो प्रतिभा अग्रवाल कृत 'सृजन का सुख-दुख' (1981), पद्मा सचदेव कृत 'दीवानखाना' (1989), 'मितवा घर' (1995), 'अमराई' (2000), अनीता राकेश कृत 'सन्तरे', बिन्दु अग्रवाल कृत 'भारत भूषण अग्रवाल : कुछ यादें कुछ चर्चाएँ' (1989), 'यादें और बातें' (1998), कृष्णा सोबती कृत 'हम हसमत' अपनी अलग पहचान रखते हैं।

पत्र साहित्य में अक्षर 'अक्षर यज्ञ' (1999 पुष्पा भारती) 'पत्राचार' (बिन्दु अग्रवाल 2001) और साक्षात्कार साहित्य में 'धर्मवीर भारती से साक्षात्कार सम्पादक पुष्पा भारती, 'गाँव के मन से रूबरू' विद्यानिवास मिश्र' सम्पादन कुमुद शर्मा, 'अन्तरंग' (रामदरश मिश्र के 25 साक्षात्कार), सम्पादक डॉ. स्मृति मिश्र तथा कैलाश कल्पित का साक्षात्कार 'साहित्यकारों के संग' का उल्लेख यहाँ प्रासंगिक होगा जिसमें 9 पुरुष साहित्यकारों के साथ 10 स्त्री रचनाकारों के साक्षात्कार संकलित हैं। इन स्त्री रचनाकारों में महादेवी वर्मा, तोरण देवी शुक्ल, विद्यावती कोकिल, सुमित्रा कुमारी सिन्हा, सावित्री देवी वर्मा, शकुन्तला सिरोठिया, कंचन लता सभरवाल, शची रानी गुर्टू, रजनी पनिका, उषा देवी मित्रा के साक्षात्कार संग्रहित हैं।

हिन्दी आलोचना की चर्चा की जाये तो बंग महिला ने साहित्य में पुरुष वर्चस्व को ललकारा तो रामेश्वरी नेहरू, हेमन्त कुमारी आदि ने पत्रकारिता के द्वारा स्त्री मुक्ति का प्रश्न उठाया था और चन्द्र किरण सौनरेक्सा आदि ने पुस्तक समीक्षा का

प्रारम्भ किया था। इस कालखंड में स्त्री रचनाकार दूसरी स्त्री रचनाकारों की रचनाओं पर आलोचनात्मक लेख स्वयं ही लिखने लगी थीं। विभिन्न साहित्यिक कृतियों के पुन:पाठ और स्वतन्त्र लेख के माध्यम से स्त्री रचनाकारों ने अपना आलोचनात्मक रूप सामने रखा है। कुछ रचनाकार स्वतन्त्र पुस्तक के माध्यम से भी योगदान दे रही थीं। इसी कारण स्त्री विमर्श, दलित और आदिवासी विमर्श की ओर मुड़ने लगा था। सन् 1990 के बाद स्त्री रचनाकार स्त्री विमर्श के साथ दलित और आदिवासी विमर्श के लिए स्वतन्त्र पुस्तकें लिख कर इन विमर्शों को जन्म दिया था जिसका उल्लेख यथास्थान किया गया है। स्त्री लेखन की इस व्यापकता ने अस्मिता मूलक विमर्श का प्रारम्भ किया।

कल्पना पत्रिका के सन् 1970 के अंक में आशारानी व्होरा का लेख समसामयिक मुद्दों और साहित्य पर प्राप्त होता था जो यह बताता है कि इस कालखंड में भी समसामयिक मुद्दे स्त्री रचनाकारों द्वारा उठाये जाते थे। कल्पना में इस प्रकार के कई लेखों का समावेश दिखता है। प्रेमलता वर्मा ने अप्रैल सन् 1968 में 'समकालीन कविता: एक परिचर्चा' तत्कालीन साहित्य पर समालोचनात्मक टिप्पणियों के साथ दी है जिसे आलोचना में ना गिना जाये तो आलोचना के बीज अवश्य माना जा सकता है। इसी प्रकार से सितम्बर सन् 1968 में कान्ता जी ने भी कविता पर लम्बी चर्चा लिखी है जिससे यह आभास मिल जाता है कि महिला लेखिकाएँ हर विषय क्षेत्र में अपने विचार प्रस्तुत कर रही थीं।

रामस्वरूप चतुर्वेदी ने महादेवी वर्मा और निर्मला जैन को आलोचना की श्रेणी में विचार किया है। विश्वनाथ त्रिपाठी ने हिन्दी आलोचना में महादेवी वर्मा को रखा है। यह साक्ष्य महादेवी वर्मा को आलोचक सिद्ध करते हैं जिन पर वर्तमान आलोचक गम्भीर है अन्यथा महादेवी को छायावाद की कवयित्री के रूप में ही लम्बे समय तक जाना जाता रहा है।

तुलनात्मक आलोचना के क्षेत्र में शची रानी गुर्टू ने अपना एक अलग ही मुकाम बनाया है। शची रानी ने प्रसाद की तुलना गेटे और महादेवी की तुलना क्रिस्टीना से की है। इनकी पुस्तक 'साहित्य दर्शन' इस दृष्टि से उल्लेखनीय है। इनकी अन्य प्रमुख पुस्तक 'कला के प्रणेता', 'विश्व की महान महिलाएँ', 'महादेवी वर्मा : काव्य कला और दर्शन' हैं। कन्हैयालाल मिश्र प्रभाकर इनकी एक कृति 'आँगन के द्वार' की भी चर्चा करते हैं। इन्होंने सुमित्रानन्दन पन्त पर भी एक पुस्तक का सम्पादन किया था। पन्त जी पर शान्ति जोशी ने भी एक पुस्तक लिखी थी जिसका नाम 'सुमित्रानन्दन

पन्त : जीवन और साहित्य' है। प्रवाह पत्रिका के सम्पादन काल में भी शची जी ने आलोचना का स्तर उत्कृष्ट रखा था।

'हिन्दी साहित्य का संक्षिप्त इतिहास' में डॉ. मधु धवन ने शची रानी के साथ पद्मावती शबनम के नाम का भी उल्लेख किया है। पद्मावती शबनम की पुस्तक 'मीरा' व्यक्तित्व और कृतित्व' मीरा के सम्पूर्ण व्यक्तित्व को प्रस्तुत करती है। इसी के साथ सन् 1976 में रेखा खरे ने 'निराला की कविताएँ और काव्य भाषा' लिखकर निराला पर व्यापक चर्चा की है।

सन् 1951 में प्रतीक पत्रिका में अज्ञेय ने 'साहित्य की नयी दृष्टि' शीर्षक से एक स्तम्भ प्रारम्भ किया था जिसमें कपिला मलिक ने धर्मवीर भारती, विद्यानिवास मिश्र और प्रभाकर माचवे की समीक्षा की थी।

आलोचना के क्षेत्र में सावित्री सिन्हा का भी नाम बड़े आदर के साथ लिया जाता है। उनकी पुस्तक 'मध्यकालीन हिन्दी कवयित्रियाँ वस्तुत: उनका शोध ग्रन्थ रहा है जिसने हिन्दी के स्त्री इतिहास में एक महत्त्वपूर्ण भूमिका निभाई है। इसके अतिरिक्त सावित्री जी ने युगचरण दिनकर, ब्रजभाषा के कृष्ण भक्ति काव्य में अभिव्यंजना शिल्प, काव्य कला, अनुसन्धान का स्वरूप, अनुसन्धान की प्रक्रिया आदि प्रमुख कृतियों की रचना की है। हिन्दी साहित्य का वृहद इतिहास जो नागरी प्रचारिणी सभा द्वारा निर्मित किया गया है, उसका ग्यारहवें भाग 'उत्कर्ष काल' जो नाटक से सम्बन्धित है, दशरथ ओझा के साथ पूर्ण करने का कार्य भी किया है। सावित्री सिन्हा के बाद सरला माहेश्वरी की पुस्तक 'नारी प्रश्न' चर्चा में रही थी।

महादेवी वर्मा का नाम किसी भी साहित्य प्रेमी के लिए अनजान नहीं है। उनके निबन्ध 'श्रृंखला की कड़ियाँ', 'विवेचनात्मक गद्य', 'साहित्यकार की आस्था' तथा 'संकल्पिता' में उनका आलोचक रूप निखरकर आया है। महादेवी वर्मा के बाद आलोचना के पुरुषवादी तिलस्म को प्रखर रूप से निर्मला जैन ने तोड़ा परन्तु इस बीच स्त्री आलोचना का समय शून्य नहीं कहा जा सकता है। निर्मला जैन ने काव्य शास्त्र जैसे क्षेत्र में अपनी क़लम चलाई जिस ओर अभी स्त्री आलोचक नहीं गयी थी। निर्मला जी ने 'रस सिद्धन्त और सौन्दर्य शास्त्र', 'पाश्चात्य साहित्य चिन्तन' जैसी कृतियों के साथ आलोचना के नवीन द्वार खोले।

निर्मला जैन के बाद हम अर्चना वर्मा का नाम आलोचना में बड़े गर्व से ले सकते हैं। वर्तमान साहित्य का आलोचना विशेषांक 2 में अर्चना वर्मा पर हमें पर्याप्त सामग्री मिलती है। जून 2002 में अपराजिता अपने लेख 'सदी की स्त्री आलोचना'

में बताती हैं कि निर्मला जैन के बाद अर्चना वर्मा को ही समग्र आलोचक स्वीकार करना चाहिए। इनकी प्रमुख पुस्तकें 'अस्मिता का स्त्रीवादी स्वर', 'निराला के सृजन सीमान्त' हैं। अर्चना जी की मृत्यु के पश्चात् कथादेश पत्रिका ने उन पर विशेषांक भी प्रकाशित किया जो श्रद्धांजलि स्वरूप था।

यहाँ पर कथादेश पत्रिका के जून 2012 अंक की चर्चा करना भी आवश्यक प्रतीत होता है जिसमें औरत के नज़रिए से स्तम्भ में 'व्याधि पर कविता या कविता की व्याधि' नामक लेख में शालिनी माथुर ने अनामिका की (उद्धृत स्तन कविता) कविताओं को पोर्नोग्राफी की शास्त्रीय रचना कहकर लम्बी चर्चा छेड़ दी थी। इनका एक और लेख तहलका पत्रिका में काफ़ी वाद-विवाद में रहा था जिसका शीर्षक था 'मर्दों के खेला में औरतों का नाच' इस लेख में शालिनी माथुर ने स्त्री लेखन में देह के खुले चित्रण पर अनेक प्रश्न चिन्ह लगाएँ तथा महिला लेखन की पैनी और यथार्थवादी पड़ताल की है कि कैसे पुरुष सम्पादक और प्रकाशक के इशारे पर स्त्री देह का अनावृत्त चित्रण साहित्य में हावी होता जा रहा है। इनके अतिरिक्त शालिनी का अन्य चर्चित लेख 'कहेगी तो बेघर होकर रहेगी', 'नारीवादी आन्दोलन पर एक नारीवादी का अन्तर्दर्शन', 'नवरीतिकालीन सम्पादक और उनके चीयर लीडर्स', 'मृतात्माओं का जुलूस' आदि हैं।

इन रचनाकारों के अतिरिक्त कुछ स्त्री रचनाकार अपने लेख और पुस्तकों तथा सम्पादित पुस्तकों के माध्यम से आलोचना में अन्य विधा के साथ सक्रिय रही हैं जैसे अनामिका (स्त्रीत्व का मानचित्र), सुधा अरोड़ा (मन्नू भण्डारी : सृजन के शिखर, मन्नू भण्डारी का रचनात्मक अवदान), ममता कालिया (बीसवीं सदी का महिला लेखन), गीताश्री (औरत की बोली) आदि हैं। सभी स्त्री आलोचकों ने हिन्दी की सशक्त विधा के रूप में आलोचना को स्थापित किया है और अनेक विमर्शों को जन्म दिया है।

पत्रकारिता के क्षेत्र में पुनर्जागरण काल में विशेष कार्य हुए जो स्त्री चेतना के विकास में बहुत महत्त्वपूर्ण थे। स्वातन्त्र्योत्तर काल में इस क्षेत्र में और उन्नति ही हुई सम्पादन और लेखन दोनों क्षेत्र में स्त्रियों का योगदान बराबर बना रहा जिसका एक संक्षिप्त परिचय हम यहाँ देख सकते हैं।

रजनी परिकर पंजाब सरकार के सूचना विभाग की पत्रिका प्रदीप का 1947 में सम्पादन किया था। इंडिया मैगजीन 1980 में मुम्बई से मल्लिका सिंह ने प्रकाशित की थी। भारतीय ज्ञानपीठ की पत्रिका नया ज्ञानोदय (1949) की अध्यक्ष रमा जैन थी। सन् 1947 'नारी पत्रिका' सम्पादक सुभद्रा कुमारी चौहान और हरदेवी थीं। इस पत्रिका की संरक्षिका विजय लक्ष्मी पंडित थीं। सम्पादकीय में लिखा हुआ

है कि आज हमारा देश स्वतन्त्र हो गया है और सभी दिशा में जागरण के लक्षण प्रकट हो रहे हैं। महिला जगत को अपने समाज में अपनी स्थिति का बोध हो जाये वे उचित शिक्षा द्वारा अपना विकास कर सकें और कर्तव्य का पालन पूर्ण रूप से करें और नारियों के द्वारा राष्ट्र तथा समस्त विश्व में बन्धुत्व की भावना का प्रसार भली-भाँति हो इन्हीं उद्देश्य को लेकर आज हम पाठकों के समक्ष नारी को लेकर उपस्थित हुए हैं।

सुचित्र पत्रिका 1964 में सत्या जैन का लेख सिनेमा या पिकनिक या घुटन काफ़ी चर्चित हुआ था। सुचित्र पत्रिका को ही बाद में माधुरी नाम दिया गया। सरस्वती पत्रिका में भी अन्तर्राष्ट्रीय महिला वर्ष मनाये जाने की चर्चा हुई थी। आजकल पत्रिका मैं अर्चना वर्मा का लेख चंडिका की आधी छवि बनाम आधुनिकता के चेहरे में स्त्रियों की बदलती हुई विचारधारा को रेखांकित किया गया है। आजकल पत्रिका में शकुन्तला शर्मा, स्नेह लता, चन्द्रकान्ता, अरुणा कपूर, क्षमा शर्मा इत्यादि के लेख समय-समय पर प्रकाशित होते रहते थे। लोक शिक्षक पत्रिका के महिला विशेषांक जिसमें आदर्श महिलाओं रानी लक्ष्मीबाई, कस्तूरबा गांधी, जानकी देवी बजाज इत्यादि की जानकारी के साथ उनके चित्र को भी प्रकाशित करने का नवीन कार्य हुआ था। महिला साहित्यकार विशेषांक की सम्पादक डॉ. गायत्री व्यास ने अपनी पत्रिका में 125 विदुषियों की जानकारी दी जिसमें मीराबाई, महादेवी वर्मा, मृणाल पांडे, शकुन्त माथुर, विद्यावती कोकिल, कृष्णा सोबती, उषा प्रियंवदा, आशापूर्णा देवी जैसी लेखिकाओं के चित्र भी प्रकाशित किये गये थे। सम्पादकीय में वे लिखती हैं—"आज के युग में महिलाएँ सभी कार्य श्रेणी में अग्रणी हैं। साहित्य लेखन में भी उनका योगदान अभिनन्दन रहा है। कहानी के क्षेत्र में तो जैसे वे छा गयी हैं।"

सन् 1948 में बाल भारती पत्रिका प्रकाशन विभाग दिल्ली की सम्पादक सावित्री देवी वर्मा थी। 1948 में ही किसान सेवक का सम्पादन सत्यवती जी ने किया था। 1951 में राजकमल की सम्पादक राजकुमारी बघेल थीं जिसमें उन्होंने स्त्री क्रय-विक्रय पर बहुत बोल्ड तरीक़े से लेख लिखा और स्त्रियों को बेचने का विरोध किया। 1950 में धर्मयुद्ध पत्रिका से शीला झुनझुनवाला महिला जगत के सम्पादन में आती हैं। उन्होंने अनुजा और कादम्बिनी का सह-सम्पादन भी किया था। पत्र अंगार 1952 जिसकी सम्पादक कमला सिंह थीं। 1954 में शरद का सम्पादन नलिनी सहाय ने किया इसमें सामाजिक जीवन में भारतीय स्त्रियाँ नारी की पराधीनता, नारी शिक्षा इत्यादि विषयों पर अनेक लेख प्रकाशित हुए। सरकारी पदों पर महिलाओं की नियुक्ति का प्रश्न के माध्यम से नलिनी सहाय ने इस क्षेत्र में स्त्रियों को आगे आने के लिए प्रेरित किया।

1955 में कहानियाँ पत्रिका शकुन्तला जी के सम्पादन में पटना से प्रकाशित हुई। इस मासिक कथा पत्रिका में हिन्दी के अतिरिक्त अन्य भारतीय भाषाओं एवं विदेशी साहित्य के अनुवाद भी रहते थे। इस पत्रिका की रामवृक्ष बेनीपुरी और विश्वनाथ प्रसाद इत्यादि ने भी सराहना की है। सन् 1959 में प्रकाशित संस्कृति पत्रिका की सम्पादक डॉ. ज्ञानवती दरबार थी। ज्ञानवती जी स्वयं अच्छी आलोचक भी थीं। राग रंग (1960) की सह सम्पादक सुकीर्ति गुप्ता थीं। सन् 1962 में इस पत्रिका ने विश्व कहानी विशेषांक प्रकाशित किया जिसकी काफ़ी सराहना हुई थी।

सन् 1964 में अनुवाद पत्रिका का सम्पादन डॉ. गार्गी गुप्ता ने किया था। अपनी सम्पादकीय ज़िम्मेदारी के सन्दर्भ में वह कहती हैं कि स्वतन्त्रता प्राप्ति के बाद हम सभी की यह ज़िम्मेदारी हो गयी है कि अपनी प्रादेशिक भाषाओं तथा राजभाषा हिन्दी की श्री विधि के लिए यथासम्भव प्रयत्न करें। इस दृष्टि से हमें मौलिक लेखन के साथ-साथ बल्कि उससे भी अधिक आज अनुवाद कार्य को बढ़ावा देना होगा। सन् 1968 में अचला शर्मा ने आवेश पत्रिका का सम्पादन किया था। यह अपने आप में साहित्यिक नवलेखन की पुस्तकाकार लघु पत्रिका थी। सन् 1984 में मृणाल पांडे ने वामा पत्रिका का सम्पादन किया। नवीन चेतना के साथ मृणाल पांडे कहती हैं कि इस पत्रिका का उद्‌देश्य इस भ्रान्ति को मिटाना है कि महिला पत्रिका अबला जीवन की दुख भरी राम कहानी है। सन् 1986 में वैचारिकी संकलन का सम्पादन मणिका मोहिनी ने किया था। मणिका मोहिनी साहित्य कला वार्षिकी भी निकालती रहती थीं। 1989 में लोक पत्रिका सम्पादित राजेश्वरी शांडिल भोजपुरी भाषा में प्रकाशित अपने आप में अनोखी पत्रिका थी। क्षेत्रीय भाषाओं की दृष्टि से यह नवीन प्रयास था। सन् 1990 नारी क्रीड़ा की सम्पादक पुष्पलता सक्सेना थीं। पत्रिका में साहित्य के साथ स्त्री शिक्षा और चेतना के विकास का निरन्तर प्रयास किया गया है। सन् 1995 में ऋता सम्पादक मिथिलेश दीक्षित स्वयं अच्छी स्तम्भकार थीं। साहित्य पर हावी होती राजनीति पर अधिकांश व्यंग्य है। रेनू दीवान ने नारी संवाद पत्रिका का सन् 1943 में सम्पादन किया। लोकसभा चुनाव और महिलाएँ जैसे लेखों के माध्यम से महिला जागरूकता का प्रयास किया है। इन्होंने दलित महिला विशेषांक का भी प्रकाशन किया। नारी अस्मिता का सन् 1994 ई. में सम्पादक रचना निगम ने किया है। रचना अपने लेखों के कारण भी काफ़ी जानी जाती हैं। उनके तीखे लेख पाठकों को व्यथित कर देते थे। वह कहती हैं कि आज से 50 वर्ष पूर्व लड़ी गयी आज़ादी की लड़ाई में स्त्रियों का योगदान कम नहीं रहा है। जब हम भारतीय नारियाँ उस वक़्त देश की राजनीतिक आज़ादी के लिए संघर्ष कर रही थीं तो अब स्वतन्त्र देश में संवैधानिक

समानता के अधिकार न होने पर भी परतन्त्रता की बेड़ियों में क्यों जकड़ा हुआ है? सुनीता खत्री ने संवाद और हस्तक्षेप (1996) का सम्पादन किया है। प्रतिष्ठित पत्रिका साहित्य अमृत की सन् 1995 में संयुक्त सम्पादक के रूप में कुमुद शर्मा रही हैं यह एक अच्छी लेखिका भी रही हैं। अपनी पुस्तक हिन्दी के निर्माता में वह राजा शिवप्रसाद सितारे हिन्द से लेकर धूमिल तक विचार-विमर्श करती हैं।

इस समय की पत्रकारिता के सम्बन्ध में कहा जा सकता है कि घरेलू कामकाज की सीमा से अलग स्वास्थ्य, शिक्षा, समाज निर्माण में स्त्रियों की सहभागिता को केन्द्र में रखकर के सम्पादन व लेखन किया गया है। सम्पादन हो चाहे लेखन आर्थिक-सामाजिक-साहित्यिक इत्यादि समस्याओं पर स्त्रियों ने लिखा है। महिला संसार जैसी पत्रिकाएँ जहाँ स्त्रियों के उत्थान पर विचार करती हैं वहीं महिला जैसी पत्रिकाएँ महिला आयोग की गतिविधियों की जानकारी देती थीं। स्त्री सुधार, स्त्री जागरण के सन्दर्भ में विभिन्न सम्पादन व लेखन पत्र-पत्रिकाओं में मिलते हैं जिसमें साहित्यिक लेख भी समाहित हैं।

वागर्थ पत्रिका में प्रकाशित लेख हिन्दी की साहित्यिक पत्रकारिता और स्त्री प्रश्न में लिखा गया है कि हिन्दी की साहित्यिक पत्रकारिता पुनर्जागरण काल में एक मिशन थी। स्वाधीनता के उषाकाल से लेकर आपातकाल तक वह एक व्यवसाय के रूप में उभरी एक ऐसा व्यवसाय जिसकी मिशनरी वैभव बीच-बीच में दमक जाता था ख़ासकर शीत युद्ध, बांग्लादेशी युद्ध अकाल, आपातकाल आदि के समय रांगेय राघव, धर्मवीर भारती, मुक्तिबोध, नासिरा शर्मा आदि साहित्यकारों ने ख़ुद मोर्चों पर जाकर जो विशिष्ट रिपोर्ताज लिखें और धर्मयुग, दिनमान आदि पत्रों ने भी जिस तरह अपने हृदय में साहित्यिक कोना बनाया वह हिन्दी पत्रकारिता के आत्म गौरव के क्षण थे।

इसके अतिरिक्त प्रमुख पत्र-पत्रिकाओं का एक छोटा विवरण देखा जा सकता है—

रामराज्य पत्रिका	- 1942, संचालिका लक्ष्मी देवी
हमारा संग्राम	- 1942, सुभद्रा जोशी, कानपुर
धर्म युद्ध	- 1950, संस्थापिका नन्दिनी डालमिया /संचालिका सुशीला भार्गव
राजीव पत्रिका	- 1950, कमलिनी मनमाडे
आरसी पत्रिका	- 1951, लीला प्रकाश कानपुर
दैनिक प्रताप	- 1955, से 1965 तक रमा विद्यार्थी

कोमा - 1967, सम्पादक हरीतिमा कुमार
नारी मंगल - 1966, सुशीला माथुर
कालिक पुनश्च - 1978, अलका पांडे
वीर नारी सप्ताहिक पत्र - सम्पादक मुमताज जहाँ
समर लोक - 1999, मेहरुन्निसा परवेज, भोपाल
नारी का संबल पत्रिका - 2001, सम्पादक शकुन्तला
तहलका - 2004, उपाध्यक्ष मीणा तेजपाल
समीरा - 2005, कौशल्या गांधी
मन्नत - 2007, अनुराधा त्रिवेदी
साहित्य उद्‌गम - 2007, मधु शुक्ला
विज्ञान कुंज - मंजु मनीषा
पश्यन्ति सम्पादक—अमृता भारती, 1974
जागो बहन सम्पादक शान्ति ओझा, 1990

जैसा कि मैंने पूर्व में भी कहा था कि पुनर्जागरण के फलस्वरूप पुरुषों ने भी स्त्री रचनाकारों के सन्दर्भ में जागरूकता दिखाई थी। मुंशी देवी प्रसाद से प्रारम्भ इस पुनीत कार्य को सत्यप्रकाश मिलिन्द आदि रचनाकारों ने आगे बढ़ाया। सन् 1960 ई. में सत्यप्रकाश मिलिन्द द्वारा प्रकाशित हिन्दी की महिला साहित्यकार पुस्तक में कुल 106 ज्ञात/अज्ञात (कुलश्रेष्ठ इन्दिरा नूपुर, उर्मिला वार्ष्णेय, कमला दीक्षित, कमलेश सक्सेना, कान्ति वर्मा, गार्गी गुप्ता, पुष्पा सक्सेना, प्रभारानी, बुलबुल मित्रा, शकुन्तला सिरोठिया, शची रानी गुर्टू, सावित्री देवी वर्मा, सरोज लूथरा आदि) स्त्री रचनाकारों का परिचय प्राप्त होता है। इस पुस्तक की ख़ास बात यह है कि यह परिचय स्वयं रचनाकारों ने ही दिया है और सत्य प्रकाश मिलिन्द जी ने इसका सिर्फ़ सम्पादन किया है। इसी प्रकार से सन् 1962 ई. में आधुनिक हिन्दी कवियों के प्रेम गीत (सं० क्षेमचन्द्र सुमन) में 25 स्त्री कवयित्रियों का परिचय मिलता है। सन् 1989 ई. में डॉ. मीना अग्रवाल ने एक पुस्तक सम्पादित की जिसका नाम था 'बीस नदियों का संगम'। इस पुस्तक में तत्कालीन समय की प्रचलित स्त्री रचनाकारों के साथ ही कुछ विलुप्त रचनाकारों (सरोज कौशिक, बसन्त प्रभा, कमला सिंघवी, सिम्मी हर्षिता, लीला तलरेजा, चन्दा नेगी, रश्मि मल्होत्रा, पद्‌मजा घोरापड़े आदि अनजान लेखिकाओं) की कहानियों का संकलन है। सन् 1983 ई. में दिवंगत हिन्दी सेवी नामक पुस्तक में क्षेमचन्द सुमन 25 कवयित्रियों का उल्लेख करते हैं। इसमें लिंगवा, एस. लक्ष्मी,

ओमवती अग्रवाल, कनीज फातिमा, गोपाल देवी, चन्दाबाई पंडिता, जानकी देवी, एक्कावमा, तोरण देवी, पुष्पा भारती, प्रताप कुमारी बाई, प्रेम कुमारी शर्मा, प्रियंवदा गुप्ता, बुन्देल बाला, भगवती देवी, मधु अग्रवाल, ममता मालपाणी, राजरानी चौहान, रामकली प्रभा, रूप कुमारी चन्देल, शकुन्तला खरे, शिव कुँवर देवी, सत्यवती शर्मा, सुमित्रा देवी और हेमन्त कुमारी का उल्लेख मिलता है।

इन सभी प्राप्त सूचनाओं के आधार पर हम देखते हैं कि पत्रकारिता, कथा-लेखन, काव्य-लेखन के साथ ही आलोचना विधा में स्त्रियाँ लिख रही थी। यह वह समय रहा है जब प्रिंट मीडिया के साथ ही अन्तर्जाल (इंटरनेट) ने स्त्री अस्मिता के निर्माण में सहयोग दिया है। अब स्त्री रचनाकार किसी आलोचक या इतिहासकार से ओझल नहीं हो सकती हैं। विभिन्न विद्यालयों में स्त्री रचनाकारों पर शोध व स्वतन्त्र लेखन ने इस काल खंड की रचनाकारों को पाठक के सम्मुख पूरी विशिष्टता के साथ रेखांकित किया है। इंटरनेट ने स्त्री रचना-संसार को ऐसा फैलाव दिया है कि कोई भी पाठक उनसे सुगमता से सम्बद्ध हो सकता है। इसीलिए इस कालखंड तक आते-आते स्त्री रचनाकार और उनकी सभी रचनाएँ आसानी से उपलब्ध होने लगीं और स्त्री साहित्य का जो इतिहास ओझल था वह सभी के समक्ष प्रस्तुत हो गया।

(ख) अस्मिता निर्माण युग और प्रमुख स्त्री रचनाकार

इस युग में स्त्री ने अपने अस्तित्व का निर्माण ही नहीं किया बल्कि नये मानदंड भी बनाये हैं। साहित्य में इस युग के प्रारम्भ में स्त्री रचनाकार ने अपनी भूमि का निर्माण कर लिया था। यह वह समय है जब अनेक स्त्री रचनाकार विद्यालयों में पढ़ाई जाने लगी थीं और इन पर अनेक शोध हो रहे थे जिनसे हिन्दी साहित्य और समृद्ध हुआ। यह वह दौर है जब स्त्री रचनाकारों की रचनाएँ ही नहीं उन पर आलोचनात्मक ग्रन्थ भी प्रकाशित होने लगे थे। इस अध्याय में इन रचनाकारों का परिचय मात्र दिया जा रहा है। इन सभी रचनाकारों पर स्वतन्त्र पुस्तकें तथा शोध उपलब्ध हैं।

दिनेश नन्दिनी

दिनेश नन्दिनी का जन्म 16 फ़रवरी 1922 को राजस्थान में हुआ था। इन पर अब तक कई शोध और पुस्तकें प्रकाशित हो चुकी हैं। डॉ. अर्चना चतुर्वेदी की पुस्तक 'दिनेश नन्दिनी डालमिया: कृतित्व के विविध आयाम' इनके सम्पूर्ण जीवन और साहित्य को पाठक के सम्मुख स्पष्ट कर देती हैं। इनका प्रथम काव्य संग्रह और

बाती उर भारती 1937 में आया था इसके बाद इन्होंने 'मनुहार', 'सारंग', 'शांभवी', 'जागती हुई रात की औरतें' आदि काव्य संग्रह के माध्यम से हिन्दी साहित्य को समृद्ध किया है। इनका उपन्यास 'मुझे माफ करना', 'आँखों की बैसाखी', 'कन्दील का कुँआ' भी काफ़ी प्रसिद्ध रहे हैं। इनकी सम्पूर्ण रचनाएँ दिनेश नन्दिनी डालमिया प्रश्नावली 6 खंडों में उपलब्ध है। उनके उपन्यासों में विषम पारिवारिक स्थितियाँ उनके दर्द और इन सबके बीच में एक स्त्री की पीड़ा को चित्रित किया गया है। इनके उपन्यासों का मुख्य विषय स्त्री की पीड़ा, सामाजिक व्यवस्था का विरोध, मानवीय संवेदनाएँ मुख्य रूप से हैं।

सावित्री सिन्हा

सावित्री सिन्हा का जन्म 2 फ़रवरी सन् 1922 और निधन 25 अगस्त सन् 1972 ई. को हुआ था। इनकी प्रमुख कृतियाँ हैं—'मध्ययुगीन हिन्दी कवयित्रियाँ', 'ब्रजभाषा के कृष्णभक्ति काव्य में अभिव्यंजना-शिल्प', 'युगचारण दिनकर' और 'तुला और तारे'। इन्होंने सम्पादन कार्य भी बड़ी कुशलता से किया है। इनकी सम्पादित पुस्तकें हैं—'अनुसन्धान का स्वरूप', 'अनुसन्धान की प्रक्रिया', 'मुट्ठियों में बन्द आकाश', नागरी प्रचारिणी सभा से प्रकाशित 'हिन्दी साहित्य का बृहद् इतिहास', 'प्रसादोत्तर नाटक खंड' (उत्कर्ष काल) और 'पाश्चात्य काव्यशास्त्र की परम्परा'।

शशि प्रभा शास्त्री

शशि प्रभा शास्त्री का जन्म सन् 1923 ई. में और मृत्यु सन् 2000 में हुई थी। प्रमुख उपन्यास 'अमलतास' 1968 में आया था। इसके बाद इन्होंने 'नावें', 'सीढ़ियाँ', 'परछाइयों के पीछे', 'कर्क रेखा', 'परसों के बाद', 'यह छोटे महायुद्ध', 'सागर पार का संसार', 'खामोश होते सवाल' आदि प्रकाशित हुए। शशि जी के उपन्यासों के बारे में यह कहा जा सकता है कि इनमें जीवन के विविध सन्दर्भ निहित हैं। इन्होंने स्त्री की पीड़ा, उसके संघर्ष को आत्मिक स्तर पर चित्रित किया है। शशि जी ने इन उपन्यासों में स्त्री के भारतीय समाज में जो परम्परागत स्त्री की छवि रही है उसको साथ लेकर एक आधुनिक नारी की संकल्पना भी की है। शशि जी के मुख्य कहानी संग्रह 'धूली हुई शाम', 'अनुत्तरित', दो कहानियों के बीच जोड़, 'बाक़ी एक टुकड़ा', 'शान्ति रथ, पतझड़' उस दिन भी इत्यादि हैं। इनकी कहानियों में मध्यवर्ग के केन्द्र में स्त्री-पुरुष सम्बन्धों का विशेष चित्रण है।

शिवानी

इनका जन्म 17 अक्टूबर 1923 ई. को और मृत्यु 21 मार्च 2003 को हुई थी। शिवानी का सबसे प्रसिद्ध उपन्यास 'चौदह फेरे' 1965 ई. में आया था। इनके अन्य उपन्यासों में 'कृष्ण कली', 'भैरवी', 'विषकन्या', 'शमशान चम्पा', 'रति विलाप', 'माणिक' और 'विवर्त' आदि हैं। इनके सन्दर्भ में डॉ. रामचन्द्र तिवारी कहते हैं कि शिवानी मनोरंजक कथा कहने में सिद्धहस्त हैं। उनके उपन्यासों में रहस्य, रोमांच 'भावुकता', 'स्वच्छन्द' कल्पना और मनोरंजन का पुट है। (हिन्दी का गद्य साहित्य पृष्ठ 260) शिवानी के प्रमुख कहानी संग्रह 'लाल हवेली', 'पुष्प हार' अपराधिनी, 'रति विलाप' इत्यादि हैं।

कृष्णा सोबती

कृष्णा सोबती का नाम साहित्य जगत के लिए अनजाना नहीं है। इनका जन्म 18 फ़रवरी 1925 और मृत्यु 25 जनवरी 2019 को हुई थी। अब तक इन पर अनेक शोध और पत्रिका विशेषांक प्रकाशित हो चुके हैं। इनके प्रमुख उपन्यास 'सूरजमुखी' अँधेरे के 'ए लड़की', 'ज़िन्दगीनामा', 'दिलो दानिश', 'समय सरगम' तथा उनके प्रमुख कहानी संग्रह 'बादलों के घेरे' आदि है। अपने बेबाक लेखन के लिए कृष्णा जी प्रसिद्ध रही हैं।

दीप्ति खंडेलवाल

दीप्ति का जन्म 21 जुलाई 1930 में हुआ था। इनकी प्रमुख उपन्यास प्रिया (1976) 'कोहरे', वह तीसरा 'प्रतिध्वनियाँ' (1978) आदि है। उनके उपन्यासों का सबसे बड़ा वैशिष्ट्य है स्त्री मन की सूक्ष्म अभिव्यक्ति। वर्तमान जीवन में पुरुष सम्बन्धों में जो जटिलता, दोहरापन और आर्थिक दबाव आया है उन सबके बीच में स्त्री मनोविश्लेषण एक सिद्धहस्त उपन्यासकार बनाता है। दीप्ति खंडेलवाल उन रचनाकारों में से हैं जिन्हें विवाह संस्था पर विश्वास नहीं है। भाषा का एक उदाहरण देखा जा सकता है— "भावना की तरल भाषा में प्रेम धरती पर स्वर्ग उतार सकता है किन्तु यथार्थ के ठोस शब्दों में प्रेम अनकहे नरकों की सृष्टि करता रहता है। नारी और पुरुष तन—मन के समर्पण एवं स्वीकार के रससिक्त क्षणों के बीच खेलते होते हैं अन्तहीन मरुस्थल, भटकती आँखें, अतृप्त होठ।" (तीसरा उपन्यास से साभार)

दीप्ति के प्रमुख कहानी संग्रह 'कड़वे सच', 'धूप के एहसास', 'वह तीसरा', 'सलीब पर', 'दो पल की छाँव', 'नारी मन', 'औरत और बातें' आदि हैं। इनकी

कहानियों में स्त्री-पुरुष के सम्बन्ध केन्द्र में हैं इनके यहाँ ऐसी स्त्री पायी जाती है जो पुरुषवादी सामाजिक मानसिकता पर विरोध प्रकट करती है। यह नारी के प्रति संवेदनशील रचनाकार रहे हैं और इनका जो भी स्त्री चित्रण किया है वह अनुभूति के धरातल पर है।

मन्नू भण्डारी

मन्नू भण्डारी का जन्म 03 अप्रैल 1930 ई. को हुआ था। इन पर अनेक शोध हो चुके हैं। इनके दो उपन्यास काफ़ी प्रसिद्ध रहे हैं 'आपका बंटी' और 'महाभोज'। 'आपका बंटी' में एक मध्यवर्गीय समाज है जो तलाक की समस्या से उत्पन्न अनेक समस्याओं को रेखांकित करता चलता है। 'महाभोज' उपन्यास एक पूर्णत: राजनीतिक उपन्यास है। इस उपन्यास में गाँव का परिवेश, उसकी घटनाएँ, सामाजिक-राजनीतिक व्यवस्था और इन सबके बीच में पनप रहे सामाजिक उत्पीड़न को मन्नू जी ने बहुत सूक्ष्मता से अंकित किया है। मन्नू भण्डारी ने अपना लेखन नयी कहानी के दौर में प्रारम्भ किया था। उनके प्रमुख कहानी संग्रह 'मैं हार गयी', 'यही सच है', 'एक प्लेट सैलाब', 'तीन निगाहों की एक तस्वीर', त्रिशंकु इत्यादि हैं। इनकी मृत्यु 15 नवम्बर, 2021 ई. को हुआ।

उषा प्रियंवदा

उषा (सक्सेना) प्रियंवदा का जन्म 24 दिसम्बर 1930 ई. में कानपुर में हुआ है। उषा जी ने 1952 में इलाहाबाद विश्वविद्यालय से अंग्रेज़ी साहित्य में एम. ए. किया तथा 1955 में वहीं से प्रेमचन्द के उपन्यासों पर शोध-कार्य किया। सन् 1961 में फेलोशिप पर अमेरिका में इंडियाना विश्वविद्यालय में शोध-कार्य प्रारम्भ किया और 1963 में विस्कांसिन विश्वविद्यालय में एसिस्टेंट प्रोफ़ेसर के रूप में साउथ एशियन स्टडीज विभाग में इनकी नियुक्ति हो गयी। सेवानिवृत्ति के बाद अमेरिका में निवास कर रही हैं। माँ 'प्रियंवदा' के नाम को जोड़कर उषा प्रियंवदा के नाम से निरन्तर लेखन किया है। उषा जी की पहली कहानी 'लाल चूनर' थी, जो सरिता पत्रिका में दिसम्बर 1951 ई. में प्रकाशित हुई थी।

इनकी प्रमुख रचनाएँ हैं, उपन्यास—'पचपन खम्भे लाल दीवारें', रुकोगी नहीं—राधिका?, 'शेष-यात्रा', 'अन्तर्वंशी', 'भया कबीरा उदास', 'नदी', 'अल्प विराम', कहानी संग्रह-फिर बसन्त आया, ज़िन्दगी और गुलाब के फूल, एक कोई

दूसरा, कितना बड़ा झूठ, विविधा-शून्य तथा अन्य रचनाएँ, अंग्रेज़ी में अनुवाद-हिन्दी कहानियाँ, 'मीराबाई और सूरदास के पद'। उषा जी पर अब तक अनेक शोध और पुस्तकें प्रकाशित हो चुकी हैं। नयी कहानी आन्दोलन की प्रमुख रचनाकार रही हैं और आपकी कहानी 'वापसी' पर पुरानी कहानी और नयी कहानी को व्याख्यायित किया गया है।

राजी सेठ

इनका जन्म अक्टूबर 1935 ई. में हुआ था। इनके तेरह कहानी संग्रह और कई उपन्यास प्रकाशित हो चुके हैं। इनका सबसे प्रसिद्ध उपन्यास 'तत्सम' 1983 ई. में लिखा गया था। तत्सम प्रेम कथा के साथ ही स्त्री-पुरुष सम्बन्धों के विभिन्न पर्तों की भी पड़ताल करता है। इस उपन्यास में राजी जी ने विश्वविद्यालय की खोखली व्यवस्थाओं पर बड़ी मुखरता से लिखा है। पुष्पपाल सिंह के शब्दों में 'तत्सम' उपन्यास व्यक्ति स्वातन्त्र्य, नारी स्वातन्त्र्य की दृष्टि को केन्द्र में रखकर एक अत्यन्त प्रबुद्ध सुशिक्षित नारी के पुनर्विवाह के प्रश्न को आधुनिक जीवन स्थितियों के परिप्रेक्ष्य में रखकर देखने का एक सही प्रयत्न है। (आलोचना पत्रिका, वर्ष 34, अंक 75, अक्टूबर-दिसम्बर 1985, पृष्ठ 96) राजी जी के साहित्य पर केन्द्रित अनेक पुस्तकें प्रकाशित हो चुकी हैं।

कान्ता भारती

धर्मवीर भारती की सहधर्मिणी कान्ता भारती का एक उपन्यास 'रेत की मछली' 1975 में लिखा गया था। उपन्यास को पढ़ करके यह महसूस होता है कि कान्ता जी स्वयं उपन्यास में उपस्थित हो गयी हैं।

मंजुल भगत

मंजुल भगत का जन्म 22 जून 1936 ई. को मेरठ में और निधन 31 जुलाई 1998 ई. में हुआ था। आपने अपने पहले उपन्यास 'अनारो' (1977) से ही हिन्दी साहित्य में अपनी पहचान बना ली थी। आठ उपन्यास और आठ कहानी संग्रह की रचयिता मंजुल जी की प्रमुख रचनाएँ 'बेगाने घर में', 'खातूल', 'तिरछी बौछार', 'गंजी', 'अन्तिम बयान', 'गुलमोहर के गुच्छे' आदि हैं। मंजुल जी के उपन्यासों में मध्यवर्ग है और अपने मध्यवर्गीय परिवेश में स्त्री की समस्याएँ हैं। इनका खातून उपन्यास राजनीतिक परिस्थितियों पर आधारित है। मंजुल जी ने स्त्री पात्रों के समस्याएँ उसके

शोषण को ही नहीं उठाया है बल्कि उसके स्वाभिमान उसकी आत्मनिर्भरता को भी पूरी तरह से चित्रित किया है। इनकी कहानियों के केन्द्र में मध्यवर्गीय जीवन, उसकी विभिन्न समस्याएँ, तनाव, विसंगतियाँ, आर्थिक परिस्थितियाँ आदि हैं।

मृदुला गर्ग

इनका जन्म 25 अक्टूबर 1938 ई. को हुआ था। इन्होंने आठ उपन्यास, ग्यारह कहानी संग्रह, चार नाटक के अतिरिक्त व्यंग्य संग्रह, संस्मरण इत्यादि लिखा है। इन पर अनेक शोध और पुस्तकें उपलब्ध हैं। इनके प्रमुख उपन्यास 'उसके हिस्से की धूप', 'वंशज', 'चित्र कोबरा', 'अनित्य', 'मैं और मैं', कठगुलाब तथा कहानी संग्रह उर्फ सैम, 'छत पर दस्तक' आदि है। इनकी रचनाओं में अभिजात वर्ग की स्त्री, उसका प्रेम, उसका जीवन, उसकी स्वतन्त्रता इत्यादि का चित्रण है। अपने 'अनित्य' उपन्यास में वह गांधीवाद की वैधता और भगत सिंह के आन्दोलन की सार्थकता को रेखांकित करती हैं।

चन्द्रकान्ता

चन्द्रकान्ता के प्रमुख उपन्यास 'अर्थान्तर', 'अन्तिम साक्षी', 'बाक़ी सब ख़ैरियत है', 'ऐलान गली ज़िन्दा है', 'यहाँ वितस्ता बहती है', 'अपने-अपने कोणार्क', 'कथा सतीसर' प्रकाशित हुआ है। उनके उपन्यासों के केन्द्र में मध्यवर्ग, उसका टूटना, उसके पारम्परिक मूल्य और वर्तमान विसंगतियाँ चित्रित किये गये हैं। कथा सतीसर इनका काफ़ी प्रसिद्ध उपन्यास है जिसमें कश्मीर, उसकी समस्याएँ, उसके पौराणिक-ऐतिहासिक सन्दर्भ आदि लेखिका ने बड़े विस्तार के साथ प्रस्तुत किया है। उनके उपन्यासों में समय के बदलने के साथ रिश्तों के बदलने का जो घटनाचक्र है वह बड़ी सूक्ष्मता से व्यक्त किया गया है। चन्द्रकान्ता के प्रमुख कहानी संग्रह 'सलाखों के पीछे', 'ग़लत लोगों के बीच', 'दहलीज़ पर न्याय', 'सूरज उगने तक', 'कोठे पर कागा', 'काली बर्फ', 'बदलते हालात' में इत्यादि हैं। इनके कथा साहित्य में कश्मीर अपनी सम्पूर्ण पीड़ा के साथ आया है। इनकी कहानियों का फलक काफ़ी विस्तृत है जिसमें पुरुष प्रधान समाज और उसके बीच पिसती हुई स्त्री का चित्रण संवेदनात्मक स्तर पर किया गया है।

कुसुम कुमार

इनका जन्म 5 अगस्त 1939 ई. को हुआ था। इनका 'हीरामन हाई स्कूल' सन् 1989 में प्रकाशित हुआ था, जिसमें एक अकेली असहाय विधवा स्त्री के जीवन

संघर्ष को चित्रित किया गया है। एक छोटे से क़स्बे में जुगनी जैसे चरित्र को कुसुम जी ने लिया है जो स्त्री विद्रोही का चरित्र है। इनकी प्रमुख रचनाएँ 'तीन अपराध' (काव्य), 'सुनो शेफाली' नाटक कोरस एकांकी आदि हैं। कुसुम जी की सभी रचनाएँ सर्वसुलभ हैं।

ममता कालिया

इनका जन्म 02 नवम्बर 1940 ई. को वृन्दावन में हुआ था। ममता जी पर अनेक शोध व पुस्तकें प्रकाशित हो चुकी हैं। इनके प्रमुख उपन्यास 'बेघर', 'नरक दर नरक', कहानी संग्रह 'एक अदद औरत', काव्य संग्रह 'खाँटी घरेलू औरत', नाटक आप न बदलेंगे आदि हैं। ममता कालिया की रचनाओं में स्त्री का नया रूप है।

मेहरुन्निसा परवेज

पद्मश्री पुरस्कार से सम्मानित मेहरुन्निसा का जन्म 10 दिसम्बर 1944 ई. को हुआ था। इनकी प्रमुख रचनाएँ हैं—'आँखों की दहलीज़', 'उसका घर', 'कोरजा', 'अकेला पलाश', 'समरांगण', 'पासंग' (उपन्यास), 'आदम और हव्वा', 'टहनियों पर धूप', 'फाल्गुनी', 'ग़लत पुरुष', 'अन्तिम चढ़ाई', 'अम्मा', 'समर' (कहानी संग्रह) हैं। मुस्लिम समाज और उसके मध्य स्त्री की समस्या और पीड़ा इनकी रचनाओं के केन्द्र में है।

चित्रा मुद्‌गल

साहित्य अकादमी पुरस्कार से सम्मानित चित्रा जी का जन्म 10 दिसम्बर 1943 ई. को चेन्नई में हुआ था। अब तक नौ कहानी संग्रह, तीन उपन्यास और बाल साहित्य प्रकाशित हो चुके हैं। इनकी प्रमुख रचनाएँ हैं—'एक ज़मीन अपनी', 'आवा' (उपन्यास), 'जिनावर', 'बईमान' (कहानी संग्रह) आदि हैं। चित्रा जी ने अपने उपन्यासों में एक अलग तरह का विषय चुना है। आज की उपभोग वादी संस्कृति में स्त्री शोषण की कई परतें हैं जिसे चित्रा जी अपने उपन्यासों में अभिव्यक्त करती हैं।

सूर्यबाला

सूर्यबाला का जन्म 25 अक्टूबर 1944 को वाराणसी में हुआ है। इनके पिता का नाम वीर प्रताप श्रीवास्तव था। सूर्यबाला के प्रमुख उपन्यास 'मेरे सन्धि पत्र', 'सुबह के इन्तज़ार तक', 'अग्निपंख', प्रमुख कहानी संग्रह 'एक इन्द्रधनुष जुबेदा के नाम', 'थाली भर चाँद', 'मुंडेर पर', 'मानुष गन्ध' आदि हैं। इनके उपन्यासों में निम्न

और मध्यवर्ग केन्द्र में रहा है। यह आशावादी विचारधारा की लेखिका है। सूर्यबाला की कहानियों में जीवन, उसका यथार्थ, उसकी सच्चाई उसकी ईमानदारी अपनी सम्पूर्णता में उपस्थित है। इनकी बहन वीरबाला भी साहित्यकार है। वीरबाला की प्रमुख कृतियाँ 'दहलीज़ का दर्द', 'और बस इतनी सी बात', 'आखर थोरे' हैं।

मृणाल पांडे

मृणाल जी का जन्म 26 फ़रवरी 1946 ई. को हुआ था। यह शिवानी की पुत्री और जानी मानी पत्रकार, सम्पादिका हैं। इनका 'पटरंगपुराण', 'विरुद्ध', 'हमका दियो परदेश' (उपन्यास), 'एक स्त्री का विदा गीत', 'चार दिन की जवानी तेरी' (कहानी) काफ़ी चर्चित है। आलोचना के क्षेत्र में भी इन्होंने कार्य किया है। 'स्त्री लम्बा सफ़र', 'ध्वनियों के आलोक में स्त्री', 'स्त्री : देह की राजनीति से देह की राजनीति तक' इत्यादि स्त्री चेतना की कृतियाँ बेहद चर्चित रही हैं। इनकी रचनाओं में पहाड़ी आंचलिक जीवन के चित्र सुन्दरता से उकेरे गये हैं और यह चित्र कई पीढ़ियों के इतिहास की गाथा को कहते हैं।

कमल कुमार

कमल कुमार का जन्म 07 अक्टूबर 1948 ई. को हुआ था। इनका 'अपार्थ' (1986) काफ़ी चर्चित उपन्यास रहा है। 'आवर्तन', 'हैमबर्गर', 'यह ख़बर नहीं' (उपन्यास), 'पहचान', 'क्रमश:', 'घर बेघर' (कहानी संग्रह), 'बयान', 'सूर्य देता है मन्त्र' (काव्य संग्रह) हैं। आलोचना के क्षेत्र में कमल जी ने महत्त्वपूर्ण भूमिका निभाई है। शमशेर का कृतित्व, अज्ञेय की काव्य संवेदना, कमला नेहरू नारी मुक्ति की पुरोधा, स्त्री कथा अन्त:कथा, कही अनकही इत्यादि महत्त्वपूर्ण आलोचना की कृतियाँ हैं।

नासिरा शर्मा

नासिरा शर्मा का जन्म 1948 ई. में हुआ था। सम्पादन के साथ इन्होंने रिपोर्ताज का भी लेखन किया है। इनके प्रमुख उपन्यास है— 'सात नदिया एक समुन्दर', 'शाल्मली', 'ठीकरे की मँगनी', 'ज़िन्दा मुहावरे', 'अक्षय वट', 'कुईयांजान' इत्यादि। नासिरा जी के प्रमुख कहानी संग्रह 'शामी काग़ज़', 'पत्थर गली', 'ख़ुदा की वापसी', 'दूसरा ताजमहल' इत्यादि हैं। नासिरा जी की रचनाओं का फलक काफ़ी विस्तृत है जो भारत से होते हुए ईरान तक जाता है। ईरान, उसकी तानाशाही, युद्ध उससे उत्पन्न विभीषिका इत्यादि को नासिरा जी ने बड़े यथार्थवादी रूप में प्रस्तुत किया है। इनकी

कहानियों में धर्म, जाति, सम्प्रदाय के ऊपरी आडम्बर से टकराकर के मनुष्यता की संवेदना कैसे मर्माहत होती है इसका चित्र देखने को मिलता है।

निरुपमा सेवती

निरुपमा सेवती का जन्म 30 अक्टूबर 1949 ई. को और मृत्यु 01 मई 2009 को हुई थी। इनके मुख्य उपन्यास 'पतझड़ की आवाज़ें', 'बढ़ता हुआ आदमी', 'मेरा नरक अपना है', 'दहकन के पार है'। इन्होंने साहित्य में ऐसी नारियों का चित्रण किया है जो अपने जीवन में संघर्ष करते हुए आर्थिक स्थितियों से जूझते हुए भी अपनी इच्छाओं और आकांक्षाओं को पूर्ण करती हैं।

चित्रा चतुर्वेदी

चित्रा चतुर्वेदी का का जन्म 20 सितम्बर 1939 ई. तथा मृत्यु 10 अगस्त 2021 ई. को हुई। इनकी मुख्य रचनाएँ 'महाभारती', 'तनया ', 'वैजयन्ती', अम्बा नहीं मैं भीष्मा' 'वैदेही के राम' हैं। चित्रा चतुर्वेदी अपने समकालीनों से भिन्न स्वर रखती हैं। इनके चार उपन्यासों में कथा की विषय वस्तु पौराणिक है। पौराणिक कथा के माध्यम से वर्तमान समय में स्त्री की दुर्दशा-पुरुष समाज की प्रधानता आदि को लेखिका ने बड़े सुन्दर तरीक़े से चित्रित किया है। महाभारत में द्रोपदी तनया में माधवी, अम्बा नहीं मैं भीष्मा में शिखंडी इन सभी पात्रों को लेकर के लेखिका ने स्त्री समस्याओं को केन्द्र में रखा है। यह सभी पात्र जब बोलते हैं तो ऐसा लगता है कि वर्तमान समय की कोई स्त्री अपने प्रश्नों को दोहरा रही है।

प्रभा खेतान

इनका जन्म 01 नवम्बर 1942 और मृत्यु 20 सितम्बर 2008 ई. को हुई थी। बारह वर्ष की अल्पायु से ही रचना कर्म में रत थी। इनकी प्रमुख रचनाएँ 'आओ पेपे घर चलें, 'तालाबन्दी' 'छिन्नमस्ता', 'अपने अपने चेहरे', 'पीली आँधी' उपन्यास, 'अपरिचित उजाले', 'सीढ़ियाँ काव्य' संग्रह हैं। इनके उपन्यासों में स्त्री जीवन की व्यथा का चित्रण है। पुरुषों की स्वार्थपरता, उनकी मतलब परस्ती, स्त्री के शोषण करने की प्रवृत्ति आदि का चित्रण प्रभा जी ने खुलकर किया है।

मैत्रेयी पुष्पा

मैत्रेयी पुष्पा का जन्म 30 नवम्बर 1944 ई. को हुआ था। इनके प्रमुख संग्रह 'स्मृति दंश', 'बेतवा बहती रही', 'इदं न मम', 'चाक', 'झूला नट', 'अल्मा कबूतरी', 'कही

ईसुरी फाग' (उपन्यास) कस्तूरी कुंडल बसै और गुड़िया भीतर गुड़िया (आत्मकथा) त्रिया हठ, सेंध, तुम, किसकी हो बिन्नी (कहानी संग्रह) लकीरें (काव्य संग्रह) इत्यादि हैं। इनकी रचनाओं का वैशिष्ट्य आंचलिक होना है।

कृष्णा अग्निहोत्री

कृष्णा अग्निहोत्री का जन्म 1934 ई. में हुआ था। इनकी प्रमुख कृतियाँ 'विरासत', 'पारस' (कहानी संग्रह) 'टपरे वाली', 'बात एक औरत की' (उपन्यास) 'लगता नहीं है दिल मेरा' (आत्मकथा) 'नीली आँखों वाली गुड़िया' (बाल साहित्य) 'भीगे मन रीते तन' (रिपोर्ताज) इत्यादि हैं।

गीतांजलि श्री

बुकर पुरस्कार प्राप्तकर्ता प्रथम भारतीय गीतांजलिश्री का जन्म 12 जून 1957 ई. को हुआ है। इनकी पहली कहानी 'बेलपत्र' सन् 1987 में हंस में प्रकाशित हुई थी। इनके प्रमुख उपन्यास—'माई, 'हमारा शहर उस बरस,'तिरोहित, 'खाली जगह', 'रेत-समाधि' और पाँच कहानी संग्रह—'अनुगूँज, 'वैराग्य, 'मार्च, माँ और साकूरा', 'यहाँ हाथी रहते थे' प्रकाशित हो चुके हैं। गीतांजलिश्री का कथा साहित्य अलग है। इनमें विचलन नहीं है, विचलन न होने के साथ एक सिगनेचर ट्यून बरकरार रहती है। परिपक्वता की अगर बात की जाये तो इनमें दार्शनिकता के साथ मुझे एक फक्कड़पन भी दिखता है।

क्षमा कौल

सन् 1956 ई. में जन्मी क्षमा जी अपने कश्मीर आधारित उपन्यास दर्दपुर के लिए विशेष प्रसिद्ध हैं। उदास लोग, उन दिनों कश्मीर इनकी अन्य रचनाएँ हैं।

जया जादवानी

जया जादवानी का जन्म 01 मई 1959 ई. को हुआ है। इनकी प्रमुख रचनाएँ 'मैं शब्द हूँ' (काव्य), 'मुझे ही होना है बार-बार' (कहानी), 'तत्त्वमसि', खारो पाणी (उपन्यास) आदि हैं। स्त्री विमर्श इनके केन्द्र में है। जया जादवानी का पहला उपन्यास 'तत्त्वमसि' है इसमें प्रेम को अद्वैत की भूमि पर चित्रित किया गया है।

अलका सरावगी

अलका सरावगी का जन्म 17 नवम्बर 1960 ई. को हुआ है। साहित्य अकादमी पुरस्कार से सम्मानित अलका जी की प्रमुख रचनाएँ 'कलि कथा वाया बाइपास',

'शेष कादम्बरी', 'कुलभूषण का नाम दर्ज कीजिए' (उपन्यास), 'कहानी की तलाश में', 'दूसरी कहानी' (कहानी संग्रह) हैं। अलका जी अपने विशिष्ट लेखन के लिए प्रसिद्ध हैं। हाल ही में इनका उपन्यास 'गांधी और सरलादेवी चौधरानी : बारह अध्याय प्रकाशित हुआ है।

अनामिका

साहित्य अकादमी पुरस्कार से सम्मानित अनामिका जी का जन्म 17 अगस्त 1961 ई. को हुआ है। इनकी प्रमुख रचनाएँ 'अनुष्टुप', 'बीजाक्षर', 'थेरी गाथा' (काव्य), 'प्रतिनायक' (कहानी), 'स्त्रीत्व का मनचित्र', उत्तरकांड (आलोचना) है। हाल ही में इनका 'तृन धरि ओट' उपन्यास प्रकाशित हुआ है।

नीरजा माधव

नीरजा (श्रीवास्तव) माधव का जन्म 15 मार्च 1962 ई. को हुआ है। इनकी प्रमुख रचनाएँ 'यमदीप', 'गेशे जम्पा', 'अवर्ण महिला कांस्टेबल की डायरी', 'रात्रिकालीन संसद', (उपन्यास) 'चिटके आकाश का सूरज', 'अभी ठहरो अन्धी सदी', 'टेपरा' (कहानी संग्रह), 'लिखते हुए शोक गीत' (काव्य) इत्यादि हैं। हिन्दी का स्त्री साहित्य नीरजा जी की कृति 'हिन्दी साहित्य का ओझल नारी इतिहास' के लिए उनका सदैव ऋणी रहेगा। हिन्दी में स्त्री रचनाकारों ने ललित निबन्ध न के बराबर लिखे हैं। नीरजा जी ने इस विधा को समृद्ध करते हुए अनेक ललित निबन्ध लिखे हैं जिनमें से मुख्य हैं 'चैत चित्त मन महुआ', यह राम कौन हैं।

रजनी गुप्त

लेखिका व सम्पादक रजनी गुप्त का जन्म 2 अप्रैल 1963 ई. को हुआ है। इनकी प्रमुख रचनाएँ कुल जमा बीस, 'कितने कटघरे' (उपन्यास) 'एक नयी सुबह', 'हाटबाज़ार', 'तिराहे पर तीन' (कहानी संग्रह), 'सुनो तो सही' (विमर्श) हैं। हाल ही में इनका मैथिलीशरण गुप्त की जीवनी पर आधारित उपन्यास 'कि याद करे जो सभी' प्रकाशित हुआ है।

रमा सिंह

रमा सिंह के प्रमुख उपन्यास हैं 'गुलाब छड़ी', 'तुम लिखोगे सत्यभामा', 'लौट आओ हैरी', 'कुतो पंथा' इत्यादि। रमा सिंह के उपन्यासों में ऐसी स्त्री है जो पुरातन काल से ही शोषित होती रही है और जीवन का यथार्थ कभी बदल नहीं पा रहा है।

आदिवासियों की समस्याओं को उनके जीवन का दैन्य, अत्याचार को भी रमा जी ने अपनी विषय वस्तु बनाया है।

वीणा सिन्हा

वीणा सिन्हा का उपन्यास 'पथ प्रज्ञा' 1998 ई. में प्रकाशित हुआ था। यह पौराणिक कथा पर आधारित उपन्यास है जिसमें राजा ययाति की पुत्री माधवी की एक साधारण स्त्री के रूप में कथा वर्णित है। 'सपनों के बाहर', 'स्मृति गन्ध' आदि इनकी अन्य कृतियाँ हैं।

मधु कांकरिया

प्रख्यात कथाकार मधु जी का जन्म 23 मार्च 1957 ई. में हुआ है। इनके प्रसिद्ध उपन्यास 'खुले गगन के लाल सितारे', 'सलाम आखरी', 'सेज पर संस्कृति' कहानी संग्रह 'उसे बुद्ध ने काटा', 'और अन्त में यिशु', यात्रावृत्त 'बुद्ध', 'बंजारा' मन और बन्दिशें आदि हैं। 'सेज पर संस्कृति' इनका काफ़ी चर्चित उपन्यास है जिसके केन्द्र में नक्सलवादी आन्दोलन है। मधु कांकरिया अपने शिल्प के लिए काफ़ी चर्चित रही हैं।

उर्मिला शिरीष

उर्मिला जी का जन्म 19 अप्रैल 1959 को हुआ है। इनके प्रमुख कहानी संग्रह 'वह कौन थे', 'मुआवज़ा', 'निर्वासन', 'रंगमंच', 'अकेली लड़की' आदि हैं।

मणिका मोहिनी

मणिका जी की प्रमुख रचनाएँ 'ख़त्म होने के बाद अभी तलाश जारी है', 'स्वप्न दंश', 'पारू ने कहा था', 'अपना अपना सच', 'ढाई आखर प्रेम का', 'अन्वेषी' आदि हैं। इनके नारी पात्र अपने में साहसी ही नहीं बल्कि बोल्ड हैं।

मोना गुलाटी

मोना गुलाटी का जन्म 7 जनवरी 1946 ई. को हुआ था। इनका उपनाम जसमिंदर गुलाटी था। इनकी प्रमुख रचनाओं में 'महाभिनिष्क्रमण', 'सोच को दृष्टि दें' आदि हैं। इन्हें अकविता की प्रमुख कवयित्रियों में गिना जाता है। 'अस्ति' नामक पत्रिका की सम्पादक भी रही हैं। अपने अध्यापक जीवन में इन्होंने पत्रिका का सम्पादन करके हिन्दी साहित्य की सेवा की है। डॉ. रोहिताश्व ने मोना गुलाटी को अकविता

की प्रमुख स्त्री रचनाकार माना है। इनकी रचनाओं में अकविता का प्रभाव स्पष्ट दिखता है। विद्रोह इनकी चेतना में बसा हुआ है। वह कहती हैं—

मैं अपने पूर्वजों से कुछ प्राप्त नहीं करना चाहती
ना उनकी जुगुप्साएँ
और ना ही उनके आदर्श और भोंड़ी आदतें
मेरी इच्छा पुरुष इतिहास को अन्त कर देने की है
नर शताब्दी में रहते रहते
मेरे पूरे जिस्म में फफोले हो गये हैं

(समकालीन कविता की भूमिका, विश्वम्भर नाथ उपाध्याय, पृ. 7)

प्रतिमा वर्मा

इनका जन्म 1929 ई. को और मृत्यु 20 जून 2021 ई. को हुई थी। इनकी प्रमुख रचनाएँ 'अपने बेगाने', 'बँधे पाव का सफ़र' (कहानी), 'मध्यान्तर', 'नायक', 'स्थगित' (उपन्यास), 'काग़ज़ी अनुबन्ध' (काव्य) हैं।

सुधा अरोड़ा

सुधा जी का जन्म चार अक्टूबर 1946 ई. को हुआ है। इनके प्रमुख कहानी संग्रह 'बग़ैर तराशे हुए', 'युद्ध विराम', 'महानगर की मैथिली', 'काला शुक्रवार' उपन्यास 'यहीं कहीं था घर' और काव्य संग्रह 'रचेंगे हम इतिहास' हैं। इनकी कहानियों में मध्यवर्ग, वृद्धों के अकेलेपन की पीड़ा, भ्रष्टाचार, ईमानदारी, जीवन की विषमताओं इत्यादि अनेकानेक रंग में चित्रित हुए हैं। स्त्री विमर्श के तहत 'आम औरत ज़िन्दा सवाल' तथा 'एक औरत के नोट्स' काफ़ी चर्चित रहे हैं।

मालती जोशी

पद्मश्री से सम्मानित मालती जी का जन्म 4 जून 1934 ई. को हुआ था। इनके प्रमुख कहानी संग्रह 'मध्यान्तर', 'पटाक्षेप', पराजय, 'एक घर सपनों का', 'शापित शैशव', 'पिया पीर न जानी', 'औरत एक रात हैं', 'विश्वास गाथा' आदि है। आधुनिकता के प्रति नकारात्मक दृष्टिकोण उसके नकारात्मक पक्ष का उद्घाटन इनकी रचनाओं में प्रमुखता से किया गया है।

इन्दु बाली

इन्दु बाली के प्रमुख कहानी संग्रह 'टूटती जुड़ती', 'बिना छत का मकान', 'अँधेरे की लहर', 'बिखरती आकृतियाँ' आदि हैं। 'इन्दु बाली का रचना संसार' नामक पुस्तक में इनके व्यक्तित्व और रचना संसार पर व्यापक दृष्टि डाली गयी है।

कुसुम चतुर्वेदी

कुसुम चतुर्वेदी के दो कहानी संग्रह प्रसिद्ध हैं 'तीसरा यात्री' (1997) तथा 'आँगन में उगे पौधे' (2000)। इनकी कहानियों में मध्यवर्ग और परिवार मुख्य बिन्दु रहे हैं। अपनी कहानियों में स्त्री, उसके जीवन का संघर्ष, उसके दुख सुख और उसके मानसिक और हृदय की स्थितियों का चित्रण कुसुम जी ने बेहद सुन्दरता से किया है।

नमिता सिंह

इनका जन्म 4 अक्टूबर 1944 ई. को हुआ है। इनकी प्रमुख रचनाएँ 'खुले आकाश के नीचे', 'राजा का चौक', 'नीलगाय की आँखें', 'लेडिज क्लब' आदि हैं। प्रसिद्ध पत्रिका वर्तमान साहित्य का सम्पादन भी यह करती हैं। इनकी कहानियों में समाज है, मनुष्य हैं, मनुष्यता है, और उस मनुष्यता के प्रति ईमानदारी है।

उषाकिरण खान

पद्मश्री उषा जी का जन्म 24 अक्टूबर 1945 ई. को हुआ है। इनकी प्रमुख रचनाएँ 'विवश विक्रमादित्य', 'दूबगान, 'कासवन', 'पानी पर लकीर', 'फागुन', 'नानी की कहानी' आदि हैं। इनकी सबसे बड़ी विशेषता है आंचलिकता।

सारा राय

सारा का जन्म 15 सितम्बर 1956 ई. को हुआ है। इनके प्रमुख संग्रह हैं 'अबाबिल की उड़ान', 'चील वाली कोठी', 'बियाबान में' आदि। इनकी अधिकांश कहानियाँ और पात्र अतीत से होकर गुज़रते है। हाल ही में लमही पत्रिका ने सारा राय ई-पुस्तिका का प्रकाशन किया है।

लवलीन

जन्म 10 अप्रैल 1959 को और मृत्यु 5 जनवरी 2009 ई. को हुई थी। लवलीन का प्रमुख कहानी संग्रह है 'सलिल सागर कमीशन आया बनाम समाज सेवा जारी

है' (1997), 'चक्रवात' (1999)। लवलीन ने सरिया जनजातियों पर विशेष काम किया है। इन्होंने अपनी कहानियों में समाज के सभी वर्गों को रेखांकित किया है और उसके भीतर की ईमानदारी, सच्चाई, बुराइयाँ सबका रेखांकन किया है।

मुक्ता

इनका जन्म 8 जून 1954 ई. को हुआ है। इनकी प्रमुख रचनाएँ 'पलाश वन के 'घुँघरू' (1991) 'आधा कोस' (कहानी संग्रह), 'प्रेम ख़ुदे हुए शब्द तो नहीं', 'खिड़की में आकाश' (काव्य) हैं।

शुभा वर्मा

शुभा वर्मा की प्रमुख रचनाएँ 'एक औरत की ज़िन्दगी' (1978) 'फ्रीलांसर' (1981), 'कृतिका', 'मनस्विनी', 'रिश्तों की सुनामी', 'कला मठ', 'साहिल' आदि हैं।

पद्मा सचदेव

साहित्य अकादमी सम्मान से सम्मानित पद्मा जी का जन्म 17 अप्रैल 1940 को और मृत्यु 4 अगस्त 2021 को हुई थी। इनकी कृतियाँ 'मेरी कविता मेरे गीत', 'गोद भरी', 'जम्मू जो कभी शहर था', 'बूँद बावड़ी' आदि हैं। पद्मा जी ने अपनी आत्मकथा 'बूँद बावड़ी' के माध्यम से स्त्री विमर्श की ज़ोरदार पैरवी की है।

शरद सिंह

29 नवम्बर 1963 ई. को जन्मी शरद सिंह 'पत्तों में क़ैद औरत' पुस्तक के लिए बहुत चर्चित हुई हैं। इसके अतिरिक्त 'आँसू बूँद चुप' (काव्य), 'कर्ण प्रिया का आत्मकथ्य' (खण्ड काव्य), 'बधाई की चिट्ठी' (कहानी), जैसी रचनाओं के लिए चर्चित रही हैं।

गगन गिल

गगन गिल का जन्म 18 नवम्बर 1959 में हुआ है। सन् 1983 में 'एक दिन लौटेगी लड़की' कविता के प्रकाशित होते ही इनकी कविताओं ने ध्यान आकर्षित किया था। तब से अब तक उनकी रचनाशीलता देश-विदेश के हिन्दी साहित्य के अध्येताओं, पाठकों और आलोचकों के विमर्श का हिस्सा रही है। इनकी रचना यात्रा की प्रमुख कृतियाँ हैं—पाँच कविता-संग्रह : 'एक दिन लौटेगी लड़की' (1989), 'अँधेरे में बुद्ध' (1996), 'यह आकांक्षा समय नहीं' (1998), 'थपक थपक दिल थपक थपक' (2003), 'मैं जब तक आयी बाहर' (2018) एवं 4 गद्य पुस्तकें : 'दिल्ली में उनींदे'

(2000), 'अवाक्' (2008), 'देह की मुँडेर पर' (2018), 'इत्यादि' (2018)। अवाक् की गणना श्रेष्ठ हिन्दी यात्रावृत्तान्तों में की गयी है। इन्होंने सन् 1983-93 में टाइम्स ऑफ़ इण्डिया समूह व संडे ऑब्जर्वर में साहित्य सम्पादन किया है।

तेजी ग्रोवर

तेजी ग्रोवर का जन्म 7 मार्च 1955 में पंजाब में हुआ था। इनकी प्रमुख कृतियाँ हैं— 'यहाँ कुछ अँधेरी और तीखी नदी है', 'जैसे परम्परा सजाते हुए लोग', 'कहो सांबरी'। 'नीला' उपन्यास के साथ ही 'नीला घर और दूसरी यात्राएँ' यात्रावृत्तान्त विधा में काफ़ी प्रसिद्ध रही हैं। तेज़ी की रचनाओं में भारतीय और पाश्चात्य कवियों की संवेदना का प्रभाव हमें स्पष्ट दिखाई देता है।

सुधा गुप्ता

सुधा जी का जन्म 18 मई 1934 ई. को मेरठ उत्तर प्रदेश में हुआ था। हिन्दी साहित्य में हाइकु ताँका और चौका जैसी विधाओं को लाने वाली यह पहली महिला रचनाकार कही जा सकती हैं। सुधा जी को जापानी काव्य विधा से बहुत प्रेम है। इनकी प्रमुख रचनाएँ हैं—'लकड़ी का सपना', 'अकेला था समय', 'पानी माँगता देश', 'सात छेद वाली मैं', 'सागर को रौंदना' है।

जब मैंने सुधा गुप्ता के माध्यम से जापानी काव्य शैलियों को खोजने का कार्य किया तो उस क्षेत्र में मुझे कई स्त्री रचनाकारों के नाम देखने को मिले जो अपने उत्कृष्ट योगदान के लिए याद की जाने योग्य है। इनमें से शैल रस्तोगी, अंजली देवधर, विद्या बिन्दु सिंह, भावना कुँवर, रितु पल्लवी, सरस्वती माथुर, रमा द्विवेदी, रचना श्रीवास्तव, ज्योत्स्ना शर्मा, अनुपमा त्रिपाठी, रेखा रोहतकी, पुष्पा जमुआर आदि मुख्य हैं।

रमणिका गुप्ता

इनका जन्म 22 अप्रैल 1930 ई. को पंजाब में हुआ था। 'युद्धरत आम आदमी' त्रैमासिक पत्रिका की सम्पादन भी रहीं है। इनकी मुख्य कृतियाँ (कविता संग्रह) 'भीड़ सतर में चलने लगी है', 'तुम कौन', 'तिल तिल नूतन', 'मैं आज़ाद हुई हूँ', 'अब मूरख नहीं बनेंगे हम', 'भला मैं कैसे मरती', 'आदम से आदमी तक', 'विज्ञापन बनते कवि', 'कैसे करोगे बँटवारा इतिहास का', 'निज घरे परदेसी', 'प्रकृति युध्दरत है', 'पूर्वांचल: एक कविता यात्रा', 'आम आदमी के लिए', 'खूंटे', 'अब और

तब', 'गीत–अगीत' (उपन्यास), 'सीता मौसी' (कहानी संग्रह), 'बहू जुठाई' हैं। राजनीति से जुड़ी रमणिका जी ने राजनीति और स्त्री की हर परत को अपनी रचना और आत्मकथा में बयाँ किया है।

कुसुम अंसल

कुसुम अंसल का जन्म 9 अगस्त सन् 1940 में अलीगढ़ उत्तर प्रदेश में हुआ था। इन्होंने हिन्दी के अतिरिक्त पंजाबी में भी अपनी कविताएँ लिखी हैं। इनके प्रमुख काव्य संग्रह 'मौन के दो पल', 'धुएँ का सच', 'विरूपीकरण', 'मेरा होना' आदि हैं। कहानी, कविता, उपन्यास तथा आत्मकथा सब मिलाकर आपकी दो दर्जन से अधिक रचनाएँ प्रकाशित हो चुकी हैं। 'जो कहा नहीं गया' आत्मकथा अपने ईमानदार चित्रण के लिए सदैव स्मरणीय रहेगी।

इन्दु वशिष्ठ

इन्दु वशिष्ठ का जन्म 1939 ई. को उत्तर प्रदेश में हुआ था। इन्होंने हर विधा में सृजन किया है। इनके प्रमुख कविता संग्रह सन्दर्भ अपने-अपने, 'दर्द के नूपुर', 'धूप के रंग', 'रेत के घरौंदे', 'मैं और मेरा चुप', 'यादों की पुरवाई', (कथा) 'टुकड़े-टुकड़े ज़िन्दगी' प्रमुख हैं। इनकी सभी कविताओं में आम आदमी का दर्द, उसकी पीड़ा और उसकी संवेदनाएँ अभिव्यक्त हुई हैं।

शान्ति जैन

इनका जन्म 04 जुलाई 1946 को हुआ था। यह आकाशवाणी, दूरदर्शन की कलाकार एवं कवयित्री रही हैं। इनकी रचनाएँ 'वृत्त के चारों ओर', 'हथेली का आदमी', 'पिया की हवेली', 'छलकती आँखें', 'अँजुरी भर सपना', 'चैती' आदि हैं।

अर्चना वर्मा

इनका जन्म 6 अप्रैल 1946, इलाहाबाद और मृत्यु 16 फ़रवरी 2019 को हुई था। इनकी पहली कहानी सन् 1966 में 'धर्मयुग' में प्रकाशित हुई थी। इनकी मुख्य कृतियाँ कविता संग्रह : 'कुछ दूर तक', 'लौटा है विजेता', कहानी संग्रह : 'स्थगित', 'राजपाट तथा अन्य कहानियाँ', आलोचना : 'निराला के सृजन सीमान्त : विहग और मीन', 'अस्मिता विमर्श का स्त्री-स्वर' है। इन्होंने 'हंस' में 1986 से लेकर 2008 तक सम्पादन और 'कथादेश' में सम्पादन सहयोग 2008 से किया था। इनके द्वारा सम्पादित पुस्तक में 'औरत : उत्तरकथा', 'अतीत होती सदी और स्त्री का भविष्य',

'देहरि भई बिदेस' की चर्चा हिन्दी पट्टी में व्यापक स्तर पर हुई थी। अभी हाल ही में कथादेश पत्रिका ने अर्चना वर्मा पर एक विशेषांक भी प्रकाशित किया है।

सविता सिंह

सविता सिंह का जन्म 5 फ़रवरी 1962 ई. को बिहार में हुआ था इनका पहला काव्य संग्रह 'अपने जैसा जीवन' है। अनुवाद विधा के साथ दूरदर्शन आकाशवाणी पर भी सविता काफ़ी सक्रिय रहती हैं। इसके अतिरिक्त वह संचार के अन्तरजाल पर भी सक्रिय हैं। सविता सिंह की कविताएँ आधुनिक और आकुंठित और आत्मनिर्भर स्त्री की कविताएँ हैं। इनकी कविताओं में चित्रित स्त्री आत्म संघर्ष और आत्ममन्थन भी करती है और अपनी स्वायत्तता चेतना के बोध से अनुप्राणित भी हैं।

कात्यायनी

कात्यायनी का जन्म 7 मई 1959 ई. को गोरखपुर में हुआ था इनके प्रमुख काव्य संग्रह में 'सात भाइयों के बीच चम्पा', 'इस पौरुष पूर्ण समय में' 'जादू नहीं कविता, 'रात अँधेरे की बारिश' 'फुटपाथ पर कुर्सी' आदि हैं 'दुर्ग द्वार पर दस्तक' रचना नारी के ज्वलन्त प्रश्नों का दस्तावेज़ है कात्यायनी जी ने सम्पादन से लेकर पत्रकारिता तक अपनी पैठ रखी है। 1966 से 75 तंक के केन्द्रीय क्रान्तिकारी दौर में कात्यायनी अकेली रचनाकार हैं जो परिवर्तन के मुद्दे पर सक्रिय साझेदारी को रखती हैं। इनकी कविता में कविता की प्रासंगिकता और उसके अस्तित्व का संघर्ष हमें साफ़ तौर पर दिखाई देता है।

निर्मला गर्ग

निर्मला जी का जन्म 31 मई 1955 ई. में हुआ है। इनका पहला संग्रह 'यह हरा गलीचा' 1992 ई. में आया था। इसके बाद उनके 'कबाड़ी का तराजू' 'सफ़र के लिए रसद' आदि संग्रह आये। हिन्दी अकादमी पुरस्कार से पुरस्कृत निर्मला गर्ग जी लेखन में अब तक सक्रिय हैं। निर्मला जी की सबसे अलग विशेषता है उनकी बेलौस भाषा। स्त्री के सच को वह बड़ी बेलौस भाषा में अभिव्यक्त करती हैं।

अनीता वर्मा

अनीता वर्मा का जन्म 5 जून 1959 ई. को बिहार में हुआ था इनके प्रमुख कविता संग्रह हैं 'एक जन्म में सब', 'रोशनी के रास्ते पर'। अनीता वर्मा स्त्री की हर समस्याओं पर अपनी कविताओं में व्यापक दृष्टि डालती हैं

रंजना जायसवाल

रंजना जायसवाल का जन्म 3 अगस्त 1968 ई. को उत्तर प्रदेश में हुआ। इनके काव्य संग्रह 'मछलियाँ देखती हैं सपने' 'दुख' 'पतंग ज़िन्दगी के काग़ज़ पर' 'माया नहीं मनुष्य' 'जब मैं स्त्री हूँ आदि हैं। इनकी कहानी 'तुम्हें कुछ कहना है भर्तृहरि' संग्रह में अनेक कहानियाँ श्रेष्ठ हैं। इनका निबन्ध 'स्त्री और सेंसेक्स' काफ़ी पढ़ा गया है। इनका उपन्यास 'त्रिखंडिता' और 'मेघ बरसते रहे' भी काफ़ी चर्चित है

सविता भार्गव

इनका जन्म 5 सितम्बर 1968 ई. को मध्य प्रदेश में हुआ है। इनका पहला काव्य संग्रह 'किसका है आसमान अपने आकाश में' आया था। इनकी कविता में यथार्थवाद और आत्मबोध का संघर्ष है। इनकी रचनाओं में स्त्री का ऐसा संसार है जो दैनिक जीवन का है। इनके यहाँ समाज भी स्त्री के दृष्टिकोण से दिखता है। कविताओं में पुरुष विरोध नहीं है पर एक कविता है 'मैं पुरुष होना चाहती हूँ' इस कविता में अपनी देह से पुरुष के गुनाह का आनन्द पुरुष बन कर लिया गया है। इस तरह की रचनाएँ अन्य स्त्री रचनाकारों ने नहीं लिखी हैं।

प्रज्ञा रावत

प्रज्ञा रावत का जन्म 2 दिसम्बर 1961 ई. को मध्य प्रदेश में हुआ है। इनका प्रमुख काव्य संग्रह है 'जो नदी होती' सन् 2012 में आया था। प्रसिद्ध आलोचक अरुण कमल ने कहा है कि प्रज्ञा रावत की कविताएँ अपने अनूठे सँभाल एवं रूप विधान के लिए अलग से सराही जायेंगी।

देवयानी भार्गव

देवयानी का जन्म 13 दिसम्बर 1972 को हुआ था। उनका काव्य संग्रह 'इच्छा नदी के पुल पर' काफ़ी प्रसिद्ध रहा है। कविताओं में एक स्त्री की इच्छाएँ, उसे पूरा करने का स्वप्न और संघर्ष दिखाई देता है। वह बड़ी बेबाक और बेलौस प्रस्तुति करती हैं। देवयानी प्रसिद्ध साहित्यकार नन्द भारद्वाज की पुत्री हैं।

निर्मला पुतुल

निर्मला पुतुल का जन्म 6 मार्च 1972 ई. को झारखंड में हुआ। इनके प्रमुख काव्य संग्रह में 'नगाड़े की तरह बजते शब्द' 'अपने घर की तलाश में, 'बाँस अब आदमी को नसीब नहीं होता' आदि हैं। निर्मला जी विभिन्न सेवी संस्थाओं की संस्थापक व

अध्यक्ष रही हैं। इन्होंने आदिवासी जेंडर आदि पर विशेष कार्य व लेखन सम्पादन किया है।

लीना मल्होत्रा

लीना मल्होत्रा का जन्म 3 अक्टूबर 1968 को हरियाणा में हुआ था। इनका काव्य संग्रह 'मेरी यात्रा का ज़रूरी सामान', 'नाव डूबने से नहीं डरती' मुख्य हैं। इन्होंने पटकथा भी लिखी है जिसमें ताकझाँक प्रसिद्ध है।

अर्पणा मनोज

अर्पणा मनोज का जन्म 6 अगस्त 1964 को हरियाणा में हुआ। यह अनुवादक कहानीकार और कवयित्री हैं। 'सारंग तेरी याद में' और 'द ब्लू प्रिंट' इनकी काफ़ी चर्चित कहानियाँ हैं। कविताओं का स्वर इनकी कहानियों से अलग है जिसमें हमें बौद्धिकता के दर्शन होते हैं।

मृदुला शुक्ला

इनका जन्म 11 अगस्त 1970 को उत्तर प्रदेश में हुआ था। इनका कार्य संग्रह 'उम्मीदों के पाँव भारी हैं' काफ़ी प्रसिद्ध रहा है। इनकी 'प्रेमी के साथ फरार हुई औरत' तथा 'सगुनी कहानियाँ' काफ़ी प्रसिद्ध रही हैं। यह पत्रकारिता से भी जुड़ी हुई हैं।

विपिन चौधरी

विपिन चौधरी का जन्म 2 अप्रैल 1976 ई. को हुआ है। 'अँधेरे के मध्य से', 'एक बार फिर नीली आँखों में नक्षत्र' इनकी प्रमुख रचनाएँ हैं। इन्होंने अनुवाद का कार्य भी बहुत किया है। इनकी कविता में स्त्री स्वर की प्रधानता है। स्त्री की संवेदना, उसके रिक्त जीवन की अनसुनी कहानियाँ इनकी कविताओं में हमें देखने को मिलती हैं। हाल ही में इनका नया काव्य संग्रह 'संसार तुम्हारी परछाईं' प्रकाशित हुआ है।

ज्योति चावला

ज्योति जी का जन्म 5 अक्टूबर 1979 ई. को दिल्ली में हुआ था। ज्योति जी कविता और कहानी विधा में सक्रिय रही हैं। इनके साहित्य का मूल स्वर स्त्री है। स्त्री मुक्ति की पक्षधर इनकी कविताएँ रही हैं। 'माँ का जवान चेहरा' तथा 'जैसे कोई उदास लौट जाये दरवाज़े से' इनके प्रमुख काव्य संग्रह हैं।

रोहिणी अग्रवाल

रोहिणी अग्रवाल का जन्म 9 दिसम्बर 1959 ई. को पंजाब में हुआ था। यह मुख्य रूप से कथा साहित्य की आलोचक हैं परन्तु उन्होंने कहानियाँ भी लिखी हैं। 'घने बरगद' कहानी संग्रह प्रकाशित हो चुका है। इनके प्रमुख आलोचना संग्रह 'स्त्री लेखन : स्वप्न और संकल्प' 'हिन्दी उपन्यास में कामकाजी महिला' 'एक नज़र कृष्णा सोबती पर' 'इतिवृत्त' की संरचना और समरूप, समकालीन कथा साहित्य सरहदें और सरोकार, 'साहित्य की ज़मीन और स्त्री मन के उच्छ्वास' 'हिन्दी उपन्यास का स्त्री पाठ' 'साहित्य का स्त्री स्वर' 'हिन्दी उपन्यास' 'समय से संवाद' आदि संग्रह है। हाल ही में इनकी दो रचनाएँ प्रकाशित हुई हैं—'लिखती हूँ मन' (काव्य संग्रह), 'कहानी का स्त्री-समय' (अलोचना)।

किरण जैन

इनके 'यात्रा और यात्रा' तथा 'स्वर परिवेश' दो प्रमुख काव्य संग्रह हैं। इनकी कविताओं में बेरोज़गारी और देश की वर्तमान स्थिति का चित्रण है सामाजिक विषमता और महानगरी जीवन को खुल कर लिखती हैं।

प्रभा मजूमदार

10 अप्रैल 1957 ई. को जन्मी प्रभा जी का नाम हिन्दी साहित्य के लिए अनजाना नहीं है। इनका काव्य संग्रह 'अपने-अपने आकाश' (2003), 'तलाशती हुई ज़मीन' (2010) के 'अपने हस्तिनापुरों में (2014) तथा सिर्फ़ स्थगित होते हैं युद्ध' (2019) है। 'अपने-अपने आकाश' समकालीन परिवेश को केन्द्रित करके लिखा गया काव्य संग्रह है। इसमें निराशा और आशा के मध्य संघर्षरत एक स्त्री की कविताएँ हैं।

सुनीता बुद्धिराजा

सुनीता जी का 16 मार्च 1937 ई. में लाहौर में जन्म और 2021 में कोरोना से निधन हुआ। सुनीता बुद्धिराजा का काव्य संग्रह 'आधी धूप' सन् 1992 में प्रकाशित हुआ। 'टीस का सफ़र' में रेखाचित्र, निबन्ध और कहानी का कुछ समवाय है। संगीत के क्षेत्र में इन्होंने काफ़ी रचनाएँ की हैं जिनमें से पंडित जसराज एक है।

मधुरिमा सिंह

इनकी रचना खंडित पूजा संस्कृति और रचनाकार के निजी अनुभव के बीच

की है। भारतीय संस्कृति को भी अपनी भाषा में बख़ूबी पिरोती हैं। इन कविताओं में ईश्वर है, घर है, माँ-पिता, बहन-भाई आदि रिश्तों की सम्बन्ध संवेदनात्मक उपस्थिति है।

उषा चौधरी

1983 में इनका कविता संग्रह 'आस्था की किरण' प्रकाशित हुआ जिसमें मानवीय संवेदनाएँ की पीड़ा को बख़ूबी चित्रित किया गया है।

मंजु गुप्ता

मंजु गुप्ता के काव्य संग्रह 'मिट्टी की वर्णमाला' (1992) 'रोशनी का दस्तावेज़' (2002) प्रकाशित हुए हैं। अपने संग्रह में सामाजिक और राजनीतिक परिवेश के साथ ही मनुष्य के एकाकी होने की पीड़ा को भी चित्रित करती हैं।

मालती शर्मा

मालती शर्मा का जन्म 15 नवम्बर 1938 ई. को ग्वालियर मध्य प्रदेश में हुआ है। इनकी कविताओं में हमें नारी समस्याएँ और पुरुषवादी सत्ता के प्रति जागरूक प्रश्नावली देखने को मिलती है। इनके प्रमुख संग्रह 'निर्वासन की आँधी', ऑक्टोपस के पेट में बचा एक बीज', 'दृश्यों के बाहर' (1990) हैं।

शीला गुज़राल

शीला गुज़राल के प्रमुख काव्य संग्रह 'अनुनाद' (1983) 'बर्फ़ के चेहरे', 'जब मैं नहीं रहूँ' (1995), 'तपोवन में बवंडर', 'धरती का आर्तनाद', 'सागर के तट पर' हैं। इनकी कविताओं का मुख्य स्वर युगीन परिवेश और उसके प्रति सजगता है।

रश्मि अग्रवाल

रश्मि अग्रवाल के काव्य संग्रह खुले पंखों जैसा मन (1986) 'प्रहरी' (1987) में प्रकाशित हुए इन कविताओं में दुख और वेदना की अभिव्यक्ति है।

प्रतिभा गर्ग

प्रतिभा गर्ग का जन्म 1 मार्च 1939 को बिजनौर उत्तर प्रदेश में हुआ। इनके प्रमुख

कविता संग्रह 'ज्योतिपुंज' (1982) 'शतदल' (1987) 'आज न जाना मधुशाला' (1989) इन्होंने देश प्रेम पर अधिकांश कविताएँ की हैं।

प्रभा वाजपेयी

प्रभा वाजपेयी का जन्म 3 जनवरी 1938 ई. को जोधपुर में हुआ था। इनके दो कविता संग्रह का मुझे संज्ञान है। पहला है 'समय के बीच का दर्द' तथा दूसरा 'शब्द नदी है' (1984)। इन कविताओं में अन्याय के प्रति आक्रोश का स्वर है।

रेखा

रेखा का जन्म 22 जनवरी 1951 को हुआ। इनका प्रमुख काव्य संग्रह 'चिन्दी-चिन्दी सुख' 1987 में प्रकाशित हुआ था। इनकी कविताओं में वैज्ञानिक उपज से सम्बन्धित कविताएँ हैं।

कान्ता नलिनी

कान्ता का काव्य संग्रह 1986 में 'जकड़े रिश्ते उजड़े पाँव' प्रकाशित हुआ था। इनकी रचनाओं में नारी का शोषण और उससे सम्बन्धित समस्याएँ कविताओं में ज़्यादा उभर कर आयी हैं। इनकी रचनाओं में दहेज के लिए प्रताड़ित कुसुम, प्रेम के लिए तरसती गृहिणी, अपने अस्तित्व की तलाश में जाती हुई युवती, असहाय बुड्ढों का दर्द आदि मिलता है।

रश्मि मल्होत्रा

रश्मि मल्होत्रा का 1985 में काव्य संग्रह 'नाहक' कोशिश प्रकाशित हुआ था। इनकी कविताओं में आज की शिक्षित मध्यवर्गीय नारी का चेहरा पूरी तरह से उभर कर के सामने आता है। इनकी कविताएँ बड़ी सीधी सपाट हैं और एक निजीपन का अहसास कराती हैं।

प्रभा ठाकुर

प्रभा ठाकुर का जन्म 14 सितम्बर 1991 को हुआ। इनके प्रमुख काव्य संग्रह 'बौराया मन' 1985, 'आकर आकर' 1988 मुख्य हैं।

सरोज वर्मा

सरोज वर्मा का 1982 में 'मुक्त मंजरी' नामक का काव्य संग्रह प्रकाशित हुआ। इन

कविताओं में प्राचीन और आधुनिकता के बीच तादात्म्य स्थापित करने का प्रयास किया गया है।

मीना अग्रवाल

मीना अग्रवाल का जन्म 1930 में हुआ था। इन्होंने मंजुषा पत्रिका का सम्पादन भी किया है। इनके प्रमुख कविता संग्रह 'दीप दीप और दीप' (1981), 'यादों की दोपहरी' (1988) में प्रकाशित हुए। इनकी कविताओं में देश प्रेम और प्रकृति दोनों सम्पूर्णता के साथ आये हैं

डॉ. मीना अग्रवाल

इनका जन्म 20 नवम्बर 1947 को हुआ था। इनकी प्रमुख रचनाएँ 'यादें बोलती हैं' (काव्य संग्रह)। 'सफ़र में साथ-साथ' (मुक्तक), 'जो सच कहे' (हाइकू), 'अन्दर धूप बाहर धूप' (कहानी) हैं।

उषा पुरी

उषा पुरी का जन्म 10 दिसम्बर 1934 में हुआ था। 1985 में इनका काव्य संग्रह 'कविताएँ माँ और बेटे की' प्रकाशित हुआ था। इस संग्रह की भूमिका में कैलाश वाजपेयी लिखते हैं कि माँ को कविताओं में कहीं सौम्यता दमकती है।

अनुभूति चतुर्वेदी

अनुभूति चतुर्वेदी का जन्म 18 अगस्त 1959 को विदिशा, मध्य प्रदेश में हुआ था। इनके पिता प्रसिद्ध रचनाकार जगदीश चतुर्वेदी रहे हैं। इनका पहला काव्य संग्रह उम्र के साथ-साथ 1981 में आया। 'तुम्हें शब्द दूँ' 1989 में प्रकाशित हुआ है। इनकी रचनाओं के केन्द्र में भ्रष्टाचार, नारी शोषण, सामाजिक विसंगतियाँ, राजनीति और उनके आसपास बनी हुई समस्याएँ हैं।

मीना सिंह

मीना सिंह का काव्य संग्रह 'भूकम्प में आत्मसमर्पण' 1990 में आया था। इसमें कवयित्री ने मानवीय सम्बन्धों के विभिन्न पहलुओं को अभिव्यक्त किया है।

शुभा

आठवें दशक की प्रमुख कवयित्री शुभा राजनीतिक रूप से सक्रिय रही हैं और ज़मीनी

स्तर पर जुड़ी रही हैं। सितम्बर 1953 को अलीगढ़ में जन्मी शुभा अपनी सहज अनुभूत कविता के लिए जानी जाती हैं—

दुख मुझसे पहले बैठा था
माँ के गर्भ में
हम साथ-साथ पैदा हुए
वह मुझसे बड़ा था।

प्रमीला के.पी.

1967 में जन्मी प्रमीला के.पी. इन दिनों श्रीशंकराचार्य संस्कृत विश्वविद्यालय, कालडी, केरल में आचार्य के पद पर कार्यरत हैं। उनकी प्रमुख कृतियाँ हैं— 'विमर्श और विस्तार', 'स्त्री अस्मिता और समकालीन कविता', 'स्त्री : यौनिकता बनाम आध्यात्मिकता', 'कविता का स्त्रीपक्ष', 'भाषान्तरण-भावान्तरण', 'स्त्रीमुक्ति और कविता', 'औरत की अभिव्यक्ति एवं आदमी का अधिकार'। उनकी अब तक 18 किताब हिन्दी में प्रकाशित हो चुकी हैं इसके अलावा कई किताबों का मलयालयम और अन्य भाषाओं में अनुवाद हुआ है।

सुमति सक्सेना लाल

सुमति सक्सेना लाल की सन् 1968 में धर्मयुग में पहली कहानी 'चौथा पुरुष' प्रकाशित हुई थी। कहानी संग्रह 'अलग-अलग दीवारें', 'दूसरी शुरुआत', उपन्यास 'वे लोग' प्रकाशित हैं। सुमति जी अपनी लेखन शैली के लिए हिन्दी में अलग स्थान रखती हैं।

सुषमा मुनीन्द्र

सुषमा मुनीन्द्र 5 अक्टूबर 1959 को जन्मी सुषमा मुनीन्द्र के प्रमुख उपन्यास 'छोटी सी आशा' 'गृहस्थी तथा कहानी संग्रह 'मृत्यु गन्ध है अन्तिम प्रहर का स्वप्न' चर्चित रहे हैं

जयश्री राय

जयश्री राय के प्रमुख उपन्यास 'औरत जो नदी है', 'साथ चलते हुए', 'मोहे रंग दो लाल' तथा कहानी संग्रह 'खारा पानी', 'अनकही' प्रमुख हैं। इनका कविता संग्रह 'तुम्हारे लिए' अपनी संवेदना के कारण प्रिय है। जयश्री राय की पहचान एक उत्कृष्ट कथा लेखिका के रूप में होती है। यह भूमण्डलोत्तर कथा पीढ़ी की एक प्रसिद्ध कथाकार हैं। हाल में ही इनका उपन्यास 'थोड़ी सी ज़मीन : थोड़ा सा आसमान' प्रकाशित हुआ है।

उर्मिला शिरीष

उर्मिला शिरीष हिन्दी की एक जानी-मानी लेखिका हैं जिनका जन्म 19 अप्रैल 1959 को हुआ है। इनकी अब तक अनेक रचनाएँ प्रकाशित हैं जिनमें 'बिवाइयाँ तथा अन्य कहानियाँ', 'दीवार के पीछे', कुर्की और अन्य कहानियाँ', 'पुनरागमन', 'निर्वासन', 'रंगमंच', 'शहर में अकेली लड़की', 'सहमा हुआ कल', 'केंचुली', 'मुआवज़ा', 'बयावाँ में बहार' (गोविन्द मिश्र की जीवनी) आदि हैं।

गीताश्री

पत्रकार एवं साहित्यकार गीताश्री का जन्म 31 दिसम्बर 1965 ई. में मुजफ़्फ़रपुर, बिहार में हुआ हैं। कहानी, कविता, लेख इनकी प्रमुख विधाएँ हैं। यह लाइव इण्डिया वेबसाइट की सम्पादक, आउट लुक पत्रिका की सहायक सम्पादक तथा बिंदिया पत्रिका की सम्पादक रही हैं। इनकी प्रमुख कृतियाँ 'कविता जितना हक़', 'औरत की बोली', 'स्त्री आकांक्षा के मानचित्र', 'नागपाश में स्त्री', सपनों की मंडी (आदिवासी लड़कियों की तस्करी पर आधारित), 'राजनटिनी' हैं। हाल ही में इनका उपन्यास 'अम्बपाली : एक उत्तरगाथा' प्रकाशित हुआ है।

मीराकान्त

मीराकान्त का जन्म 1958 में हुआ है। इनके उपन्यास 'उर्फ़ हिटलर', 'हम आवाज़ दिल्लीया', कहानी संग्रह 'हाइफन', 'गली दुल्हन वाली', नाटक 'नेपथ्य राग', 'भुनेश्वर दर भुनेश्वर' आदि हैं।

जयन्ती रंगनाथन

जयन्ती की प्रमुख कृतियाँ 'सन्नाटे', 'औरतें रोती नहीं', 'शैडो', 'रूह की प्यास' आदि हैं। जयन्ती जी लम्बे समय तक सम्पादन कार्य से भी जुड़ी रही हैं और बाल साहित्य में भी विशेष कार्य कर रही हैं। इनकी हाल ही में सम्पादित पुस्तक 'कामुकता का उत्सव' प्रकाशित हुई है।

मृदुला बिहारी

मृदुला बिहारी का जन्म 1 फ़रवरी, 1949 ई. को हुआ है। 'कल उगेगा सूरज' कहानी संग्रह, 'कुछ अनकही', उपन्यास 'अँधेरे से आगे', 'नाटक संग्रह में पाँच नाटक संग्रहित हैं। इन्होंने लगभग 50 नाटक, टेलीफ़िल्म एवं फ़ीचर फ़िल्म लिखी हैं।

मधु धवन

मधु धवन का जन्म 21 अप्रैल 1952 को और मृत्यु 26 जून 2017 ई. को हुई थी। इनकी प्रमुख रचनाएँ उपन्यास—'करवट लेता वक़्त' 'जुर्माना', 'आकांक्षा', 'शक्तिपुंज', 'मैं सृष्टि की आत्मा हूँ, 'बाल उपन्यास—'प्यार भरे दादाजी महाकाव्य—कालचक्र', खंडकाव्य-'हुतात्मा', 'काव्य संग्रह', 'स्वर्णिम भारत', नाटक—'मैंने कब चाहा', 'भगतसिंह', 'भारत कहाँ जा रहा है?', कहानी संग्रह—'झरते अश्रु', 'इंटरनेट का माउस' तथा 'हिन्दी साहित्य का इतिहास', 'प्रयोजनमूलक राजभाषा', 'प्रयोगात्मक व्याकरण' आदि हैं।

विभा रानी

विभा रानी का 29 मार्च 1959 ई. को जन्म हुआ है। विभा जी एक सफल रंगकर्मी, नाट्य लेखिका और बॉलीवुड अभिनेत्री हैं। 'मिथिला की कथाएँ ' 'और 'गोनू झा के क़िस्से' जैसी कहानियाँ लिखने वाली विभा ने 'सेलेब्रटिंग कैंसर' (2016) नाम से कविता संग्रह भी लिखा है। 'बन्द कमरे का कोरस' (कहानी संग्रह), 'दूसरी औरत' (नाटक), 'कोसी के आर-पार', 'आज की कविता' जैसी रचनाएँ प्रसिद्ध रही हैं। विभा रानी का नाटक 'आओ तनिक प्रेम करें', 'दूसरा आदमी दूसरी औरत', स्त्री-पुरुष सम्बन्धों को अनोखे ढंग से प्रस्तुत करता है। प्रसंगत: विभा रानी की कुछ कविताएँ भी उल्लेखित हैं—

कैंसर का जश्न/ क्या फ़र्क़ पड़ता है
सीना सपाट हो या उभरा/ चेहरा सलोना हो या बिगड़ा
सर पर घने बाल हों या हो वह गंजा
ज़िन्दगी से सुन्दर/ गुदाज़
और यौवनमय नहीं है कुछ भी
आओ, मनायें/ जश्न–इस यौवन का
जश्न–इस जीवन का

निर्मला जैन

निर्मला जैन का जन्म 28 अक्टूबर 1932 में दिल्ली में हुआ है। इनकी प्रमुख आलोचनात्मक पुस्तकें हैं—'रस सिद्धान्त और सौन्दर्यशास्त्र', 'हिन्दी आलोचना की बीसवीं सदी', 'आधुनिक साहित्य : मूल्य और मूल्यांकन', 'आधुनिक हिन्दी

काव्य में रूप-विधाएँ', 'प्लेटो के काव्य सिद्धान्त', 'पाश्चात्य साहित्य चिन्तन', 'कविता का प्रति-संसार', 'डॉ. नगेन्द्र', 'काव्य चिन्तन की पश्चिमी परम्परा', 'हिन्दी आलोचना का दूसरा पाठ', 'प्रेमचन्द : भारतीय साहित्य सन्दर्भ', 'आधुनिक हिन्दी समीक्षा' आदि। इन्होंने 'अन्तस्तल का पूरा विप्लव : अँधेरे में', 'महादेवी साहित्य' (4 खण्ड)', 'जैनेन्द्र रचनावली' (12 खंड), 'रामचन्द्र शुक्ल : प्रतिनिधि संकलन', 'नयी समीक्षा के प्रतिमान', 'साहित्य का समाजशास्त्रीय चिन्तन' तथा 'निबन्धों की दुनिया' का सम्पादन भी किया है। इसके अतिरिक्त 'उदात्त के विषय में', 'बंगला साहित्य का इतिहास', 'समाजवादी साहित्य : विकास की समस्याएँ', 'एडविना और नेहरू', 'सच, प्यार और थोड़ी-सी शरारत, (ख़ुशवन्त सिंह की आत्मकथा), 'भारत की खोज' आदि का अनुवाद भी किया है। 'कथासमय में तीन हमसफ़र', 'दिल्ली : शहर दर शहर' संस्मरण के साथ उनकी आत्मकथा 'ज़माने में हम' भी चर्चित रहे हैं।

(क) अस्मिता विस्तार युग (2000 से आज तक)

भारत ने एक लम्बे समय के बाद विदेशी दासता से मुक्ति पायी थी, इस कारण तत्कालीन परिस्थितियों में जितने भी परिवर्तन हुए उनका ज़िक्र किया जा चुका है। पूर्व में प्रचलित धर्म, जाति की स्थिति आज अत्यन्त विचारणीय हो गयी है। हिन्दू-मुस्लिम वैमनस्य के साथ ही दलित, ग़ैर-दलित, आदिवासी संघर्ष और तीव्र हुए हैं। वर्तमान में जातिगत संघर्ष उप जातिगत संघर्ष में तेज़ी से परिवर्तित हुए हैं। वामपन्थ और दक्षिण पन्थ का अपने को श्रेष्ठ ठहराने का क्रम पूर्व की भाँति ही जारी है। आरक्षण की राजनीति ने वैमनस्य को बढ़ाया है और अब हर जाति आरक्षण के उसी दायरे में शामिल होने के लिए लगातार संघर्ष करती चली जा रही है, जाट आन्दोलन इसका सबसे प्रत्यक्ष प्रमाण है। धर्म के बँटवारे ने जिहाद, लव जिहाद जैसे मुद्दों को और बढ़ाया है। धर्मान्तरण का मुद्दा पूर्व की भाँति आज भी समाज में पूरी तरह से व्याप्त है। अब धर्म सिर्फ़ आस्था का विषय नहीं बल्कि सामाजिक और राजनीतिक पक्ष का भी परिचायक बन गया है। राजनीतिक परिस्थितियों की चर्चा की जाये तो आज व्यक्ति के विकास का मुद्दा पीछे चला गया है और कुर्सी, शक्ति प्रदर्शन, सत्ता का केन्द्रीकरण आगे होता जा रहा है। राजनीति में धर्म का मिश्रण कोई नयी बात नही।

वर्तमान समय में स्त्री शिक्षा की दिशा में सराहनीय प्रयास हुआ है। स्वयं स्त्री की चेतना उत्तरोत्तर रूप में जाग्रत हुई है। हर क्षेत्र में स्त्रियों ने अपना परचम लहराया

है चाहे वह खेल जगत हो या कोई अन्य। स्त्री शिक्षा ने जिस चेतना का विकास किया है उस कारण से स्त्री समग्र रूप से विकसित हो रही है। वह रूढ़ियों को ही नहीं अपने बन्धनों को भी तोड़ रही है। अब स्त्री के समक्ष गोपन जैसा कुछ भी नहीं है, खुला आसमान उसकी मुट्ठी में है, फिर भी कुछ स्त्रियाँ अभी भी शिक्षा और स्वतन्त्रता की राह देख रही हैं।

आज भूमण्डलीकरण, साम्प्रदायिकता, उपभोक्तावाद, इंटरनेट, सोशल मीडिया, जनसंचार के विविध रूपों में एक नयी आभासी दुनिया प्रदान की है। वर्तमान समय में एक उपभोक्ता वर्ग खड़ा हो गया है जिस वर्ग के आधार पर ही सामाजीकरण, वस्तुवाद का मार्ग खुला है। यहाँ यह ध्यातव्य है कि यह प्रवृत्तियाँ पहले भी थीं अब उनमें वृद्धि हुई है।

वेब 2.0 ने वेब आधारित युग का निर्माण किया है जिसमें इंटरनेट के माध्यम से सोशल मीडिया आदि ने एक आभासी दुनिया का निर्माण किया है। सोशल मीडिया ने एक ऐसी दुनिया का निर्माण किया है जिसमें बहुत-सारे तथ्य झूठ भी सच बनकर प्रस्तुत हुए हैं। टीआरपी के खेल ने एक अलग ही दुनिया बनाई है जिसमें आर्थिक प्रतिस्पर्धा प्रमुख है बाक़ी सब गौण है। इस दुनिया में हर वर्ग के लोग शामिल हैं।

वर्तमान व्यवस्था में शिक्षा का व्यवसायीकरण बढ़ा है और शिक्षित बेरोज़गारों को खड़ा किया गया है। इसके साथ ही बहुत-सारे ऐसे दरवाज़े हैं जहाँ पर शिक्षा अभी तक नहीं पहुँची है। इस दृष्टिकोण से एक ऐसा वर्ग खड़ा हुआ है जो शोषित भी है और जिसके भीतर असन्तोष व्याप्त है। विद्यालय और विश्वविद्यालय निरन्तर राजनीति के केन्द्र बनते जा रहे हैं जो भ्रष्टाचार, बेरोज़गारी महँगाई, विकास इत्यादि मुद्दों को तो उठाते हैं परन्तु स्वयं उसी में कहीं न कहीं लिप्त रहते हैं। कुछ इन परिस्थितियों से विवश हैं और कुछ विद्रोह करते हैं। शिक्षा की राजनीति आज सबसे ज़्यादा फल-फूल रही है। विभिन्न कोचिंग संस्थाओं ने प्रतियोगिताओं की होड़ लगा रखी है जिसमें सभी शामिल हैं। अब शिक्षा का उद्देश्य व्यक्ति की परिपक्वता नहीं बल्कि नौकरी का पर्याय है।

पश्चिमीकरण ने संस्कृति के ह्रास के साथ ही मूल्यहीनता का दौर भी खड़ा किया है। एकल परिवार की अवधारणा और सूक्ष्म हो गयी है। वर्तमान समय में लिव इन रिलेशनशिप, लेस्बियन और गे सम्बन्धों पर खुलकर चर्चा हो रही है। अब गोपनीय जैसा कुछ भी नहीं दिखता है।

भूमण्डलीकरण के कारण देशों की दूरियाँ सिमट गयी हैं और पूरी दुनिया की परिकल्पना विश्वग्राम के रूप में उभरी है। बाज़ारीकरण ने जहाँ मुक्त बाज़ार प्रस्तुत किया है वहीं प्रत्येक देश में कारोबार का एक जाल बिछा रखा है जो बाज़ारीकरण की प्रवृत्ति को और तेज़ी से बढ़ा रहा है। मुक्त बाज़ार ने कुछ रोजगार छीने हैं तो कुछ रोजगार का सृजन भी किया है। बाज़ार के अनुरूप आर्थिक सत्ता उच्च वर्ग के हाथों में तेज़ी से खिसक रही है। इसका ख़मियाज़ा सबसे ज़्यादा मध्यवर्ग को हुआ है। भूमण्डलीकरण के बाद व्यक्ति के परिवेश में, उसकी सामाजिक संरचना में और सामाजिक, राजनीतिक, आर्थिक मूल्यों में बहुत बदलाव आया है; जिस कारण रचनाकार का रचना कर्म अत्यन्त कठिन हो गया है।

इन सभी परिस्थितियों के बीच में व्यक्ति और उसकी रुचि में तेज़ी से परिवर्तन आया है। हमारी सभ्यता, संस्कृति और वैचारिकता पर मीडिया, इंटरनेट का प्रभाव पड़ा है। सोशल साइट ने व्यक्ति के मानस को पूरी तरह से आच्छादित कर लिया है। हमारी वैचारिकता, मौलिकता की क्षति निरन्तर हो रही है। इन बिन्दुओं पर लिखते हुए भी लोग इनसे अपने आपको बचा नहीं पा रही हैं।

बीसवीं शताब्दी में आधुनिकता, समकालीनता, परम्परा और आधुनिकता के परस्पर सम्बन्ध, उत्तर-आधुनिकता आदि को साहित्य ने समझा और परखा था। पश्चिम में उत्तर-आधुनिक विमर्श ने अपना विस्तार किया जो विचार-विमर्श वहाँ चलते रहे थे, उनका प्रभाव यहाँ पर भी देखा गया। संरचनावाद, उत्तर-संरचनावाद, विखंडनवाद, उत्तर-आधुनिकतावाद आदि पर व्यापक चर्चा-परिचर्चा हिन्दी साहित्य में हुई है।

उपभोक्तावादी मानसिकता ने मनुष्य, उसके मूल्य और आदर्श को पूर्णरूपेण परिवर्तित कर दिया है, जिस कारण से संवेदनाओं की अभिव्यक्ति और उसके माध्यम में भी जटिलता उत्पन्न हुई है। इस पक्ष को उद्‌घाटित करते हुए डॉ. मीना बुद्धिराजा कहती हैं—"समकालीन साहित्य के परिदृश्य को उसके आन्तरिक और बाह्य संकट, उसके मानवीय सामाजिक सरोकार, समय के मूल प्रश्नों और चिन्ताओं को केन्द्र में रखकर जो रचनाशीलता सामने आ रही है; वर्तमान साहित्य में गद्य और पद्य दोनों विधाओं में समय का यह दबाव देखा जा सकता है। रचना और रचनाकार दोनों आज के परिवेश से द्वन्द्वात्मक संघर्ष का सृजनात्मक परिणाम है।" (समकालीन रचनाशीलता की वैचारिकी, पृ. 9)

वर्तमान समय में व्यावसायिक प्रतिबद्धता भी रचना एवं रचनाकार को प्रभावित कर रही है, इस पक्ष को नज़रअन्दाज़ नहीं किया जा सकता है। साहित्य में नयी

बाज़ार संस्कृति के कारण बेस्ट सेलर पर बल ज्यादा है सर्वश्रेष्ठ लेखन पर उतना नहीं है। बाज़ारीकरण की संस्कृति साहित्य में संवेदना और विचार दोनों को प्रभावित कर रही है, जिसमें भाषा भी अछूती नहीं है।

आज हिन्दी में स्त्री लेखन का साहित्य अत्यधिक समृद्ध हो गया है जो पहले की अपेक्षा विस्तृत भी है। कुछ रचनाकारों के मात्र देह मुक्ति को ही विमर्श मानने की प्रवृत्ति के बावजूद अनेक स्त्री रचनाकारों ने स्त्री संवेदना, स्त्री पीड़ा, स्त्री मन की इच्छाओं और जीवन की त्रासदियों को पूरी परिपक्वता और संवेदना के साथ प्रस्तुत किया है। इसको इस अर्थ में भी देखा जा सकता है कि स्त्री साहित्य, स्त्री वैयक्तिकता, सामाजिकता, दैहिकता को समानान्तर रूप से लेकर के चल रही हैं। इसका कारण यह है कि सम्पूर्ण स्त्री साहित्य-स्त्री को केवल भावनात्मक रूप से ही नहीं बल्कि बौद्धिक रूप से भी देख रहा है।

वर्तमान साहित्य के परिदृश्य को देखें तो रचनाकार व पाठक दोनों की संवेदनात्मक दृष्टि का दायरा विस्तृत हो गया है। 21वीं सदी में व्यक्ति, सत्ता, समाज और संस्कृति के समक्ष मनुष्य की अस्मिता और मनुष्यता की मूलभूत चिन्ताओं को गहन और विस्तृत रूप से गद्य और पद्य में चित्रित किया गया है। मनुष्य के चारों ओर घटने वाली त्रासदी, वर्तमान जटिल कटु यथार्थ की अभिव्यक्ति समकालीन साहित्य का मुख्य उद्देश्य है। वर्तमान साहित्य में कथ्य, शिल्प और उसकी अभिव्यक्ति क्षमता में काफ़ी परिवर्तन देखा जा सकता है। इसका कारण रचनाकारों की नयी पौध का साहित्य सृजन में योगदान देना है।

साहित्य का वास्तविक मुद्दा मानवीय मुक्ति एवं जनजीवन का रहा है। अतः यह अस्मिता विमर्श का दौर है। सामाजिक, राजनीतिक, आर्थिक, साँस्कृतिक तमाम स्तरों पर हिस्सेदारी और अपने हक़ व अधिकारों की माँग को लेकर हाशिए की अस्मिताओं का संघर्ष व स्वर उभरे है जो कि उत्तर-आधुनिक दौर की ख़ास पहचान है। लिहाज़ा वर्ग, जाति, वर्ण, लिंग, स्थानिकता, साँस्कृतिक पहचान, विस्थापन आदि के तहत नयी अस्मिताएँ उभरकर सामने आयी है। इन्होंने समानता, न्याय, हिस्सेदारी एवं आत्मसम्मान के लिए प्रतिरोध, आन्दोलन, अभियान व संघर्ष को अपना मुक्ति पथ घोषित किया है। लिहाज़ा स्त्री, दलित, आदिवासी, किसान, पुरुष, मुस्लिम, अल्पसंख्यक, विकलांग या दिव्यांग, प्रवासी, थर्ड जेंडर, व क्वीर विमर्श फ़िलहाल चर्चा के केन्द्र में हैं। हिन्दी साहित्य में विधा की दूरियाँ भी मिटी हैं। कविताओं में कहानी की दखल बरकरार है तो कहानी में लघुता निरन्तर बनी हुई है। आज विधाएँ एक-दूसरे में समाहित हुए चली जा रही हैं।

21वीं शताब्दी को विमर्शों का दौर कहना असंगत न होगा। किसी भी विषय पर केन्द्रित विचार साहित्य में विमर्श को जन्म देता है। आज विचारों के विमर्श ने हिन्दी साहित्य में दलित, आदिवासी, वृद्ध, किन्नर जैसे अनेक विमर्श को हिन्दी साहित्य की मुख्य धारा में जोड़ दिया है। यह विमर्श वर्तमान हिन्दी साहित्य की रूपरेखा को प्रस्तुत करते हैं। यह विमर्श पहले भी साहित्य में विद्यमान थे परन्तु इनका केन्द्रीयकरण नहीं हुआ था। वर्तमान में इनमें आधुनिक विचार और आधुनिक चिन्तन के तत्त्व जुड़ते गये जिसने इन विमर्शों के नये स्वरूप को गढ़ा है। समाज में जिन विषयों को हाशिए पर रखा गया वह विमर्श का आकार ग्रहण कर चुके हैं, चाहे वह स्त्री हो या किन्नर, दलित हो या आदिवासी। कुछ विमर्शों पर संक्षिप्त चर्चा यहाँ प्रासंगिक होगी।

वृद्ध विमर्श

स्वातन्त्र्योत्तर हिन्दी साहित्य में वृद्ध विमर्श प्रारम्भ से ही रहा है। 'बूढ़ी काकी', 'चीफ़ की दावत' जैसी कहानियाँ इसके प्रत्यक्ष उदाहरण रहे हैं। वृद्ध समाज में परम्परा और संस्कृति का प्रतीक माने जाते हैं और जो समाज बुजुर्ग का सम्मान न कर पाये वहाँ स्वस्थ समाज की कल्पना कठिन है। मूल्यहीनता, भूमण्डलीकरण और एकल परिवार की अवधारणा ने वृद्धों के सम्मुख अनेक समस्याएँ उत्पन्न की हैं। इन्हीं परिस्थितियों ने वृद्ध विमर्श की ज़मीन तैयार की है। वृद्ध विमर्श का अर्थ है वृद्धावस्था की परिस्थितियों, घटनाओं और समस्याओं का चित्रण करना। समीक्षक और कवयित्री डॉ. रंजना अरगडे का 'हिन्दी कथा साहित्य में वृद्ध विमर्श 'के सन्दर्भ में सूर्यबाला जी की कहानियों ('मेरी तलाश', 'बाऊजी और बन्दर', 'साँझ वाती', 'निर्वासित', 'दादी और रिमोट', 'मरुमहोत्सव', 'वाचाल सन्नाटे' और 'जश्न') पर लिखा गया समीक्षात्मक आलेख वृद्ध विमर्श पर पर्याप्त व सम्यक विचारधारा को स्पष्ट करता है। चित्रा मुद्गल की 'गिलीगिडू', ममता कालिया की 'दौड़', उषा प्रियंवदा की 'वापसी', अनामिका का 'तिनका तिनके के पास', कृष्णा सोबती का 'समय सरगम', मन्नू भण्डारी का 'अकेली' इत्यादि रचनाएँ वृद्ध विमर्श की कड़ी के रूप में देखी जा सकती हैं। कथा साहित्य के साथ ही कविताओं में भी वृद्ध विमर्श की आहट हम देख सकते हैं। निशा माथुर की कविता इस दृष्टि से देखिए—

चढ़ता दरिया बनकर और उफन के
गर पाना चाहे मंजिल कोई
देकर मशविरा तहज़ीब का,

एक तजुर्बा बन जाते हैं हमारे बुज़ुर्ग
जब ये एहतराम होता है कि
कोई हमारा साथी, रहनुमा भी नहीं
ख़ुशियों की ज़िन्दगी में तब फलसफे बन जाते हैं, हमारे बुज़ुर्ग।

वृद्ध विमर्श को अनामिका जी के शब्द कितनी ख़ूबसूरती से पाठक की मूल संवेदना तक ले जाते हैं—

घर में हो कोई वृद्धा
खाना ज़्यादा अच्छा पकता है
परदे, पेटीकोट और पायजामे भी दर्जी और रफूगरों के मोहताज नहीं रहते
रहती हैं वृद्धाएँ घर में अगर
लेकिन ऐसे जैसे अपने होने की खातिर हों क्षमाप्रार्थी
लोगों के आते ही बैठक से उठ जातीं
छुप छुपकर रहती है, छाया सी माया सी।
उन्हें सबसे अच्छे लगते हैं वे लोग
जो पास नहीं आते और कभी जान नहीं पाते
कि छाले हैं छालों के भीतर

दलित विमर्श

दलित विमर्श एकांगी नहीं बल्कि बहुरंगी है। रमणिका गुप्ता के निबन्ध 'दलित साहित्य की परिभाषा और सीमाएँ' में हम दलित साहित्य की मूल अवधारणा देख सकते हैं। हिन्दी साहित्य में पहले भी दलित लेखन हुआ था परन्तु 1980 में कुछ आत्मकथाओं के प्रकाशन से दलित विमर्श की दिशा अग्रसर हुई। इन आत्मकथा में अहिन्दीभाषी कौशल्या बैसंत्री का 'दोहरा अभिशाप' और सुशीला टाकभौरे का 'शिकंजे का दर्द' प्रमुख रूप से है। दलित विमर्श के महत्त्वपूर्ण बिन्दुओं में जाति प्रथा का विरोध, अम्बेडकरवादी विचारधारा, अशिक्षा, अस्पृश्यता का विरोध मुख्य रूप से दिखते हैं। दलित विमर्श में विरोध का स्वर प्रमुख है परन्तु विरोध का स्वर कहीं-कहीं अपनी दिशा भी बदल देता है जैसे कमल भारती ने मिस कैथरीन मेयो की पुस्तक 'मदर इंडिया' का हिन्दी में अनुवाद किया है। यह वही पुस्तक है जिसे अंग्रेज़ भारत की बुराइयों को प्रदर्शित करने के लिए हथियार के रूप में प्रयोग करते थे। महात्मा गांधी ने स्वयं इस पुस्तक की कड़ी आलोचना की थी और चन्द्रावती लखनपाल ने 'मदर

इंडिया का जवाब' पुस्तक की रचना की जिसमें भारत की धूमिल छवि दिखाने के प्रयास को पूरी तरह से नेस्तनाबूद किया गया था।

इस विमर्श में पुष्पा भारती का 'जूता', अनीता भारती की 'एक थी कोटेवाली', रजनी सिसोदिया की 'चारपायी' आदि कहानियों ने अपनी बात को बड़ी मुखरता से रखा है। इस विमर्श का एक पक्ष यह भी है कि दलित विमर्श में आन्तरिक सोपानी करण अर्थात दलित में भी सवर्ण समाज की तरह श्रेणी बनती जा रही है जिसका उल्लेख 'अपने-अपने पिंजरे' (भाग 2, पृ. 67) में हम देख सकते हैं।

दलित विमर्श में आलोचनाओं की पुस्तकों ने भी अपनी पूरी भागीदारी दी है। कुसुम मेघवाल की रचना हिन्दी उपन्यासों में दलित विमर्श, हिन्दी उपन्यास और दलित नारी आदि प्रमुख हैं। दलित विमर्श में महिला कथाकारों में उषा चन्द्रा, रमणिका गुप्ता, रजत रानी 'मीनू', मैत्रेयी पुष्पा, सुभद्रा कुमारी आदि ने महत्त्वपूर्ण कार्य किया है।

प्रवासी विमर्श

प्रवासी साहित्य से तात्पर्य प्रवासी लेखकों के द्वारा लिखे गये साहित्य से है। कुछ लोग इसे प्रवासी विमर्श के रूप में भी रेखांकित करते हैं। प्रवासी साहित्य में कथा साहित्य के साथ कविता की भी महत्त्वपूर्ण उपस्थिति हिन्दी साहित्य में दर्ज है। प्रवासी साहित्य के महत्त्वपूर्ण बिन्दु प्रवास के दौरान नॉस्टैल्जिया, परायेपन की अनुभूति, प्रवासी संघर्ष, अस्तित्व स्थापना का संघर्ष, सामाजिक, आर्थिक और मानसिक दबाव, जड़ से उखड़े होने की पीड़ा इत्यादि मुख्य हैं। प्रवासी साहित्य में प्रमुख महिला कथाकारों में अमेरिका की उषा प्रियंवदा, सुधा ओम ढींगरा, पुष्पा सक्सेना, इला प्रसाद, रचना सक्सेना, सोमा वीरा, सीमा खुराना, कनाडा की शैलजा सक्सेना, डेनमार्क की अर्चना पैन्यूली, फ्रांस की सुचिता भट्ट, ब्रिटेन की उषा राजे सक्सेना, उषा वर्मा, अचला शर्मा, कादम्बरी मेहरा, दिव्या माथुर, संयुक्त अरब अमीरात की पूर्णिमा वर्मन, स्वाति, कुवैत की दीपिका जोशी इत्यादि लेखिकाएँ हिन्दी साहित्य में सक्रिय हैं।

आदिवासी विमर्श

आलोचकों का मानना है कि औपन्यासिक धरातल पर आदिवासी विमर्श की परम्परा 1980 के दशक में शुरू हुई थी। इस विमर्श के केन्द्र में आदिवासी जीवन है। जीवन जल जंगल ज़मीन के निरन्तर नष्ट होने की चिन्ता जिसके मूल में यह धारणा है कि उदारीकरण और व्यापार के द्वारा अर्थ की महत्त्वाकांक्षाओं ने आदिवासियों की

सम्पदा को लूटा है, बड़ी-बड़ी कम्पनियों ने जल जंगल और ज़मीन के साथ जीवन को भी क्षति पहुँचायी है। इन परिस्थितियों ने आदिवासियों को मज़दूर बनने पर बाध्य किया है। महानगरी संस्कृति ने आदिवासी संस्कृति को पूर्णत: नष्ट कर दिया है इसी अवधारणा के अनुरूप आदिवासी अस्मिता के बचाव के लिए आदिवासी चेतना को व्यापक स्तर पर फैलाव करना आदिवासी विमर्श का मुख्य उद्देश्य है। अपने इतिहास की खोज, अपने पूर्वजों के महत्त्व को रेखांकित करना, अपने अस्तित्व का बचाव और अपनी संस्कृति की पहचान आदिवासी विमर्श का मूल है। इनका उग्र और विद्रोही स्वर नकार के रूप में प्रमुखता से दिखाई देता है, आदिवासी रचनाशीलता मुख्य रूप से कविता, कहानी, उपन्यास, आलोचना व्यंग्य और संस्मरण के रूप में प्रकट होती हैं। हिन्दी साहित्य में इसके पूर्व भी आदिवासियों को केन्द्र में बनाकर अनेक रचनाएँ की गयी हैं परन्तु आदिवासी साहित्य के रचनाकारों का मानना है कि आदिवासी लेखक ही आदिवासी विमर्श की रचनाएँ लिखता है। आदिवासी स्त्री के सन्दर्भ में वन्दना टेटे लिखती है— ''भारतीय साहित्य में आदिवासी महिलाएँ परदेशी के प्रेम में देह सौंपतीं, दाई, आया, सेविका आदि के रूप में मार खाती, बलात्कार भोगती हुई ही दिखाई देती हैं। अस्मिता, स्वशासन और आत्मनिर्णय के अधिकार के लिए संघर्ष करती हुई आदिवासी स्त्रियाँ साहित्य और फ़िल्मों में एकसिरे से ग़ायब हैं।" (वन्दना टेटे—आदिवासी साहित्य परम्परा और प्रयोजन, पृष्ठ 72) वन्दना जी का मानना है कि स्त्रियाँ शोषित है और उनमें से भी आदिवासी स्त्री ज़्यादा शोषित हैं। वह कहती हैं— 'विस्थापन, पलायन और औद्योगिकरण की सबसे ज़्यादा मार आदिवासी महिलाओं को ही भोगनी पड़ी है। इन जगहों पर चाहे वह आदिवासी समाज की महिला हो या ग़ैर-आदिवासी समाज की, दिहाड़ी मज़दूर' हो या फिर किसी सरकारी अथवा ग़ैर-सरकारी विभाग में कार्यरत मध्यवर्गीय महिला, दोनों ही समान रूप से उत्पीड़ित हैं।" (वही पृ. 75)

आदिवासी विमर्श से सम्बन्धित महत्त्वपूर्ण पत्र-पत्रिकाएँ झारखंडी भाषा साहित्य, संस्कृति अखाड़ा, युद्धरत आम आदमी, तरंग आदि हैं। कुछ पत्रिकाओं ने इसके विशेषांक भी प्रकाशित किये हैं जिनमें समकालीन जनमत (2003), दस्तक (2004), कथाक्रम (2012) का आदिवासी विमर्श विशेषांक प्रमुख हैं।

आदिवासी स्त्री जीवन के संघर्ष को लेकर रमणिका गुप्ता, महाश्वेता देवी, निर्मला पुतुल, डॉ. मंजु ज्योत्स्ना, सरिता बड़ाइक, वन्दना टेटे, रोज़ केरकेट्टा, इरोम शर्मिला, जनार्दन गोंड, ऑड्रे लोर्ड आदि साहित्यकारों ने आवाज़ दी है। आदिवासी विमर्श में

कहीं आदिवासी स्त्री और उसके परिवार की पीड़ा है तो कहीं परिस्थितियों के प्रति विद्रोह है। मंजु ज्योत्स्ना की रचना 'जग गयी ज़मीन' इस दृष्टि से महत्त्वपूर्ण है। डॉ. मंजु ज्योत्स्ना 'ब्याह' कविता में एक आदिवासी स्त्री माता-पिता का घर छोड़ दूसरे के घर जाने के बाद की पीड़ा को अभिव्यक्त करती है। वहीं इरोम शर्मिला 'मैंने लिया है जन्म एक परिन्दे का' में विद्रोह लिखती है—'पूरा का पूरा खोल दो क़ैदखाने का दरवाज़ा'। निर्मला पुतुल 'हमें चाहिए बेख़ौफ़ आज़ादी' में लिखती है—

तन के भूगोल से परे
एक स्त्री के/ मन की गाँठें खोलकर
कभी पढ़ा है तुमने
उसके भीतर का खौलता इतिहास—?
अगर नहीं/ तो जानते क्या हो तुम
रसोई और बिस्तर के/ गणित से परे
एक स्त्री के बारे में—?

ग्रेस कुंजुर युद्ध के मैदान में मुग़लों से विरोध करने वाली सिनगी दई को अपना आदर्श मानती हैं। उनकी अनुपस्थिति उन्हें सालती है और वे आदिवासी स्त्रियों में नवीन चेतना के लिए सिनगी दई को प्रतिरोधी आवाज़ के प्रतीक के रूप में अभिव्यक्त करती हैं। वह कहती है—

अगर अब भी तुम्हारे हाथों की
उँगलियाँ थरथरायीं, तो जान लो
मैं बनूँगी, एक बार और सिनगी दई

सरिता बड़ाइक औरत के वस्तुवादीकरण का विरोध करते हुए उनकी आज़ादी के स्वप्न को देखती हैं। उनकी कविता 'मुझे भी कुछ कहना है' में एक स्त्री अपने अस्तित्व की चाह को अभिव्यक्ति देती है और कहती है—

चुल्हे-बिस्तर की परिधि में
मुझे नहीं है रहना,
गऊ चाल में चलकर नहीं है थकना,
मन में भरी है कविता,
मंज़ुर नहीं है थमना।
हे प्रियवर—

रमणिका गुप्ता ने इनकी कविताओं पर टिप्पणी करते हुए कहा है— ''सविता की मोर-पंखी भाषा इतनी बहुरंगी है कि झारखंड के हर तेवर को पकड़ लेती है। वे न केवल झारखंड के गाँवों की धड़कनों को स्वर देती हैं, बल्कि झारखंड के हर निवासी की, चाहे वह किसी आयु, स्तर, वर्ग, वर्ण का क्यों न हो, उनके बिम्ब सरल-सहज शब्दों में खड़ा कर देती है।"

रमणिका गुप्ता के कहानी-संग्रह 'बहू जुठाई'और पूनम तूषामड़ के कहानी-संग्रह 'मेले में लड़की' भी अपनी प्रखरता के कारण साहित्य में हलचल मचाते हैं। एलिस एक्का की कहानियाँ 'आदिवासी' पत्रिका में प्रकाशित होकर पाठकों के सम्मुख आदिवासी साहित्य की संवेदना को प्रकट करती हैं। रोज़ केरकेट्टा ने न केवल प्रेमचन्द की दस कहानियों का अपनी मातृभाषा खड़िया में अनुवाद किया, वरन् 'भँवर' जैसी मज़बूत कहानी भी लिखी है।

प्रतिभा राय का 'आदिभूमि' उपन्यास उड़ीसा के आदिवासी 'बोंडा' जनजाति पर लिखा गया है। यह उपन्यास बोंडा जनजाति के जीवन-व्यवहार, हिंसा, प्रतिहिंसा, प्रतिरोध, सरलता, लोक रूढ़ियाँ, लोकविश्वास, स्त्री-पुरुष सम्बन्ध, स्त्री शोषण आदि को सशक्त रूप में व्यक्त करता है।

महुआ माजी का 'मरंगगोडा नीलकंठ हुआ' झारखंड के 'हो' आदिवासी जनजाति को केन्द्र में रखकर लिखा गया उपन्यास है। इस उपन्यास में नाभिकीय ऊर्जा आदि के आदिवासी जीवन पर हो रहे दुष्परिणामों को इंगित करता है।

आदिवासी आलोचनात्मक पुस्तकों में आदिवासी स्वर और नयी शताब्दी : डॉ. रमणिका गुप्ता, समकालीन आदिवासी कविता : प्रतिभा राय, जहाँ औरतें गढ़ी जाती हैं : मृणाल पांडे, आदिवासी साहित्य यात्रा : सम्पादक रमणिका गुप्ता, आदिवासी साहित्य परम्परा और प्रयोजन : वन्दना टेटे महत्त्वपूर्ण हैं।

क्वीर विमर्श

अंग्रेज़ी भाषा में 'क्वीर' का अर्थ है कुछ अलग, अजीब, असाधारण या विचित्र। अब क्वीर शब्द का एक नया मतलब है क्वीर अर्थात् वो मज़बूत, काल्पनिक विचार जो मानदंड को ना माने। 'क्वीर' शब्द की अवधारणा अब इस अर्थ में है कि जिन्हें समाज नॉर्मल या सामान्य मानता है उसके बनाये नियमों से अलग अपनी एक पहचान बनाना। "क्वीर सिद्धान्त एक ऐसा शब्द है जो 1980 के दशक के अन्त में लिंग, कामुकता, और व्यक्तिवाद के मुद्दों पर आलोचना के एक ऐसे निकाय के

लिए उभरा था जो साहित्यिक आलोचना, राजनीति, समाजशास्त्र और इतिहास जैसे क्षेत्रों में पुरुष समलैंगिक और स्त्री समलैंगिक छात्रवृत्ति से बाहर आया था।" (The Encyclopaedia of Postmodernism, in Credo Reference)

प्रारम्भ में यह क्वीर शब्द व्यंग्य के अर्थ में प्रयुक्त हुआ था परन्तु 1980 ई. के आसपास एलजीबीटी कार्यकर्ताओं ने इस शब्द को पूर्णरूपेण अपना लिया। एलजीबीटी कार्यकर्ताओं ने व्यंग्य को ग़लत न मानते हुए इसे नये अर्थों में लिया और अपने को अलग मानते हुए ख़ुशी से स्वयं को स्वीकार किया। लेखिका के. वनजा अपनी पुस्तक 'क्वीर विमर्श' में कहती हैं कि मैंने क्वीर सिद्धान्त के साथ हिन्दी साहित्य को परखने की कोशिश की है। ट्रांसजेंडर से सम्बन्धित बहुत रचनाएँ प्रकाशित भी हुई और चर्चा भी चली है, लेकिन लैसबियन, गे, बाय सेक्सुअल पर चर्चाएँ तक नहीं हो रही हैं। (भूमिका से)

किन्नर विमर्श

हिन्दी साहित्य के किन्नर विमर्श पर दृष्टि डालते हैं तो प्रारम्भ में पांडे बेचन शर्मा उग्र की कुछ कहानियों में इसका संकेत मिलता है परन्तु लम्बे समय तक किन्नर समुदाय के सन्दर्भ में हम शून्यता पाते हैं। 'हिजड़ा' मूल शब्द 'हिजर' से आया है जिसका शाब्दिक अर्थ है अपना समुदाय से छोड़ा हुआ या समुदाय से बाहर निकाला हुआ। इस वर्ग की सामाजिक व्युत्पत्ति, अलगाव, दर्द, उनके तनाव, उनकी आन्तरिक छटपटाहट और उनके संघर्ष को पाठक के सम्मुख ले आना ही किन्नर विमर्श का उद्‌देश्य है।

1999 में नीरजा माधव ने अपने उपन्यास 'यमदीप' के माध्यम से किन्नर विमर्श को हिन्दी साहित्य के केन्द्र में किया। यह उपन्यास किन्नर विमर्श के साथ ही स्त्री लेखन और दलित लेखन की भीड़ से ख़ुद को अलग करता है। "जहाँ से द्वैत—स्त्री–पुरुष का यह द्वैत—समाप्त होता है, वहीं से शुरू होता है यह उपन्यास, जिसमें अपनी कच्छपी सीमा में भाषिक और दैहिक निजीपन को नितान्त अकेले महसूस करते और कभी–कभी सिर निकालकर तालियाँ बजाते, ठनगन करते, जीवन को जी भर लेते उपेक्षित लोगों का एक वर्ग है, तो दूसरी ओर, पितृसत्ता से सह–अस्तित्व को बिना नकारे अपने अस्तित्व एवं अस्मिता के लिए पूर्णतया चैतन्य पूरा का पूरा स्त्री–विमर्श।" (सामयिक प्रकाशन की फेसबुक वाल से)

चित्रा मुद्‌गल ने 'नाला सोपारा' उपन्यास के माध्यम से हिजड़ों के व्यक्तिगत एवं सामाजिक सरोकारों को पाठक के सामने प्रस्तुत करने का प्रयास किया है। इस

उपन्यास के लेखन के सन्दर्भ में चित्रा मुद्गल कहती है 'लम्बे समय से मेरे मन में पीड़ा थी, एक छटपटाहट थी, आख़िर क्यों हमारे इस अहम हिस्से को अलग-थलग किया जा रहा है। हमारे बच्चों को क्यों हमसे दूर किया जा रहा है। आज़ादी से लेकर अभी तक कई रूढ़ियाँ टूटी लेकिन किन्नरों के ज़िन्दगी में कोई बदलाव नहीं आया।" उपन्यास में एक बड़ा प्रश्न उठता है कि लिंग-पूजक समाज लिंगविहीनों को कैसे बर्दाश्त करेगा? उपन्यास इस प्रश्न पर गम्भीरता से सोचने को विवश करता है कि आख़िर एक मनुष्य को सिर्फ़ इसलिए समाज बहिष्कृत क्यों होना पड़े कि वह लिंग दोषी है?

निर्मला भुराड़िया जी का उपन्यास 'गुलाम मंडी' किन्नरों, मानव तस्करी, देह व्यापार पर केन्द्रित है। उपन्यास में किन्नरों की दुनिया के सच को जिस यथार्थवादी और भयावह तरीक़े से उकेरा गया है उस सच तक पाठक की कल्पना भी नहीं जा सकती है। कल्याणी और जानकी के माध्यम से रहस्यमय अपराध की चकाचौंध दुनिया के पीछे साँस लेती दूसरी दुनिया का रेशा-रेशा खोल दिया गया है। उपन्यास में किन्नर के शारीरिक शोषण, सामाजिक उपेक्षा, व्यक्ति का दोहरापन, संवेदनहीनता जैसे भावों का स्पष्ट चित्रांकन किया गया है।

किन्नर विमर्श में आलोचनात्मक पुस्तक थर्डजेंडर विमर्श–सम्पादक शरद सिंह अत्यन्त महत्त्वपूर्ण है। कथा साहित्य एवं आलोचना के अतिरिक्त कविता में भी इस विमर्श की दस्तक हम देखते हैं। निवेदिता झा कहती है—

तुम फिर भी सबके मन के प्रश्नचिह्न हो
एक अलग जगह पर आसीन
जब हँसती हो तो स्त्री
और मुस्कुराने पर पुरुष लगते हो
चेहरे सपाट/ ज़ख़्म के छोटे-छोटे बिन्दु
कभी किसी को दिख जाते हैं
कोई देखना नहीं चाहता
मुस्कुराते गुज़र जाते हो सबके सब
उनके मनुहार का एक अस्त्र होता है
बजाते हैं ताली
ठिठक जाते हैं सबके सब
अपनी व्यथा को मन में रखकर दुआएँ देते हो

कहते हैं त्रेता में तुम्हें शक्ति मिली
शुभ बनाने, निभाने और आशीर्वाद देने की

विमर्श से इतर अगर प्रवृत्तियों की बात की जाये तो आज की स्त्री का भीतरी पक्ष स्त्री लेखन में पूर्णरूपेण अपना आकार ले चुका है। अब स्त्री को अपनी अभिव्यक्ति के लिए किसी आवरण की आवश्यकता नहीं है। कभी कृष्णा सोबती, उषा प्रियंवदा, मन्नू भण्डारी, ममता कालिया जैसी रचनाकारों ने बेबाक अभिव्यक्ति की थी जो आज और मुखर रूप में सामने आ गयी है। स्त्री मुक्ति का प्रश्न आज के स्त्री साहित्य का मुख्य बिन्दु है। इस मुक्ति में श्रम, योनि, जीवन, प्रेम बन्धन, सामाजिक रूढ़ी आदि सब से मुक्ति की चाह है। जैसे अनामिका थेरी गाथा में स्त्री मुक्ति के अनेक प्रश्न करती हैं ठीक वैसे ही अजन्ता देव अपनी कृति 'एक नगरवधू की आत्मकथा' में प्रश्न करती हैं। यहाँ कविता और गद्य की संवेदना का एकीकरण और पुरानी पीढ़ी का नवीन पीढ़ी में स्थानान्तरण बड़ी सहजता से दिखता है। इसी प्रकार कथा साहित्य में उषा प्रियंवदा को हम उदाहरण स्वरूप ले तो देखते हैं कि कभी 'पचपन खंभे लाल दीवारें' (1961 ई.) में उषा की नायिका नील को सामाजिकता के कारण स्वीकृति नहीं दे पाती है और एकाकी जीवन का वरण करती है परन्तु वही 'नदी' (2014) और 'अल्पविराम' (2019 ई.) जैसे उपन्यास में दैहिक स्वीकृति के साथ सामाजिक रूढ़ियों का विरोध बड़ी सहजता से दिखाता है। पूर्व से वर्तमान के कथा साहित्य में अन्तर को उषा जी के उपन्यास बख़ूबी चित्रित करते हैं।

आज का स्त्री साहित्य-स्त्री के सम्बन्ध में अनेक मिथक को तोड़ रहा है। आज का स्त्री साहित्य यह बताता है कि सभी स्त्रियों की पीड़ा अलग-अलग है। जहाँ अस्मिता संज्ञान युग में साहित्य में पितृसत्ता का विरोध के साथ स्त्री का आदर्श रूप था और स्त्री शिक्षा पर बल था वहीं अस्मिता निर्माण युग में अस्मिता की अभिव्यक्ति खुलकर की गयी थी। इस युग में साहित्य में देह से लेकर के विचार तक के दरवाज़े खोल दिये गये थे। अस्मिता विस्तार युग में इन खुले हुए दरवाजों से आने वाली मुक्ति सुखद बयार के साथ ही खिड़कियों से प्रवेश करती समस्याओं को भी दिखाती है। आज के साहित्य में पुरुष स्त्री का दुश्मन है या स्त्री, स्त्री की दुश्मन है जैसी अवधारणा नहीं है। वर्तमान साहित्य में वैश्विक बहनापा का सूत्र दिखाई देता है और पुरुष खलनायक नहीं बल्कि मनुष्य है और जो मनुष्य रूप में नहीं है उनसे मनुष्य बनने की अपेक्षा की जा रही है न कि देवता बनने की अपेक्षा है। स्त्री साहित्य का एक सच यह भी है कि कहीं मुक्ति के नाम पर सभी सीमाओं को लांघती स्त्री हमें

दिखाई देती है तो कहीं इन सीमाओं के कारण स्त्री सुरक्षित भी दिखाई देती है। एक समय था जब स्त्री मुक्ति के नाम पर विवाह और परिवार को नकारने की प्रवृत्ति स्त्री विमर्श में व्याप्त हो गयी थी, परन्तु अब स्त्री अस्तित्व के सम्मान में सहायक वैवाहिक और परिवार की भूमिका को साहित्य नकारता नहीं है ख़ास तौर पर लिव इन रिलेशनशिप के सम्बन्धों के नकारात्मक परिणामों को आज का साहित्य बख़ूबी बयाँ करता है। अब स्त्री विमर्श के नाम का झंडा लेकर दौड़ती स्त्री दिखाई नहीं देती है बल्कि समाज के लिए कुछ रचनात्मक करने के लिए आगे बढ़ती दिखाई दे रही है।

आज का स्त्री साहित्य-स्त्री संसृति का दर्शन है। इस साहित्य में अनुभव की कई रेशे हैं और अभिव्यक्ति की कई परतें हैं। इन परतों को खोलना और उन्हें महसूस करना स्त्री रचनाकार जितना स्वयं करती है, उतना ही वह पाठक को भी कराती है परन्तु अपनी सहजता और कोमलता के साथ।

हिन्दी साहित्य में 90 के बाद स्त्री साहित्य को गम्भीरता से लिया जाने लगा था इसके पूर्व गम्भीर आलोचकों की नज़रों से कुछ रचनाकार ही स्पर्श पा सकी थीं। 2000 के बाद स्त्री साहित्य में एक सशक्त नयी पीढ़ी आ रही है जो पूर्ववर्ती स्त्री साहित्य से प्रेरित है और उसके कथ्य शिल्प विस्तार में कन्धे से कन्धा मिलाकर चलती ही नहीं है बल्कि आगे की राह भी दिखाती है। स्त्री के हर रेशे को रेखांकित करने के प्रयास में कहीं-कहीं साहित्य में पुनरावृत्ति की झलक दिखाई देती है परन्तु वह अपनी प्रासंगिकता को बनाये हुए हैं। वर्तमान समय में उच्च, मध्य और निम्न वर्ग की स्त्री रचनाकार सामने आयी हैं। उन्होंने अपना लोकतान्त्रिक रूप से परिचय दिया है और हर वर्ग में स्त्री के हर दुख, दर्द, पीड़ा को अभिव्यक्त करने की पुरज़ोर कोशिश की है, चाहे उसका माध्यम ऑनलाइन हो या ऑफ़लाइन।

आज की स्त्री रचनाकार निर्भीक और साहसी है, इसके साथ ही वह प्रयोगधर्मी भी है। जहाँ उसमें एक तरफ़ संवेदनशीलता है तो वहीं दूसरी तरफ़ तार्किकता भी है। स्त्री जीवन के, प्रेम के, सामाजिक अस्तित्व के हर क्षेत्र पर स्त्री रचनाकारों की निगाहें हैं। आज की स्त्री रचनाकार पर पुरुष समाज या साहित्य क्या प्रतिक्रिया दे रहा है इस पर नहीं बल्कि स्वयं की अनुभूति और अभिव्यक्ति पर बल दे रही है। आज की स्त्री रचनाकार पारम्परिक संकोच से पूर्णता मुक्त है। दैनिक अन्याय को वह पुरज़ोर विरोध दर्ज ही नहीं कर रही है, बल्कि वह उग्र है और उसकी तीखी अभिव्यक्ति भी कर रही है।

वर्तमान स्त्री साहित्य 'स्व' और 'संसृति' दोनों की अभिव्यक्ति है। आज के स्त्री साहित्य में जो मुख्य बिन्दु देखते हैं वह है—पितृसत्ता का विरोध, अस्मिता प्रसार,

प्रतिरोधी स्वर, शोषण में भी जिजीविषा का बरकरार रहना, स्त्री समस्या का विस्तार आदि। स्त्री साहित्य जहाँ पहले हिंसा, शारीरिक शोषण, स्त्री शिक्षा आदि तक पहुँचता था वहीं अब आर्थिक आज़ादी के साथ ही गर्भ, माहवारी, योनि, सेनेटरी नैपकिन, भ्रूण इत्यादि विषयों तक फैल गया है।

कविता विधा में अकविता आन्दोलन से जुड़ी कवयित्रियों में देह को ले करके थोड़ी विकृति हमें दिखाई देती है परन्तु 80 और 90 के दशक में यह विकृति विलुप्त हो जाती थी और स्त्री कविता में तेज़ी ग्रोवर, गगन गिल आदि ने नयी संवेदना, नये भाव और अघोषित शान्त विद्रोह के साथ हिन्दी कविता को नयी दिशा और दशा दी थी। इसके साथ ही कात्यायनी आदि स्त्री रचनाकारों ने कविता में राजनैतिक, सामाजिक स्वर को समाहित किया जिसमें अनामिका जी ने प्रकृति और परम्परा के रंग में स्त्री के सन्दर्भ को देखा। अर्चना वर्मा, शुभा, अजन्ता देव, निर्मला गर्ग, सविता सिंह, नीलेश रघुवंशी, रजनी तिलक आदि रचनाकारों ने साहित्य की दिशा को दूसरी तरफ़ मोड़ दिया जिससे पूर्ववर्ती साहित्य नये स्वरूप में हमारे सामने आता है। अभिव्यक्ति की बेबाक अभिव्यक्ति स्त्री रचनाकारों को अपनी पुरखिनों से विरासत में मिली थी जिसे साथ लेकर आज की स्त्री रचनाकार गुदा विमर्श, योनि विमर्श, पीरियड्स, सेनेटरी नैपकिन, एकल मातृत्व, लिव इन रिलेशनशिप, भ्रूण हत्या तथा स्त्री अस्तित्व की स्थापना के मुद्दों को प्रबलता के साथ अभिव्यक्त कर रही हैं। वर्तमान स्त्री साहित्य में अस्तित्व की अवधारणा तेज़ी से रूपायित हो रही है। स्थानीयता और लोकरंग भी अब इसमें समाहित है।

हिन्दी साहित्य में 90 के दशक में गगन गिल, अनामिका, सविता सिंह और कात्यायनी जैसी कवयित्रियों ने हिन्दी कविता को समृद्ध किया। इनके आने के बाद कविता की धारा में पुरुषों का वर्चस्व टूटता दिखाई देता है। इन कवियों की कविताओं में शिल्प भाषा और विषय वस्तु के आधार पर पुरुष कविताओं से एक अलग ही मिज़ाज मिलता है इसके बाद निर्मला पुतुल, देवयानी भारद्वाज, लीना मल्होत्रा, बाबूशा कोहली जैसी कवयित्रियों ने हिन्दी की कविता का एक अलग ही इतिहास रचा। इतिहास में स्त्री स्वर की प्रधानता थी। पितृसत्ता को चुनौती, शोषण से मुक्ति इनका मुख्य ध्येय है।

आज की स्त्री रचनाकार स्त्री विमर्श के नाम पर स्त्री देह का चित्रण नहीं करती है (अपवादों को छोड़कर) बल्कि वास्तविक ज़मीन पर स्त्री समस्याओं को रख रही है। आज सम्बन्धों की परत-दर-परत का विश्लेषण साहित्य की दशा-दिशा दोनों

बदल रहा है। आज की स्त्री रचनाकार स्त्री होने के पुराने मानदंड, शोषण, स्त्री होने की नियति, विडम्बना और सहानुभूति के नाम पर अपना काम नहीं निकाल रही है बल्कि परिपक्वता के साथ सकारात्मक राह दिखा रही है। अब स्त्री साहित्य सही मायने में बहुआयामी हो गया है जिसमें पुरखिनों के स्त्री मुक्ति के मुद्दे के साथ ही नवीन सामाजिक स्थितियों के बीच नवीन अस्मिता निर्माण की चाहत स्पष्ट झलकती है। अब इनकी नियति का नियन्ता पुरुष नहीं बल्कि स्वयं स्त्री है।

भूमि, जल, वृक्ष इत्यादि की चिन्ता आदिवासी साहित्य की विशेषता अवश्य है परन्तु इन सब की चिन्ता स्त्री साहित्य में हमें पूर्व से ही विद्यमान दिखती है। पृथ्वी के लुप्त होने की पीड़ा, हवा के दूषित होने, नदियों में फैले ज़हर की चिन्ता वन्दना टेटे से लेकर के वर्तमान स्त्री रचनाकारों में स्पष्ट रूप से दिखाई देती है। अनुपम जैसी रचनाकार जातिवाद, नस्लवाद पर भी प्रहार करती हैं और सुजाता जैसी रचनाकार दिल्ली के बारे में लिखी गयी कविता 'दिल्ली' में दिल्ली के साथ ही महानगरीय जीवन और उसमें स्त्री की यथार्थ पड़ताल करती हैं। वर्तमान स्त्री साहित्य में स्त्री अपनी सम्पूर्णता में है। इन्दु सिंह कहती हैं—

स्त्री जलकुम्भी की तरह है
फिर वह उगेगी, रोक सको तो रोक लो।

आज के स्त्री साहित्य में उत्तर-आधुनिक विमर्श की प्रवृत्तियों का भी समावेश है। आज की कविता में पूनम अरोड़ा अपनी कविता 'बेटियाँ' में अज्ञेय के समान अपने दुख को रोज़ माँजती हैं ताकि मुलम्मा छूट जाये।

इस कालखंड में 'मैं जब तक बाहर आयी' (गगन गिल), 'उदासी मेरी मातृभाषा' (लवली गोस्वामी), 'काल की कोख से' (अलका सिन्हा), 'यह मिट्टी दस्तावेज़ हमारे' (शोभा सिंह), 'जो नदी होती' (प्रज्ञा रावत), 'कामनाहीन पत्ता' (पूनम अरोड़ा), 'तीस पार की नदियाँ' (सत्या शर्मा कीर्ति), 'स्त्री का पुरुषार्थ' (सान्त्वना श्रीकान्त), 'ईश्वर नहीं नींद चाहिए' (अनुराधा सिंह), 'प्रेम नारंगी दिल बैजनी' (वन्दना गुप्ता), 'पानी को सब याद था' (अनामिका), 'काली कविताएँ' (मीना सिंह), 'एक अतिरिक्त अ' (रश्मि भारद्वाज), 'मध्यान्तर' (प्रीति अज्ञात), 'आई ऑब्जेक्ट' (चन्द्रकान्ता), 'प्रत्यंचा' (पंखुरी सिन्हा) काव्य संग्रह की विशेष चर्चा रही है।

कहानी विधा की चर्चा की जाये तो आज स्त्री कथाकार के पास विषय वैविध्य है। प्रत्यक्षा सिन्हा की 'इनारदाना' कहानी शारीरिक शोषण को प्रदर्शित करती है। सरिता कुमारी की कहानी 'कमली' शौच उठाने वाले कर्मियों की कथा को बयाँ

करती है। जहाँ गीताश्री की कहानी 'इन्द्रधनुष के पारे में' न्यूड पार्टी पर आधारित है तो वहीं जयश्री राय की 'औरत एक नदी है' देह से गुज़र कर मन के भीतर जाने की कथा है। प्रज्ञा की 'मन्नत टेलर्स' बाज़ारवाद के विरुद्ध एक आवाज़ है तो आकांक्षा पारे की 'आल्ट+ शिफ्ट+ कंट्रोल=डिलीट' कहानी जीवन में कैसे कम्प्यूटर और उसके कमांड हमारे ऊपर हावी हैं इसकी कथा को कहते हुए यान्त्रिक जीवन की विडम्बनाओं को बताती है। विजयश्री तनवीर 'अनूपमा गांगुली का चौथा प्यार' में प्रेम को और अनुकृति उपाध्याय 'जापानी सराय' में वैश्विक अर्थ को देखती हैं। इन सभी विषयों के अतिरिक्त ग्रामीण मज़दूरों, उनकी त्रासदी, उनकी पीड़ा पर आधारित सुशीला टाकभौरे की कहानी 'सिलिया', चित्रा मुद्‌गल की कहानी 'लकड़बग्घा', अंजना रंजन दास की मुआवज़ा जैसी कहानियाँ किसी भी मायने में साहित्य की उच्च श्रेणी में निस्संकोच रखी जा सकती हैं, जिसमें स्त्री एक पक्ष तो है ही दूसरा बिन्दु ग्रामीण मज़दूरों की त्रासदी है।

आज का यथार्थ निर्मम यथार्थ है। इस निर्मम यथार्थ को यदि निर्मम अभिव्यक्ति के साथ देखना है तो 'वो अजीब लड़की' (संग्रह) को पढ़ा जाना चाहिए। प्रियंका ओम ने स्वान्त : सुखाय कालगर्ल बनी लड़की के इमोशन को इतने बेबाक और यथार्थवादी तरीक़े से प्रस्तुत किया है कि वह हर एक पाठक को भीतर तक मथ जाता है। 'गुलाबी नदी की मछलियाँ' कहानी संग्रह में सिनीवाली जी समाज के उस यथार्थ को पकड़ती हैं जो पीड़ा, कसक, और कारपोरेट के आगमन से अवरोध को उत्पन्न करता है। गुलाबी नदी की मछलियाँ कहानी में प्रेम के माध्यम से उत्पादन युग से बदलाव का प्रश्न है।

कुछ रचनाकारों ने अभिव्यक्ति के लिए यथार्थ को चुना है तो कुछ ने मिथ को सहारा बनाया है। सबका उद्‌देश्य सच कहना है। 'ताले में शहर' मीराकान्त की ऐसी कहानी है जो मिथ और यथार्थ को गूँथता हुआ आगे बढ़ता है। भूमिका के शब्द लूँ तो ताले में शहर मानव चेतना, चिन्ता की कहानी है जिसमें हवसी बने इंसान के मानसिकता का पोस्टमार्टम बड़ी मखमली शैली में किया गया है। शिल्प की दृष्टि से भी यह कहानी अपनी नवीनता को प्रदर्शित करती है।

आज का स्त्री कथा साहित्य-स्त्री की संसृति का दर्शन है। इस साहित्य में अनुभव की कई रेशे हैं और अभिव्यक्ति की कई परतें हैं। इन परतों को खोलना और उन्हें महसूस करना स्त्री रचनाकार जितना स्वयं करती है, उतना ही वह पाठक को भी कराती है परन्तु अपनी सहजता और कोमलता के साथ। मनीषा कुलश्रेष्ठ की

'किरदार' कहानी संग्रह की कहानियाँ स्त्री मन, प्रेम, स्वप्न, पीड़ा और द्वन्द्व के धागे में पिरोई गये अनुभव के कई रेशे है। 'समुद्री घोडा' जैसी कहानियाँ ट्रांसजेंडर के साथ एकल मातृत्व को भी रेखांकित करती है। 'हवेली' कहानी संग्रह में उषा राय ने लेस्बियन सम्बन्ध को उठाया है। यह कहानियाँ स्त्री यथार्थ की अलग अभिव्यक्ति कही जायेंगी।

राजनीति ने अपना प्रवेश हर सम्बन्धों में कर लिया है इस भयावह यथार्थ को हम नकार नहीं सकते हैं। कुछ ऐसे सच हैं जिन्हें हम जानकर भी सच नहीं कह सकते हैं। हत्या को आत्महत्या बनाने का एक सच नीलम कुलश्रेष्ठ के कहानी संग्रह 'वहाँ गुलाब नहीं थे' में मिलता है। 'वहाँ गुलाब नहीं थे' में हत्या को आत्महत्या बनाकर प्रस्तुत करने के वर्तमान घृणित कृत्य का परत-दर-परत विश्लेषण है। कहानी 'जली हुई लड़की', 'बस एक अजूबा', 'मातम पुरसी' आदि कहानियाँ विषयों के साथ क्लिनिकल ट्रायल इच्छा मृत्यु, ज़िन्दगी और मृत्यु के बीच झूलती कथानक को आगे बढ़ाती है।

लोक हमारे मन में घुली कस्तूरी के समान है यह स्त्री रचनाकार जानती हैं। 'लिट्टी चोखा और अन्य कहानियाँ' (गीताश्री) में मिट्टी की वही सोंधी ख़ुशबु और लोक रंग के चित्र मिलेंगे जिसके लिए वह जानी जाती हैं। जमुना बीनी ने अपनी 'अयाचित अतिथि और अन्य कहानियाँ' में अरुणाचल के जनजातीय जीवन के लोक रंग को भीतरी तह तक जाकर सिरजा है। कहानी 'बॉस का फूल, सबसे पृथक् रचाव से सिरजा गया है। भूमिका जोशी की कहानियाँ अपने अंचल विशेष, देशज बोलियों के कारण कुमाऊँनी समाज की स्त्री की रोज़मर्रा की ज़िन्दगी को बख़ूबी चित्रित करती हैं। सोनी पांडे की कहानी 'बलमा जी का स्टूडियो' में भाषा और कथ्य में जो अंचल की विशेषता है वह स्थानीय रंग है जो बहुत अद्भुत हैं और शैली में प्राण फूँक देते हैं।

कुछ और कहानियों की चर्चा करूँ तो 'क्लीन चिट' (योगिता यादव), 'ऐसी वैसी औरतें' (अंकिता जैन) स्त्री मन की भीतरी चोटिल परत की कहानियाँ हैं जिसमें सब गुनाह करके भी पुरुष मुक्त है और स्त्री के हिस्से कलंक आता है। इन कहानियों के कथ्य से यह भी अवधारणा दिखाई देती है कि पुरुष पहले पुरुष होता है उसके बाद कुछ और, परन्तु स्त्री पहले अपनी भूमिका (माँ, बहन आदि) में होती है बाद में स्त्री। वन्दना शुक्ल की कहानी 'बदचलन' में नायिका पति को पुरुष न मानकर परमेश्वर मानने वाली स्त्रियों से साहसिक तौर पर कहती है कि "अपने शरीफ शौहरों से पूछो कितनी बार मेरे दरवाज़े की कुंडी खटखटाते हैं।"

नूर जहीर की कहानी 'नायिका अभिसारिका' में हम देखते हैं कि 21वीं सदी में जीने वाले हम अभी भी सामन्ती युग के अवशेषों को अपने भीतर समाहित किये हुए हैं। समाज में बहुत कुछ बदला है पर स्त्रियों के लिए अभी बहुत कुछ बदलना बाक़ी है, स्त्रियों का संघर्ष अभी भी बाक़ी है। उपासना अपनी कहानियों में मुक्तिबोध की तरह फैंटेसी में रचाव करती हैं। वह 'उदास अगहन' में स्त्री सामन्तवाद के ख़िलाफ़ खड़ी दिखती है। दिव्या विजय की कहानी यारागर' में अफ़ग़ानिस्तान में व्याप्त युद्ध, हिंसा, अमानवीयता और जीवन बचाने की जद्दोजहद दिखाई देती है। प्रत्यक्षा की कहानियों को पढ़कर के पाठक बेचैनी, तनाव और व्याकुलता महसूस करता है। संगीत और चित्रकला को प्रत्यक्षा अपने भीतर तक महसूस करती हैं। सुर और रंग का मिश्रण करके वह अपनी कहानियों को रंगती हैं जिस कारण से इन कहानियों में एक लय बरकरार रहती है। 'केंचुल' जैसी कहानियों में एक सामाजिक दबाव में जीते हुए पात्र तो हैं ही साथ ही उनमें मध्यवर्ग की लय भी बरकरार है।

कविता अपने समय की महत्त्वपूर्ण हस्ताक्षर हैं। रोहिणी अग्रवाल के शब्दों में कहूँ तो "कविता के पास बोलने को समाज की ठोस सच्चाइयाँ हैं और कहने को व्यक्ति मानस की अनगिनत बारीकियाँ भीतरी द्वन्द्व का रेशा पाठक के सम्मुख बेचैनी उत्पन्न कर देता है।" वैसे तो निजन्धरी कथाएँ उपन्यास का वैशिष्ट्य हैं परन्तु किरण सिंह यीशु की किले' जैसी कहानियों में बड़ी सहजता से इस वैशिष्ट्य को ले आती हैं। भाषा और शिल्प में प्रयोग किरण सिंह की निजी विशेषता है। 'अँधेरे की कोई शक्ल नहीं होती' संग्रह में ज्योति चावला ने स्त्री के ऐसे दुख को, ऐसी पीड़ा को रखा है जो रोज़मर्रा के हैं। फिर ज्योति में नया क्या है प्रश्न यह है? यहाँ स्त्री है, स्त्री विमर्श है पर देह का गान नहीं है। ज्योति चावला भाषा में स्थानीय रंग देने के लिए स्थानीय शब्दावली को चुन-चुनकर के रखती हैं। बाहर के भूमण्डलीकरण के शोर को घर के भीतर की शान्ति मिलती है, इसलिए परिवार और घर की सत्ता को बरकरार रखने में वह विश्वास रखती हैं। अकेलापन, टेस्ट ट्यूब बेबी, सन्तान की चाह के लिए टेस्ट ट्यूब बेबी जैसे प्रयोग और उसके मध्य स्त्री की पीड़ा को दर्शाते हुए प्रश्न करती हैं कि अगर वह सन्तान उत्पन्न नहीं कर सकती हैं तो क्या वह स्त्री नहीं है?

21वीं सदी की कहानी को देखा जाये तो इसमें यौनिकता को लेकर एक अलग ही नज़रिया दिखाई देता है। यहाँ पर आलिंगन, चुम्बन, लिव इन रिलेशन, विवाह संस्था इन सबकी परिभाषाएँ बदल गयी हैं। प्रश्न यह है कि यह नयी भाव भूमि लेखक नहीं दे रहे हैं? अगर दे रहे हैं तो उसमें स्त्री का नज़रिया, उसकी अनुभूति कितनी समाहित है? ज़ाहिर-सी बात है इन सभी पक्ष में स्त्री का नज़रिया अलग है।

एक ओर वन्दना राग कहानी 'पति परमेश्वर' में बाज़ारवाद और पुरुष लम्पटता का मिश्रित स्वाद चखाती हैं तो दूसरी ओर गीताश्री 'गोरिल्ला प्यार' कहानी में लिव इन रिलेशनशिप पैरोकार नायिका का चित्रण करती है।' जयश्री राय 'एक रात' कहानी में सम्भोग को देह की प्रार्थना कहती हैं। अब पुरुष ही उन्मुक्त नहीं रहना चाहता है बल्कि स्त्री भी बन्धन से मुक्त होना चाहती है। परन्तु विवाह संस्था की नकार, उन्मुक्तता से जो सकारात्मक और नकारात्मक परिस्थितियाँ उत्पन्न हुई हैं उनका परिणाम स्त्री को किस अर्थ में भोगना है यह भी विचारणीय प्रश्न है जो स्त्री कथा साहित्य से टकराना चाहिए।

उपन्यास विधा का अवलोकन करें तो हम देखते हैं कि वर्तमान समय में जयश्री राय, मनीषा कुलश्रेष्ठ, अल्पना मिश्र, किरण सिंह, गीताश्री नये मुहावरे स्त्री साहित्य को दे रही हैं। अतीत को वर्तमान में पुन:परिभाषित करने का कार्य मनीषा कुलश्रेष्ठ 'मल्लिका', किरण सिंह 'शीलावहा', अणुशक्ति सिंह 'शर्मिष्ठा' उपन्यास के माध्यम से कर रही हैं। उपन्यास विधा में कथानक का वैविध्य इस कालखंड का सबसे बड़ा वैशिष्ट्य है। चित्रा मुद्गल का उपन्यास आँवा (सन् 2000) में श्रमिक, स्त्री विमर्श और राजनीतिक तीनों परिदृश्य में एक साथ दिखाई देते हैं। अनामिका का उपन्यास 'आइनासाज' अपने विस्तृत आयाम में दो युगों को आबद्ध किये हुए है। इसे खुसरो की आत्मकथात्मक जीवनी भी कहा जा सकता है। चल खुसरो घर आपने, अथ खुसरो कथा आदि खंडों के माध्यम से साम्प्रदायिकता के मद्देनज़र मध्यकालीनता को आधुनिकता से बड़ी ख़ूबसूरती से जोड़ा गया है। रजनी गुप्त का 'तिराहे पर तीन' घर, परिवार, समाज, नौकरी के बीच दबी अपनी मर्ज़ी से ज़िन्दगी जीने की ज़िद में घायल होती स्त्री की कथा है। पवित्रता और अपवित्रता का निर्धारक स्त्री देह की रूढ़िवादी धारणा को तोड़कर नवीन दिशा दिखाता उपन्यास 'वह साल बयालीस था' अपने कथ्य के लिए अनुपम बन गया है। अमेरिका की संस्कृति का भयावह सच 'सितारों में सूराख' (अनिल प्रभा) उजागर करता है।

कथानक में वर्तमान सच को देखने का साहस योगिता यादव (ख़्वाहिशों के खांडव वन, क्लीन चिट) करती हैं। सुनीता के माध्यम से एक वितान खड़ा होता है जो जद्दोजहद से जूझती स्त्री का अद्भुत और संवेदनशील पक्ष उभारता है। इसी प्रकार मधु कांकरिया ने ढलती साँझ का सूरज में शोषण, सत्ता की साझेदारी, रूढ़ियों के मध्य कसमसाती किसान की लाचारी की गाथा है।

'बारीशगर' (प्रत्यक्षा) अपने लयात्मक कथानक के साथ प्रकृति का संवेदनशील चित्रण को काव्य विधा की ओर मोड़ता स्त्री और अस्तित्व के ख़्वाब को खोजता

उपन्यास है। अब विधाओं की दूरी मिट रही है यह बारीशगर महसूस कराता है।

अस्मिता विस्तार युग में प्रमुख उपन्यास जिनकी चर्चा हुई वह हैं—ढाई चाल—नवीन चौधरी, देह कुठरिया—जया जादवानी, तीसा—नन्दिनी अग्रवाल, सुनो तो सही—रजनी गुप्त, सोफिया—मनीषा कुलश्रेष्ठ, कलर ऑफ़ लव—वन्दना गुप्ता, कोई ख़ुशबू उदास करती है—नीलिमा शर्मा, सरोगेट मदर—निर्देश निधि मेघना, एक अलबेली पहेली कुसुम गोस्वामी, दृश्य से अदृश्य—सुधा ओम ढींगरा, नमस्ते समथर—मैत्रेयी पुष्पा, वो फोन कोल—वन्दना वाजपेयी, अस्थि फूल—अल्पना मिश्र, कोरोना—नीरजा माधव, वे लोग—सुमति सक्सेना लाल, ऑनलाइन रोमांस—सुषमा मुनींद्र, आगन हिंडोला—उषाकिरण खान, ढलती साँझ का सूरज—मधु कांकरिया, पंचम फेल—कृष्णा अग्निहोत्री, जयन्ती रंगनाथन—रूट की प्यास और शैडो, गुस्ताख इश्क़—इरा टाक, धर्मपुर लॉज—प्रज्ञा आदि।

संस्मरण विधा की चर्चा की जाये तो निर्मला जैन कृत दिल्ली शहर दर शहर (2009), ममता कालिया कृत कितने शहरों में कितनी बार (2009), कल परसों के परसों (2011), चन्द्रकान्ता कृत मेरे भोजपत्र (2009), सुमन केसरी कृत जेएनयू में नामवर सिंह (2010) प्रमुख रहे हैं। इन सबसे अलग संस्मरण श्रीमती प्रकाशवती पाल (पत्नी यशपाल) कृत 'लाहौर से लखनऊ तक' (2019 नवीन प्रकाशन वर्ष) है। इस संस्मरण से यशपाल, प्रकाशवती जी तथा उनके क्रान्तिकारी साथियों से सम्बन्धित ऐसी जानकारी उपलब्ध होती है जो आश्चर्यजनक है। प्रकाशवती चन्द्रशेखर आज़ाद, भगवतीचरण मिश्र, धर्मपाल आदि प्रसिद्ध और सशस्त्र क्रान्तिकारियों से जुड़ी थीं।

इस युग में आलोचना विधा अन्य विधाओं की भाँति समृद्ध रही है। अब स्त्री रचनाकार किसी एक विधा में अपने को बाँधने का कार्य नहीं कर रही हैं अपितु प्रत्येक विधा में स्वयं को अभिव्यक्त कर रही हैं। आलोचना की प्रमुख कृतियाँ इस प्रकार हैं—रंगमंच एवं स्त्री—सुप्रिया पाठक, ज़िन्दगी की तनी डोर यह स्त्रियाँ, परत दर परत तथा स्त्री सम्पादन धर्म की बेड़ियाँ खोल रही है औरतें—नीलम कुलश्रेष्ठ, अभी न होगा मेरा अन्त: निराला—उषा रानी राव, स्त्री कविता पहचान और द्वन्द्व तथा स्त्री कविता पक्ष और परिचय—रेखा सेठी, स्त्री कथा के पाँच स्वर—अल्पना मिश्र, स्वातन्त्र्योत्तर हिन्दी कहानी बदलते मूल्य—उर्मिला शुक्ल, कृष्णा अग्निहोत्री सम्पूर्ण साहित्य मूल्यांकन—निहार गीते, समकालीन रचनाशीलता की वैचारिकी तथा समकालीन कविता अस्मिता के स्वर मीना बुद्धिराजा आदि। इसके अतिरिक्त मृणाल पांडे की 'स्त्री लम्बा सफ़र' और देह की राजनीति से देश की राजनीति तक, अनामिका की 'स्त्री विमर्श की उत्तर-गाथा', चारू गुप्ता की 'स्त्रीत्व से हिन्दुत्व तक',

तथा 'मौसम बदलने की आहट', कात्यायनी की 'दुर्ग द्वार पर दस्तक', प्रभा खेतान की 'उपनिवेश में स्त्री', नासिरा शर्मा की 'औरत के लिए औरत', विभा देवसरे की 'स्वागत है बेटी', क्षमा शर्मा की स्त्रीत्ववादी विमर्श : समाज और साहित्य आदि पुस्तकें अपनी वैचारिक परिपक्वता के कारण पाठक को आकर्षित करती रहीं हैं।

आलोचना में सुधा अरोड़ा ने सराहनीय कार्य किया है। एक औरत की नोटबुक, जिस हिंसा के निशान दिखाई नहीं देते, स्त्री-शक्ति की भूमिका से उठते कई सवाल, आदि कृतियों ने लगातार स्त्री होने के अस्तित्व को चेताया है। अनामिका भी स्त्री विषयों को लगातार अपनी रचनाओं में उठा रही हैं। वे एक कवि ह्दय के साथ एक समर्थ आलोचिका भी हैं। इधर आयी उनकी पुस्तक स्त्रीत्व का मानचित्र ने काफ़ी ख्याति अर्जित की है। आलोचना विधा में डॉ. निर्मला जैन का नाम किसी के लिए अनजाना नहीं है। डॉ. सुमन राजे लिखती हैं कि समकालीन समीक्षा में डॉ. निर्मला जैन का नाम उल्लेखनीय है। यद्यपि 'रस-सिद्धान्त और सौन्दर्यशास्त्र' उनकी डी.लिट. की थीसिस है, परन्तु तुलनात्मक सैद्धान्तिक समीक्षा की एक दुर्लभ कृति है। आगे चलकर लेखिका ने मुख्य रूप से नयी समीक्षा को अपना कार्यक्षेत्र बनाया है।

नाट्यालोचना के सन्दर्भ में डॉ. गिरीश रस्तोगी का नाम महत्त्वपूर्ण है। बीसवीं शताब्दी का हिन्दी नाटक और रंगमंच, हिन्दी नाटक का आत्म संघर्ष, मोहन राकेश और उनके नाटक आदि रचनाओं के माध्यम से इन्होंने नाटक समीक्षा की परिभाषा ही परिवर्तित कर दी। गिरीश जी के बाद आलोचना ख़ासतौर पर इतिहास-लेखन के क्षेत्र में मैं सुमन राजे का नाम सम्मान से लेना चाहूँगी। उनकी पुस्तक 'हिन्दी साहित्य का आधा इतिहास' (2003) स्त्री इतिहास की ख़ूबसूरत कड़ी है। स्त्री आलोचना की कड़ी में रोहिणी अग्रवाल, नीरजा माधव, रेखा सेठी, गरिमा श्रीवास्तव, रश्मि रावत, उषा रानी राव, मीना बुद्धिराजा, रीता दास राम, अलका तिवारी, सुजाता आदि निरन्तर सक्रिय हैं।

स्त्री विमर्श की दृष्टि से प्रभा खेतान की उपनिवेश में स्त्री, उषा महाजन की बाधाओं के बावजूद नयी औरत, आशा रानी व्होरा की स्त्री सरोकार, मनीषा की हम सभ्य औरतें, कुमुद शर्मा की स्त्री घोष मैत्रेयी पुष्पा की खुली खिड़कियाँ, रोज़ केरकेट्टा की स्त्री महागाथा की महज़ एक पंक्ति, अनीता भारती की समकालीन नारीवाद और दलित स्त्री का प्रतिरोध पुस्तक अपने वैचारिक आन्दोलन के लिए विख्यात हुई हैं।

संस्मरण विधा में ठोकु गोसाई नाच रहा (गीताश्री), वह क्या था (सं० गीताश्री), अन्दाज़-ए-बयाँ उर्फ रवि कथा (ममता कालिया) अन्दाज़, उलझन सुलझे (प्रगति

गुप्त) ने अपने अन्दाज़े बयाँ के कारण हिन्दी साहित्य में विशेष स्थान बनाया है।

कथेतर गद्य विधा में जयश्री सिंह का भय आक्रान्त तथा प्रत्यक्षा की कृति ग्लोब के बाहर लड़की अपने में कविता की तरलता और गद्य की गहनता को अपने में समेटे हुए हैं। इसी प्रकार से मल्लिका मुखर्जी और अश्विन मेघवाल का चैट उपन्यास 'यू एंड मी' नयी विधा की शुरुआत है। नीलिमा चौहान की 'पतनशील औरतों के नोट्स' 'तथा' 'ऑफ़िशियली पतनशील' अपने आप में नवीनता लिए हुए है। इन रचनाओं के अलावा प्रतिलिपि ऐप, ऑडिएबल, बिंज इत्यादि ऑनलाइन संसाधनों ने मुद्रण को प्रभावित किया है और पाठक की पहुँच को सरलता प्रदान की है।

पत्रकारिता के क्षेत्र की चर्चा की जाय तो 2001 में भूमिजा और अस्मिता का सम्पादन डॉ. मंजु शुक्ला ने किया है। 2002 में धान्या त्रैमासिक पत्रिका का प्रकाशन लखनऊ से प्रारम्भ होता है। महिला शोषण, महिला जागरूकता सम्बन्धी लेख हिन्दुस्तान, दैनिक जागरण पत्र में भी प्रकाशित होते रहते हैं। 2004 से सुनीता खत्री समाधि पत्रिका का सम्पादन किया है। कथाक्रम पत्रिका में सम्पादन सहयोग रजनी गुप्त ने दिया है। समकालीन परिस्थितियों पर भी स्त्री पत्रकारों की नज़र रहती थी, शीला झुनझुनवाला आपातकाल की चुनौतियाँ लिखती हैं। सम्पादन और सह सम्पादन में सीमा ओझा और फरहत परवीन (आजकल पत्रिका), जयन्ती रंगनाथन (हिन्दुस्तान मिडिया), गीताश्री (बिंदिया,आउट लुक), कुसुमलता सिंह (ककसाड़), कुमकुम शर्मा (उत्तर प्रदेश पत्रिका), रमा शर्मा (हिन्दी की गूँज), मंजुश्री (कथा बिम्ब), सुधा ओम ढींगरा (शिवना साहित्यिकी), सुनीता खत्री (अक्षर), सुषमा शर्मा (गर्भनाल), नीलू सिन्हा (प्रखर गूँज), प्रीति जैन अज्ञात (हस्ताक्षर वेब पत्रिका) से स्त्रियों ने इस क्षेत्र को समृद्ध किया है।

विशेषांकों की बात करूँ तो कुछ विशेषांक जो मेरी नज़र से गुज़रे उनमें मनस्वी पत्रिका ने सुधा अरोड़ा पर दो विशेषांक प्रकाशित किये हैं। हंस पत्रिका का मन्नू भण्डारी विशेषांक भी संग्रहणीय है। कथादेश ने अर्चना वर्मा, मन्नू भण्डारी और कृष्णा सोबती पर विशेषांक प्रकाशित किया है जो सामग्री की दृष्टि से उत्तम है। साहित्य समर्था ने अनामिका पर विशेषांक प्रकाशित किया जो चर्चित रहा है। साहित्य समर्था पत्रिका इस दृष्टि से भी उल्लेखनीय है कि पत्रिका का लगभग हर अंक किसी न किसी स्त्री लेखिका को समर्पित और केन्द्रित होता है। कुछ अंक हैं—सुषमा मुनीन्द्र, दिव्या माथुर, नासिरा शर्मा, राजी सेठ, कुसुम अंसल, सिम्मी हर्षिता आदि। पल प्रतिपल का रोहिणी अग्रवाल विशेषांक इस अर्थ में अलग है कि अर्चना वर्मा के बाद आलोचना के क्षेत्र में रोहिणी जी पर विशेषांक प्रकाशित हुआ है। सूर्यबाला जी पर

सोच विचार और पाखी पत्रिका ने विशेषांक प्रकाशित किया है। वांग्मय पत्रिका का प्रवासी महिला कहानीकार विशेषांक सफल विशेषांक कहा जा सकता है। प्रेमचन्द पथ पत्रिका का चन्द्र किरण सौनरेक्सा, शकुन्त माथुर, शान्ति अग्रवाल जन्म शताब्दी विशेषांक इस अर्थ में महत्त्वपूर्ण और सफल है कि हिन्दी साहित्य में यह पहला स्त्री रचनाकार जन्मशताब्दी विशेषांक है। इसके पूर्व स्त्री रचनाकारों की जन्म शताब्दी पर सूनापन दिखाई देता है।

(ख) अस्मिता विस्तार युग और स्त्री रचनाकार

कौशल्या बैसन्त्री

कौशल्या बैसन्त्री का जन्म 8 सितम्बर 1927 को और निधन 24 जून 2011 को हुआ था। अपनी आत्मकथा दोहरा अभिशाप के कारण यह चर्चा में आयी थीं। दोहरा अभिशाप पहली दलित स्त्री आत्मकथा मानी जाती है।

सुशीला टाकभौरे

सुशीला टाकभौरे का जन्म 4 मार्च 1954 ई. को हुआ था। इनके दो काव्य संग्रह 'स्वाति बूँद और खारे मोती' तथा 'यह तुम भी जानो' काफ़ी प्रसिद्ध रहे हैं। 'तुम्हें बदलना ही होगा', 'नीला आकाश' (उपन्यास) शिकंजे का दर्द (आत्मकथा) 'हिन्दी साहित्य के इतिहास में नारी' 'एक नज़र', दलित साहित्य आलोचना दृष्टि इनकी अन्य रचनाएँ हैं। विद्रोहिनी कविता में स्त्री की पीड़ा को व्यक्त करते हुए सुशीला कहती हैं—

माँ बाप ने पैदा किया था गूँगा
परिवेश ने लंगड़ा बना दिया
चलती रही परिपाटी पर
बैसाखियों के सहारे

रजनी तिलक

रजनी तिलक का जन्म 27 मार्च 1958 ई. और मृत्यु 30 मार्च 2018 ई. को हुई थी। इनकी प्रमुख कृतियाँ 'प्रवासी बेचैनियाँ', 'हवा सी बेचैन युवतियाँ' (काव्य संग्रह), 'अपनी ज़मीन अपना आसमाँ' (आत्मकथा), 'बेस्ट ऑफ़ करवा चौथ' (कहानी

संग्रह) हैं। समकालीन भारतीय दलित महिला लेखक (2011), सावित्रीबाई फुले रचना समग्र (2017) का सम्पादन भी रजनी जी ने किया है। अपनी कविता में स्त्री के सन्दर्भ में वह कहती हैं—

औरत औरत होती है/ उसका न कोई धर्म
न कोई जात होती है/ वह सुबह से शाम खटती है,
घर में मर्द से पिटती है/ सड़क पर शोहदों से छिड़ती है।
औरत एक बिरादरी है/ वह स्वयं सर्वहारी है
स्त्री वर्ग-लिंग के कारण / दबाई और सताई जाती है।
एक-सी प्रसव पीड़ा झेलती है।

अनीता भारती

अनीता भारती का जन्म 9 फ़रवरी 1965 को दिल्ली में हुआ है। अनीता जी ने दलित अस्मिता का पत्र अभिमुख नायक का सम्पादन भी किया है। यह उपेक्षा पत्रिका की उप सम्पादक भी रही हैं। इनकी प्रमुख रचनाएँ हैं— 'एक थी कोटेवाली', 'समकालीन नारीवाद और दलित स्त्री का प्रतिरोध', 'स्त्रियाँ आज़ाद हैं। अनीता जी का मानना है कि दलितों में दलित माना जाने वाला एक तबका है वह है स्त्री समाज। फॉरवर्ड प्रेस के अगस्त 2014 अंक में प्रकाशित दलित स्त्री विमर्श का जन्म शीर्षक में प्रियंका सोनकर यह तथ्य बताती हैं कि अनीता भारती को धर्मवीर जैसे तथाकथित दलित चिन्तक भी धमकियाँ देते थे।

रजनी अनुरागी

रजनी अनुरागी अपनी दलित स्त्री वेदना के लिए काफ़ी प्रसिद्ध हैं। शहरी मध्यवर्ग की स्त्रियों का संघर्ष इनकी रचनाओं में ज़्यादा है। रजनी जी की रचनाओं में मानवीय सरोकार मुख्य रूप से आते हैं। इनकी भाषा बड़ी सहज है, पर सहज और सरल होने के बावजूद उसकी अभिव्यक्ति स्पष्ट और सूक्ष्म है। रजनी जी का पहला काव्य संग्रह 'बिना किसी भूमिका के' नाम से प्रकाशित हो चुका है। इन्होंने अम्बेडकरवादी आलोचक डॉ. तेज़ सिंह का सम्पादन करके आलोचना के क्षेत्र में भी अपनी उपस्थिति दर्ज कराई है।

सुधा ओम ढींगरा

सुधा ओम ढींगरा का जन्म 7 सितम्बर 1959 को पंजाब में हुआ है। यह विभोम स्वर और हिन्दी चेतना पत्रिका की सम्पादक और शिवना साहित्यिकी की सम्पादन सलाहकार हैं। इनके उपन्यास 'नक़्क़ाशीदार केबिनेट', कथा संग्रह 'दस प्रतिनिधि कहानियाँ', 'कमरा नम्बर 103', 'कौन सी ज़मीन अपनी', 'वसूली', 'सच कुछ और था', 'काव्य संग्रह सरकती परछाइयाँ', 'धूप से रूठी चाँदनी', 'तलाश पहचान की', 'सफ़र यादों का', 'दृश्य-श्रव्य रचना', 'माँ ने कहा था' आदि प्रमुख हैं। सुधा ओम ढींगरा का कौन सी ज़मीन अपनी कहानी संग्रह प्रवासी साहित्य की मज़बूत कड़ी में रखा जा सकता है। सुधा जी का लेखन साँस्कृतिक सेतु कहा जाता है। सुधा ओम ढींगरा की मुख्य विशेषता यह है कि इनकी कहानियों में आदर्शोन्मुख संसार के साथ यथार्थ की ज़मीन भी है।

उषा राजे सक्सेना

मिट्टी की सुगन्ध नामक कहानी संग्रह सम्पादित कर उषा राजे सक्सेना ने युनाइटेड किंगडम के कथाकारों को पहली बार एक संगठित मंच प्रदान किया था। वे पुरवाई पत्रिका की सह-सम्पादिका भी हैं। इनका जन्म 22 नवम्बर 1943 को गोरखपुर, उत्तर प्रदेश में हुआ है।

'इन्द्रधनुष की तलाश में', 'विश्वास की रजत सीपियाँ, 'क्या फिर वही होगा' (कविता संग्रह), 'प्रवास में', 'वाकिंग पार्टनर', 'वह रात और अन्य कहानियाँ' कहानी संग्रह के माध्यम से उषा जी ने अपनी विशिष्ट पहचान बनाई है।

रेखा राजवंशी

रेखा राजवंशी का जन्म 13 अक्टूबर 1960 ई. को हरियाणा में हुआ है। 'अनुभूति के गुलमोहर', 'छोटे छोटे पंख' काव्य संग्रह प्रकाशित हुए हैं।

पुष्पिता अवस्थी

पुष्पिता अवस्थी का जन्म 14 जनवरी 1960 ई. को कानपुर, उत्तर प्रदेश में हुआ है। 'गोखरू कहानी संग्रह', 'शब्द बनकर रहती है काव्य संग्रह', 'आधुनिक हिन्दी काव्य आलोचना के सौ वर्ष' प्रमुख रचनाएँ हैं। आलोचना के अतिरिक्त सूरीनाम

की कविताओं का सम्पादन व अनुवाद कार्य भी इन्होंने किया है।

अर्चना पैन्यूली

अर्चना पैन्यूली का जन्म 17 मई 1963 ई. को कानपुर में हुआ है। इनकी प्रमुख रचनाएँ 'परिवर्तन', 'वेयर डू आई बिलॉन्ग', 'पॉल की तीर्थ यात्रा', 'हाईवे 47', कितनी माँ हैं मेरी प्रसिद्ध हैं।

पूर्णिमा वर्मन

पूर्णिमा वर्मन का जन्म 27 जून 1955 ई. को हुआ है। यह अनुभूति और अभिव्यक्ति ई पत्रिका की संस्थापक सम्पादक रही हैं। 'वक़्त के साथ', 'चोंच में आकाश' (काव्य संग्रह), 'वतन से दूर' (कहानी संग्रह) मुख्य हैं।

शैल अग्रवाल

21 जनवरी 1947 ई. को बनारस में जन्मी शैल अग्रवाल के 'समिधा', 'काबिल' (काव्य), 'बसेरा' (कहानी संग्रह), 'लन्दन पाती' (लेख संग्रह) प्रकाशित हुए हैं।

सुदर्शन प्रियदर्शिनी

सुदर्शन प्रियदर्शिनी का जन्म 27 अगस्त 1941 ई. को लाहौर में हुआ था। इनकी प्रमुख कृतियाँ 'शिखंडी', 'युद्ध', 'यह युग रावण का' तथा 'उत्तरायण' हैं।

अनिल प्रभा कुमारी

अनिल प्रभा कुमारी का जन्म दिल्ली में हुआ था। 'बहता पानी' कहानी संग्रह और 'उजाले की कसम' कविता संग्रह प्रकाशित हुए हैं।

रेनू राजवंशी

रेनू राजवंशी गुप्ता का जन्म 20 अक्टूबर 1957 ई. को कोटा राजस्थान में हुआ था। 'प्रवासी स्वर्ग' काव्य संग्रह तथा 'कौन कितना निकट', 'जीवन लीला' कहानी संग्रह प्रसिद्ध हैं।

पुष्पा सक्सेना

पुष्पा सक्सेना का जन्म इलाहाबाद में 17 मार्च को हुआ था। उनके 'वह साँवली लड़की' (उपन्यास), 'उसके हिस्से का पुरुष' (कहानी संग्रह), 'अनारकली का चुनाव' (नाटक) प्रकाशित हुए हैं।

रचना श्रीवास्तव

रचना श्रीवास्तव का जन्म 4 सितम्बर 1968 ई. को लखनऊ में हुआ है। इनके 'चन्दन मन' तथा 'भाव कलश ताका' संग्रह प्रसिद्ध हैं। आस्था नवल इनकी प्रमुख कृति 'आस्था की डायरी' और 'लड़की आज भी' प्रकाशित हो चुके हैं।

शैलजा सक्सेना

शैलजा सक्सेना का 'क्या तुमको भी ऐसा लगता है' काव्य संग्रह चर्चित रहा है। 'हस्ताक्षर' नाम से आठ कवियों की कविताओं का संकलन भी इन्होंने किया है।

दिव्या माथुर

दिव्या माथुर का जन्म 23 मई 1949 ई. को हुआ है। 'रेत का लिखा', 'चन्दन पानी' (काव्य संग्रह), 'आशा' (कहानी संग्रह) प्रकाशित हो चुके हैं। दिव्या माथुर की कहानी 'तमन्ना' एक भारतीय बहू की कहानी है जो प्रवास में लगातार तनाव में रहती है। पंगा और अन्य कहानियाँ नामक संग्रह इनका काफ़ी प्रसिद्ध रहा है।

ज़किया ज़ुबैरी की कहानी 'मेरे हिस्से की धूप' स्त्री पीड़ा के साथ प्रवासी होने की दुहरी पीड़ा को ख़ूबसूरती से बयाँ करती है।

अचला शर्मा

अचला शर्मा का नाटक 'जड़े' काफ़ी प्रसिद्ध रहा है। यह रेडियो नाटक से जुड़ी रही हैं।

इसके साथ ही उषा वर्मा की कहानी 'सलमा', अनिल प्रभा कुमारी की कहानी 'घर', पुष्पा सक्सेना की कहानी 'विकल्प कोई नहीं', सुदर्शन प्रियदर्शी की 'धूप', अचला शर्मा की 'चौथी ऋतु', नीरज त्यागी की 'माँ', दिव्या माथुर की 'सफ़रनामा' इत्यादि कहानियाँ प्रवासी जीवन में स्त्री के यथार्थवादी रूप को प्रकट करती हैं। इला प्रसाद की कहानी 'ईमेल' तथा 'एक अधूरी प्रेम कथा' संचार माध्यम के बीच विद्यार्थी जीवन और आधुनिक युग की क्षणिकता को प्रकट करता है। नीना पॉल ने अपने दो उपन्यास 'तलाश' तथा 'कुछ गाँव गाँव कुछ शहर' शहर लिखकर अपनी उपस्थिति दर्ज कराई है।

ज़किया ज़ुबैरी

ब्रिटेन की वरिष्ठ कथाकार ज़किया ज़ुबैरी की कहानियों की विशेषता है उनकी गंगा-जमुनी भाषा जो पाठकों के दिल तक अपनी पहुँच बना लेती है। उनके लेखन

में तीन देशों की संस्कृति और उनकी राजनीतिक पृष्ठभूमि का मिश्रण महसूस किया जा सकता है। सम्बन्धों की गुत्थियों को सुलझाती ज़किया जी की कहानियाँ प्रवासी जीवन की जटिलताओं का बख़ूबी चित्रण करती हैं। वे सम्भवत: एकमात्र ऐसी रचनाकार हैं जिन्होंने ब्रिटेन की राजनीति पर भी क़लम चलाई है।

अनीता कपूर

अनीता कपूर की कविताओं में मानवीय संवेदना और मानव अधिकार देखने को मिलते हैं। एक चाह कविता में वह कहती है—

दिन को जीती है तो रातें ग़ायब
आसमाँ को जैसे ही देखें तो
ज़मीन ग़ायब

नीलेश रघुवंशी

नीलेश रघुवंशी का जन्म 4 अगस्त 1969 ई. में मध्य प्रदेश में हुआ था। उनकी प्रमुख रचनाएँ 'घर निकासी', 'पानी का स्वाद', 'अन्तिम पंक्ति में' आदि हैं। इनका उपन्यास 'एक क़स्बे का नोट्स' भी काफ़ी चर्चित रहा है। इन्होंने बाल नाटक रूपान्तरण काफ़ी किया है।

मधु कांकरिया

मधु कांकरिया का जन्म कलकत्ता के एक निम्न मध्यवर्गीय जैन व्यवसायी परिवार में 23 मार्च, 1957 ई. में हुआ। मधु कांकरिया के पिता का नाम ध्यानचन्द वर्डिया तथा माँ का नाम अक्षयदेवी है। मधु कांकरिया की प्रमुख रचनाएँ (उपन्यास) 'खुले गगन के लाल सितारे', 'सलाम', 'आख़िरी पत्ता', 'सेज पर संस्कृति' (कहानी संग्रह) 'बीतते हुए', 'और अन्त में' हैं। मधु कांकरिया के कथा साहित्य में नये विषय को लेकर कुछ अलग लिखना उनकी पहचान है। उनका लेखन किसी एक दायरे में सिमटकर नहीं बल्कि नये अनछुए विषय को पाठकों के सामने रख देता है।

नमिता सिंह

नमिता सिंह का जन्म 4 अक्टूबर, 1944 ई. को लखनऊ, उत्तर प्रदेश में हुआ। डॉ. नमिता सिंह का मूल नाम नमिता पन्त है। उनका जन्म हिन्दी के महाकवि पं. सुमित्रानन्दन पन्त के परिवार में हुआ। नमिता का लेखन दलित, नारी सामाजिक जन-

जीवन पर आधारित है। सातवें दशक के बाद जिन कहानीकारों ने जीवन के विविध विषयों को अपनी कहानियों का मुख्य विषय बनाया है उनमें नमिता सिंह का नाम महत्त्वपूर्ण है। इनकी प्रकाशित रचनाएँ उपन्यास—'अपनी सलीबें', 'लेडीज क्लब' कहानी संग्रह—'खुले आकाश के नीचे', 'राजा का चौक', 'नीलगाय की आँखें', कर्फ्यू तथा अन्य कहानियाँ' हैं। प्रसिद्ध हिन्दी मासिक पत्रिका वर्तमान साहित्य का सम्पादन करते हुए उन्होंने इसे उत्कृष्ट से उत्कृष्टता की ओर बढ़ाया है।

बाबूशा कोहली

बाबूशा कोहली का जन्म 6 फ़रवरी 1979 ई. को मध्य प्रदेश में हुआ है। इनकी 'प्रेम गिलहरी दिल अखरोट', 'कोयले की खदान में लगी है आग' काफ़ी चर्चित रहा है। अपनी कविताओं के सन्दर्भ में वह कहते हैं कि मेरी कविताओं का मुख्य बिन्दु जीवन की बातें हैं और मुझे इसके लिए प्रेरणा प्रकृति से मिलती है। वह कहती हैं—

स्वप्न मेरे पानी पर शोध हैं
मेरी कविताओं को पढ़ा नहीं जाना चाहिए
वह जो सुन सकता है
सुन ही लेगा
इन अक्षरों की देह में धुकधुकाता
धरती से आकाश तक गूँजता
यूरेका यूरेका

लवली गोस्वामी

लवली गोस्वामी का जन्म 5 जनवरी 1987 ई. को हुआ है। लवली जी की कविताओं का विषय प्रेम है पर प्रेम सम्बन्धों में वह उलझकर नहीं रह गयी हैं। उत्तर-आधुनिकता, भूमण्डलीकरण, बाज़ारवाद के इस युग में लवली जी स्त्री और पुरुष के सम्बन्धों की भी पड़ताल करती हैं। वह कहती हैं—

मैं प्रेम की राह पर
सन्यासियों की तरह चलती हूँ

मोनिका कुमार

मोनिका कुमार की कविताओं में लोकगीतों का पुट देखने को मिलता है। मोनिका

कुमार का कविता संग्रह 'आश्चर्य वध वक़्त' में वागीश शुक्ल जी कहते हैं कि जिस हद तक जीवन को उसके शैली की दास्तां से छुड़ाने का नाम स्वतन्त्रता है उस हद तक यह कविताएँ स्वतन्त्रता की भी पक्षधर कही जा सकती हैं। समकालीन कविता को एक अलग और आकर्षण, कविताओं की ताज़गी और नवाचार से साक्षात्कार सभी के लिए प्रीति करता रहेगा।

निवेदिता शकील

4 अप्रैल 1965 में बिहार के गया में जन्मी निवेदिता शकील अपनी संवेदनात्मक अभिव्यक्ति के लिए जानी जाती हैं। निवेदिता की कविताओं में जीवन, चिड़िया, आकाश, नदी, चाँद और सूरज अपनी प्राचीनता से मुक्त होकर नवीन बिम्ब की तरह व्यक्त हुए हैं। प्रेम, अनुराग, समर्पण और पूर्णता इनकी कविताओं की विशेषता है।

अनुराधा सिंह

अनुराधा सिंह 'ईश्वर नहीं नींद चाहिए' नामक कविता संग्रह से विशेष चर्चित हुई हैं। स्त्री इनकी रचना के केन्द्र में है। वह कहती हैं—

फिर देखा मैंने/ स्त्री बची रहे प्रेम बचा रहे
इसके लिए/ क़लम का
भाषा का ख़त्म होना ज़रूरी है
हर हत्या हमारी उँगलियों पर आ ठहरी
जिन्होंने प्रेम और स्त्री पर बहुत लिखा
दरअसल उन्होंने ही नहीं किया प्रेम किसी स्त्री से

सुजाता

सुजाता जी का जन्म 9 फ़रवरी 1978 ई. को हुआ। उनका प्रमुख कविता संग्रह 'अनन्तिम मौन के बीच' है। इनका उपन्यास 'एक बटा दो' काफ़ी चर्चित रहा है। हिन्दी साहित्य में पहली बार सामुदायिक स्त्रीवादी ब्लॉग लिखने वाली सुजाता ने चोखेर बाली को प्रारम्भ किया है।

अनुराधा बेनीवाल

'आज़ादी मेरा ब्रांड' की लेखिका अनुराधा बेनीवाल हैं। इसकी भूमिका में अनुराधा

कहती हैं कि मैं कोई लेखिका नहीं मैं तो घुमक्कड़ हूँ। संस्मरण एक लड़की अपने बैग पैक कर अपने बलबूते एक महीने तक यूरोप के विभिन्न देशों में, शहरों में और सुदूर गाँवों में बिना किसी पूर्व योजना और बुकिंग के, दूसरों से लिफ्ट लेते हुए, इंटरनेट पर किसी मित्र या किसी होस्ट की तलाश करते हुए, घूमती है, लोगों से मिलती है और आगे बढ़ जाती है। एक भी अनुभव ऐसा नहीं जो उसे अपनी लड़की होने और यूँ अकेली घूमने पर शर्मिन्दगी महसूस करवाये।

रश्मि शर्मा

पिछले कई वर्षों से अपनी निरन्तर साहित्यिक सक्रियता से झारखंड की लेखिका रश्मि शर्मा ने हिन्दी साहित्य संसार का ध्यान अपनी ओर खींचा है। उन्होंने कविताओं से शुरुआत की और फिर कहानियाँ भी लिखीं। उनके तीन प्रकाशित काव्य संग्रहों 'नदी को सोचने दो', 'मन हुआ पलाश' और 'वक़्त की अलगनी पर' में लोक तत्त्व को आसानी से पहचाना जा सकता है।

मनीषा कुलश्रेष्ठ

26 अगस्त 1967 ई. को जन्मी मनीषा कुलश्रेष्ठ का नाम हिन्दी कथा क्षेत्र में किसी परिचय का मोहताज नहीं है। मनीषा कुलश्रेष्ठ जी के उपन्यास 'मल्लिका' की कहानी में उन्होंने हिन्दी सेवी भारतेन्दु हरिचन्द जी तथा उनकी प्रेयसी मल्लिका की प्रेम कहानी को आधार बना कर तथ्यों तथा कल्पना के संगम से भरपूर एक विश्वसनीय गल्प रचा है। इनकी प्रसिद्ध रचनाएँ 'गन्धर्व गाथा', 'अनाम', 'शिगाफ', 'शालभंजिका', 'पंचकन्या' आदि हैं। मनीषा इंटरनेट की प्रथम वेब हिन्दी पत्रिका हिन्दी नेस्ट की सम्पादक भी हैं।

रश्मि भारद्वाज

रश्मि भारद्वाज का जन्म 11 अगस्त 1983 ई. को बिहार में हुआ है। इनकी प्रमुख कृतियों में 'एक अतिरिक्त अ', 'मैंने अपनी माँ को जन्म दिया है' कविता संग्रह हैं। रश्मि भारद्वाज मेराकी नामक पत्रिका की सम्पादिका भी हैं। प्रसिद्ध समालोचक मंगलेश डबराल कहते हैं कि रश्मि की कविताओं का अनुभव संसार महानगरों के जीवन में साँस लेता है लेकिन उसकी एक तस्वीर छोटे शहर की स्मृतियाँ अन्तर धारा की तरह बहती रहती हैं।

यशस्विनी पांडे

यशस्विनी पांडे का जन्म कुशीनगर में हुआ है। इनकी कहानी, कविता, आलोचना, यात्रावृत्तान्त आदि अनेक पत्रिकाओं में प्रकाशित हैं। शब्दांकन पत्रिका में इन्होंने मी टू अभियान पर बहुत सुन्दर लेख लिखा है।

ज्योति शोभा

इनका बोधि प्रकाशन से काव्य संग्रह 'चाँदनी के श्वेत पुष्प' प्रकाशित हुआ है। 'बिखरे क़िस्से' अन्य संग्रह है।

शैलजा पाठक

शैलजा पाठक का जन्म 29 जुलाई उत्तराखंड में हुआ था। इनका कविता संग्रह 'मैं एक देह हूँ', 'फिर देहरी', 'जहाँ चुप्पी टूटती है' काव्य संग्रह हैं। जब शैलजा की कविता में हम सफ़र करते हैं तो हमें ऐसा महसूस होता है कि यह स्त्री का जो संसार है वह वास्तव में मेरा ही संसार है। यह वही स्त्री है जिसे मैं महसूस कर रही हूँ या मैं जी रही हूँ।

सुदर्शन शर्मा

सुदर्शन शर्मा की कविताओं में बड़ी सजगता है और यही सजगता उनकी सहज विशेषता है। सुदर्शन की कविता में स्त्री और प्रेम दोनों मुख्य बिन्दु हैं। डॉ. अजीत कहते हैं— ''सुदर्शन शर्मा जी की कविताओं से गुज़रने के बाद साफ़ तौर पर पाठक यह पाता है कि कविताओं का वितान लोक में रहकर भी लोकोत्तर बना हुआ है। देश-दुनिया की असंगतताओं से हैरान परेशान लोगों के लिए जैसे एक विकल्प या समाधान की शक्ल में कविता प्रकट होती है और आप कब ख़ुद को उस दुनिया का नागरिक समझने लगते हैं आपको ख़ुद भी पता नहीं चलता है।

सुलोचना वर्मा

सुलोचना वर्मा का कहानी संग्रह 'अँधेरे में जगमग' नेशनल बुक ट्रस्ट से प्रकाशित हुआ है। सुलोचना जी कविताओं के क्षेत्र में भी काफ़ी सक्रिय हैं। इनकी कविताओं में स्त्री की दुनिया दिखाई देती है जो समय और समाज के सापेक्ष हैं।

गरिमा श्रीवास्तव

'देह ही देश' और इसकी लेखिका हैं गरिमा श्रीवास्तव। उन्होंने लिखा है कि इसकी

रचना के समय उन्होंने अपनी नींद अपना चैन खो दिया था। धार्मिक आस्था, जातीय पहचान और नस्लवाद की शुद्धता के नाम पर लोगों में ज़हर भरने का परिणाम क्या होता है इसका विभत्स रूप हम इस पुस्तक में पाते हैं।

वन्दना राग

वन्दना राग का जन्म 10 मार्च 1967 ई. को इन्दौर में हुआ है। इनका कहानी संग्रह 'यूटोपिया ख्याल नामा, तथा उपन्यास, 'बिसात पर जुगनू' काफ़ी चर्चित रहे हैं।

आकांक्षा पारे काशिव

आकांक्षा का जन्म 18 दिसम्बर 1976 ई. को जबलपुर में हुआ है। इनका कविता संग्रह 'एक टुकड़ा आसमान' तथा कहानी संग्रह 'तीन सहेलियां तीन प्रेमी' प्रसिद्ध रहा है। अपने मुखर यथार्थ चित्रण के कारण आकांक्षा हिन्दी साहित्य में काफ़ी चर्चित रही हैं।

ज्योति चावला

ज्योति चावला का जन्म 5 अक्टूबर 1979 ई. को दिल्ली में हुआ है। इनका कविता संग्रह 'माँ का जवान चेहरा' काफ़ी प्रसिद्ध है। ज्योति चावला की प्रमुख रचनाएँ 'जैसे कोई उदास लौट जाये दरवाज़े से', 'अँधेरे की कोई शक्ल नहीं होती' आदि हैं। बेटी कविता से दो पंक्तियाँ द्रष्टव्य हैं—

ज्यों-ज्यों बड़ी हो रही है मेरी बेटी
माँ मुझे और अधिक समझ में आने लगी है

नीलाक्षी सिंह

नीलाक्षी सिंह का जन्म 17 मार्च 1978 ई. को हुआ है। इनका उपन्यास 'शुद्धि पत्र', कहानी संग्रह परिन्दे के इन्तज़ार सा कुछ', 'खेला', 'जिनकी मुट्ठियों में सूराख था' प्रमुख हैं।

अल्पना मिश्र

अल्पना मिश्र का जन्म 18 मई 1969 ई. को हुआ था। इनका प्रमुख कहानी संग्रह 'भीतर का वक़्त', 'छावनी में बेघर', 'स्याही में सुर्खाब के पर' और उपन्यास 'अस्थि फूल' काफ़ी प्रसिद्ध हैं। हिन्दी साहित्य में उत्कृष्ट योगदान के लिए अल्पना जी को अनेक पुरस्कार भी प्राप्त हुए हैं।

इन्दिरा दांगी

इन्दिरा दांगी का जन्म 13 फ़रवरी 1980 ई. को हुआ है। इनके प्रमुख कथा संग्रह 'एक सौ पचास प्रेमिकाएँ', 'शुक्रिया इमरान साहब' तथा उपन्यास 'हवेली सनातन पुर' इत्यादि हैं। इनकी कहानियाँ भाव प्रधान कहानियाँ हैं।

वन्दना शुक्ल

वन्दना शुक्ल की पहली कहानी 'उड़ानों के सारांश' वागर्थ में 2010 में प्रकाशित हुयी थी। उसके बाद लगातार पहल, तद्भव, नया ज्ञानोदय, हंस कथादेश सहित हिन्दी की लगभग सभी प्रतिष्ठित पत्र-पत्रिकाओं में कहानियाँ /लेख प्रकाशित हो रहे हैं। 'उड़ानों के सारांश' कहानी संग्रह तथा 'मगहर की सुबह' उपन्यास प्रकाशित हो चुके हैं।

प्रत्यक्षा

प्रत्यक्षा का जन्म 26 अक्टूबर 1963 ई. को गया बिहार में हुआ है। यह कहानी और कविता लेखन में सक्रिय हैं। इनकी रचनाएँ 'जंगल का जादु' 'तिल तिल' तथा 'बारिशगर' प्रकाशित हैं।

कविता

कथाकार कविता अपनी कहानी 'बावड़ी' और 'नदी जो अभी बहती है' के लिए जानी जाती हैं। कविता अपनी कहाँ शैली के लिए प्रसिद्ध हैं।

किरण सिंह

किरण सिंह हमारे समय की एक महत्त्वपूर्ण कथाकार हैं। उनका पहला कहानी संग्रह 'यीशू की कीलें' चर्चित रहा है। आलोचक रोहिणी अग्रवाल की लम्बी भूमिका के साथ 'शिलावहा' उपन्यास सराहा जा रहा है। किरण सिंह अपने कथ्य के साथ ही अपनी भाषा के लिए भी हिन्दी साहित्य में विशिष्ट स्थान रखती हैं।

दुर्वा सहाय

दूर्वा सहाय अपनी कृति 'रफ़्तार' के लिए प्रसिद्ध हैं। कहानी लेखन के अतिरिक्त वह फ़िल्म तथा नाटकों के निर्माण में भी बराबर सक्रिय हैं। दूर्वा जी अपनी भाषा की बारीकी, कथाकथन और संवाद की चित्र शैली के लिए प्रसिद्ध हैं।

उपासना

युवा कथाकार उपासना को उनकी कहानी विधा के लिए उनकी पांडुलिपि 'एक ज़िन्दगी एक स्क्रिप्ट भर' को भारतीय ज्ञानपीठ का 'नवलेखन पुरस्कार' दिया गया है। उपासना आज की सम्भावनाशील रचनाकार हैं।

पंखुरी सिन्हा

सन् 1975 में बिहार में जन्मी पंखुरी सिन्हा काव्य तथा कहानी लेखन के क्षेत्र में सक्रिय हैं। इनकी कृतियाँ 'कोई भी दिन' और 'क़िस्सा-ए-कोहनूर' कहानी संग्रह प्रकाशित हैं। 'ककहरा' और 'प्रत्यंचा' कविता संग्रह भी प्रकाशित हैं।

प्रज्ञा पांडे

प्रज्ञा पांडे की 'ऑफ़ व्हाइट', 'सती का चौरा', 'अनजाने पते' प्रसिद्ध कहानियाँ हैं। इनमें भूमण्डलीकरण के साथ गाँव की रंगत भी देखने को मिलती है।

दिव्या शुक्ला

दिव्या शुक्ला का 'फैसला', 'ठौर ठिकाना' उपन्यास अपने वैशिष्ट्य के कारण चर्चा में रहे हैं। इनकी प्रमुख कृतियाँ 'अग्नि गर्भा', 'गिद्ध', 'हूक' आदि हैं। साधारण स्तर पर देखने में इनकी कहानियाँ सरल व सपाट लगती हैं परन्तु कहानी अपने मूल कथ्य में पाठक पर अपना प्रभाव छोड़ देती है।

प्रज्ञा (रोहिणी)

प्रज्ञा का जन्म 28 अक्टूबर 1971 ई. को हुआ है। इन्होंने नुक्कड़ नाटक 'जनता के बीच जनता की बात', कहानी संग्रह 'तक्सीम' के साथ ही नुक्कड़ नाटक पर आलोचना ग्रन्थ भी लिखा है। हाल ही में इनकी कहानी 'मन्नत टेलर्स' चर्चा के केन्द्र में रही है।

भूमिका द्विवेदी अश्क

भूमिका द्विवेदी अश्क का जन्म 23 सितम्बर 1987 ई. को हुआ है। इनकी प्रमुख रचनाएँ 'आसमानी चादर', 'बोहनी', 'अपराध बोध', 'तुम्हारे लिए', 'रेड लाइट वर्सेस रेड लाइट एरिया' हैं।

सोनाली सिंह

सोनाली सिंह के कहानी संग्रह 'क्यूटीपाई ने 2013 ई. में प्रकाशित होने के साथ ही अपनी जगह बना ली है। इनकी कृति 'पिन कोड' भी चर्चित हुई है।

प्रकृति करगेती

राजेन्द्र यादव हंस कथा सम्मान प्राप्त प्रकृति करगेती युवा रचनाकार हैं। इनकी कहानी 'प्यार का आकार', 'चमगादड़' प्रसिद्ध हैं। यह कविताएँ भी लिखती हैं। प्रकृति करगेति ने अपने संग्रह 'शहर और शिकायतें' में नयी काव्य भाषा के साथ स्त्री को शब्द में अभिव्यक्त किया है।

स्वाति श्वेता

स्वाति श्वेता का संग्रह 'यह दिन कर्फ़्यू के हैं' संग्रह में सिर्फ़ स्त्री ही नहीं बल्कि राजनीतिक-सामाजिक परिवेश भी अपनी समकालीनता में पूरी तरह से आया है।

विजय श्री तनवीर

इनकी कहानी खिड़की प्रतीकात्मक कहानी है जो काफ़ी प्रसिद्ध हुई है। इनका उपन्यास 'रूपा गांगुली का चौथा प्यार' चर्चा में रहा है।

सुमन केशरी

सुमन केशरी का काव्य संग्रह 'ग्रामीणों की तह में' अपने समय के समाज और उसकी विडम्बनाओं को उकेरता है।

सीत मिश्रा

सीत मिश्रा का उपन्यास रूममेट्स स्त्री विमर्श की दृष्टि से उल्लेखनीय उपन्यास कहा जाता है। यह स्त्री और पुरुष की अवधारणा से इतर स्वतन्त्र व्यक्तित्व की पक्षधर हैं।

कविता

समकालीन लेखकों में कविता जी एक सशक्त और संवेदनशील लेखिका हैं। 'मेरी नाप के कपड़े', 'उलटबाँसी', 'नदी जो अब भी बहती है', 'आवाज़ों वाली गली' इनके प्रसिद्ध कहानी संग्रह हैं।

उषा रानी राव

दक्षिण में हिन्दी के प्रति निष्ठावान उषा जी की प्रमुख रचनाएँ हैं—'बदलता नहीं नेपथ्य', 'सत्ताएँ संवाद नहीं करतीं' (काव्य संग्रह)। वर्त्तमान में कन्नड़ के चन्द्रशेखर कम्बार, जयश्री कम्बार और गिरीश कर्नाड के साहित्य का हिन्दी में अनुवाद करके हिन्दी साहित्य को समृद्ध कर रही हैं।

मीना बुद्धिराजा

13 जुलाई 1967 ई. को जन्मी मीना जी वर्तमान आलोचना की महत्त्वपूर्ण हस्ताक्षर हैं। निराला के आलोचनात्मक निबन्ध और समकालीन रचनाशीलता की वैचारिकी पुस्तक के साथ ही सौ से अधिक आलोचनात्मक लेख विभिन्न पत्र-पत्रिकाओं में प्रकाशित हुए हैं।

रीता दास राम

1968 में जन्मी रीता जी तृष्णा और गीली मिट्टी के रूपाकार काव्य संग्रह के साथ ही दबंग दुनिया, दैनिक दक्षिण मुम्बई आदि में स्तम्भ लेखन के साथ ही आलोचना विधा में सक्रिय रहती हैं।

संगीता श्रीवास्तव

राहुल सांकृत्यायन शोध संस्थान की सचिव संगीता श्रीवास्तव ने 'राहुल सांकृत्यायन पर इतिहास दृष्टि' और 'राहुल सांकृत्यायन का कथा साहित्य', 'सृजनयात्रा : राहुल सांकृत्यायन और राहुल सांकृत्यायन के कथा साहित्य में ऐतिहासिक दृष्टि' के अतिरिक्त कई काव्य संग्रह का सृजन किया है।

इन रचनाकारों के अतिरिक्त चन्द्रकान्ता (जनाना, ग्रीक लव), सपना भट्ट (चुप्पियों का आलाप), प्रतिभा चौहान (जंगलों में पगडंडियाँ), सपना सिंह (तपते जेठ में गुलमोहर जैसा), प्रीति अज्ञात (मध्यान्तर, दोपहर की धूप), प्रज्ञा पाठक (उमा नेहरू और स्त्रियों के अधिकार), हिन्दी की श्रीवृद्धि कर रही हैं। वन्दना पराशर, सुनन्दा पराशर, बुक्सी प्रियम्बरा, सुमन शर्मा, अलका मिश्रा आदि रचनाकार लगातार अपनी उपस्थिति दर्ज कर रही हैं। इनके अतिरिक्त भी अनेक स्त्री रचनाकार हैं जो हिन्दी की श्री वृद्धि कर रही हैं परन्तु यहाँ नामोल्लेख सम्भव नहीं हो पाया है।

पंचम अध्याय

लौकिक साहित्य और स्त्री रचनाकार

लौकिक साहित्य की परम्परा अपने आप में बड़ी अनोखी है। इसकी सबसे बड़ी विशेषता है इसका वाचिक परम्परा में होना। वर्तमान समय में मुद्रण की अनेक प्रणालियों के प्रचलित होने के बाद भी लोक साहित्य इस क्षेत्र में अपने को निरन्तर अग्रसर कर रहा है। अगर प्रारम्भिक बात करें तो हमारे पास लोक साहित्य में व्याप्त साहित्य पर्याप्त है परन्तु उसका समुचित मूल्यांकन नहीं किया गया है। लोक साहित्य की प्रारम्भिक जड़ों की अगर हम पड़ताल करें तो यह हमें वैदिक साहित्य के समय मिल जाता है। ऋग्वेद में लोक और वेदेतर शब्द का प्रयोग हुआ है। लोक साहित्य और लोक परम्पराओं के माध्यम से तत्कालीन समय और समाज के यथार्थ को हम बड़ी आसानी से सामने ला सकते हैं जो मुख्यधारा के इतिहास वर्णन से अलग भी होता है और ज़्यादा यथार्थपरक भी होता है।

जनजीवन के सहज स्वाभाविक चित्रण का आधार लोक साहित्य की मुख्य विशेषता है। इस सन्दर्भ में प्रतीक्षा दुबे कहती हैं—"उच्च वर्गीय शिष्ट समाज ने अपने कृतित्व को लिपिबद्ध किया और अध्ययन-अध्यापन की परम्परा द्वारा समस्त अर्जित ज्ञान को सुरक्षित और संरक्षित रखने का प्रयास किया। इसके विपरीत निम्नवर्गीय सामान्य जनता पठन-पाठन की सुविधा से वंचित रही। अत: सुविधा विहीन लोग जिन्हें अपने संस्कारों, रिवाज़ों, परम्पराओं एवं संस्कृति को लोकगीतों, लोक कथा एवं लोक नाटकों के माध्यम से सुरक्षित रखने का प्रयास किया। अन्य की अपेक्षा लोक गीत, लोक साहित्य की सबसे सशक्त विधा है।" (आजकल पत्रिका, मार्च 2015 से साभार)

वेदों से होते हुए वाचिक साहित्य की एक लम्बी परम्परा हमें दिखाई देती है। लिपिबद्ध करने की और मुद्रण की सुविधा तो बहुत बाद में उपलब्ध हुई। तब तक

जो कुछ भी लिखा गया वह सब वाचिक परम्परा में है। हिन्दी साहित्य के सन्दर्भ में हम अगर बात करें तो आदिकाल ही नहीं भक्तिकाल में भी कबीर जैसे रचनाकार लेखन या मुद्रण से परिचित नहीं थे और उनकी रचनाएँ वाचिक परम्परा में ही रही हैं। जिसे बाद में उनके शिष्यों ने संकलित व मुद्रित किया। अब इस आधार पर कि कबीर की रचनाएँ वाचिक परम्परा में हैं कबीर को हिन्दी साहित्य के इतिहास में स्थान देते हैं तब स्त्रियों द्वारा रचित साहित्य को जो वाचिक परम्परा में है उन्हें कैसे छोड़ा जा सकता है। क्या यह उचित है? कबीर की ही तरह और कई उदाहरण हिन्दी साहित्य में मौजूद हैं। परन्तु हम पुरुष के साहित्य को दूसरे नज़रिए से देखते हैं और स्त्री के साहित्य को दूसरे नज़रिए से। इसी कारण से स्त्रियों द्वारा लिखित यह तमाम रचनाएँ जिन्हें हम वाचिक परम्परा में रखते हैं इतिहास के पन्नों से गुम हो गयीं। इसे संकलित करने का भी प्रयास न के बराबर हुआ है और इसे इतिहास में स्थान देने की तो किसी ने चर्चा ही नहीं की है। परन्तु अगर हम स्त्रियों के इस साहित्य को देखे तो इतिहास की पूरी परम्परा हमें दिखाई देगी और तत्कालीन समय समाज की चेतना भी हमें उसमें स्पष्ट रूप से दिखाई देगी जिसे हम लगातार नज़रअन्दाज़ करते चले आते हैं।

स्त्री लौकिक साहित्य को हिन्दी साहित्य में शामिल किया जाना चाहिए। यह उचित भी है क्योंकि इससे हिन्दी के स्त्री साहित्य और इतिहास का उचित मूल्यांकन भी हो पायेगा। इस सन्दर्भ में डॉ. नीरजा माधव कहती हैं— "स्त्री साहित्य का इतिहास लिखने के लिए लोक साहित्य को नकार पाना असम्भव है। स्त्री लेखन को लोक साहित्य का आश्रय लिए बिना निष्पक्षता से नहीं लिखा जा सकता है। भौगोलिक परिस्थितियों के चलते भाषा एवं बोलियाँ की भिन्नता होते हुए भी इस लोक साहित्य में स्त्री लेखन का बीज सौन्दर्य छिपा हुआ है। स्त्री के भीतर का अभिव्यक्त यह सौन्दर्यशास्त्र सम्पूर्ण स्त्री लेखन को एक सूत्र में जोड़ता है और उसकी अभिव्यक्ति का आधार बनता है। (डॉ. नीरजा माधव : हिन्दी साहित्य का ओझल नारी इतिहास, पृ. 186)

लोक साहित्य को जब हम ध्यान से देखते हैं तो दो बातें विशेष तौर पर दिखाई देती हैं। पहली बात तो यह है कि कुछ रचनाएँ ऐसी हैं जिसमें हम रचनाकार का नाम नहीं पाते हैं परन्तु यहाँ यह ज़रूर कहा जा सकता है कि रचनाओं को पढ़कर के यह तो निश्चित तौर पर कहा जा सकता है कि यह रचना स्त्री द्वारा रचित है या पुरुष द्वारा। कुछ रचनाएँ ऐसी हैं जिसमें रचनाकार का नाम है। यहाँ कुछ लोगों ने यह भी तर्क रखा है कि यह रचनाकार का नाम नहीं बल्कि कथा प्रसंग में आये

पात्र का नाम है। अब इस सन्दर्भ में बहुत पुष्ट तरीक़े से तो नहीं कहा जा सकता है। परन्तु यह सम्भावना ज़्यादा बनती है कि वह रचनाकार का ही नाम है। क्योंकि अगर हम लोक नाटक या लोककथा की बात करें तब तो पात्र की उपस्थिति बनती है परन्तु जब हम लोक गीत की बात करते हैं, तब एक गीत के एक प्रसंग में पात्र का नाम आना उस तरह से उचित प्रतीत नहीं होता है। गीत के लेखन की प्रवृत्ति कथा साहित्य के आधार पर नहीं होती है। तब ऐसी स्थिति में जब हम लोक गीतों की बात करते हैं तो वहाँ स्त्री रचनाकार का नाम ही मुझे उचित लगता है। यहाँ एक गीत उदाहरण में प्रस्तुत कर रही हूँ—

बहू भली चन्द्रावली, राखी घूँघट की लाज
इतनी सुन राजा रो दिए, राखी फेरन की लाज

इस सन्दर्भ में एक अन्य उदाहरण चन्दा का दिया जा सकता है। यह एक लोकगीत है इसमें चन्दा कहती हैं—

केउ नाही माने चन्दा बतिया रे ना
रामा चन्दा से माँगे सब किरिया रे ना

इस तरह के अनेक उदाहरण लोक साहित्य के इतिहास में मिलते हैं। इन लोक गीतों में आये हुए नाम को हम अधिकृत रूप से रचनाकार के नाम सिद्ध नहीं कर सकते हैं परन्तु यहाँ यह प्रश्न उठना लाजमी है कि तमाम लोक साहित्य बिना रचनाकार के नाम के लिखा गया है तब इन गीतों में नाम का आना दोनों तरफ़ इशारा करता है। यह रचनाकार के भी नाम हो सकते हैं और पात्र के भी नाम हो सकते हैं। मुझे सम्भावना रचनाकार के नाम की लगती है क्योंकि पात्र के नाम पूरी कथा में गूँथने के तौर पर अगर होते हैं तो अन्य पात्रों के भी नाम अवश्य आते न कि सिर्फ़ रचनाकार का नाम हमारे सामने आता।

लोक भाषा में भी हिन्दी साहित्य का सृजन चल रहा है इससे शुक्ल जी भी परिचित थे। तभी वह कहते हैं—"प्राकृत पढ़े हुए पंडित ही उस समय कविता नहीं करते थे। जनसाधारण की बोली में गीत, दोहे आदि प्रचलित चले आते रहे होंगे जिन्हें पंडित लोग गँवार समझते होंगे। ऐसी कविताएँ राजसभाओं तक भी पहुँच जाती रही होंगी। राजा भोज जस मूसर चन्द कहने वालों के सिवा देश भाषा में सुन्दर भाव भरी कविता कहने वाले भी अवश्य रहे होंगे।" (आचार्य रामचन्द्र शुक्ल : हिन्दी साहित्य का इतिहास पृ. 19)

इस तथ्य को रामनरेश त्रिपाठी ने भी स्वीकार किया था और लोकगीतों के दो संग्रह तैयार किये, जिनके नाम है— 1. हमारा ग्राम गीत 2. कविता कौमुदी। इन

पुस्तकों में रामनरेश जी ने स्त्रियों द्वारा लिखित वृहद साहित्य को संकलित किया था। कुछ गीत इसमें ऐसे हैं जिनमें गीतकार स्त्रियों के नाम हैं और कुछ गीत ऐसे हैं जिनमें स्त्रियों के नाम नहीं हैं पर वह स्त्रियों द्वारा रचित है यह निश्चित है। वह कहते हैं— "जो गीत स्त्रियाँ स्वयं गाती हैं उनकी रचयिता वे स्वयं हैं। गीतों की भाषा उनके विषय और वर्णन शैली इस बात का प्रमाण है। जो गीत पुरुष गाते हैं वह पुरुषों के रचे हुए हैं। हमने गीतों का गहरा अध्ययन कर यह निष्कर्ष निकाला है कि स्त्रियों के गीतों में पुरुषों का मिलाया हुआ एक भी शब्द नहीं है। स्त्री गीतों की सारी कीर्ति स्त्रियों के हिस्से की है। (रामनरेश त्रिपाठी : कविता कौमुदी की भूमिका से साभार)

मुग़ल काल के कुछ गीतों का साक्ष्य जो मुझे मिला है वह मध्यकाल के नामकरण को ही बदल सकता है। यहाँ सिर्फ़ भक्ति और श्रृंगार की रचनाएँ नहीं हैं बल्कि एक सजग यथार्थ द्रष्टा कवयित्रियों की भी रचनाएँ हैं जो अपना सच गीतों के माध्यम से कह रही थीं। जैसा कि हम पहले भी जानते हैं कि तत्कालीन समाज में शोषण के कई रूप व्याप्त थे। एक स्त्री को मुग़ल, जमींदार और अन्य पुरुष शोषित करते रहते थे। पुरुष प्रधान सत्ता और नारी संरक्षण तत्कालीन समाज का एक कटु सत्य था। यह सत्य स्त्री भी देख रही थी और कह रही थी। पर वह स्त्री रचनाकार बिना नाम और अपनी प्रसिद्धि चाहे सिर्फ़ लोक भाषा में गा रही थी—

पीपर के पत्ता डोलत है
ऐसे पुरुष बिन नारी कौन समझावे

(हमारा ग्राम गीत : रामनरेश त्रिपाठी से साभार)

शायद इसीलिए तुलसी भी लिखते हैं कि ढोल गवार शूद्र पशु नारी, सकल ताड़ना के अधिकारी।" यहाँ ताड़न शब्द अवधी का है जिसका अर्थ होता है संरक्षण प्राप्त करना। दोनों रचनाएँ जैसे एक-दूसरे का प्रतिबिम्ब हैं और तत्कालीन समाज का आईना दिखाती हैं। यह उदाहरण इस बात की भी पुष्टि में सहायक है कि अगर लोक भाषा और स्त्री रचनाकारों की उपेक्षा न की गयी होती तो आज हिन्दी का स्त्री साहित्य अपनी पहचान के लिए अभावग्रस्त न महसूस करता और न ही उसे अपने को स्थापित करने के लिए संघर्ष करना पड़ता।

मध्यकाल का स्त्री लेखन पुरुषों से ज़्यादा सजग और जागरूक रहा है। बाल विवाह, ससुराल की प्रताड़ना, बेमेल विवाह जैसा कठोर सच उस समय व्याप्त रहे हैं। लोक भाषा में रचा साहित्य इस सब को बयाँ करता है। इस दृष्टि से मध्यकाल का लोक भाषा साहित्य उस वर्ग से अलग है जो रानियों ने रचा है जिसमें भक्ति और श्रृंगार की प्रधानता है। एक स्त्री को ससुराल में प्रताड़ना मिलती है और ''सासों ननद

मुख हूँ ना बोले" (सास और ननद मुँह से बोलती नहीं हैं) का भाव रखती है। उसका सटीक भाव लोक भाषा में गीतों के माध्यम से देखा जा सकता है—

खेल लो बेटी खेल लो भाई बाबुल के राज
जब दूर जैहो बेटी सासरे सास ना खेलन देय।

यह गीत तत्कालीन समाज में घर में हो रहे स्त्री शोषण की गाथा को कहता है। इसी विषय वस्तु पर रची गयी तमाम कृतियाँ आज पुरस्कृत हो चुकी हैं और हो रही हैं परन्तु यह लोक गीत अपनी पहचान तक इतिहास में नहीं बना पाया है। स्त्री विमर्श के शोर से दूर न जाने कितने ऐसे गीत हैं जो इतिहास के पन्नों से गुम हैं। तत्कालीन समाज में स्त्री यथार्थ का ऐसा चित्र कल्पना से परे और अविस्मरणीय है। एक उदाहरण और देती हूँ— बेमेल विवाह पर रचा गया यह गीत स्त्री प्रताड़ना की परतों को खोलता है—

दसई बरसवा क मोरी रंग रैली
असिया बरिस क दमाद

स्त्री के शोषण का यह चित्र पूरे (तत्कालीन) हिन्दी साहित्य के पुरुष साहित्य में नहीं मिलेगा। तत्कालीन समाज में शोषण का यह स्तर था। जब पुरुष रचनाकार भक्ति और श्रृंगार की गलियों में घूम रहे थे तब स्त्री यह पीड़ा लिख रही थी कि दस वर्ष की मेरी बेटी है और अस्सी वर्ष का मेरा दामाद है। ऐसी स्थिति में कोई एक भी इतिहास ग्रन्थ में इन स्त्री रचनाकारों के नामों का उल्लेख नहीं है जो स्त्री साहित्य के इतिहास को उजागर कर सके। यह अन्याय नहीं है तो और क्या है?

अनुराधा गुप्ता जी एक लेख 'लोकगीत परम्परा में स्त्री वेदना के स्वर' में कहती हैं— "भारतीय लोक साहित्य में पुरुषों की अपेक्षा स्त्रियों का योगदान अधिक रहा है। लोकगीतों में सदियों से झरते स्त्री मन के अथाह दुख, दर्द, पीड़ा, प्रेम, आशा, आकांक्षा, प्रताड़ना आदि को साफ़ महसूस किया जा सकता है। जीवन की विभिन्न परिस्थितियों में नारी के कंठ से उसके अपने भाव और अभाव के उद्गार प्रकट होते रहे हैं।" (अनुराधा गुप्ता : लोकगीत परम्परा में स्त्री वेदना के स्वर, हिन्दी समय से साभार) स्त्री वेदना के लिए बीसलदेव रासो में एक दोहा है—"अस्त्री जन्म काई दीधऊ नरेश/ अवर जनम काहे न घडा रे नरेश।" वैसा ही एक गीत मुझे मिला जिसमें स्त्री कहती है कि—

हे बाबा हे तिरिया जन्म जिनी देहू

ज़ाहिर है कि स्त्री की वास्तविक स्थिति इन गीतों में समाहित है जिससे भक्ति और श्रृंगार की धारा कोसों दूर है। इस तरह की अन्य रचनाएँ अभी प्राप्त नहीं हैं, नहीं तो मध्यकाल का स्वरूप कुछ और ही लिखा जाता।

लौकिक साहित्य में ठेठ भाषा की व्यंजना और मुहावरे हैं। यहाँ गाली भी बड़ी लयात्मकता से दी जाती है। स्त्री सौन्दर्य का खुला चित्रण यहाँ बिल्कुल नहीं है जैसा हमें रीतिकालीन साहित्य में दिखता है। इस तरह से अगर हम इस लौकिक साहित्य को हिन्दी साहित्य में समाहित करें तो ज़ाहिर-सी बात है कि हिन्दी साहित्य की रूपरेखा कुछ और ही होगी और इस रूपरेखा को अभी तक आँका नहीं गया है। आलोचकों ने स्त्री साहित्य को दोयम दर्जे का मान करके उसकी कभी समालोचना नहीं की है।

इन लोकगीतों में हमें तत्कालीन समाज और उसकी विचारधारा निरन्तर झाँकती हुई मिलती है। लोकगीतों में स्त्री का अपना संसार अपनी भाषा में सृजित है। यह लोक जो स्त्रियों ने रचे हैं उनका संसार अलग है। यह सिर्फ़ स्त्री पीड़ा तक सीमित नहीं है बल्कि जाति, संस्कार, रीतिरिवाज़ आदि अनेक विभाजन के आधार पर रचे हुए हमें मिलते हैं। जन्म से लेकर मृत्यु तक के गीत लोक साहित्य में बिखरे पड़े हैं। रामचरित्र मौखिक परम्परा से चलते हुए मानस तक की यात्रा करता है। पर एक स्त्री के दृष्टिकोण से जब देश भाषा में लिखा जाता है तो उसका भाव पुरुष रचनाकार से बिल्कुल भिन्न हो जाता है। लव कुश का यह कथन कि पिता का नाम नहीं मालूम है स्त्री प्रतिरोध के स्वर को कितने अच्छे और कितनी परिपक्वता से दर्शाता है। लोकगीत का एक अंश उदाहरण के रूप में देखें—

बाप का नउवा न जानो
लखन के भतीजवा हो
हम राजा जनक के हैं नतिया
सीता के दुलरवा हो

लव-कुश को नाना, चाचा सभी का नाम पता है पर पिता का नाम नहीं बताते हैं। क्या यह गीत वह प्रश्न नहीं करता जो आज हर स्त्री महसूस करती है? क्या यह लोक भाषा में स्त्री विमर्श नहीं है? क्या इस गीत को हम हिन्दी साहित्य नहीं मान सकते? प्रश्न तो बहुत हैं पर उत्तर एक है कि स्त्री द्वारा रचित होने के कारण इनकी उपेक्षा की गयी है और इतिहास में दर्ज नहीं किया गया है।

अपने इन प्रतिरोधी स्वर के बावजूद माधुर्य गुण से पगी रचनाएँ भी हमें इन लोकगीतों में देखने को मिलती हैं। बेटी की विदाई सबसे संवेदनशील क्षण होता है। ऐसे समय का यह लोकगीत और आज के आधुनिक गीत से तुलनात्मकता देखते ही बनती है। लोकगीत में बिटिया कह रही है—

बाबा निमिया क पेड़ जिनी काटेउ
निमिया चिरैया बसेर बलैया लेउ बीरन
बिटिया चिरैया की नाई बलैया लेउ बीरन

(लोक साहित्य की भूमिका : कृष्ण बलदेव से साभार)

इस गीत की आधुनिकता आधुनिक समय के एक गीत से कितनी अधिक मिलती है, देखें— मुड़ के न देखो दिलबरों / फ़सलें जो काटी जायें उगती नहीं हैं / बिटिया जो ब्याही जाये मुड़ती नहीं है /ऐसी विदाई हो तो / लम्बी जुदाई हो तो / दहलीज़ दर्द की पार करा दे। (गुलज़ार जी का यह गीत फ़िल्म राजी से साभार)। यहाँ प्रकृति और प्रेम बेटी से अनायास ही जुड़ गया है। दोनों गीत में प्रकृति, बेटी और पीड़ा का भाव एक समान है। पुरातन और नवीन का भाव ही नहीं भाषा के आधार पर भी इससे ज़्यादा अच्छा उदाहरण और क्या होगा। ऐसी स्थिति में रचनाकार, कालखंड ज्ञात हो या ना हो पर सृजन और उसकी संवेदना अपने आप में अनूठी और मर्मस्पर्शी होकर जुड़ जाती है। यह तो भाव की आधुनिकता ही है।

कुछ लोगों का मानना है कि लोकगीतों में शास्त्रीय विधान नहीं ढूँढ़ना चाहिए। सत्य भी है पर इससे काव्य कसौटी नहीं छोड़ी जा सकती बल्कि काव्य कसौटी के मानदंड अवश्य बदलने चाहिए। रस की दृष्टि से श्रृंगार, वीर आदि रस इन लोकगीतों में नदी की लहरों की तरह बहते रहते हैं। इन लोकगीतों की मधुरता आदि पर दृष्टि डालने के पश्चात हम सिर्फ़ यही कर सकते हैं कि यह स्त्री रचनाकार होने के कारण इन गीतों की उपेक्षा की जाये तो इस पर क्या उत्तर दिया जा सकता है। स्त्री रचित यह सृजन ऋतु, जन्म, श्रम, गर्व से आगे बढ़ता हुआ तत्कालीन समाज चित्रण तक जाता दिखाई देता है।

यह वाचिक और लोक साहित्य मध्यकाल में मुग़ल विरोध से होते हुए आधुनिक काल में अंग्रेज़ी सत्ता के विरोध और स्वराज के स्वर तक उठता है। विरोध का स्वर दो पंक्तियों से ही स्पष्ट हो जायेगा—

ले लोटा मुग़ला चलौ
तंबूआ दे लई आग
हाड़ जरै जैसे लाकड़ा
केस जरै जैसे घास

अब मुग़ल काल से होता हुआ लौकिक साहित्य का यह क्रम स्वतन्त्रता आन्दोलन तक चलता हमें दिखाई देता है। उसका भी एक उदाहरण हम देख सकते हैं—

देख टूटे न चरखा को तार
चरखा वा चालू रहे
गांधी महात्मा ने खां मचले
दायजे में माँगे सुराज

लोक साहित्य की यह धारा निरन्तर बहती ही गयी है पर किसी भी इतिहासकार ने इसे इतिहास में स्थान नहीं दिया है। जिस कारण से हिन्दी के स्त्री साहित्य का इतिहास में नाम दर्ज नहीं हो सका है। उसके मूल्यांकन की तो बात ही क्या की जाये।

वर्तमान समय में अन्तरजाल का व्यापक प्रसार होने पर भी लोकगीतों की मधुरता और उसका सृजन कहीं भी बाधित नहीं हुआ है। साहित्य की यह परम्परा अभी भी बढ़ती चली जा रही है। छत्तीसगढ़ की तीजनबाई से ज़्यादा श्रेष्ठ उदाहरण और क्या दिया जा सकता है जिन्होंने कापालिक शैली जो पुरुषों द्वारा अपनाई जाती थी, वह पंडवानी में प्रदर्शित ही नहीं किया बल्कि देश की सीमाओं से लाँघ कर विदेशी भूमि पर भी पहुँचाया है।

वाचिक परम्परा की धारा सिर्फ़ यहीं तक विश्राम नहीं करती है बल्कि आज तक अपने पूरे वेग में प्रवाहित होती रही है। मालिनी अवस्थी जैसी लोक गायिकाओं ने इसे साधना के उच्च स्तर तक पहुँचाया है। इसके अलावा वाचिक साहित्य का एक रूप हमें कवयित्री सम्मेलन में भी दिखाई देता है जो आज भी उतना ही आनन्दित करते हैं जितना कि आदिकाल के लोकगीत करते रहे हैं। भाषा, शब्द बदलने से भाव नहीं बदलते हैं। आज भी इस वाचिक परम्परा को कविता तिवारी, अनामिका, शबाना अदीब, अंजुम रहबर जैसी कवयित्रियों ने मुद्रण परम्परा से दूर होते हुए भी नये प्रतिमान स्थापित किये हैं।

लौकिक साहित्य की यह परम्परा अपने आप में बड़ी अनोखी है जो आदिकाल से होते हुए आज तक चलती चली आ रही है पर वर्तमान समय में संसाधनों के उपलब्ध होने के कारण यह सहज प्राप्त है जो सुविधा हमें आदिकाल में नहीं मिली। परन्तु यह तो सिद्ध ही है कि लोक साहित्य की रचना स्त्रियों ने की जो हिन्दी साहित्य की अमूल्य धरोहर है। लौकिक साहित्य की आदिकालीन धारा ही नहीं सम्पूर्ण स्त्री रचनाकार ही पुरुष इतिहासकारों की उदासीनता के कारण इतिहास के पन्नों से विलुप्त सी हो गयीं। इस सन्दर्भ में हम सिर्फ़ यह कह सकते हैं कि होंठों की भी क्या मजबूरी रहती है, सब कुछ कह कर बात अधूरी रहती है।

❑❑